Gerald Szyszkowitz

Stücke für die Freie Bühne Wieden
Band IV

Tolstoi,
Marlene Dietrich, Der junge Goethe
Werner Krauß, Lessing

und andere

Schwarzer

Gefördert durch
Bundesministerium für Unterricht, Kunst und Kultur
Wien Kultur
Land Niederösterreich

Erste Auflage 2013

Fotos © Rolf Bock, Zeichnung auf Seite 280: Richard Beer-Hofmann
Herstellung: Verlagsbüro Schwarzer, A 1030 Wien
Druck: Riedeldruck, 2214 Auersthal

ISBN 978-3-9501850-1-0

INHALT

VORWORT VON MATTHIAS MANDER

Jean-Jacques Rousseau, der tiefe folgenreiche Denker des 18. Jahrhunderts, schrieb: „Ich würde mir nicht anmaßen, Menschen belehren zu wollen, wenn ich nicht beobachtete, wie andere sie irreführen." Und der deutsche Philosoph Robert Spaemann bekannte unlängst: „Wenn alles in Ordnung wäre und wenn ich dem meisten, was ich lese, zustimmen könnte, dann wäre ich zufrieden. Ich würde gern schöne Dinge tun und nicht die Last des Schreibens auf mich nehmen."

Der hier vorliegende IV. Band mit weiteren sieben Dramen des Gerald Szyszkowitz – in den Bänden I bis III sind 20 Stücke vorgestellt – führt über obige Zitate zur Würdigung dieses Dramatikers als Beantworter unserer Gegenwartsfragen, ungeachtet der jeweiligen Stoffe. Denn wer so zahlreich und kenntnisreich mit seinen Theaterstücken hervortritt, stellt seine Kunst in den Dienst von Richtigstellungen. Richtig in allen Hinsichten: historisch, charakterologisch, dramaturgisch und auch ethisch: Das heißt gutes Leben aller befördernd.

In diesem Band finden sich folgende Sätze:

S. 124: **„In Paris geht die Welt unter und er dichtet?"** Görtz, Diplomat, Neider (Der junge Goethe und die Herzogin Anna Amalia)

S. 167: Reinhardt: **„Sie verstehen nie und nimmer, warum die alten Griechen ebensoviel Geld für die Theater ausgegeben haben wie für die Freiheitskriege gegen die Perser."** (Werner Krauß oder Des Teufels Rabbi Löw)

S. 247: Rudolf Weys: **„Ich hab das nicht geschrieben, damit irgendwer jubelt... Ich schreib meine Nummern, damit alle klarer sehen, was da bei uns rundherum passiert. Jetzt."** (Das Wiener Werkel oder Die Ehre der Kollaborateure)

Diesen drei Aussagen ist das Befassen mit Erkenntnis, Richtigstellung, Entscheidung gemeinsam: Denn erst literarisches Durchdringen des blind ablaufenden Geschehens voll Reflexen, Gefühlsausbrüchen, heftigen Taten, krasser Empirie gewährt jene Zugänge zu umfassender Lebenswahrnehmung, die Urteilskraft vermittelt für langfristig rechtes Verhalten und schadenminderndes Beistehen ringsum. Literatur reduziert den Menschen nicht auf das, was „objektivierende Wissenschaft" sagen kann. Womit sie ihn auslöscht! Weil: Denkprozesse den Hirnregionen zuweisen erklärt nichts über Gedanken, Intention, Inspiration. Literatur steht für „metaphysischen Realismus" (Hilary Putnam), das bedeutet, dass ich eine Wirklichkeit annehme, die nicht (nur) Wirklichkeit für mich ist! Wenn ich voraussetze, dass der Andere jenseits alles dessen, was ich von ihm weiß, er selbst ist und genau so real, wie ich selbst real bin, und sein Blick auf mich genau so viel bedeutet wie mein Blick auf ihn, erst dann reden wir von echtem Erkennen, vom Stoff der Literatur, von der Kunst des Dramas. Hier geht es um das Gewinnen der wahren Perspektive, nämlich der immerhin intendierten universalen Perspektive durch das Darstellen und Erfassen der Perspektiven der vielen einzelnen Menschen.

Deshalb „dichtet Goethe" inmitten der Revolutionspanik, weil sein Gezogensein der tiefen und weiten Perspektive gilt, die nicht nur eine Epoche, sondern die ganze Menschengeschichte überspannt. Deshalb strömen die Griechen in ihre „Theater", weil die dort eröffneten Dimensionen weit über jeden befristeten kriegerischen Landgewinn hinausgehen. Und deshalb riskieren die Autoren und Darsteller des „Wiener Werkels" in der Nazi-Zeit allabendlich ihr Leben, weil nur Wort und Geste auf der Bühne das Licht der menschlich völlig unverzichtbaren Wahrheit über der institutionellen Lügen- und Massenmordmaschine aufblitzen lassen konnten.

Und deshalb legt Gerald Szyszkowitz hiermit seinen vierten Dramenband vor mit sieben neuen Stücken, deren Stoffe aus vier Jahrhunderten stammen (die Hauptgestalten haben zusammen über 500 Lebensjahre bewältigt), die jedoch alle uns betreffen, d. h. ihn und damit eben auch uns betreffen, weil es keine Gegenwart gibt, die der wirklich übergreifenden, überragenden, transsubstantiierenden Perspektive entraten kann.

(Es gehört nämlich zu jeder Vergangenheit eine Gegenwart, denn ohne diese gäbe es jene nicht; das ist der Sinn des Präsens, nämlich Bewusstsein, Leben!)

Neuerlich erlebt der Leser dieser Theaterstücke die stupende Meisterschaft in der großzügigen Herangehensweise Gerald Szyszkowitz' an seinen jeweils gewählten, recherchierten, strukturierten Stoff: Ein Orgelvirtuose greift in die Tasten, zieht die passenden Register, setzt die Fußtastatur, die Crescendo- und Diminuendo-Schieber ein, lässt Motive und Szenen erstehen, erklingen, ineinander gleiten, die das zu Erfassende auf den Punkt bringen, verbal, nonverbal, akustisch, gestisch, stets jedoch erhellend, offenbarend. Immenses Weltwissen und Kunstwissen drängt in diesen Stücken zu jenem Dialog mit den Schauspielern

und Zuschauern, den der Autor während seines Dichtens schon antizipierend für seine Durchbrüche zu auch ihm selbst anders nicht erreichbarem Erkennen führt. Das mag wohl ein Antrieb für den Fleiß des Gerald Szyszkowitz sein, dessen Theaterstücke uns mit hinreißender Leichtigkeit und Brillanz beglücken.
Gerald Szyszkowitz wurde 1938 in Graz geboren; 1960 Dr. phil der Universität Wien; er war Assistent von Willi Forst und Peter Palitzsch, Regisseur in Bonn, Dortmund, Wilhelmshaven, Stuttgart, Hannover; Chefdramaturg und Regisseur in Graz, wo er die Ödön-von-Horvath-Uraufführung „Zur schönen Aussicht" inszenierte; er war von 1972 bis 1994, also über 20 Jahre, Fernsehspielchef des ORF mit den legendären Produktionen von der „Alpensaga" bis zum „Radetzkymarsch". Die Geschichten vom „Mundl" und vom „Kottan", aber vor allem die Geschichten der „Blaßblauen Frauenschrift" von Werfel und Corti, die „Emigrantentrilogie" von Troller und Corti, die „Slowenen-Trilogie" von Pluch und Lehner, „Drei Wege zum See" von Bachmann und Haneke, die „Alpensaga" von Turrini, Pevny und Berner produzierte er ...
Von 2001 bis 2009 war Gerald Szyszkowitz dann Direktor der Freien Bühne Wieden.
Dort hat er über 40 Uraufführungen herausgebracht, davon 16 eigene Stücke. Zu Silvester 2009/2010 hat er die Direktion der Schauspielerin Michaela Ehrenstein übergeben.
Insgesamt hatte er bis dahin 17 Romane und 33 Dramen veröffentlicht.
Er gewährte mir damals ein kleines Interview. Ich: „Welche Galaxien kreisen in deinem inneren Kosmos?" Er: „Klassische Prägung im Grazer Akademischen Gymnasium, viele Jahre Griechisch und Latein ... Die Ideale der Klassik ... Der moralische und ästhetische Impetus von Rom und Athen ... Aber auch die Tanzkunst meiner Mutter ... Und die Literatur des Vaters. Er hat Romane veröffentlicht, war zeitweise Journalist ... Die Malerei des Urgroßvaters, des Nazareners Josef Gold in Salzburg, die Bilder des Onkels Rudolf Szyszkowitz, eines bekannten Neuländers ..."
Ich: „Deine Produktion als Romancier, Dramatiker, Produzent, Regisseur und Maler ist immens. Woher kommt die Energie?" Er: „Ich beobachte alle Personen um mich herum – und die in der Literatur –, und das, was ich beobachte, will ich dann darstellen ... Im Roman, in den Stücken und in den Bildern ... Mich interessiert: Warum reagiert diese Figur so? Aber jene anders? Und dabei

versuche ich die klassischen, dramaturgischen Wirkungsgesetze des Romans – Leo Tolstoi, Theodor Fontane, Joseph Roth –, und die des Theaters – Shakespeare, Tschechow, Horvath – auch h e u t e zu beachten ... Ich habe immer mit einer außerordentlichen Lust gearbeitet, mit einer außerordentlichen Lust am Erkennen ... Und am Formulieren ... Jeden Tag und jede Stunde."

In seiner hier folgenden eigenen Einführung in die Stücke finden sich zwei gleich lautende Schlüsselsätze: S. 8: **„Ich bin in diesem Stück, denk ich, der Figur Tolstoi recht nahe gekommen."** S. 11: **„Da ich nun in meinem Theaterstück dem Dichter Goethe so nahe wie möglich kommen wollte ..."** Dieses „Nahekommen" ist Belegstelle für den impliziten Wahrheitsanspruch, Weisheitsgenuss. Den Weg dahin will und kann der Dramatiker nur mit uns gemeinsam beschreiten ... Und wir werden hier diesen Satz finden, S. 256: **„Wir streiten über Klassen, über Rassen, wie man die Welt von Tag zu Tag regiert. Das Zeitunglesen können wir nicht lassen. Man liest und merkt kaum, dass man nichts kapiert."** (Das Wiener Werkel oder Die Ehre der Kollaborateure) Diesem Gebrechen abzuhelfen, brauchen wir Literatur, die uns zu Wissenden macht: In der berühmten Rede Max Reinhardts an der Columbia Universität 1928 „Über den Schauspieler" heißt es: „Mit dem Licht des Dichters steigt er in die noch unerforschten Abgründe der menschlichen Seele ... Er ist Bildner und Bildwerk zugleich. Er ist Mensch an der äußersten Grenze zwischen Wirklichkeit und Traum, und er steht mit beiden Füßen in beiden Reichen... (Seine) Kraft ist so groß, dass er nicht nur seelische, sondern auch körperliche Veränderungen hervorzubringen vermag ... Es ist derselbe Prozess, den Shakespeare beschreibt, wenn er sagt, dass der Schauspieler hinsichtlich Miene, Gestalt, Haltung, das ganze Wesen verändern und um ein fernes Schicksal weinen – und weinen machen – kann."

Dann nämlich, und nur dann, haben wir etwas begriffen, wenn wir ergriffen sind. Und dann jahrelang nicht mehr ablassen, die schwächere Sache menschlicher Wahrheit in allen ihren verborgenen Ausfaltungen sichtbar und so zur stärkeren zu machen ...

MEINE STÜCKE FÜR DIE FREIE BÜHNE WIEDEN
in der Direktion Ehrenstein

TOLSTOI UND VALERIE

Wie man auf dem Umschlagbild sieht, habe auch ich in meinen siebenunddreißig Uraufführungen manchmal mitgespielt. Der aufregendste Auftritt war zweifellos der in ‚Tolstoi und Valerie'. An sich konnte ich ja alle Rollen ideal besetzen, das heißt, Gerhard Rühmkorf spielte den körpermächtigen, schweren, schriftstellernden Gutsherrn Leo Tolstoi und Lilli Schwabe die zierliche Valerie, sein nachbarschaftliches Mündel, und die ganz spezielle, rührende Liebesgeschichte der beiden in der russischen Wintereinsamkeit ergriff die Zuschauer und mich jeden Abend wieder neu. Ich bin in diesem Stück, denk ich, der Figur Tolstoi recht nahe gekommen. Er selbst hatte ja schon die Geschichte seiner Jugendliebe in seinem Roman ‚Familienglück' erzählt, also war es für mich relativ einfach, diesen Text hundertfünfzig Jahre später für unsere Bühne zu arrangieren.

Michaela Ehrenstein, meine Nachfolgerin im Direktionsbüro, spielte mit feiner Selbstironie und einer Anspielung auf den Tschechowschen ‚Kirschgarten' die skurrile Erzieherin, mein damaliger Assistent Johannes Wolf mit der sieghaften Überzeugung des geborenen Liebhabers den französischen Klavierlehrer, der die kleine Valerie schließlich nach Paris entführt, vor allem aber gab es da noch mitten unter uns den überaus liebenswerten Schauspieler Christian Ghera, der den Diener Gregori spielte. Der es nicht leicht hat auf dem Gut, weil er nicht nur immer weniger hört, sondern auch mehr und mehr vergisst von dem, was ihm die anderen im Haus aufgetragen haben.

Auf dieser Abgrundkante zwischen Vergangenheitsverlorenheit und Zukunftsungewissheit balancierte Christian durch die täglichen Proben. Ein immer noch sehr gut aussehender, melancholischer Herr Anfang siebzig. Ja, ich weiß, jeder andere Regisseur hätte Christian Ghera als sensiblen Dichter und Gerhard Rühmkorf als russischen Diener besetzt, aber ich war eben nicht nur der Regisseur, sondern auch der Autor, und mich als Autor interessierte diese Paarung anders herum viel mehr:

Gerhard Rühmkorf wollte ich als trinkfesten, zupackenden Gutsherrn haben, und Christian Ghera als den ewig ungeschickten, versponnenen Pferdeknecht.

Zu meiner großen Freude hatte sich Christian Ghera im Laufe der Proben so persönlich an die Figur herangearbeitet, dass er scheinbar federleicht, wenn ihm der Text verlorenging, fantasievoll das improvisierte, was er glaubte, in der Szene sagen zu müssen, und so schien alles gut zu werden, bis er mir ein paar Stunden vor unserer Uraufführung am Silvesterabend 2009 leise sagte, er könne heute leider nicht mehr auf die Bühne gehen. Heute nicht und morgen nicht.
Er habe Angst.
Kurz, ich, der ich die Rolle nie probiert hatte, musste am Abend hinaus auf die Bretter, und erst am Tag danach konnte unser Freund Johannes Kaiser die Rolle übernehmen, und Christian Ghera hat sich von einem Tag auf den anderen in sein Exil im Schatten des Hochschwab zurückgezogen ... In die Veitsch.
Wo wir ihn von hier aus herzlich grüßen.

MARLENE DIETRICH

Im nächsten Stück ‚Marlene Dietrich' wagte sich Michaela Ehrenstein nach langer Überlegung mutig an das große Vorbild. Sie sang die originalen Lieder –, Kinder heut Abend such ich mir was aus' –, trug die von Babsi Langbein verblüffend ähnlich nachgeschneiderten Dietrich-Kostüme wie selbstverständlich. Sogar den riesigen, weißen, weltberühmten Fellmantel des ersten Konzertauftrittes der Dietrich in Las Vegas hat Michaela getragen als wäre das ihr eigener, aber sie behielt doch immer ihren ganz persönlichen Konversationston. Auch bei all den originalen Sätzen der Dietrich. Sie sagte immer, die Dietrich hat gesagt et cetera, kurz, Michaela war in allen Vorstellungen eine heutige Schauspielerin, die uns eine schöne, kluge, aber natürlich auch etwas selbstverliebte Frau zeigte, die jahrelang alles hatte haben können, was sie hatte haben wollen, aber dann auch wieder jahrelang nichts von dem bekam, was sie eigentlich ersehnte. Die Ehrenstein zeigte uns eine Dietrich, die wusste, warum sie gegen die Nazis kämpfte, und die doch eine Verlorene war. Obwohl sie letztlich unverletzbar gewesen ist, weil die Rüstung ihrer Würde und ihres Stolzes als preußische

Offizierstochter sie vor allen schäbigen Anwürfen beschützte, speziell auch bei ihrer Nachkriegstournee in Deutschland, bei der sie immer wieder ihr Emigrantenlied gesungen hat ‚Frag nicht, warum ich gehe, frag nicht warum!'

DER JUNGE GOETHE UND DIE HERZOGIN ANNA AMALIA

Erstens hatte mich schon im Gymnasium das Gerücht nie überzeugt, dass Goethe die bewegendste Liebesgeschichte seines Lebens mit der grottenlangweiligen Frau von Stein erlebt haben soll, zweitens, dass er völlig grundlos Hals über Kopf aus Weimar geflohen sein soll, und drittens, dass er sein Stück ‚Torquato Tasso' für einen Reißer wie seinen ‚Götz von Berlichingen' gehalten haben könnte. Mir war immer schon klar: Beim Schreiben dieses Stückes muss ihm etwas anderes wichtig gewesen sein als sein radauverwöhntes Berlichingen-Publikum.

Der eigentliche Auslöser für meine Beschäftigung mit dem Thema war aber: Zufällig wurde mir das Burgtheater-Rollenbuch des alten Aslan von der Aufführung des ‚Torquato Tasso' aus der Zwischenkriegszeit geschenkt. Plötzlich begann ich mich für die Striche, die Randnotizen und die Regieangaben zu interessieren. Auch in den Goethe-Unterlagen. Bis ich den Hinweis fand: „Ich hatte das Leben Tassos, ich hatte mein eigenes Leben, und indem ich zwei so wunderliche Figuren mit ihren Eigenheiten zusammenwarf, entstand ein neuer Tasso."

Ich hatte nun also einerseits Goethes Theaterstück ‚Torquato Tasso', in dem Goethe Tassos unerlaubte, heimliche Liebe zu Leonore von Este darstellt, aber andererseits auch die Briefe mit den Behauptungen verschiedener Weimarer Gräfinnen, die von einer unerlaubten, heimlichen Liebe Goethes selbst zu seiner Herzogin Anna Amalia von Sachsen-Weimar-Eisenach berichten, und da wurde mir klar: Nicht für das Weimarer Hoftheater, sondern nur für seine Herzogin hat der junge Goethe dieses spröde, geheimnisvolle Theaterstück ‚Torquato Tasso' geschrieben. Um in aller Verschwiegenheit ihr – und ausnahmsweise vielleicht auch dem Herzog – zu zeigen, wie sehr er sie liebt. Obwohl er genau gewusst hat, wie unerlaubt das damals gewesen ist ... Typischerweise hat er dieses geheimnisvolle schon

1786 geschriebene Theaterstück auch erst 1807 uraufführen lassen. Als seine Herzogin in den napoleonischen Wirren aus Weimar schon geflohen war, und niemand mehr annehmen konnte, sie würde je wieder zurückkommen.

Da ich nun in meinem Theaterstück dem Dichter Goethe so nahe wie möglich kommen wollte, nahm ich Goethes historischen ‚Torquato Tasso' als Vorlage und ergänzte den Text mit Briefen und Tagebucheintragungen aus der Goethezeit in Weimar, aber auch mit Goethes eigenen Erlebnissen und Erinnerungen. In Goethes ‚Torquato Tasso' bricht der Dichter des ‚Befreiten Jerusalem' am Schluss des Stückes zusammen, in meinem Stück muss Goethe Weimar fluchtartig verlassen, weil Fritz von Stein Goethes Liebesgeschichte mit der Herzogin verrät.

In unserer Uraufführung war Michaela Ehrenstein als Herzogin Anna Amalia von Anfang an das Zentrum der erregten Gefühle. Erst als souveräne Fürstin, dann als hoffnungsvolle, wenn auch irritierte Liebende, am Ende aber war sie nur noch die am Boden zerstörte, verlassene Frau.

Ähnlich erarbeitete sich auch Stefan Moser den Dichter. Am Anfang zeigte er das strahlende Liebedienern des Hofpoeten, der ‚nur seinem Herzog' bauchkriechend, um Anerkennung buhlend und mit tiefer Verbeugung sein neuestes Werk, den ‚Torquato Tasso' überreicht, ja, aufdrängt, aber er zeigt auch mit ebensolcher Schärfe im zweiten Teil das Aufbegehren des ausgebeuteten Tasso, den Hilflosen, der plötzlich die Gefahr sieht, von der Politik gebrochen und wie der Arzt Struensee entmannt und gevierteilt zu werden. Am Ende flieht er Hals über Kopf vor der möglichen Launenhaftigkeit des Herzogs.

Diesen Herzog spielte David Czifer von Anfang an als einen hilflos überforderten Lächler. Als jungen, geschleckten Allesbesserwisser mit entlarvend nervösen Handschlenkern. Er spielte keinen bedeutenden Herrscher, sondern ganz bewusst einen ängstlichen Lavierer als fürstliches Großmaul.

Seine Gegenfigur war der Antonio des Goetheschen Stückes, der bei mir aus den historischen Gründen Johann Eustach

Graf Görtz heißt. Gerhard Rühmkorf erarbeitete sich in dieser Produktion sein Meisterstück in bürokratischer Entartung. Er schien die Souveränität in Person zu sein, der einzig Vernünftige und Gesetzestreue, wie er selber glaubte, und mit dieser unbremsbaren Genauigkeit dirigierte er seine immer wieder neuen Intrigen, bis am Schluss alles Positive in sich zusammenfiel und er genau das erreichte, was er nicht erreichen hatte wollen. Betreten sah er zu, wie der Schmerz über das abrupte Ende ihrer Lebensliebe die Herzogin zu Boden riss.

Seine Frau Caroline Gräfin Görtz – verkörpert von der koloraturverliebten Gabi Schuchter – war die Hilfsintrigantin. Ihr Busen quoll ebenso neckisch aus ihrem Kleid wie sie selbst überquoll vor Schwatzsucht und geschäftiger Durchtriebenheit. Aber das Spezielle an ihrer Darstellung war: Die Preziosität ihrer äußeren Erscheinung ging direkt über in ihre Rokoko-Sprachmelodie.

Unterstützt wurde ihre Die-Herzogin-muss-vernichtet-werden-Attitude vom windigen Theaterdirektor Josepho Bellomo, den der gekonnt extrovertierte Johannes Wolf als das ‚professionelle Schandmaul von Weimar' sehr rhythmisch auf die Bretter legte. Ihm glaubte man seinen täglichen Kampf mit allen Theaterproblemen dieser Welt aufs Wort.

Die eigentliche Überraschung der Aufführung aber war die Frau von Stein der Katrin Graf. Ihre anfängliche Unsicherheit wandelte sich verblüffend schnell zu einer unerwarteten Raffinesse. In ihrer Szene mit dem Grafen Görtz sogar zu einer Art zarter Laszivität, um schließlich in eine von Aufführung zu Aufführung erkennbarere damenhafte Anmut überzugehen.

WERNER KRAUSS ODER DES TEUFELS RABBI LÖW

Als Student der Theaterwissenschaft habe ich Werner Krauß als ‚Hauptmann von Köpenick' im Burgtheater gesehen und war begeistert. Nie mehr ist mir seither etwas ähnlich Erschütterndes passiert ... Etwas Vergleichbares erlebte ich erst, als ich den Film ‚Jud Süß' sah und erfuhr, dass ausgerechnet dieser einmalig begabte Werner Krauß a l l e J u d e n in dem Film gespielt hat. Hat er denn nicht gewusst, was die Nazis mit diesem Film vorhatten? Und wenn er es gewusst hat, warum hat er trotzdem mitgespielt? Wurde er gezwungen? Hätte Goebbels ihn bei einer Weigerung sofort an die Ostfront geschickt ...? Und dann fragte ich mich auch: Wo gibt es heute Künstler, die sich gegen Staatsvorschriften auflehnen? Und was passiert mit ihnen? Und vor allem: Wie soll eine Gesellschaft mit denen umgehen, die mit ihrem gebogenen Rücken übrigbleiben, wenn die Mächtigen nicht mehr mächtig sind?

Alle diese Fragen beschäftigten mich auch noch während der Inszenierung. Was hat dem Schauspieler Krauß zum Beispiel seine Kollegin Käthe Dorsch geraten? Diese begabte Schauspielerin, die Michaela Ehrenstein fast allwissend gab. Allerdings mit recht verhaltener Stimme und weichen Bewegungen ... Hat sie ihn deutlich genug gewarnt?

Und was hat Reinhardt ihm gesagt? Sein Staats- und Starregisseur, den der immer überzeugende Johannes Kaiser als Idealisten und doch auch als einen Wirklichkeitsmenschen anlegte, der lange mit allem zurecht zu kommen scheint, bis er schließlich im Himmel doch die Beherrschung verliert und den Kollegen Krauß mit der Stimme eines gereizten Löwen endgültig fertigmacht ... Aber zweifellos war nicht Reinhardt, sondern der Regisseur Veit Harlan der Hauptverführer, der sehr überzeugend für seinen ‚Kunstfilm Jud Süß' werben konnte. Felix Kurmayer spielte diesen hochbegabten Handlanger der Nazis seinem Kollegen Krauß gegenüber überzeugend kameradschaftlich, Goebbels gegenüber aber tief geduckt und ohne jede eigene Meinung. Er spielte schnörkellos den unverbesserlich monomanen Künstler, der auch im Himmel noch nicht einsehen will, dass er einen ‚gemeinen Hetzfilm' gedreht haben soll.

Die größte Überraschung war für mich allerdings der körperlich dem Naziminister Goebbels bis zum Beinschlenkern und im Dialekt immer ähnlicher werdende Martin Gesslbauer. Ich habe bei dieser Inszenierung zum ersten Mal mit ihm gearbeitet, und seine Detailgenauigkeit und seine Wiederholungspräzision waren eine große Freude für mich. Dieser Teufel in Menschengestalt, dieser Visionär des Bösen, dieser Magier der verführerischen Vernichtungsworte verblüffte aber auch die Kollegen. Das Aufblitzen seiner Augen, die Fanfarenstimme, die stolze Sicherheit seiner Überzeugungen, die Schärfe seiner Ironie waren für uns alle während der Probenzeit und bei jeder Vorstellung eine anregende Kraftquelle.

Auch unserer ‚Assistentin' Vera Bernhauser bei ihrem präzisen Hin- und Herlaufen in der Berliner Theatergarderobe zuzuschauen war ein Vergnügen, wie auch mitzuerleben, wie die Kollegin Graf als Journalistin Riess sich entwickelte. Wie raffiniert sie in der amerikanischen Uniform auf ihrem New Yorker Barhocker mit dem Emigranten Reinhardt flirtete, und dann aber auch auf der ländlichen Salzkammergut-Bank mit dem von ihr einerseits verachteten – andererseits aber doch auch immer noch auch verehrten – Werner Krauß.

Diesen gottbegnadeten Schauspieler Werner Krauß spielte der alte Walter Benn mit jugendlichem Feuer. Auch mit ihm habe ich bei dieser Produktion zum ersten Mal gearbeitet. Von Woche zu Woche wurde er dem Vorbild optisch immer ähnlicher. Der Schauspieler Walter Benn ist ja auch – wie der große Werner Krauß –, primär ein Sprecher. Sein größter Vorzug ist die in jeder Sekunde eindringliche Sprache. Jeder Satz wird von ihm anders abgetönt, geschliffen, ausschattiert und nuanciert, und jede Szene bekam von ihm ihr spezielles Tempo und ihre ganz eigene Spitze, auf die sie kunstvoll von ihm hochgetrieben wurde. Benn gab der Figur nicht nur seine erfahrene Bühnenpräsenz, sondern auch eine besondere Wärme ... Aber der Höhepunkt des Abends war dann doch sein plötzliches Schweigen. Das große Erstaunen nach der Erkenntnis, dass er dadurch, dass er bei diesem grässlichen Film ‚Jud Süß' mitgewirkt hatte, doch etwas unentschuldbar Furchtbares getan hat ...

Erst ganz am Schluss fing er sich und sein Publikum wieder, erzählte ruhig und einfach, wie er sich sein Ende vorstellen könne ... Auf der leeren Burgtheaterbühne sollte sein Sarg stehen, damit alle sehen könnten, was für ein Häuflein Elend von dem bleibt, der auf dieser Bühne einst alle Könige gespielt hat ... Sagte er ohne jede Sentimentalität. Dann verbeugte er sich, das Licht ging aus, es war totenstill im Theater, bis plötzlich der Beifall losbrach und der schmerzlich lächelnde Walter Benn, für

Sekunden für uns Werner Krauß redivivus, sich im hellen Licht noch einmal verbeugte und stumm abging.

EVA KÖNIG
ODER DAS GLÜCK DES GOTTHOLD EPHRAIM LESSING
IN DER WIEDNER HAUPTSTRASSE

In einem im Jahr 2011 erschienenen Buch über Frau Eva Lessing fand ich den Hinweis, dass sie mehrere Jahre in Wien gelebt hat. Ich hatte nie davon gehört. Ich kannte bis dahin nur das pompöse Lessing-Denkmal auf dem Judenplatz.
In dem Buch von Petra Oelker ‚Ich küsse Sie tausendmal – Das Leben der Eva Lessing' aber fand ich den Hinweis: Frau Eva König, die spätere Frau Lessing, hatte zwei Fabriken in Wien, und die standen ausgerechnet ein paar Schritte entfernt von unserer Freien Bühne in der Wiedner Hauptstraße. Und der zweite Hinweis war: Ihr späterer Mann Gotthold Ephraim Lessing kam als ihr ‚Verlobter' im Jahr 1775 nach Wien, weil ihm die Stelle des Burgtheaterdirektors angeboten worden war. Er wollte mit dem Fürsten Kaunitz den Vertrag aushandeln. Aber ähnlich wie es dem Major Tellheim im Theaterstück ‚Minna von Barnhelm' mit seiner ‚sächsisch-preußischen Karriere' ergeht, ergeht es auch dem Rat Lessing mit seiner ‚österreichischen Karriere'. Letztlich ist absolut nichts zustande gekommen. Vorerst nicht einmal seine von Eva König geplante Hochzeit.

Da die privaten Ereignisse seines Lebens und die dramaturgischen Ereignisse seines berühmtesten Theaterstücks so verblüffende Ähnlichkeiten zeigen, habe ich Lessings Theaterstück mit Zitaten aus verschiedenen Tagebuchaufzeichnungen und Briefen ergänzt, und das neue Theaterstück in Anlehnung an ‚Minna von Barnhelm oder Das Soldatenglück' nun ‚Eva König oder Das Glück des Gotthold Ephraim Lessing in der Wiedner Hauptstraße' genannt.

Im Frühjahr 2013 wird dieses Stück nun genau dort gespielt, wo sich schon die Originalgeschichte ereignet hat, in der Wiedner Hauptstraße auf der Wieden in Wien.

DAS WIENER WERKEL
ODER DIE EHRE DER KOLLABORATEURE

Auch dieses Stück bringt Wiener Heimatkunde auf die Bühne. Es ist eine Hommage an den Wiener Kabarettisten Rudolf Weys, der 1933 mit anderen erst die ‚Literatur am Naschmarkt' und 1939 das ‚Wiener Werkel' gegründet hat. Erst haben die Nazis die ‚Literatur' und dann das ‚Werkel' verboten. Was uns zeigt: Rudolf Weys und seine Mitarbeiter waren den damals Mächtigen zu kritisch. Zu mutig ... Es freut mich sehr, dass ich mit diesem Stück an ihn und seine spezielle Begabung erinnern kann.

WIE MAN SICH BETTET, SO LÜGT MAN

Dieses Stück ist eine Komödie. Eine ironische ‚Faschingsfantasie'. Und das Thema ist ‚Wie stell ich mir die Liebe vor?'

Wenn ich mich umblicke, sehe ich mit Interesse, dass die allgemeinen Liebesgeschichten immer variantenreicher werden. Es gibt zwar immer noch traditionelle Ehen – und es gibt auch immer noch ganz traditionelle, außereheliche Liebesgeschichten –, es gibt am Beginn des dritten Jahrtausends aber neben den heterosexuellen auch mehr und mehr gleichgeschlechtliche Liebesgeschichten, ja, es gibt neuerdings überraschenderweise ganz öffentlich auch schon viele Liebesgeschichten mit mehr als zwei Beteiligten.

Da ich mit dieser Komödie aber niemanden aus dem Bekanntenkreis auf die Bühne bringen wollte, habe ich diese Modeerscheinungen mit parallelen Vorgängen aus der Zeit der Jahrhundertwende verbrämt, mit Vorgängen um Felix Salten, Mizzi Glümer, Adele Sandrock, Olga und Arthur Schnitzler. Ohne dass ich die Figuren aber so nenne, um trotz all der Einzelheiten eine größere Allgemeingültigkeit zu erreichen ... Auch wenn ich annehme, dass Schnitzler, an dem Tag, an dem sich seine Frau von ihm getrennt hat, genau so geredet hat, wie er das in seinen Tagebüchern und den anderen Texten beschrieben hat.

Warum ich in der Gegenwart Ähnlichkeiten mit der Vergangenheit sehe? Mir ist bei meinen Recherchen klar geworden, dass es sowohl damals – also in den Jahrzehnten zwischen 1848 und 1914, nach der ‚katholisch-habsburgischen Gegenreformation' –, wie auch nach der ‚christlichen' Gegenreformation von 1945 plötzlich eine alle Regeln der Gesellschaft in Frage stellende Liberalisierung gegeben hat, dass es sich also bei unserem typisch ‚heutigen Zeitgefühl' um ähnliche – schon einmal in der Gesellschaft erlebte – Entwicklungen handelt.

G. Sz.

Lilli Schwabe, Gerhard Rühmkorf

Lilli Schwabe, Johannes Wolf

Lilli Schwabe, Michaela Ehrenstein, Gerhard Rühmkorf

Gerhard Rühmkorf, Lilli Schwabe

Gerald Szyszkowitz

TOLSTOI UND VALERIE

Theaterstück in sechs Bildern

Valerie Arseneva	Lilli Schwabe
Mademoiselle Vergani, Erzieherin	Michaela Ehrenstein
Gennadi, Verwalter	Johannes Kaiser
Tolstoi	Gerhard Rühmkorf
Mortier de Fontaine, Musiker	Johannes Wolf

Die Handlung spielt im Jahr 1856 auf dem Gut Sudakovo in der Nähe von Tolstois Landgut Jasnaja Poljana und in Moskau.

Regie und Raum	Gerald Szyszkowitz
Assistenz	Johannes Wolf
Musik	Keiko Kuwahara
Kostüme	Babsi Langbein
Fotos	Rolf Bock
Pause	nach dem dritten Bild
Premiere	31. Dezember 2009

I.1

Klavierzimmer in Sudakovo; Valerie, Mademoiselle Vergani

VALERIE *(schwarzes Kleid, langweilt sich)* Ich h a s s e dieses alte, düstere Haus ... Diese muffigen Vorhänge ... Und alle diese Möbel, die aussehen, als gehörten sie einem Trödler!
MADEMOISELLE VERGANI *(trägt auch ein schwarzes Kleid und spielt versunken Klavier)* Deine Großeltern und deine Eltern waren hier sehr glücklich!
VALERIE Ja, aber i c h bin es n i c h t !
MADEMOISELLE VERGANI *(mit leicht französischem Akzent)* Sobald der Vormund die Erbschaftssachen geregelt hat, gehen wir nach Moskau!
VALERIE Und w a n n wird das sein?
MADEMOISELLE VERGANI So schön wie h i e r schneit es in Moskau n i e ! Da ist gleich alles g r a u auf den Straßen ... Nein, du musst heute unbedingt noch h i e r vor die Tür gehen ... Bei d i e s e r Luft!
VALERIE Es ist eisig kalt und w i n d i g , Mademoiselle ... Ja, den Raureif heute Früh fand ich schön, aber jetzt ... Jetzt s c h n e i t es doch mit richtig d i c k e n Flocken! *(Sie geht zum Fenster.)*
MADEMOISELLE VERGANI Frische Luft ist i m m e r gesund.
VALERIE Bis man sich den T o d holt, ja! Die Schneewehen sind höher als die Fenster ... So lang meine Mutter noch bei uns gewesen ist, war es n i e so kalt.
MADEMOISELLE VERGANI Die Fenster gegen Norden waren i m m e r zugefroren ... Und das sind sie eben auch j e t z t ... Und genau d a s m u s s auch so sein. Im Winter.
VALERIE Ich hab mich i m m e r schon in diesem alten Kasten gelangweilt, aber ... Muss ich mich deswegen auch noch in alle E w i g k e i t hier langweilen ...? Nein, das muss ich n i c h t ! *(Sie steht auf.)* Sie tun zwar so, als wüssten Sie immer alles besser als ich, aber manchmal z w e i f l e ich wirklich, ob ...
MADEMOISELLE VERGANI Erstens hab ich schon doppelt so viele Winter erlebt wie du, und zweitens ...
VALERIE Waren Sie nicht nur zweimal verlobt, sondern einmal sogar ... Schon f a s t verheiratet, ich weiß.

MADEMOISELLE VERGANI Da weiß man eben m e h r von der Welt!
VALERIE *(wirft sich in einen Sessel)* Im Vorjahr waren wir wenigstens vier Wochen in Baden-Baden!
MADEMOISELLE VERGANI Wir könnten was v i e r h ä n d i g spielen ...
VALERIE Ich möchte reisen! Reisen! R u n d um die Welt!
MADEMOISELLE VERGANI Du hast doch mit deiner Mutter manchmal Mozart-Sonaten gespielt...? Wo sind denn die Noten?
VALERIE Das weiß i c h doch nicht ... Aber e i n e s weiß ich sicher: Als meine Mutter noch gelebt hat, war ich n i e melancholisch!
MADEMOISELLE VERGANI *(geht nicht darauf ein)* Wir könnten natürlich auch ... Die Tolstois besuchen fahren ... In Jasnaja Poljana ... Wenn du das möchtest ... An so einem Wintersonntag sind die sicher zu Haus.
VALERIE Er selber ist sicher n i c h t zu Haus ... Er ist entweder an der Universität in Kazan ... Oder im Kaukasus ... Oder im Krimkrieg ... Der ist überhaupt n i e mehr in Jasnaja Poljana ... Der interessiert sich überhaupt n i c h t mehr für seine Bauern ... Und ich interessiere mich a u c h nicht für seine Bauern, aber schon g a r nicht für seine Schwestern ... Ich h a s s e ihr Geschnatter! *(Sie nimmt eine Zeitung.)* Haben Sie das gelesen ...? Dieser ‚arrogante Gottesnarr', steht da, ‚betrachtet den Umgang mit F r a u e n als ein unvermeidliches Ü b e l des gesellschaftlichen Lebens'!
MADEMOISELLE VERGANI Seine Lieblingsbeschäftigung war immer schon, irgendwo im Park von Jasnaja Poljana unter einem Strauch zu liegen – ein paar dicke Lexika unter dem Kopf – und sich Geschichten auszudenken ... Selbst die Anwesenheit von Gästen konnte ihn von dieser Gewohnheit nicht abbringen ... Und bei Vollmond saß er dann stundenlang allein auf der Veranda ...
VALERIE Beobachtete Licht und Schatten und ... Horchte auf das Schweigen der Nacht.
MADEMOISELLE VERGANI Oh, du dichtest? Neuerdings?
VALERIE Das ist ein Gedicht von i h m . *(Deutet wieder auf die Zeitungen.)* Ich hab es gerade gelesen. *(Sie schaut aus dem*

Fenster.) Wissen Sie, was mir auffällt ... Unser guter Gennadi s p r i c h t immer nur leise ... *(Sie horcht.)* S i e s p i e l e n leise ... Der S c h n e e f ä l l t leise ... Seit dem Tod meiner Mutter ist alles in diesem Haus s e h r leise geworden .... Alle f l ü s t e r n neuerdings nur ganz leise in diesem Haus, niemand lacht, alle seufzen, ja, alle g e h e n auch ganz leise, als würden sich alle fürchten, dass sie hier jemanden a u f w e c k e n könnten ... Alles ist g a n z leise ...
MADEMOISELLE VERGANI Nur d u nicht! *(Sie lacht.)* Aber wahrscheinlich hast du recht ... Wir sollten das Zimmer deiner Mutter wieder aufsperren ... Und es heizen ... Ja, wir könnten ein richtiges Musikzimmer daraus machen! Dein Vormund wird sicher ...
VALERIE Hören Sie auf mit d e m ! Der ist, wie jeder weiß, entweder im Kaukasus oder im Krimkrieg! Und warum ...? *(Sie dreht sich zu den Zeitungen.)* Damit er ständig seine h o c h - interessanten Berichte in a l l e n Moskauer Zeitungen erscheinen lassen kann!
MADEMOISELLE VERGANI Ich dachte, du liest diese Berichte l i e b e n d gern!
VALERIE Ich? Ich h a s s e sie! *(Sie wirbelt ein paar Zeitungen durch die Luft. Man hört Lärm.)*

I.2

Klavierzimmer; Mademoiselle Vergani, Valerie, Gennadi

GENNADI Tschuldigung ... Er ist da.
MADEMOISELLE VERGANI *(springt auf)* Wer ...?
GENNADI Er hat zwei richtig starke, neue Stuten!
MADEMOISELLE VERGANI *(zu Valerie)* Er ist da! Na, siehst du! *(Zu Gennadi.)* Ja, aber w o , bitte ... Wo i s t er denn?
GENNADI Na, im Stall ... Draußen.
MADEMOISELLE VERGANI Na, dann führ ihn doch herein!
GENNADI Ach, der kommt schon selber ... Erst reibt er sie ab und ... Alles andere ist primär!
MADEMOISELLE VERGANI *(nimmt einen Spiegel und richtet sich die Haare)* Was, bitte?

GENNADI Da geh ich mit ihm ganz chloroform.
VALERIE Was heißt d a s denn wieder?
GENNADI Das heißt, was es heißt, Mademoiselle, ich lass mich n i e debütieren ... Ich vergess nur manchmal was ... Nämlich ... Ich soll ihm sagen, was es zu essen gibt ... Bei den Damen. *(Er lächelt.)* Sehen Sie, das passiert mir jetzt immer öfter ... Dass mir manches nicht einfallt ... Grad auch Namen ... Das sagt aber nicht, dass ich t o t a l v e r g e s s l i c h bin! Ich hab zum Beispiel nicht vergessen, dass Sie mir noch eine Antwort schulden, Mademoiselle Vergani. *(Zu Valerie.)* Jetzt hab ich mich g u t aus der Atmosphäre gezogen, was?
MADEMOISELLE VERGANI In einem Jahr, haben wir gesagt, da e n t s c h e i d e n wir dann! In einem Jahr, Gennadi!
GENNADI Richtig! Man sieht: Wir zwei sind ein gutes Trio! *(Zu Valerie.)* Denn immer wenn ich weiß, Sie und ich werden reden miteinander, bereite ich mich immer ganz karibisch darauf vor ... Und im nächsten Jahr ... Da hauen wir dann ab! Rom oder Madrid, Hauptsache Italien!
MADEMOISELLE VERGANI Ach, du bist verrückt, Gennadi.
GENNADI Ja, verrückt auch, aber aus Liebe zu Ihnen, Mademoiselle Vergani ... Verrückt, ja ... Aber immer fröhlich ... Wenn ich Sie seh ... Ich bin dann gar nicht mehr ich, sondern sozusagen ein anderes Wesen, dass das Böse nicht kennt, und nur zu Gutem fähig ist ... Stört es Sie, dass ich das offen sage?
MADEMOISELLE VERGANI Aber nein, Gennadi ... Man freut sich doch immer, wenn man wahrgenommen wird ... Holst du ihn? *(Zu Valerie.)* Und du ... Du nimmst dich jetzt a u c h zusammen, ja? Deine Mutter hat immer gesagt, s o einen Ehemann wie i h n ... Würde sie sich w ü n s c h e n für dich! *(Zu Gennadi.)* Jetzt s c h a u endlich, wo er b l e i b t , ja?
GENNADI Der braucht mich nicht ... Der kümmert sich schon s e l b e r um seine Stuten ... Der macht das schon richtig ... Der weiß ... *(Nahe vor Mademoiselle Vergani.)* Man muss sich schon immer s e l b e r ... Etwas k ü m m e r n ... Um alles, was man ... Ein wenig gern hat, Mademoiselle Vergani. *(Ab.)*

I.3

Klavierzimmer; Mademoiselle Vergani, Valerie

MADEMOISELLE VERGANI *(ruft ihm nach)* Sag ihm, es gibt Crèmetörtchen! *(Zu Valerie.)* Und ... Was sagst d u ihm jetzt ... Wenn er kommt?
VALERIE Bitte, er ist seit dem Tod meiner Mutter mein V o r - m u n d , ja ... Aber n i c h t s s o n s t ! Was soll ich ihm sagen? *(Lacht.)* Der Mann, den i c h heiraten werde, der muss w e s e n t - l i c h jünger sein!
MADEMOISELLE VERGANI Also d a s ist doch w i r k l i c h nicht so wichtig!
VALERIE Und der darf auch nicht s o schwerfällig sein! *(Sie horcht.)* Hör dir an, wie er geht.
MADEMOISELLE VERGANI Männer ... Gehen so, Valerie. *(Sie lacht.)* Ich denke, ich könnte wirklich meine Crèmetörtchen mit der Knoblauch-Spinatsauce machen ... Das geht ganz schnell! Die brauche ich nur in den Ofen zu schieben und schon ... *(Man hört Lärm, Tolstoi kommt.)*

I.4

Klavierzimmer; Valerie, Mademoiselle Vergani, Tolstoi

MADEMOISELLE VERGANI *(gibt ihm beide Hände)* Willkommen in Sudakovo! Wie schön, dass Sie ... Heute am Sonntag ... Durch den ganzen tiefen Schnee ... Bis zu u n s hergekommen sind!
TOLSTOI *(fasst Mademoiselle Verganis Hand)* Ich hab doch g e s a g t , dass der Weg zu Ihnen ... Immer der e r s t e Weg ist, den ich mir vornehme ... Wenn ich nach Jasnaja Poljana zurückkomm ... *(Sieht Valerie. Ohne sich zu verbeugen.)* Ach ... Sind Sie es wirklich? *(Breitet die Arme aus und kommt auf sie zu.)* Kann man sich s o verändern? Wie g r o ß Sie geworden sind! *(Er drückt ihre Hand und sieht ihr fest in die Augen.)*
MADEMOISELLE VERGANI Fühlen Sie sich bei uns wie zu Hause! Valerie wird Ihnen Tee geben und ich ... *(Lacht.)* Ich kümmere mich erst einmal ... Um die Küche! *(Ab.)*

I.5

Klavierzimmer; Valerie, Tolstoi

TOLSTOI *(ruft ihr nach)* Ich hab richtig H u n g e r ! *(Verlegen zu Valerie.)* Ich mag diesen Geruch von Birkenholz ... So riecht das Holz nur bei uns ... Ich mag auch diese breiten, graugescheuerten Dielen, den massiven Ofen und die Standuhr ... Als Ihr Vater noch lebte, war ich o f t da und ... *(Er zieht seine Schneejacke aus.)* Es ist kalt ... Draußen.

VALERIE *(schenkt eine Tasse Tee für ihn ein)* Ja, heute schneit es wie in Kamtschatka!

TOLSTOI *(lächelnd)* Wie in Kamtschatka? Ja ...? *(Spielerisch.)* Ich werde d a b l e i b e n müssen ... *(Er lacht.)* Wenn es weiter so schneit. *(Er zögert.)* Mein Gott, haben S i e sich verändert.

VALERIE *(stellt ihm die Tasse hin)* Ich ... Ich bin ein bisschen dicker geworden, aber Sie ... S i e haben sich einen dichten Backenbart wachsen lassen ... *(Sie zupft kurz daran.)* Der Ihnen ganz und g a r nicht steht ...! Der muss g l e i c h wieder weg.

TOLSTOI *(gutmütig lachend)* Gut ... Also gut ... Dann kommt er eben g l e i c h wieder weg. *(Sieht sie von oben bis unten an.)*

VALERIE G l e i c h geblieben sind allerdings Ihre Augen, aber ...

TOLSTOI *(belustigt)* Mir hat unlängst jemand gesagt, meine Augen ...

VALERIE Wer? Eine Dame ...?

TOLSTOI Ich seh immer aus wie ein Kind vorm Weihnachtsbaum, hat sie gesagt.

VALERIE *(lässt sich nicht ablenken)* Richtig! Und als Sie das letzte Mal hier gewesen sind, war die liebe Mademoiselle Vergani Ihr Weihnachtsbaum! Mich haben Sie damals nämlich ü b e r h a u p t nicht angeschaut!

TOLSTOI Also d a s ist nicht wahr!

VALERIE Keine Ausreden! Ich hab das beobachtet! Und nur d a r u m komm ich Ihnen jetzt v e r ä n d e r t vor ... Weil Sie sich gar nicht mehr erinnern können, wie ich damals ausgesehen habe!

TOLSTOI Aber ich weiß doch noch ganz genau, dass Sie sich da in der Ecke verkrochen haben ... Mit einem Buch!

VALERIE Erwischt! Das war Mademoiselle Vergani!

TOLSTOI Ja, sie saß a u c h da, aber neben ihr saßen S i e ... Und Sie hatten eine M a s c h e im Haar, eine weiße ... Also das w e i ß ich doch noch ganz genau! *(Lacht.)* Was ... Was lesen Sie denn j e t z t ?

VALERIE Ein paar Geschichten von Ihnen ... Hab ich gelesen ... Also diese Artikel ... In den Zeitungen ... Und vor lauter Begeisterung ... Sind sie mir vorhin a l l e auf den Boden gefallen.

TOLSTOI *(hebt eine Zeitung auf)* W e l c h e Erzählung haben Sie denn gelesen ...?

VALERIE Na, diese d e p r i m i e r e n d e Liebesgeschichte ...

TOLSTOI A l l e Liebesgeschichten sind i m m e r deprimierend! *(Er lacht und zeigt ihr die Zeitung.)* Aber ... Die ... Die ist gar nicht von mir.

VALERIE *(liest kurz und sagt etwas frech)* Richtig ... Aber ... Die da ... Die hab ich ja auch gar nicht gelesen. *(Beide lachen.)* Aber ... Wenn alles im Krimkrieg schon so deprimierend gewesen ist ... Werden Sie doch jetzt, wo Sie wieder bei u n s sind ... Was richtig L u s t i g e s schreiben, nicht?

TOLSTOI *(ernst)* Ich schreib jetzt eigentlich ... Nur Tagebuchnotizen ... Eine Art Selbstbeobachtung ist das ... Ich beobachte mich selbst, bevor ich dann andere ... Beobachten werde ... *(Schaut sie bewusst an.)* Und beschreiben werde, wie die a n d e r e n aussehen ... Und was sie s a g e n ... Und wie sie reagieren, wenn i c h was s a g e ...

VALERIE Was? Und da gibt es jetzt g a r keine G e s c h i c h t e n mehr?

TOLSTOI Doch ... Eine kleine Novelle ... Über ein Kosakenmädchen ... Werde ich schreiben.

VALERIE Wie ... Hat die denn geheißen?

TOLSTOI Maria-Anna.

VALERIE Und im Kaukasus ... Waren Sie da richtig ... Mit ihr ...

TOLSTOI Sie war ungefähr so alt wie Sie ... Aber ... Ich war nicht richtig mit ihr zusammen ...

VALERIE *(lacht)* Ja, aber was wollen Sie denn dann b e s c h r e i b e n ? Wenn nix ...

TOLSTOI Ich hab sie sehr gern a n g e s c h a u t ... Viele Monate lang ... Und als wir uns endlich – an einem Maiabend – wie zufällig b e r ü h r t haben, hat ihr Bräutigam das gesehen, sich sofort auf sein Pferd geworfen, ist mitten in einen Bauernaufstand hineingeritten ... Und wurde erschossen.

VALERIE Gott, wie a u f r e g e n d !

TOLSTOI Ich bin am nächsten Morgen zu ihr gefahren – denn jetzt waren wir ja beide f r e i –, aber sie hat sich nur weggedreht und gesagt, jetzt sei der Bräutigam ihr n o c h näher und ... Das war alles ... Sie hat mich nicht e i n Mal mehr angesehen ... Und ... Ich musste noch am selben Tag weg, weil seine Familie ... *(Er dreht sich weg.)*

VALERIE *(sieht seinen Schmerz und sagt sanft)* Kommen Sie ... Vergessen Sie das ... Mademoiselle Vergani bereitet etwas v o r ... Für uns. *(Will gehen.)*

TOLSTOI *(hält sie zurück)* Moment ... Ich hab das Gefühl ... Ich sollte Ihnen etwas sagen ... Nach all dem Schrecklichen, was in diesem Hause passiert ist und ...

VALERIE Ja, bitte ...?

TOLSTOI Erinnern Sie sich – an Ihren Vater?

VALERIE Ja, natürlich, obwohl ...

TOLSTOI Wie gut wäre es jetzt ... Für Sie ... Wenn er noch da wäre. *(Er nimmt ihre Hand.)* Ich habe Ihren Vater s e h r gern gehabt ... Und nun, hab ich gehört ... Nun hat der da oben ... Auch noch Ihre Mutter ...

VALERIE Ja. Ganz plötzlich.

TOLSTOI Sie ... Sie tun mir leid. *(Er streichelt kurz ihre Wange.)* Ihr Vater hat sehr gern Klavier gespielt ... Wenn ich ihn besucht hab ... Kommen Sie ... S p i e l e n Sie was für mich. *(Valerie kommt näher.)* Spielen Sie d a s hier ... *(Er gibt ihr das Adagio der Sonate ‚Quasi una fantasia' von Beethoven, nimmt ein Glas und setzt sich.)*

VALERIE Aber ich spiel wirklich nicht gut.

TOLSTOI Spielen Sie so ... Wie Sie spielen ... Bitte.

VALERIE Gut, ja, aber ... Auf Ihre Verantwortung. *(Sie spielt.)*

TOLSTOI *(hört zu, steht dann plötzlich auf und geht zu ihr)* Nein, das Scherzo spielen Sie nicht ... D a s l a s s e n Sie lieber... Aber der Anfang war nicht übel ... Anscheinend verstehen Sie doch auch ebensoviel von Musik wie Ihr Vater.

VALERIE Mademoiselle Vergani spielt viel besser.

TOLSTOI *(nimmt ein Notenbuch)* Wollen Sie d a s noch spielen? Für mich?

VALERIE *(lachend)* Also ... Eigentlich nicht ... Wissen Sie, Klavier spielen langweilt mich.

TOLSTOI Ja, aber w a r u m denn?

VALERIE Es macht – einsam.

TOLSTOI Wenn man das Alleinsein nicht ertragen kann ... Ist das nicht gut ... K i n d e r langweilen sich manchmal, ja, aber Sie? Sie sind doch jetzt ...

VALERIE *(lachend)* Ach, das glauben doch nur S i e !

TOLSTOI Sicher, manche ... Junge Frauen leben nur d a n n auf, wenn jemand sie – wie sag ich das – bewundert! Und k a u m , dass sie wieder allein sind, lassen sie sich gehen und n i c h t s mehr gefällt ihnen ...

VALERIE Ja, g e n a u s o ist das bei m i r ! Jetzt, wo Sie d a sind ... Und wir einander a n s c h a u n können ... Und einander z u h ö r e n können ... Ist mir ü b e r h a u p t nicht langweilig!

TOLSTOI *(beobachtet sie forschend)* Aber Ihnen k a n n doch gar nicht langweilig sein! Sie haben zu viel von Ihrem Vater und ... Sie haben die Musik, von der Sie etwas verstehen, Sie haben die Bücher, die Zeitungen, die Natur, das Wetter, die Vögel, die Hunde, die Frösche ... Das ganze L e b e n liegt vor Ihnen ... Vergessen Sie nicht ... Wir müssen Schulen für alle Bauernkinder bauen! Und Häuser für die Alten ... Wenn wir alle unsere Leibeigenen freilassen, müssen wir ihnen v o r a l l e m auch erklären, w i e sie leben und arbeiten müssen ... Denn das ... Das ist das W i c h t i g s t e ... Man lebt nicht nur für sich, man lebt a u c h für die anderen! Darauf müssen auch S i e sich vorbereiten! Damit Sie dann, wenn es darauf ankommt, nicht zu w e n i g gelernt haben ... Und außerdem ... Man kann auch, glauben Sie mir, nicht früh genug ... Lernen, allein zu sein. *(Küsst sie auf die Stirn.)*

I.6

Klavierzimmer; Valerie, Tolstoi, Mademoiselle Vergani

MADEMOISELLE VERGANI *(kommt)* Soll ich Ihnen eine Stube oben warm machen lassen?

TOLSTOI *(lässt Valerie abrupt los)* Nein, heute nicht! Ich muss noch weiter nach Danilovka ... Ich muss dort unbedingt herausfinden, wie es um die W i n t e r s a a t steht ... Ich will erledigen, was ich erledigen kann, und dann ... Dann muss ich wegen einer j u r i s t i s c h e n Angelegenheit kurz nach Moskau! Ja, Ihre Erbschaftsangelegenheiten sind nicht ganz u n k o m p l i - z i e r t ... Aber erst einmal ... Essen wir was! *(Ab.)*
VALERIE *(ruft ihm nach)* Ich dachte, j e t z t , wo dieser blödsinnige Krimkrieg endlich a u s ist, werden wir Sie ö f t e r ... Hier sehen ...

I.7
Klavierzimmer; Valerie, Mademoiselle Vergani

MADEMOISELLE VERGANI Er ist wirklich ein guter Freund, nicht wahr ...?
VALERIE Ja, das ist er wohl.
MADEMOISELLE VERGANI Was i s t denn? W e i n s t du?
VALERIE Aber nein ... Nein ... Überhaupt nicht. *(Sie will gehen, bleibt aber noch einmal stehen.)* Es ist nur alles so n e u für mich ... Dass er, ein Freund des Vaters, von gleich zu gleich mit mir spricht ... Nicht mehr so wie früher ... Nicht wie mit einem Kind ... Ich würde nur lieber ... Seine Zuneigung ... Nicht nur als Tochter meines Vaters spüren, sondern auch ...
MADEMOISELLE VERGANI Ach, das k o m m t schon noch. *(Sie lacht.)* Jedenfalls ist, seitdem e r da ist, unser altes Haus doch wirklich wieder v i e l h e l l e r ... Findest du nicht? *(Ab.)*
VALERIE *(lächelnd)* Doch ... Ja ... V i e l heller. *(Ab.)*

Licht aus, Musik

II.1
Vor einem Stadel am Feldrand; Gennadi, Mademoiselle Vergani

MADEMOISELLE VERGANI D a s ist ... Die J u l i h i t z e .
GENNADI Richtiges Erntewetter, ja ... Kein Windhauch ...

MADEMOISELLE VERGANI Die Felder flimmern ...
GENNADI Aber am Horizont sind schwarze Wolken! Die Chancen stehen 70:50, dass ein Gewitter kommt!
MADEMOISELLE VERGANI Alle Chancen, Gennadi, können zusammen immer nur 100 Prozent ergeben! 70:50, das rechnet sich nicht.
GENNADI Eh, eh ... *(Er nickt.)* Aber die weiße Linie dort über dem Hügel ... Das ist t r o t z d e m ein Blitz!
MADEMOISELLE VERGANI Aber der ist noch s e h r weit weg.
GENNADI Gott sei Dank, ja ... Bis der Regen da ist, werden unsere Leute den Roggen schon trocken hereingebracht haben ... Wahrscheinlich ... Auf jeden Fall.
MADEMOISELLE VERGANI Gennadi, bitte, man kann nur sagen ‚wahrscheinlich' o d e r ‚auf jeden Fall' ... Aber n i e ‚wahrscheinlich auf jeden Fall'.
GENNADI Aber in dem Fall wird es nicht nur ‚wahrscheinlich', sondern ‚wahrscheinlich auf j e d e n Fall' regnen ... Das ist eben die neunmal h ö h e r e Wahrscheinlichkeit, Mademoiselle Vergani!
MADEMOISELLE VERGANI *(lacht)* Ach, Gennadi, warum sagst du nur immer so n e u n m a l gscheite Sachen!
GENNADI Weil ich immer an g a n z d u m m e Sachen d e n k , Mademoiselle Vergani, dann sag ich aber schnell das G e g e n - t e i l , und s c h o n lachen alle ... Ja, ich bin da s e h r serviert ... Lachtechnisch. *(Mademoiselle Vergani lacht.)* Aber ... Wenn ihr alle in Moskau seid, wird leider kaum mehr wer lachen mit mir.
MADEMOISELLE VERGANI Ach, s o schnell geht das schon nicht!
GENNADI Für Sie, Mademoiselle Vergani, tu ich a l l e s , aber ... Wenn Sie nicht mehr da sind, für wen ... Soll ich denn ... Dann ... Was tun?
MADEMOISELLE VERGANI Es wird sich schon wer finden ... Irgendeine niedliche Person.
GENNADI Ach, das ist nicht recht, dass Sie das so leichtherzig sagen, i c h bin nämlich g a r kein leichtherziger Mensch ... Und die anderen, die da an einem vorbeilaufen, die sind auch nicht wie S i e !
MADEMOISELLE VERGANI Ach, Unsinn, Gennadi!

GENNADI Ja gut, Mademoiselle Vergani, es i s t vielleicht a l l e s , was ich sage, Unsinn, aber es g i b t einen Gott ... In der Liebe ... Und der passt schon auf, dass alles so ablauft, wie es ablaufen muss.

MADEMOISELLE VERGANI Ach, Gennadi, auch w e n n du an den Gott der Liebe glaubst, g a r so ein Heiliger bist du selber a u c h wieder nicht, hört man ... Drei Tage allein, und s c h o n verliebst du dich in die Nächste!

GENNADI Aber sicher n i c h t ! Darauf passt der da oben schon a u f !

MADEMOISELLE VERGANI So pauschal, Gennadi, kann man das n i e sagen.

GENNADI Pauschal, pauschal ... Die alle da draußen i n t e r e s - s i e r e n mich nicht!

MADEMOISELLE VERGANI Ja, aber w a r u m denn nicht?

GENNADI *(denkt nach)* Pauschal, pauschal ... Die haben alle ... Nicht ... Ihre Augen.

MADEMOISELLE VERGANI Aber andere Augen können doch a u c h ...

GENNADI *(lässt sich nicht unterbrechen)* Nein, Ihre Augen ... Sind I h r e A u g e n , Mademoiselle Vergani ... Die h a t sonst niemand ... Hineinkriechen ... Könnt ich in die!

MADEMOISELLE VERGANI Hineinkriechen? In die Augen? Ja?

GENNADI Und die anderen, die haben auch nicht ... Ihr Haar ... Das nur S i e ... So ... Aus der Stirn blasen können!

MADEMOISELLE VERGANI Oh, da kenn ich aber einige ... Da draußen ... Die jetzt da in der Mittagshitze den Roggen aufladen, die ...

GENNADI Ja, pauschal, pauschal haben die alles, was Frauen haben, aber ... *(Plötzlich.)* Was h e i ß t eigentlich , p a u - s c h a l ' ?

MADEMOISELLE VERGANI Pauschal heißt ... Alles zusammen ... Damit meint man einen Gesamtbetrag. Eine abgerundete Gesamtsumme.

GENNADI Also gut! Dann lautet die abgerundete Gesamtsumme meiner Gefühle: Es geht mir einfach g u t mit Ihnen ... Ich fühl mich wohl, wenn ich Sie s e h ... Weil es S i e g i b t , ist jeder Tag ... Schön für mich.

MADEMOISELLE VERGANI Jetzt übertreibst du schon w i e - d e r ! Kannst du nicht kurz mal von was a n d e r e m reden?
GENNADI Könnt ich, ja, aber warum s o l l ich? Ich rede am liebsten über Sie und mich! Ich s e h Sie gern, ich h ö r Ihnen gern zu, wenn Sie mir sagen, was Sie getan haben ... Oder tun werden ... Für mich ist einfach a l l e s wichtig, was S i e sagen ... Und ... Auch i c h erzähl Ihnen gern, was ich getan hab ... Ja, a l l e s , was ich tu, ist für mich vor a l l e m wichtig, weil ich es I h n e n erzählen kann.
MADEMOISELLE VERGANI Ach, das bildest du dir doch alles nur e i n , Gennadi!
GENNADI Dass ich am liebsten mit I h n e n zusammen bin? Das brauch ich mir nicht einzubilden, das i s t so ... Wenn S i e bei mir sind, dann ist p a u s c h a l für mich auch alles a n d e r e gut ... Dann sind die Wolken gut und der Sturm ... Die Hitze und die Blitze ... Die Tage und die Nächte ... Und der T o d a u c h ...
MADEMOISELLE VERGANI *(lachend)* Ach, der T o d , Gennadi ...
GENNADI Ich war dabei ... Wie mein Großvater erstickt ist und ... Seitdem hab ich A n g s t vor dem Tod ... Nur nicht ... Wenn Sie bei mir sind ... Dann hab ich vor n i c h t s Angst ... A u c h nicht ... Vor mir s e l b e r .

II.2

Vor einem Stadel am Feldrand; Gennadi, Mademoiselle Vergani, Valerie

VALERIE *(kommt)* Na, Ihr Zwei ...? Gibt es hier was zu trinken? *(Gennadi nickt.)*
MADEMOISELLE VERGANI Ja, wo kommst d u denn her? Bist du in Jasnaja Poljana gewesen? Du bist ja nass bis zu den Knien!
GENNADI Warst wieder Krebsen fangen? *(Zu Mademoiselle Vergani.)* Sie k a n n das. Krebsen fangen. Mit der Hand. Sie ist schnell.
MADEMOISELLE VERGANI Ah, drum hast du nasse Ärmel!
VALERIE *(leise)* Die Krebsen sind schon in der Küche. *(Füllt einen Becher mit Wasser.)*

MADEMOISELLE VERGANI *(Pause)* Ich frage mich nur, woran du denkst, wenn du stundenlang so ganz allein durch die Alleen rennst?
VALERIE *(trinkt)* Muss man immer denken?
MADEMOISELLE VERGANI Also ein wenig seltsam i s t das ... Im Morgentau rennst du zum Fluss hinunter ... Und mitten in der Nacht über die Felder ... Wie gestern!
VALERIE Sind Sie n i e spazieren gegangen, wie Sie so alt waren wie ich? Im Mondlicht ... *(Sie nimmt eine Brezel.)* Hm! Brezen! Ich bin vom Schwimmen richtig hungrig.
MADEMOISELLE VERGANI Schwimmst du einfach so ... Ich meine, ohne ...?
VALERIE Ich bitte Sie! Wer soll mich denn sehen! Dort unten!
GENNADI Na, die Krebsen!
VALERIE Geh die! Die schaun keine zwei Sekunden, s c h o n sind die weg ... Horch ... Da drüben nistet eine Nachtigall ... Hören Sie die?
MADEMOISELLE VERGANI Ehrlich gesagt, nein ... Eigentlich nicht.
VALERIE *(lacht)* Jetzt s i n g t sie auch nicht ... Aber manchmal ... Kann man sie minutenlang hören ... In der Nacht ... Dann überflutet sie mit ihrem Gesang den ganzen Garten ... Bis dann unten aus der Schlucht von weit her eine a n d e r e antwortet ... Dann verstummt die erste, lauscht einen Moment, und antwortet dann nur umso l a u t e r ... Oh, ich l i e b e diese Nachtigallen!
MADEMOISELLE VERGANI W a s liebst du eigentlich momentan n i c h t ?
VALERIE Sie! Wenn Sie mich so streng anschaun!
MADEMOISELLE VERGANI Bitte, ich korrigiere doch nur deine Übertreibungen ... Gerade w e i l ich ahne, w a r u m du so bist ... Wie du bist.
VALERIE Oh, du kluges Jahrhundert! W a r u m um Gottes Willen bin ich denn so wie ich bin?
GENNADI Weil du jeden zweiten Tag einen Brief bekommst ... Und immer vom selben Absender.
VALERIE Jeden zweiten Tag? Also, bitte, w e r übertreibt denn hier wieder s c h a m l o s ?

GENNADI Ich übertreibe nie ... Ich weiß, was ich weiß ... Denn wer nimmt diese Briefln denn entgegen? Ich. Und wer gibt sie weiter? Ich. Wer weiß also am besten, was da im Busch ist? Ich, meine Herrschaften, ich! *(Ab.)*
VALERIE *(ruft ihm mit gespielter Verzweiflung nach)* Ja, aber darüber redet man doch nicht ... Du Buschwindröschen!

II.3
Vor einem Stadel am Feldrand; Mademoiselle Vergani, Valerie

MADEMOISELLE VERGANI Schreibst du ihm eigentlich ... Jedes Mal zurück?
VALERIE Ja ... Schon ... Obwohl mich seine Briefe immer auch verlegen machen.
MADEMOISELLE VERGANI Also gar so verlegen wirkst du gar nicht.
VALERIE *(Pause)* ‚Verlegen' ist auch nicht das richtige Wort ... Es ist eher so ... Ich habe mich so an seine Briefe gewöhnt, dass jeder Tag, an dem keiner kommt, mich fast verrückt macht! Ich finde es dann schrecklich ungehörig von ihm, mich so im Stich zu lassen!
MADEMOISELLE VERGANI Oh, Gott, du kannst einem ja richtig leid tun! Liebst du ihn denn wirklich?
VALERIE Ich ihn? Bitte, entscheidend ist doch, ob er mich liebt, oder? Ich glaub das nämlich gar nicht, dass er das tut ... Er behandelt mich eher wie einen jungen Kameraden ... Er forscht mich aus, gibt mir Ratschläge, baut mich auf beim Klavierspiel und bei meiner Tagebuch-Schreiberei, tadelt mich auch zwischendurch, aber ...
MADEMOISELLE VERGANI Will er denn ... Ohne dass er dich heiraten will, mein ich ...
VALERIE Aber überhaupt nicht! Davon ist wirklich nie die Rede ...! Heute schreibt er mir zum Beispiel ... *(Sie liest vor.)* Dass er sich um seine Mutter kümmern muss, dass er leider Unannehmlichkeiten bei der Adelsversammlung hat, dass er ...
MADEMOISELLE VERGANI Na, das ist doch alles interessant!

VALERIE Ja, aber wissen Sie, w o r ü b e r er n i e was schreibt ...? Dass ich ihm g e f a l l e ... Er schreibt n i e , wie ich a u s s c h a u ! Er schreibt n i e , dass er bemerkt hat, was ich angezogen hab, wie ich mich frisiert hab, welchen Schal ich trag oder welche Ohrenschützer ... Er hat nicht ein e i n z i g e s M a l darauf reagiert ... Aber das w i l l man doch a u c h ! Hin und wieder b e w u n d e r t werden!

MADEMOISELLE VERGANI *(scherzend)* Und geherzt und geküsst werden, ja, aber er ist eben g a r kein S c h m e i c h - l e r .

VALERIE Weder mit Blicken noch mit Worten hat er jemals darauf reagiert, dass ich doch – ich bin nicht eitel, aber das darf ich doch sagen – manchmal ganz h ü b s c h aussehen kann, nein?

MADEMOISELLE VERGANI Er ist eben prinzipiell zurückhaltend! Ja! Auch m i r gegenüber! Er macht n i e eine anzügliche Bemerkung ... Oder eine erotische Anspielung ... Es gibt eben solche und solche ... Er h a t Charme, aber er z e i g t ihn s e l t e n .

VALERIE Und das ist eben einfach l a n g w e i l i g !

MADEMOISELLE VERGANI Ich glaub, es geht ihm vor allem d a r u m , dass d u nicht zu eitel wirst! Zeig ihm in Zukunft ... Eher die Schönheiten der S e e l e ... Das ist – langfristig gesehen – ohnedies besser ... Wenn man an das Älterwerden denkt.

VALERIE Was? D a r a n soll ich j e t z t schon denken?

MADEMOISELLE VERGANI Also ... Wenn ich dich recht verstehe ... Deine Wangen, deine Ohrläppchen, deinen Hals ... Deine Lippen küssen will er n i e ?

VALERIE Naja, hin und wieder ... Passiert das schon ... So eine kleine Zärtlichkeit ... Dann bekomme ich einen Kuss auf die Wange und so ... Aber das ändert nichts am Grundsätzlichen! Ich fürchte, ihm passt einfach z u v i e l an mir nicht!

MADEMOISELLE VERGANI Also, das g l a u b ich einfach nicht!

VALERIE Das Wunderbare an uns beiden ... Ist nur trotzdem ... *(Sie lacht.)* Er zuckt kurz mit einem Augenlid ... Oder mit dem kleinen Finger ... Schon weiß ich, diesen Satz, den ich da grad gesagt hab, den muss ich mir besser überlegen ... Ich muss das

n o c h präziser sagen, was ich eigentlich meine ... Verstehst du ... Seine Augen entlocken m i r s e i n e Gedanken, die in diesem Moment m e i n e werden ... Ja, ich sehe mittlerweile a l l e s um mich herum schon mit s e i n e n Augen und ...
MADEMOISELLE VERGANI Alles? Auch mich?
VALERIE Natürlich auch S i e ! Und deswegen weiß ich auch so genau: Gäbe es nicht m i c h , würde er, wenn er jetzt da auf die Terrasse käme, sofort S i e umarmen.
MADEMOISELLE VERGANI Na, das w ä r doch was! *(Sie lacht.)* Also ... Etwas steht fest ... Du hast dich in den letzten Wochen e n o r m verändert! Du bist überhaupt nicht mehr – t r a n s u s i g !
VALERIE Transusig? Ja? W a r ich das? *(Sie lacht.)* Das ist ein hübsches Wort, aber ... Ich wundere mich ja selber ... Ich bin w i r k l i c h a n d e r s geworden ... Bücher, die ich früher nur aus Langeweile gelesen habe, lese ich jetzt mit einem heiligen Ernst, weil ich mit i h m darüber reden kann, und Musikstücke, die mir früher zu lang waren, übe ich stundenlang, weil e r mir irgendwann zuhören wird ... Und sogar unsere Bauern schau ich jetzt anders an als damals ... Als ich i h n noch n i c h t so kannte ... Und das Wichtigste ist: Endlich hab ich begriffen, was er mir ganz am A n f a n g gesagt hat ... Dass wir für a n d e - r e leben sollen ... Ich habe das zuerst nicht verstanden, aber jetzt w e i ß ich, dass er r e c h t hat ... Ich lebe jetzt n u r für i h n ... Und das ist g u t so.

II.4

Vor einem Stadel am Feldrand; Mademoiselle Vergani, Valerie, Tolstoi

TOLSTOI *(kommt)* Ah, da f i n d e ich Sie ja endlich! *(Er kommt näher.)* Ihre Angelegenheiten stehen a u s g e z e i c h n e t , meine Lieben! Alle drei Häuser in der Stadt sind freigegeben! Auch die Gärten und Guthaben! Sie können jetzt jederzeit nach Moskau, wenn Sie wollen.
MADEMOISELLE VERGANI *(geht auf ihn zu)* Was? Ist das wahr? Na, das ist ja w u n d e r b a r !

VALERIE Haben wir jetzt so viel Geld, dass wir überallhin reisen können?
TOLSTOI Wohin Sie wollen ... Können Sie reisen ... Ab sofort!
VALERIE Also im Sommer möchte ich schon auch weiterhin immer hier heraußen sein, aber ... Wenn die Tage kürzer werden, und nebliger ...
MADEMOISELLE VERGANI *(zu Tolstoi)* Können Sie nicht ... Mit uns zusammen ins Ausland reisen? Allein ... Würden wir uns doch in ... Paris zum Beispiel ... Bestimmt nicht so leicht zurecht finden.
TOLSTOI Sie? Finden sich nicht zurecht? In Paris ...? In Paris können doch eher Sie mich herumführen! *(Scheinbar scherzend.)* Aber ... Vorstellen kann ich mir das schon ...
VALERIE Ja? Dass wir alle drei gemeinsam verreisen?
TOLSTOI Allerdings ... Ist da noch ... Meine Mutter ... Und die Geschäfte ... *(Zu Valerie.)* Also ... Wie war denn das Wochenende? Was haben Sie denn erlebt? *(Er setzt sich.)* Wie ich Ihr Sudakovo liebe ... Ich könnt mein Leben lang da bei diesem Stadel sitzen ... Auf Ihren Strohstühlen ... Und auf die Felder schauen ... Bis zum Horizont ... Wo alles flimmert ...
VALERIE Dort blitzt es allerdings schon.
MADEMOISELLE VERGANI Ja, aber es blitzt jenseits des Sees ... Das ist noch sehr weit weg!
TOLSTOI *(verträumt)* Ich könnt mein Leben lang ... Da sitzen bleiben ... Und auf den See schauen.
MADEMOISELLE VERGANI Na, dann bleiben Sie doch sitzen ... Da bei uns ... Wenigstens heute ... Wenn es Ihnen so gut gefällt ... Hier.
TOLSTOI Ja, bleiben Sie sitzen, sagen Sie, aber ... Das Leben bleibt nicht sitzen ... Und ich ... Ich tu mich auch schwer damit ... Und darum ... Also eigentlich genau darum ... Werde ich auch nicht mehr heiraten.
MADEMOISELLE VERGANI Sie? Nicht heiraten? Aber gerade Sie wären doch ein ganz vortrefflicher Ehemann!
TOLSTOI *(lachend)* Weil ich so gerne sitze ...? *(Er lacht.)* Nein, Mademoiselle Vergani, Sie und ich ... Wir werden nicht mehr heiraten ... Das ist so ... Mich betrachtet längst niemand mehr als einen Heiratskandidaten ... Und ich habe mich auch

schon vor einiger Zeit damit abgefunden ... Und seitdem ... Geht es mir b e s t e n s !
VALERIE S e h r schön! Noch nicht fünfzig, und s c h o n ist das Leben vorbei!
TOLSTOI Ja ... Richtig ... Ich möchte nur noch ruhig dasitzen ... Und ... Zum Heiraten braucht es eben doch noch etwas a n d e r e s ! *(Zu Mademoiselle Vergani, auf Valerie zeigend.)* S i e muss heiraten, s i e hat das richtige Alter ... Mit z w a n z i g soll man Kinder kriegen, nicht mit vierzig. *(Er lacht.)* S i e soll heiraten ... *(Er küsst Mademoiselle Vergani kurz auf die Wange.)* Und wir beide ... Haben dann ... Unsere F r e u d e ... Daran.
VALERIE Wie, bitte?
TOLSTOI *(schaut Valerie direkt an)* Stellen Sie sich vor, ich würde – durch einen unglücklichen Zufall – so ein ganz junges Mädchen heiraten ... Das ist ein s e h r gutes Beispiel, finde ich, ja, es freut mich wirklich, dass es s o gut passt ... Also angenommen, nur angenommen, ich würde so jemanden wie Sie ... Heiraten ... Hand aufs Herz ... Wär das nicht ein U n g l ü c k ?
VALERIE Aber nein! Überhaupt nicht!
TOLSTOI Doch. Es w ä r e ein Unglück für Sie ... Wenn Sie Ihr Leben mit einem s o alten Mann verbringen müssten ... Glauben Sie mir ... Mit einem, der nur noch ruhig dasitzen möchte, während Sie selbst noch Weißgottwas würden erleben wollen! Nein, ich mache Ihnen jetzt keinen Antrag ... Das wäre das Dümmste ... Sie d ü r f e n nämlich nicht von einem träumen, der ... *(Er macht eine Geste nach oben.)* Der nur mehr ... Also das ... Das wäre w i r k l i c h ein Unglück.
VALERIE Also ein U n g l ü c k ... Wäre das n i c h t .
TOLSTOI Aber es wär auch nicht g u t ! Nicht s o gut jedenfalls, wie eine r i c h t i g e Liebesgeschichte!
VALERIE Bitte ...?
TOLSTOI Na, sehen Sie. *(Er steht auf und gibt Valerie die Hand.)* Sie haben vollkommen recht. Ich danke Ihnen wirklich s e h r für Ihre Ehrlichkeit. Und Offenheit. Und Aufrichtigkeit.
VALERIE Aber ich hab doch gar nichts gesagt ...
TOLSTOI *(zu Mademoiselle Vergani)* Ich bin wirklich froh, dass wir uns so offen über dieses für mich doch etwas heikle Thema

unterhalten haben ... Leben Sie wohl, meine Damen ... Sie sehen ... Ich habe das vorhergesagt ... Es regnet.

MADEMOISELLE VERGANI Aber das war jetzt doch nur e i n e i n z i g e r Tropfen!

TOLSTOI Nein, nein ... Meine alten Knochen spüren den Regen schon ... Ich muss schauen, dass ich noch rechtzeitig nach Jasnaja Poljana komme ... Aber sobald ich die endgültige Entscheidung Ihrer Angelegenheiten s c h r i f t l i c h habe, bringe ich sie Ihnen s o f o r t vorbei! *(Er verbeugt sich noch einmal, will ab.)*

MADEMOISELLE VERGANI *(geht ihm nach)* Warten Sie ... Wir lassen Sie erst weg, wenn wir das geklärt haben: Eine Frau soll einem Mann, Ihrer Meinung nach, nicht sagen, dass sie ihn liebt, gut, aber auch der Mann kann und soll einer Frau nicht sagen, dass er sie liebt, w e n n er sie liebt ...?

TOLSTOI So ist es.

MADEMOISELLE VERGANI Ja, aber w a r u m denn nicht?

TOLSTOI Weil das i m m e r eine Lüge ist. *(Er lacht.)* Bitte, was p a s s i e r t da denn, wenn irgendein Mensch plötzlich b e - h a u p t e t , dass er l i e b t ? Er dreht einen Schalter um, und schon l i e b t er? Ereignet sich da ein Wunder? Ein Feuerwerk in seinem Kopf? Oder will er nur einfach ins H e u mit der Dame ...?

MADEMOISELLE VERGANI Na, und w e n n ?

TOLSTOI Mir scheint, dass Menschen, die feierlich verkünden ‚Ich liebe Sie', nicht nur sich selbst, sondern auch, was noch viel schlimmer ist, alle anderen – rund um sie herum – w i s s e n t - l i c h b e t r ü g e n !

MADEMOISELLE VERGANI Ja, aber wie ... Erfährt denn dann eine Frau, dass sie geliebt wird, wenn es ihr keiner sagt?

TOLSTOI Wenn ein Gefühl d a ist, wird es seinen Ausdruck schon f i n d e n .

MADEMOISELLE VERGANI W i e bitte? Haben S i e wirklich noch n i e einer Frau gesagt, dass Sie – sie lieben?

TOLSTOI Nein, n i e ... Und ich bin auch n i e dabei niedergekniet ... Und ich werde das auch in Zukunft n i e tun ... *(Ab.)*

MADEMOISELLE VERGANI Na, da ... Wär ich mir ... An Ihrer Stelle ... Aber nicht so s i c h e r , Herr Nachbar.

Licht aus, Musik

III.1

Klavierzimmer; Mademoiselle Vergani, Tolstoi

TOLSTOI Der Notar hat alles bestätigt. Es hat ein bisschen gedauert, aber jetzt haben wir alle Unterlagen beisammen, und Valerie ...

MADEMOISELLE VERGANI Ist eine gute Partie?

TOLSTOI W i e alt ist sie?

MADEMOISELLE VERGANI Neunzehn und ... Sie sollte jetzt ... Heiraten, ja ... Sie hat ein gutes Herz ... Wäre eine sehr gute Mutter ... Und sie hat auch ...

TOLSTOI Sehr oft ein ... Wie sag ich das ... Ein schmerzlich ... Ergebenes Lächeln, ja.

MADEMOISELLE VERGANI Na, das nicht i m m e r , aber ... Um Kinder zu kriegen ist die Zeit Anfang zwanzig ... Zweifellos die beste Zeit ... Und Sie ... Sie w o l l e n doch Kinder!

TOLSTOI Ja, natürlich ... Aber alles, was ich im Moment wirklich weiß, ist: Das Gefühl, das ich für Valerie empfinde, ist vielleicht noch keine richtige Liebe, aber ... Möglicherweise doch schon das leidenschaftliche V e r l a n g e n , sie mit allen meinen Kräften lieben zu w o l l e n ... Man kann in dieser Welt ein wunderbares Leben leben ... Wenn man zu arbeiten u n d zu lieben versteht ... Zu arbeiten für das, was man liebt, und das zu lieben, woran man arbeitet ... Andererseits: Die Ehe ist etwas so Wichtiges, dass man sich n u r verloben d a r f , wenn man die F e h l e r und die g u t e n E i g e n s c h a f t e n der Erwählten genau überblickt ... Valerie ist zum Beispiel frivol ... Doch! Ja! Das ist sie!

MADEMOISELLE VERGANI Also w i r k l i c h frivol ist sie nicht, aber ... Wie meinten Sie das vorhin mit den – E i g e n - s c h a f t e n ?

TOLSTOI Das ist ganz einfach ... Man braucht nur zwei Kolonnen ... Soll und Haben.

MADEMOISELLE VERGANI *(lacht)* Und nach jeder Begegnung variiert die Endsumme? Ein kleiner Fehler an der Kleidung genügt ... Oder an der Frisur ... Schon stellen wir alles wieder in Frage?

TOLSTOI Man macht das zum Beispiel so ... E r s t e Kolonne ... Sie ist durchaus hübsch.

MADEMOISELLE VERGANI Eben!
TOLSTOI Manchmal aber ... Z w e i t e Kolonne ... Ist sie schrecklich oberflächlich und ... Sie hat wirklich k e i n e Ahnung von Literatur ... Wenn sie allerdings – erste Kolonne – ihr weißes Kleid trägt ... Kommt sie mir vor wie ein E n g e l !
MADEMOISELLE VERGANI Sie i s t einer! Sie lacht gern, sie tanzt gern ...
TOLSTOI Ja, aber zehn Minuten später ... Wirkt sie nur noch ... Schlecht erzogen und u n g e b i l d e t ... *(Ganz leise.)* Dann sagt sie ‚beschissen' und ‚Scheiße' und lauter so schmutzige Sachen!
MADEMOISELLE VERGANI U n g e b i l d e t ... Na ja ... Aber gerade d a s ... Das ist doch ein Fehler, der von Tag zu Tag kleiner wird!
TOLSTOI Wenn man sich Mühe gibt, ja, aber ... Tut sie das? *(Nimmt ihre Hand.)* Umgekehrt muss ich mich ernsthaft fragen ... Bin wirklich i c h der R i c h t i g e für sie?
MADEMOISELLE VERGANI Sie ... Wenn ich mir erlauben darf, das zu sagen ... Sie ... Sie sind der Richtige für j e d e .
TOLSTOI Vorsicht, Vorsicht! Sie kennen mich nicht so gut wie ich ... Mich kenne! Ich w e i ß , ich bin manchmal einfach w i - d e r l i c h ! Aber was soll ich t u n ? Wenn sie d a ist, finde ich immer s o f o r t etwas zu kritisieren an ihr ... Aber wenn sie n i c h t im Zimmer ist ... Schau ich mich ständig um, um zu sehen, wo sie bleibt ... Ja, ich denke selbst d a n n an sie, wenn ich mit einem dieser Bauernmädchen zusammen bin ...
MADEMOISELLE VERGANI Also d a s sollten Sie ihr vielleicht n i c h t so direkt sagen.
TOLSTOI Doch! Sie muss a l l e s wissen ... Über mich.
MADEMOISELLE VERGANI Na, ob grad d a s was bringt?
TOLSTOI Aber natürlich! Erkenntnisse!
MADEMOISELLE VERGANI Nichts wird sie erkennen! Eifersüchtig wird sie sein!
TOLSTOI Ach, w a r u m denn? Entweder man wird geliebt ... Oder eben nicht ... Eifersucht ist Unsinn!
MADEMOISELLE VERGANI Also d a s ... Glaubt sie Ihnen n i e !
TOLSTOI Viel entscheidender ist doch ... Wahrscheinlich hab ich einfach Angst! Sowohl vor einer H e i r a t ... Mit ihr ... Wie

auch vor einer G e m e i n h e i t ... Von mir ... Das heißt, vor einem S p i e l ... Mit ihr ... Ich hab ihr vorgestern einen richtig bösen Brief geschrieben und ...

MADEMOISELLE VERGANI Den hab ich gelesen, der ist wirklich n i c h t liebevoll.

TOLSTOI Ich weiß ... Er ist grob, töricht und voll von V o r w ü r f e n ... Dass sie keine moralischen Grundsätze habe und so ...

MADEMOISELLE VERGANI Ohne Vater und Mutter ... Wächst sie hier auf ... Woher soll sie denn diese ‚ehernen Grundsätze' haben, die Sie ihr vorschreiben?

TOLSTOI Na, von Ihnen!

MADEMOISELLE VERGANI Also genaugenommen ... Hab i c h doch a u c h keine ... Wenn S i e mir sagen: Komm, Kleine, komm mit mir m i t in den Krimkrieg ... Dann käme ich doch s o f o r t mit! *(Er schaut sie erstaunt an, sie lacht.)* Ich k a n n reiten! Ich bin mit Pferden groß geworden! Wollen wir probieren, wer besser s c h i e ß e n kann?

TOLSTOI Na, dann kommen Sie doch mit auf die J a g d ! Am Wochenende! *(Überlegt kurz, dann lacht auch er.)* Aber der Krimkrieg ... Der ist vorbei.

MADEMOISELLE VERGANI Können Sie nicht einen a n d e r e n anfangen ... Mir zuliebe ... Nein? Aber ... Vielleicht ... Ist es jetzt überhaupt sinnvoller, ich h o l sie, ja? *(Ab.)*

III.2

Klavierzimmer; Tolstoi, dann Valerie

VALERIE *(kommt)* Das wusste ich gar nicht, dass Sie – komponieren?

TOLSTOI *(spielt am Klavier einzelne Töne)* Also ‚komponieren' ... Würde ich das nicht nennen ... Das war jetzt eher eine Art von ... ‚Momentaner Gefühlsverwirrung'.

VALERIE Mademoiselle Vergani ...

TOLSTOI Ja, eben ...

VALERIE Hat mir gesagt, dass Sie hier sind.

TOLSTOI Ja, mit d i e s e r Beobachtung hat Mademoiselle Vergani ausnahmsweise r e c h t .

VALERIE Ja, und? Was t r e i b e n Sie hier ... So alleine?
TOLSTOI Zu meiner Überraschung l a n g w e i l e ich mich ... Ohne Sie.
VALERIE Ah, schau an.
TOLSTOI In Ihrer Abwesenheit tröstet mich nur der Gedanke, dass Sie, wenn Sie plötzlich auftauchen, wie jetzt, wieder ein wenig ä l t e r geworden sind, denn in der Jugend w e i ß man doch noch nicht, was man w i r k l i c h will ... Ich meine, Sie haben doch sicher schon w i e d e r einen Brief von Ihrem Klavierlehrer M o r t i e r bekommen? Ohne, dass Sie ihm zurückgeschrieben haben, dass er das bleiben lassen soll, nicht?
VALERIE Können Sie Ihre Predigten nicht lassen?
TOLSTOI Das war ein S c h e r z !
VALERIE Das k l a n g nicht so.
TOLSTOI Vielleicht meinte ich auch nur ... Schreiben Sie ihm doch, bitte, ü b e r h a u p t nicht mehr zurück ... Ich m a g diese Musiker nicht.
VALERIE *(leise)* Aber doch – die Musik?
TOLSTOI Wenn S i e spielen ... Liebe ich j e d e Musik!
VALERIE So.
TOLSTOI S p i e l e n Sie mir etwas ...? Ich habe Ihnen lange nicht zugehört.
VALERIE Ja, das w o l l t e ich gerade, aber ... *(Sie spielt und unterbricht plötzlich.)* Sind Sie mir auch nicht böse?
TOLSTOI Warum? Wegen dieses ... Franzosen?
VALERIE Nicht nur ... Ich war, fürcht ich, in den letzten Tagen vielleicht ... Nicht nett g e n u g mit Ihnen. *(Tolstoi schüttelt den Kopf.)* Sind wir trotzdem w e i t e r h i n Freunde?
TOLSTOI Ja, aber natürlich!
VALERIE *(unterbricht plötzlich ihre ‚Fantasie' von Mozart)* Also ... W a r u m bleiben Sie dann immer nur so k u r z ?
TOLSTOI *(Pause, dann mit gesenktem Blick)* Geschäfte.
VALERIE Hören Sie ... Dieser Tag heute ... Der ist für mich ein ganz b e s o n d e r e r Tag ... Ich frage Sie das nicht irgendwie zufällig ... Ich frage Sie das jetzt, weil ich das j e t z t w i s s e n m u s s ... W a r u m fahren Sie gerade h e u t e w i e d e r s o schnell weg?

TOLSTOI *(zögert)* Es ist für mich nicht leicht, Ihnen das e h r - l i c h zu sagen ... Ich habe in den letzten Tagen gründlich über uns beide nachgedacht ... Und das Ergebnis ist ... Ich komme zwar immer wieder her, muss dann aber unbedingt auch gleich wieder weg ... Ich m u s s fahren ... Und Sie wissen auch genau, warum ... *(Er nimmt ihre Hand.)* Und wenn Sie jetzt nur ein b i s s - c h e n Mitgefühl mit mir haben, fragen Sie, bitte, nicht weiter.
VALERIE Nein, das g e h t nicht! Sagen Sie mir, um Gottes Willen, sagen S i e es mir mit ganz einfachen Worten, warum Sie ausgerechnet j e t z t unbedingt w e g m ü s s e n !
TOLSTOI *(Pause)* Gut ... Auch wenn es unsinnig ist ... Und es mir sehr schwer fällt, das mit Worten zu erklären ... Ausgerechnet Ihnen zu erklären ... So werde ich mich d o c h bemühen ... *(Er steht direkt vor ihr.)* Stellen Sie sich einen alten Mann vor, einen wie mich, und eine junge Frau, so eine wie Sie, die jung ist und glücklich, die aber vom Leben, von der Gesellschaft, von der großen Welt noch nicht viel gesehen hat ... Also ... Infolge verschiedener familiärer Beziehungen gewann der alte Mann die junge Frau lieb wie ein eigenes Kind, und war sich auch sicher, er würde sie n i e a n d e r s lieben und ...
VALERIE Na, prima! Dann ist doch alles in O r d n u n g !
TOLSTOI N i c h t s ist in Ordnung! Dem alten Mann wurde allmählich klar, dass das Leben für die junge Frau noch ein S p i e l war ... Und dass sie also auch mit ihm ... S p i e l e n wollte ... Da erschrak er. Weil er an die Zukunft dachte. An das zwangsläufige Ende dieses ungleichen Spiels, und er beschloss, w e g z u - f a h r e n , ehe es zu spät sein würde.
VALERIE *(langsam)* Bitte ... Ich versteh jetzt nur e t w a s nicht ... W a r u m fürchtete er sich, sie l i e b zu haben?
TOLSTOI Weil Sie ... Jung sind ... Und s p i e l e n wollen, Valerie ... I c h aber brauche etwas anderes ... Jemand der spielen will, will i m m e r spielen ... Auch mit a n d e r e n ... Und dann würden Sie sich schämen ... Sagte der alte Mann ... Und lachte ... Und sagte dann noch: Ja, ich weiß, irgendwie ist das alles Unsinn, was ich gesagt habe, lassen Sie uns nicht mehr davon reden ... Sagte er und ging. *(Er versucht es.)*
VALERIE Aber so k a n n er nicht gehen! Jetzt müssen wir doch erst r e c h t darüber reden ... Jetzt, wo ich bemerke, dass

Sie mich w i r k l i c h ... Also ... Ich meine ... Was i s t denn jetzt mit den beiden? Haben die noch irgendeine Chance, einander n ä h e r zu kommen ...? L i e b t er sie ... Oder ... Liebt er sie n i c h t ? *(Tolstoi antwortet nicht.)* Wenn er sie n i c h t liebt ... W a r u m hat er denn überhaupt a n g e f a n g e n , mit ihr zu spielen ... Als ob sie noch zwei K i n d e r wären!

TOLSTOI Jaja ... Er a l l e i n ist schuld an diesem Missverständnis, aber ... Die beiden bleiben t r o t z d e m Freunde, nicht?

VALERIE Die beiden? Sicher n i c h t ! Das ist doch für beide überhaupt das S c h l i m m s t e ! Wenn man nur ein guter F r e u n d sein darf, wenn man einander l i e b haben will? *(Sie nimmt seine Hand.)* Ein anderes ... Ende ... Gibt es nicht?

TOLSTOI Doch, das gibt es ... Es gibt sogar z w e i v e r s c h i e d e n e Möglichkeiten. *(Mit einem kleinen Lächeln.)* Die e i n e n sagen, der Alte ist verrückt geworden, als er der jungen Frau seine absurde Zuneigung gestanden hat ... Denn für s i e ist diese ganze Geschichte doch nur ein kurioser Zwischenfall ... Sie hat ja nur g e l a c h t über das alles ... Für i h n aber ist es d i e Entscheidung seines Lebens, von der a l l e s andere abhängt, alles und ...

VALERIE Ich ... Habe n i c h t gelacht.

TOLSTOI Die a n d e r e n sagen, die junge Frau habe sich des alten Mannes e r b a r m t , ja, sie habe sich sogar e i n g e b i l d e t , dass sie n i c h t gelacht habe ... Sie, die noch n i c h t s von der Welt gesehen hat, bildet sich vielleicht sogar w i r k l i c h ein, dass sie ihn gern hat ... Jetzt und i m m e r ... Und er, der Wahnsinnige, bildet sich ein, er werde sein Leben noch ein z w e i t e s Mal beginnen können ... Trotz seiner beginnenden Glatze und seinem ... *(Er klopft sich auf seinen Wanst.)*

VALERIE *(umarmt ihn und wiederholt)* I c h habe n i c h t gelacht.

TOLSTOI *(lässt sich nicht unterbrechen)* Beide sahen also ... Dass sie sich ... Trotz aller Sympathie füreinander ... In diesem wesentlichen Punkt ... G e t ä u s c h t hatten. *(Er reißt sich los und geht hin und her.)*

VALERIE Gut ... Das war die z w e i t e Möglichkeit ... *(Pause)* Die d r i t t e Variante aber ist, wie ich sehe ... Dass er sie n i c h t liebt, sondern dass er ihr nur w e h tun will ... Dass er zwar fest daran g l a u b t , im Recht zu sein ... *(Er dreht sich erstaunt zu ihr.)* Ja, dass er auch noch s t o l z darauf ist, dass er jetzt ... Einfach von ihr w e g f ä h r t ... Dieser dumme, eitle Mensch, aber ... *(Pause)* Für S i e , mein Lieber ... Nicht für mich ... Ist das alles ein S p i e l ... Denn i c h habe Sie vom ersten T a g an g e r n gehabt. *(Leise.)* Ja, das h a b ich und ... Das wird auch i m m e r so bleiben. *(Sie geht auf ihn zu und küsst ihn.)*

III.3

Klavierzimmer; Valerie, Tolstoi, Mademoiselle Vergani

MADEMOISELLE VERGANI *(kommt)* Valerie, ich ... *(Erstarrt.)* Mein Gott, was m a c h t ihr denn da?

VALERIE Wir ... Wir v e r l o b e n uns gerade.

Licht aus, Pause

IV.1

Bei den Verwandten in Moskau; Mademoiselle Vergani, Gennadi

MADEMOISELLE VERGANI Am meisten verändert hast d u dich hier in Moskau ...

GENNADI Mademoiselle Vergani ...

MADEMOISELLE VERGANI *(räumt Teller und Löffel zusammen)* Kein Gesülze jetzt, Gennadi, wir haben gesagt, wir reden in einem J a h r , und jetzt ist erst ein h a l b e s Jahr um.

GENNADI Ist das m ö g l i c h ... Dass die Zeit l a n g s a m e r vergeht ... Als sie eigentlich soll ... Wenn man jemanden liebt und darauf wartet, dass diese Person ...

MADEMOISELLE VERGANI Hör, bitte, auf mit diesen Spitzfindigkeiten ... Weißt du, wie du aussiehst? Wie eine Provinznachtigall im Frack!

GENNADI I c h müsste n i c h t ... Jede Nacht herumfliegen ... Auf all diesen Bällen, aber s i e ... S i e w i l l das ja unbedingt, dass ich überallhin mitgehe!

MADEMOISELLE VERGANI Ja, weil d e r , den wir eigentlich h i e r haben wollen, in Jasnaja Poljana sitzt ... Deswegen musst d u mitgehen ... Damit sich nicht etwa ein a n d e r e r findet und ... *(Gennadi nickt.)* Ach, ich weiß a u c h nicht, warum dieser Sturkopf nicht endlich zu u n s kommt? Sitzt da allein in Jasnaja Poljana und ärgert sich grün und schippelig, statt es hier mit uns l u s t i g zu haben! *(Sie feilt sich die Nägel.)* Am Anfang ... Zu Haus in Sudakovo ... Hatten beide doch nur e i n e n Wunsch ... G l ü c k l i c h zu sein ... Miteinander ... Beide wollten lieben ... Und geliebt werden ... Tag und Nacht ... Wie es sich gehört ... Für ein Brautpaar und ...

GENNADI W i r beide könnten das g u t !

MADEMOISELLE VERGANI *(lässt sich nicht unterbrechen)* Eine unaufhörliche Heiterkeit war im Haus ... Wir hatten an jedem Wochenende Gäste ... Und die Welt rundherum war vergessen ... Aber dann fing er an, immer öfter a l l e i n auf die Jagd zu gehen ... Nicht einmal m i c h hat er mehr mitgenommen ... Und er ist auch immer öfter a l l e i n nach M o s k a u gefahren ... Aber jetzt, wo w i r zur Ballsaison bei s e i n e n V e r w a n d t e n hier in Moskau herumsitzen, hockt e r in Jasnaja Poljana!

GENNADI Dafür haben w i r h i e r ... Monsieur Mortier ... Der immer so tut ... Als wär er Le Roi de France ... Und nicht ein Straßenmusiker aus Korsika.

MADEMOISELLE VERGANI Er ist unser Musiklehrer, Gennadi, sonst n i c h t s !

GENNADI Ja, aber er taucht ständig auf a l l e n B ä l l e n auf! In jedem Orchester scheint er zu sitzen ... Und ... Das wird doch alles sofort hochsterilisiert ... Aber ... Ich wüsste s c h o n eine Lösung ... Valerie geht mit diesem Monsieur Mortier nach Paris ...

MADEMOISELLE VERGANI Und i c h geh mit dem großen Dichter nach Jasnaja Poljana? Ohne alle Hochzeitsböllerschüsse? Naja, d a s ... Könnte ich mir vorstellen!

GENNADI Ja, aber was ist denn dann mit m i r ?

MADEMOISELLE VERGANI Du kannst es dir dann aussuchen.

GENNADI Was?

MADEMOISELLE VERGANI W e n du begleitest ... Aber d a s steht fest ... Bei ihm und bei mir hättest du w e n i g e r K o f -

f e r zu tragen ... Allerdings müsstest du dir – wenn du bei uns würdest bleiben wollen –, sofort die Absätze von deinen Stiefeln nehmen lassen, denn in m e i n e m Haus würde ich a l l e quietschenden Schuhsohlen und klappernden Absätze s o f o r t verbieten! Quietschende Schuhsohlen und klappernde Absätze sind die u n a n g e n e h m s t e Sache der Welt.

GENNADI In I h r Zimmer würde ich n u r auf S o c k e n gehen.

MADEMOISELLE VERGANI Oder g l e i c h o h n e ! *(Beide lachen.)* Da ist wer im Vorzimmer.

GENNADI Monsieur Mortier ...

MADEMOISELLE VERGANI Nein, das ist sicher n i c h t Mortier ... Um d i e s e Zeit d a r f er ...

GENNADI Das i s t Mortier ... Ich h ö r das ... Dieser Mortier ... Hat ein v e r d a m m t v e r l o g e n e s Klopfen!

MADEMOISELLE VERGANI Er wird nicht weggehen, bevor er ...

GENNADI Also an m i r ... Kommt der s i c h e r n i c h t vorbei. *(Ab.)*

IV.2

Bei den Verwandten in Moskau; Mademoiselle Vergani, dann Mortier und Gennadi

MADEMOISELLE VERGANI Was m a c h ich jetzt ...? *(Sie lacht.)* Denn ... Was i m m e r ich mach, wird ...

IV.3

Bei den Verwandten in Moskau; Mademoiselle Vergani, Mortier, Gennadi

MORTIER *(drängt Gennadi beiseite, stürzt herein)* Bonjour, Mademoiselle Vergani! *(Nimmt ihre Hand.)* Valerie ... Pas là?

MADEMOISELLE VERGANI *(lässt seine Hand los)* Mein Vater ... Hat immer gesagt ... Nimm dich in Acht vor a l l e n fremden Männern ... Aber besonders vor denen, die z u v i e l e Ringe haben ... An den Fingern.

MORTIER *(spricht etwas geniert mit französischem Akzent)* Der gute Mann ... Wie r e c h t er hatte ... Aber bei mir ist das ... *(Französisch.)* T r e s different ... Oui! *(Wieder normal.)* Ja, das sind alles G e s c h e n k e ... Besonders d i e s e r Stein ... Aus Montpellier ... Ein Malachit mit b e s o n d e r e n Kräften und ...
MADEMOISELLE VERGANI S i e haben die wohl a u c h ?
MORTIER W a s soll ich haben ...
MADEMOISELLE VERGANI Na, besondere Kräfte ...
MORTIER Sie e r k e n n e n das?
MADEMOISELLE VERGANI Ich erkenne mehr ... Als Sie glauben.
MORTIER Und das erweckt ... Ihr Interesse?
MADEMOISELLE VERGANI Nein, im Gegenteil. Ich weiß schon j e t z t zu viel ... Ich hab schon z u viele Frauen in ihr Unglück rennen sehen, naiv und unwissend ... Ich kann mir das nicht schon w i e d e r anschauen!
MORTIER Ich ... Verstehe ... Nicht ...
MADEMOISELLE VERGANI Revenons à nos moutons, mein Lieber ... Ich w e i ß nämlich nicht nur viel, ich mach von meinem Wissen jetzt auch herzhaft Gebrauch und verlange von Ihnen, dass Sie s o f o r t gehen! *(Dreht sich zu Gennadi.)*
GENNADI Pauschal ... Sozusagen.
MORTIER Pauschal?

IV.4

Bei den Verwandten in Moskau; Mademoiselle Vergani, Gennadi, Mortier, Valerie

VALERIE *(kommt)* Oh, Mortier, was ist denn h i e r los?
MORTIER Rien, ma chère Valerie, une tempete dans un verre d'eau!
MADEMOISELLE VERGANI Er ist einfach hier h e r e i n g e - s t ü r z t !
VALERIE Oh, ich hab jetzt g a r keine Zeit! Ich muss mich umziehen, aber ... Sie können mir vorweg schon einmal schnell was erzählen ... Über die Leute ... Die den Ball heute geben und ...

MADEMOISELLE VERGANI Valerie ...
VALERIE *(leise)* W i r ... Reden später. *(Zu Mortier.)* Tee? *(Sie gibt ihm eine Tasse Tee und winkt Mademoiselle Vergani und Gennadi; beide ab.)*

IV.5
Bei den Verwandten in Moskau; Valerie, Mortier

MORTIER Bankier Preinsack ... Gibt den Ball ... Er ist aus Genf und s o sparsam, dass er im Zug hierher jedes Mal die Brille ablegt, um sie zu schonen, weil er die Landschaft ja schon k e n n t . *(Valerie lacht laut über diesen Witz.)* Dafür wirft s i e das Geld mit offenen Händen aus dem Fenster ... Sie hat aber auch sehr g u t e Eigenschaften ... Sie ist absolut treu ... Sie betrügt ihren Liebhaber nicht einmal mit ihrem eigenen Mann.
VALERIE Mein Gott, sind Sie bös ...! Wer i s t denn ihr Liebhaber?
MORTIER Na, ich ... Im Moment ... Drum weiß ich das ja so genau ... Aber ich habe mich jetzt Hals über Kopf in eine a n - d e r e verliebt ... Das wird die Gute aber s o f o r t verstehen ... Wenn sie heute abend ... Sie ... Sieht ... Denn Frau Bankier Preinsack ... Ist eine absolut ‚anständige Frau'.
VALERIE Sagt wer?
MORTIER Sie hat es mir s e l b e r gesagt.
VALERIE Und wenn sie gelogen hat?
MORTIER Eine anständige Frau, bitte, lügt n i e .
VALERIE *(lacht)* Ach Sie ... Wann sehen S i e denn schon ... *(Sie macht eine Tanzdrehung.)* Wirklich a n s t ä n d i g e ... Frauen?
MORTIER Ich seh immerhin, dass Sie sich auf den Ball sehr f r e u e n ... D a s immerhin seh ich.
VALERIE Ja, das stimmt ... Auch gestern Abend ... Beim Ball der Trottenbergs ... Da wusste ich schon, als Sie mich in den Saal führten ... D a s wird m e i n Abend!
MORTIER Und das w a r dann auch Ihr Abend, ja ... S i e waren die, um die sich a l l e s gedreht hat!
VALERIE Ja, ich hatte noch n i e s o sehr das Gefühl, dass m e i n e t w e g e n dieser große Saal so hell erleuchtet war und ...

MORTIER Wir Musiker haben n u r für S i e gespielt!
VALERIE Genau d a s Gefühl hatte ich ... Dass überhaupt a l l e nur meinetwegen dort zusammengekommen sind und ...
MORTIER Als Sie tanzten, waren a l l e hingerissen ... Von Ihren Bewegungen und Ihrer Musikalität ... Besonders die älteren Herrn waren begeistert, die besonders langsam durch den Saal flanierten ...
VALERIE Ich sah viele Blicke, ja ... Und auch das eine oder andere Neigen des Kopfes ... Während ich mich nach r e c h t s drehte ... Und nach l i n k s ...
MORTIER Wie ein Vogel, der a u f f l i e g e n will ... Genau s o wirkten Sie ... Ganz anders als alle anderen Frauen!
VALERIE *(etwas kokett)* Ich war a n d e r s ...? Warum?
MORTIER Etwas ländlich Schlichtes war um Sie ... Und doch a u c h etwas ... A u f r e i z e n d e s ... Allein Ihr K l e i d ...
VALERIE Soll ich es heute n o c h einmal anziehen?
MORTIER Es wird w i e d e r Effekt machen!
VALERIE Ich werde versuchen, mich so s c h ö n wie m ö g - l i c h zu machen.
MORTIER Sie k ö n n e n sich nicht schöner machen als Sie j e t z t schon sind.
VALERIE Ich werde Sie überraschen.
MORTIER Mich können Sie nur mit e i n e r Antwort überraschen ... Wann ... Kommen Sie ... Mit mir ... Nach Paris?
VALERIE Wir sehen uns ... Auf dem Ball!
MORTIER *(mit Inbrunst)* Ich ... Werde da sein.
VALERIE Ich ... Auch. *(Ab.)*

Licht aus, Musik

V.1
Bei den Verwandten in Moskau; Gennadi, Tolstoi

GENNADI *(versucht den hereinstürzenden Tolstoi aufzuhalten)* Bitte, es ist w i r k l i c h n i e m a n d da!
TOLSTOI Um Mitternacht? *(Nimmt Gennadi am Revers.)* N i e - m a n d ?

GENNADI Nur i c h ... Bin schon wieder zurückgekommen ... Ich bin aber e r s t e n s ... Leider etwas betrunken ... Und z w e i - t e n s doch ... In Ihren Augen ... Ein Niemand.
TOLSTOI *(nickt)* Obwohl du was von P f e r d e n verstehst ... Und ... G e t r u n k e n hab ich a u c h ... In the struggle of life, dear Swan of Aven! *(Gibt ihm seine Flasche.)*
GENNADI *(nimmt sie)* Ich k a n n kein Französisch.
TOLSTOI Hat sie auf dem Ball wirklich w i e d e r diesen F r a n - z o s e n getroffen? *(Gennadi macht eine hilflose Handbewegung.)* Sie hat kein Gefühl für Ehre und Anstand ... Sie hat kein Herz und keine Religion ... Aber das Dumme daran ist ... I c h hab das ja g e w u s s t ! Ich hab immer wieder g e s e h n , was sie für ein Gesicht gemacht hat, wenn sie von diesem ... Franzosen erzählt hat ... Ich hab g e w u s s t , es ist ein I r r t u m , dass ich mein Leben mit ihrem verknüpfen wollte ... Denn was ... Was kann einer wie ich denn schon tun, um zu verhindern ... *(Er lacht.)* Dass sie auch gern einen Jüngeren ...
GENNADI Was Sie tun können? *(Er lacht auch.)* Sie können ihr die Tanzerei verzeihen, sie heiraten, und dann ist ohnedies das Schönste vorbei, und ... Sie wird ruhiger werden.
TOLSTOI Nein, s i e ... Wird sich n i e ändern! *(Gibt Gennadi wieder die Flasche.)* Trink, Gennadi ... Und begreif, i c h muss mich ändern ... I c h muss diese Verlobung auflösen! *(Gennadi trinkt und gibt die Flasche zurück.)* Mich beschäftigt jetzt nur noch e i n e Frage ... Wie ich auf die beste, gerechteste, anständigste ... Und für mich bequemste Art ... Aus diesem Schmutz h e r - a u s k o m m e ! *(Er ist ziemlich betrunken, will sich das aber nicht anmerken lassen.)* Um meinen grundanständigen ... Für meine Mitmenschen nützlichen Lebensweg ... In Ruhe fortset- zen zu können.
GENNADI *(leicht ironisch)* Das ist ... Mannhaft.
TOLSTOI *(muss sich setzen)* S a g ich ja.
GENNADI Und außerdem ... Sie sind ja nicht der Erste ... Und S i e werden auch nicht der Letzte sein ... Dem das passiert.
TOLSTOI Schon Menelaos ... Ging es mit der Schönen Helena so.
GENNADI Ist das der, der das Rennen in Twer gewonnen hat?
TOLSTOI Nein, d a s war Poniatowski ...
GENNADI Der Fürst? Der dicke?

TOLSTOI Ja, der ist nur ganz kurioserweise ... A u c h in d e r - s e l b e n miesen Situation wie ich ... Also ... Ich kann mich jetzt p r ü g e l n ... Mit diesem Menschen ...
GENNADI Das ist unangenehm.
TOLSTOI Ich kann wortlos die Verlobung a u f l ö s e n ...
GENNADI Dann bleibt sie aber doch erst r e c h t bei diesem Franzosen.
TOLSTOI O d e r ich könnte ...

V.2
Bei den Verwandten in Moskau; Mademoiselle Vergani, Tolstoi, Gennadi

MADEMOISELLE VERGANI *(kommt vom Ball zurück)* Oh! Besuch! *(Sie deutet ins Vorzimmer, wo sie herkommt.)* In e i n e r Minute wird sie d a sein ... Sie muss sich n u r noch schnell verabschieden.
TOLSTOI Sie soll s o f o r t h i e r h e r kommen! *(Gennadi ab.)*

V.3
Bei den Verwandten in Moskau; Tolstoi, Mademoiselle Vergani

TOLSTOI Von w e m m u s s sie sich denn so ausführlich verabschieden?
MADEMOISELLE VERGANI Von dem, der uns mit seinem Wagen nach Hause gebracht hat ... In diesem Schneetreiben.
TOLSTOI Im S c h n e e t r e i b e n habt ihr euch bis M i t t e r - n a c h t herumgetrieben?
MADEMOISELLE VERGANI Mein Gott, wo l e b e n Sie denn? Jetzt sind doch die allerhöchsten Krönungsfeierlichkeiten! Gestern war H o f b a l l ! Heute am Nachmittag war die Militärparade! Es war s o ein Gedränge, dass die Adjutanten Seiner Majestät Valerie das neue blaue A t l a s k l e i d von oben bis unten z e r r i s s e n haben ... Und ... Bei unserer Kutsche ist die Deichsel gebrochen!
TOLSTOI Also, das g i b t es doch nicht!

MADEMOISELLE VERGANI Was? Das was r e i ß t ? Oder bricht ...? Oder dass die Adjutanten Seiner Majestät Valerie um einen T a n z bitten?
TOLSTOI Also wie ... Muss ich mir das denn vorstellen, bitte? Man hält sich an der Hand? Man flaniert? Man macht Komplimente ... Und ... Der Herr Klavierlehrer ... Taucht plötzlich auf ... Und ist ... Mit den Fortschritten auf dem Piano z u f r i e d e n ?
MADEMOISELLE VERGANI Er lobte Valeries Musikalität heute s e h r , ja!
TOLSTOI Und? *(Er geht erregt hin und her.)* Warum e r z ä h - l e n Sie mir das?
MADEMOISELLE VERGANI Weil Sie mich g e f r a g t haben.
TOLSTOI Können Sie sich nicht vorstellen, dass das alles mich ä r g e r t ? Genauso wie dieses blödsinnige Atlaskleid? Zweifellos sieht sie in dem ‚neuen Atlaskleid' grauenhaft a u f - g e d o n n e r t aus! Passend zu a l l diesen Adjutanten, die um sie herumscharwenzeln! Diese Kanaillen! *(Steht direkt vor ihr.)* Das sind a l l e s D u m m k ö p f e ! Denn wie e n d e n a l l e die Kratzbuckeleien dieser Lackaffen? Elend, sag ich Ihnen, elend!
MADEMOISELLE VERGANI Valerie war heute aber s e h r glücklich!
TOSTOI Ja, s i e ... Vielleicht ... Aber i c h bin es nicht! Nein! Jetzt ist es aus! Ich wünsch ihr noch alle Arten von eitlen Freuden ... Samt dem üblichen bitteren Ende, aber ... Aber am besten ist es wohl, i c h fahre jetzt s o f o r t wieder z u r ü c k nach Jasnaja Poljana und ... Sagen Sie ihr bitte am besten g a r nicht, dass ich h i e r gewesen bin.

V.4

Bei den Verwandten in Moskau; Mademoiselle Vergani, Tolstoi, Valerie, Gennadi

VALERIE *(kommt etwas aufgelöst vom Ball zurück)* Oh! Sie sind d o c h noch gekommen? So spät?
TOLSTOI So spät? Wieso? S i e sind spät ... I c h bin schon S t u n d e n hier ... Nicht wahr, Gennadi?

GENNADI *(nickt und macht eine hilflose Handbewegung)* Pauschal ... Sozusagen ...
VALERIE Ja, aber ... W a r u m denn h e u t e ? Sie haben doch geschrieben, es geht sich an diesem Mittwoch auf k e i n e n Fall mehr aus ... Und heute i s t doch Mittwoch, oder?
TOLSTOI Ich hab mir das überlegt ... Ich bin h e u t e gekommen, weil ich Ihnen unbedingt h e u t e noch etwas s a g e n möchte.
VALERIE So o f f i z i e l l kündigen Sie das an? Ja? Na, dann s a g e n Sie schon ... Was Sie auf dem Herzen haben ... Oder wollen Sie mir etwas sagen, was Sie eher im K o p f haben?
MADEMOISELLE VERGANI *(nimmt Valerie den Mantel, die Handschuhe und ihre Tasche ab)* Darf ich? *(Die beiden Frauen nicken einander zu, Vergani und Gennadi ab.)*

V.5
Bei den Verwandten in Moskau; Tolstoi, Valerie

TOLSTOI Ich wollte Ihnen schon l a n g e sagen ...
VALERIE Also gut ... Sagen Sie mir jetzt alles, was Sie mir sagen wollen, aber sagen Sie es nicht z u ausführlich, bitte, ja ...? Ich bin heute nicht in der Stimmung für lange Vorträge.
TOLSTOI Naja, vielleicht sollte ich es auch n i c h t sagen ...
VALERIE Nein bitte, wenn Sie mir unbedingt etwas s a g e n wollen, dann s a g e n Sie es auch ... Aber, bitte, kurz und klar. *(Legt ihm die Hand auf die Schulter.)*
TOLSTOI Wissen Sie noch, wie ich Ihnen zu Hause die Geschichte von dem alten Mann erzählt habe, der ...
VALERIE Wie kann ich diese dumme Geschichte vergessen?
TOLSTOI Ich habe damals die Unwahrheit gesagt ... Und das ist mir immer noch unangenehm ... Ich m u s s meine Geschichte zu Ende erzählen ... Deswegen bin ich gekommen, also, bitte, seien Sie vernünftig.
VALERIE Das sollte man n i e sein! Am frühen Morgen. *(Sie geht zum Fenster.)* Wenn man glücklich bleiben will!
TOLSTOI Ich dachte bei all unseren Gesprächen immer nur an m i c h ... D a s war der Fehler ... Aber das war bei mir leider i m m e r so und ...

VALERIE Das war i m m e r so ...? Ich bin also doch nicht die Erste und Einzige, die Sie je geliebt haben ...?
TOLSTOI W a s fragen Sie ...? Ob ich vor Ihnen jemanden ernsthaft geliebt habe? Nein, ich habe n i e jemanden geliebt ...
VALERIE Und die Geschichte im Kaukasus?
TOLSTOI Dieses Kosakenmädchen hab ich gern gesehen ... Aber ich habe mit ihr n i e etwas erlebt, was dem Gefühl, das ich für S i e empfinde, auch nur n a h e kommt.
VALERIE Warum sind Sie dann t r a u r i g ?
TOLSTOI Ich m a g diese Moskauer B ä l l e nicht!
VALERIE Aber mir ... Mir gefällt es hier wirklich s e h r !
TOLSTOI Das habe ich ja gefürchtet! Ja, m e h r noch, ich habe g e w u s s t , dass es so sein wird ... Ich hatte nur gehofft, dass auch I h n e n die falsche Aufgedrehtheit dieser Leute auf die N e r v e n geht ... Die ‚große Welt' zu überschätzen ist gefährlich! In dieser ‚großen Welt' gibt es mehr Lumpen als in jeder anderen. Und Taugenichtse! Und Schafsköpfe!
VALERIE Was ... Wollen Sie? Ich soll morgen wieder zu unseren Bauern zurückfahren und tagelang warten, bis Sie endlich auftauchen, um mir stundenlang zu erzählen, wie viele Schulen und Krankenhäuser Sie in dem oder dem Kuhdorf bauen wollen?
TOLSTOI Ich träume von einem zurückgezogenen Leben in Jasnaja Poljana, ja.
VALERIE Wenn wir dorthin zurückgehen, können wir uns g l e i c h begraben lassen ... Unter einem Farnhügel ... Im Birkenwald.
TOLSTOI Ich sehne mich nach einer arbeitsintensiven Ruhe. Nach einem sinnvollen Leben. Hier in Moskau bin ich immer unruhig und ...
VALERIE Ja, aber w a r u m denn?
TOLSTOI Ich möchte die Möglichkeit haben, anderen – die ich kenne, und an die ich glaube –, Gutes zu tun ... Hier gibt es nur Schattengewächse, Spieler und Bankiers, Betrüger und Geldjongleure, verschuldete Adlige und verlogene Popen, kurz, niemanden, der es wert ist, dass man sich um ihn kümmert ... Ich aber möchte eine Arbeit, die mir und anderen N u t z e n bringt ... Mehr oder weniger Geld zu haben, ist mir egal ... Ich will arbeiten, um anderen das Leben zu erleichtern! D a s will ich ... Und daneben brauch ich den Jahreswechsel, die Bäume, meine

Bücher, die Hunde, die Musik, die Liebe zu einem vertrauten Menschen und ... Ich möchte Kinder haben ... Um mich herum, ja ... *(Er legt ihr die Arme um die Schultern.)* Valerie ... Die Hauptsache ist, Sie müssen s o leben, dass Sie sich beim Schlafengehen sagen können: Heute habe ich e r s t e n s jemandem etwas Gutes getan, z w e i t e n s habe ich selbst etwas besser zu leben begonnen ... Sie müssen Ihre Tätigkeiten am Vortag festlegen und sich am nächsten Abend prüfen, ob sie alles wirklich g e t a n haben, wie Sie es g e p l a n t hatten ... Und Sie werden sehen, dass Sie sich dann sagen können, heute ist es mir gelungen, die Triolen glatt zu spielen, u n d ich habe ein bedeutendes Werk der Dichtung v e r s t a n d e n ... Und vor allem ... Das Schönste ist doch, dass Sie wissen können, da i s t jemand, der Sie liebt ... G e r a d e für all das G u t e , das Sie getan haben!

VALERIE Was ich nicht verstehe, ist ... Wenn Sie wirklich ein so g u t e r Mensch sind, warum sind Sie dann s o böse darüber, dass ich heute Abend auf diesem ... B a l l gewesen bin?

TOLSTOI Haben Sie denn da wieder ... Ganz zufällig ... Diesen F r a n z o s e n gesehen?

VALERIE Ja.

TOLSTOI Den m a g ich nicht.

VALERIE D a s unterscheidet uns.

TOLSTOI Ja, ich weiß ...

VALERIE Ja, Sie wissen immer a l l e s ... Aber i c h weiß jetzt a u c h etwas ... Ich bin nicht Ihre P u p p e ... Die Sie mir nix dir nix ... In die Kleider einer alten Frau stecken können ...! Nein, lassen Sie mich! Sie wollen ja gar nicht mich, Sie wollen nur irgendeine i d e a l e V o l l k o m m e n h e i t , die aber in m e i n e n Augen nur e t w a s ist: U n m e n s c h l i c h ! Ja! Ich will ab sofort auch keine Briefe mehr von Ihnen ... Ich h a s s e diese ewigen Moralpredigten!

TOLSTOI Ich ... Ich mach Ihnen einen Vorschlag. *(Valerie nickt wieder.)* Bleiben Sie zwanzig Jahre bei mir ...

VALERIE Auf dem Land ...

TOLSTOI In Jasnaja Poljana, ja.

VALERIE Dann bin ich eine alte Frau.

TOLSTOI Und d a n n leben wir, wo S i e leben wollen ... In Paris oder wo!
VALERIE Gut.
TOLSTOI Gut?
VALERIE Ja, ich n e h m e Ihren Vorschlag a n .
TOLSTOI Das f r e u t mich, Valerie, dass Sie das jetzt gesagt haben. *(Pause)* Ich gebe zu, ich habe das nicht mehr erwartet.
VALERIE Unter e i n e r Bedingung ... Nehme ich Ihren Vorschlag an.
TOLSTOI Ja?
VALERIE E r s t zwanzig Jahre Paris ...
TOLSTOI Bitte?
VALERIE Und d a n n Jasnaja Poljana.
TOLSTOI Das ist aber doch das G e g e n t e i l von dem, was i c h m ö c h t e !
VALERIE Richtig ... Ja ... Aber Ihnen missfällt ja nicht nur, dass ich heute auf diesem Ball gewesen bin, Sie finden es ja auch ‚abstoßend', dass ...
TOLSTOI Dass dieser Franzose Sie ‚hübsch' findet, ja, das ist richtig! Und warum? Weil er dadurch mich und Sie u n d Ihre Würde als Frau auf das G e m e i n s t e beleidigt ... Denn was m e i n t er denn damit? Dass Sie auch o h n e Kleider hübsch sind, nicht?
VALERIE Aber es war doch alles völlig h a r m l o s heute!
TOLSTOI Mit d i e s e m Dekolleté, bitte ... Mit dem ist n i c h t s harmlos! Valerie, wenn Sie schon kein Ehrgefühl haben, so muss doch i c h ...
VALERIE Ich habe mich schon gewundert, dass Sie bisher n i e etwas Abfälliges über Mortier gesagt haben, aber dass Ihre Stimme jetzt s o böse klingt, damit habe ich doch n i c h t gerechnet.
TOLSTOI Ich weiß nicht, w o m i t Sie gerechnet haben, i c h jedenfalls hätte von allem Anfang an mit dem G e m e i n s t e n rechnen m ü s s e n ... Ja, ich s c h ä m e mich, wenn ich Sie s o sehe ... Für Sie und für mich ... Schäme ich mich ... J a , Valerie, das alles tut mir einfach nur noch w e h .
VALERIE Aha ... D a s also ist die ‚Macht des Bräutigams' ... Das d ü r f e n Sie offenbar ... Ihre zukünftige Frau beleidigen

und erniedrigen, die n i c h t s getan hat ... Bloß weil S i e s e l - b e r sich etwas ... Überhitztes ... Vorgestellt haben! *(Sie lacht.)* Eifersucht ist U n s i n n ... Wie wir wissen ... Nicht?

TOLSTOI Sie werden mich nicht weiter quälen, Valerie, ich w a r ein Narr, ja, aber ... Ich w a r ein Narr ... Ich b i n es j e t z t nicht m e h r. *(Er verschluckt die weiteren Beleidigungen und geht ab.)*

VALERIE Bitte, b l e i b e n Sie ... Laufen Sie doch nicht w e g ... J e t z t !

Licht aus, Musik

VI.1

Am See; Gennadi, Valerie

GENNADI Hörst du ... Sie ... Singen ...

VALERIE Das ist drüben am anderen Ufer, ja ...

GENNADI Das ist i m m e r so im Frühling ... Wenn das Eis verschwindet ... Und alles am Ufer anfängt zu blühen ... Vor zehn Jahren konnte man hier am See in fast jeder Frühlingsnacht Musik von drüben hören ... Ein Lachen und Lärmen war das ... Und jeder am See kannte deinen Vater!

VALERIE E r hat zu Mademoiselle Vergani gesagt, ich sei r e i - z e n d ... Aber stockdumm.

GENNADI Wer? Der große Dichter? Also ‚dumm' ... Scheint eher e r mir zu sein!

VALERIE Da könnte man am lieben Gott verzweifeln, nicht? Dass der s o einen Menschen erschaffen hat ... Der s o schöne Sachen s c h r e i b t , und s o böse Sachen s a g t .

GENNADI Ach, was er schreibt, ist im Grund doch a u c h l a n g w e i l i g !

VALERIE Nein, da i r r s t du dich ... Was er schreibt, ist schon s e h r genau beobachtet ... Aber ... Da wir schon vom lieben Gott reden ... Wie hältst d u es eigentlich mit dem lieben Gott?

GENNADI Du ... W a s soll ich s a g e n ... Wir grüßen uns ... Aber wir sprechen nicht miteinander ... Und das wär auch für dich und ihn das Beste!

VALERIE Na, ich weiß nicht ... Denn andererseits tut er mir ja auch leid. Sie haben ihm Blutegel angesetzt ... Er soll eine Lungenentzündung haben ... Er hat mir geschrieben, dass er vielleicht sterben muss!

GENNADI Weil sie ihn zur Ader gelassen haben? So schnell sterben böse Menschen nicht.

VALERIE Er ist nicht bös ...

GENNADI Alle Dichter sind bös und eingebildet ... Sie glauben alle, nur sie haben die Wahrheit in der Hand ... Aber das ist wie bei den Eidechsen ... Den Schwanz hast du in der Hand, aber die Eidechse flüchtet ... Und kaum, dass du sie nicht mehr siehst, wächst ihr schon wieder ein neuer ... Glaub mir, nur so ein Dichter wie er kann glauben, dass alles gut wird, wenn er nur seine Leibeigenen frei lässt ... Aber er hat das Wichtigste immer noch nicht verstanden ... Unsere Bauern sind keine guten Menschen ... Sie sind misstrauisch, eigensinnig, tückisch und schwerfällig.

VALERIE Aber du, Gennadi ... Du bist doch auch einer von denen.

GENNADI Drum kenn ich sie alle ja auch viel besser als er ... Er will ihnen seinen Boden unbedingt verpachten, verbohrt wie er ist, sie aber haben das Gerücht gehört, der Zar werde demnächst allen Bauern den ganzen Boden Russlands schenken, also wollen sie absolut nichts pachten, im Gegenteil, sie wollen alles, auch sein ganzes Land geschenkt haben von ihm und ...

VI.2

Am See; Valerie, Gennadi, Mademoiselle Vergani

MADEMOISELLE VERGANI *(kommt)* Er hat einen Boten geschickt ... Er ist gesund ... Er kommt!

VALERIE Wann ...

MADEMOISELLE VERGANI Na, jetzt ... Er scheint es eilig zu haben ... Entweder will er dich jetzt doch so schnell wie möglich heiraten ... Oder er will ...

VALERIE Mich so schnell wie möglich loswerden!

GENNADI Er will sicher wieder b e i d e s ... Er will seine Bauern ja auch einerseits freilassen, aber dann will er das d o c h wieder nicht ganz.
VALERIE Mein Gott, was zieh ich denn jetzt nur a n ? *(Ab.)*

VI.3
Am See; Gennadi, Mademoiselle Vergani

GENNADI Hören Sie, wie sie singen ...?
MADEMOISELLE VERGANI Das ist am anderen Ufer, ja ... Ich schau oft hinüber ... Es muss schön sein dort.
GENNADI Ich hab den Hof ersteigert ... Den da drüben.
MADEMOISELLE VERGANI *(überrascht)* Welchen?
GENNADI Den auf dem kleinen Hügel, bei dem der Fluss in den See fließt ... Den von den Schtscherbazkis.
MADEMOISELLE VERGANI Mein Gott, woher hast du denn das Geld?
GENNADI Mein Vater ist gestorben, aber ich w i l l sein Wirtshaus nicht ... Den Hof da am See ... Den mag ich viel l i e - b e r . *(Pause)* Ist Ihnen das unangenehm, dass ich das jetzt gesagt hab?
MADEMOISELLE VERGANI Nein, das ist mir n i c h t unangenehm ... Ich frage mich nur ... Ob wir zwei uns dort nicht langweilen werden ... Allein.
GENNADI Ja, das ... Wird davon abhängen, ob wir ...
MADEMOISELLE VERGANI Warum s c h a u s t du denn so ...
GENNADI Ich schau Ihre Augen an ... Diese sanften, ruhigen, ehrlichen Augen ... Und ich freu mich über das Lachen in Ihren Augen, das mich immer in eine Z a u b e r w e l t versetzt.
MADEMOISELLE VERGANI Ach, hör a u f ! Das stimmt doch g e n a u so wenig wie die Geschichte mit dem Gut der Schtscherbatzkis da drüben!
GENNADI Wenn Sie mich so anschaun, bin ich immer ganz gerührt ... So weich gestimmt wie als Bub ... Beim Schlittschuh laufen mit Natascha ... An die muss ich immer denken, wenn Sie mich so anschaun ... Das könnten wir dort drüben a u c h sehr gut ... Im Winter ...

MADEMOISELLE VERGANI Was? Schlittschuh laufen? Bist du so ein l e i d e n s c h a f t l i c h e r Schlittschuhläufer?
GENNADI Früher war ich das, ja ... Aber da waren auch immer viele Kinder ... Jetzt bin ich meistens allein ... Auf dem Eis.
MADEMOISELLE VERGANI Aber an sich ... Machst du a l l e s eher l e i d e n s c h a f t l i c h , oder?

VI.4
Am See; Mademoiselle Vergani, Gennadi, Valerie

VALERIE (kommt in einem weißen Kleid) S o ... Jetzt kann er k o m m e n ... Wie gefällt euch mein K l e i d ?
MADEMOISELLE VERGANI Ihm ... Wird das s i c h e r gefallen.
VALERIE *(lachend)* Ja, weil es w e i ß ist! Auch wenn er sich eher auf die Zunge beißen wird, als dass er das zugeben wird!
MADEMOISELLE VERGANI *(horchend)* Da sind die Pferde ... *(Zu Gennadi.)* Hilfst du ihm?
GENNADI Und ... Über die Schtscherbazkis?
MADEMOISELLE VERGANI Reden wir ... Wenn wir a l l e i n sind ...
GENNADI Aber nicht erst beim Schlittschuh laufen! *(Er will abgehen, kommt aber noch einmal zurück und zieht sie zur Seite.)* Mademoiselle Vergani ... Darf ich Sie um etwas b i t - t e n ? *(Sie nickt.)* Können Sie mich ... Kurz ... Umarmen? *(Sie nickt und umarmt ihn. Er drückt sie fest an sich, löst sich dann aber schnell und geht glücklich ab.)*

VI.5
Am See; Valerie, Mademoiselle Vergani

MADEMOISELLE VERGANI Also w a s wirst du ihm denn jetzt sagen ... Ich meine ... L i e b s t du ihn ...? Immer noch ...? Oder liebst du ihn n i c h t mehr so sehr? Du d a r f s t nicht i h n das entscheiden lassen ... Für d i c h musst allein d u das entscheiden! Du allein! Ja!
VALERIE Unser früheres Verhältnis ... Also damals, als jeder Gedanke, den i c h ihm ‚mitteilte', mich b e l a s t e t e wie ein

Vergehen, als mir j e d e s e i n e r Taten aber, j e d e s s e i - n e r Worte als Muster der Vollkommenheit erschien, dieses Verhältnis hat sich gewandelt.

MADEMOISELLE VERGANI Ihr musstet immer lachen ... Wenn ihr euch plötzlich angesehen habt und ...

VALERIE Ich lache weniger ... Jetzt ... Dafür e r k e n n ich m e h r ... Um mich herum ... Ich weiß jetzt, dass j e d e r seine e i g e n e n Sorgen hat ... Seine e i g e n e Welt und ...

MADEMOISELLE VERGANI Da ist g a r keine Fröhlichkeit mehr?

VALERIE Seine Kindereien, die mich früher verlegen, aber oft auch so f r o h gemacht haben, die g i b t es nicht mehr ... Und ... Er ist ja auch sehr selten hier.

MADEMOISELLE VERGANI Böse – seid ihr aber n i c h t miteinander, oder?

VALERIE Nein ... Überhaupt nicht ... Es kommt weder zu Szenen, noch zu Verstimmungen zwischen uns, aber ... Ich weiß jetzt eben immer schon im Voraus, was er sagen wird ... Ich erwarte nichts Neues von ihm, und er erwartet nichts mehr von mir ... Jeder lebt für sich allein ... Auf dem e i g e n e n Gut.

MADEMOISELLE VERGANI Und ... Warum t r e n n t ihr euch dann nicht?

VALERIE Weil wir ohnedies ... Nicht mehr z u s a m m e n sind.

MADEMOISELLE VERGANI Und das alles wegen ... Mortier?

VALERIE Vielleicht ... Vielleicht auch nicht ... Ich muss allerdings zugeben, ich denk immer ö f t e r an sein Klavierspiel ... Wenn ich mit ihm Chopin spiele, fühle ich mich wohl.

MADEMOISELLE VERGANI Ja, und? Das genügt?

VALERIE Er hat mich gefragt, ob ich mit ihm nach Paris gehen will, aber ... Ich weiß nicht, ob ich ausgerechnet d a r ü b e r reden soll ... Jetzt.

MADEMOISELLE VERGANI Und ... Wenn er sagt ... Vergiss Mortier und ... Bleib?

VALERIE Dann ... Bleib ich ... Vielleicht.

MADEMOISELLE VERGANI Und wenn er sagt, geh besser d o c h ... Nach Paris?

VALERIE Dann g e h ich ... Vielleicht.

VI.6

Am See; Mademoiselle Vergani, Valerie, Tolstoi

TOLSTOI *(kommt)* Guten Abend, die Damen! *(Er umarmt Mademoiselle Vergani kühl, Valerie netter.)* Was haben Sie doch für ein schönes, weißes Kleid ... Oh, ich l i e b e diesen See.
VALERIE Ich freu mich wirklich s e h r , dass Sie endlich d o c h wieder einmal gekommen sind und ... *(Sie lacht.)* Schon ganz ... Gesund?
TOLSTOI Nicht so ganz, aber im Bett ... *(Lächelnd.)* So allein ... Hab ich es einfach nicht mehr ausgehalten ...
VALERIE Blass ... Sind Sie.
TOLSTOI So e r n s t sagen Sie das? *(Sie nickt.)* Was i s t denn? Was h a b e n Sie denn? Ist was p a s s i e r t ?
MADEMOISELLE VERGANI *(leise zu Valerie)* Ich denke, ich g e h jetzt besser, oder? *(Ab.)*

VI.7

Am See; Valerie, Tolstoi

TOLSTOI Was w a r in Moskau? Was ist denn d a ... Passiert?
VALERIE N i c h t s ist passiert ... Mir war langweilig ... Trotz aller Einladungen ... Ich war viele Tage allein ... Und ich wollte Sie schon länger ...
TOLSTOI *(lächelnd)* Nun, das klingt schon n i c h t mehr so gefährlich.
VALERIE Ich wollte Sie schon länger um Verzeihung bitten ... Dass es unsere Liebe – nicht mehr gibt.
TOLSTOI *(versucht weiter heiter zu sein)* W i e s o sagen Sie das so ...
VALERIE Sind S i e denn glücklich? *(Tolstoi nickt.)* Sind S i e mit Ihren Geschäften und Schreibereien s o zufrieden, dass Sie gar nichts anderes mehr brauchen?
TOLSTOI Glück ... Was ist Glück? Als K i n d wollte ich von einem Glück ins andere stolpern, aber heute ... Heute bin ich – besonders seitdem wir beide wieder hier auf dem Land leben – viel ruhiger, ja, wohl auch ... Zufriedener.

VALERIE Ich bin das nicht. In mir ist alles verworren. Ungeklärt. Und unvollständig. Immerzu will ich noch etwas anderes ... Mischt sich denn wirklich bei Ihnen nicht auch so etwas wie Melancholie in Ihre immer so gepriesene ‚Freude an der Natur‘? Der Wunsch nach etwas Unmöglichem? Haben Sie diese Sehnsucht nie?
TOLSTOI Nein ... Diese Sehnsucht hab ich nie ... Wenn ich unruhig bin, setz ich mich hin und ... Schreib etwas ... *(Schaut sie an.)* Einen Brief ... An Sie ... Zum Beispiel.
VALERIE Und ein Bedauern über das Vergangene ... Spüren Sie da nie ...? Ein Bedauern, dass sie weg ist? Unsere ‚große Liebe‘ ... Von damals?
TOLSTOI Damals war es schön, ja ... Aber auch jetzt ist es schön. *(Pause)* Oder ... Denken Sie daran ... Alles ... Aufzulösen?
VALERIE *(geht nicht darauf ein)* Sind Sie denn wirklich ... Wunschlos glücklich? Sie wünschen sich wirklich ... Nichts weiter?
TOLSTOI Nichts Unmögliches, nein ... Ich wünsche mir prinzipiell nie etwas Unmögliches.
VALERIE Sie trauern ... Diesen unendlich glücklichen Monaten nicht nach?
TOLSTOI Ich bin dankbar dafür, dass sie gewesen sind ... Wie sie gewesen sind ... Aber ich trauere ihnen nicht nach, nein.
VALERIE Sie wünschen sich nie, diese Zeit zurückzuholen?
TOLSTOI Das wünsche ich mir ebenso wenig, wie ich wünsche, dass mir Flügel wachsen.
VALERIE Und Sie möchten das Vergangene auch nie ... Verbessern? Und machen auch ... Weder sich, noch mir ... Vorwürfe?
TOLSTOI Nein ... Es ist alles gut so wie es gewesen ist ... Und wie es ist.
VALERIE Sie wollten von Anfang an, dass ich so lebe, wie Sie sich vorstellen, dass ich leben soll ... Ja ... Und ich habe auch alle diese Vorschriften ernst genommen ... Ja ... Aber dann war plötzlich alles anders ... Dann haben Sie nicht genug auf mich aufgepasst ... Sonst wäre das alles, was passiert ist, nicht passiert!

TOLSTOI Was i s t denn passiert?
VALERIE Das, was passiert ist, ist passiert, weil mir alles so n e u gewesen ist! Weil ich ‚das Leben' noch nicht so k a n n t e ... Und das ist I h r e Schuld ... Weil Sie mich zu früh a l l e i n gelassen haben ... Mir war langweilig, und ich h a s s e es eben, wenn mir langweilig ist ... S i e sind ja einfach weggerannt in Moskau ... Und haben überhaupt nicht mehr g e r e d e t mit mir ... Anstatt mir zu helfen, haben Sie j e d e A u s s p r a c h e , jedes zärtliche Wort v e r m i e d e n und ...
TOLSTOI W o v o n reden Sie denn jetzt? *(Er nimmt sie in den Arm.)* L i e b e n Sie mich nicht mehr? *(Sie macht sich von ihm los.)* Wenn Sie sagen, dass i c h Sie nicht mehr g e n a u so liebe wie früher ... Dann gebe ich Ihnen recht, aber daran ... Ist die Z e i t schuld ... J e d e Zeit hat i h r e Liebe.
VALERIE S o leicht sollten Sie sich das n i c h t machen, mein Lieber!
TOLSTOI Da Sie Aufrichtigkeit verlangen ... *(Er legt den Arm um ihre Schulter.)* In der Zeit, als ich Sie hier fand ... Ohne Ihre Eltern ... Da lag ich nächtelang schlaflos und dachte n u r an Sie ... Und an die Liebe, die in meinem Herzen wuchs und wuchs ... Ich konnte nicht und nicht schlafen ... Aber g e n a u so unruhig lag ich, als Sie sich in Moskau mit diesem Franzosen Nacht für Nacht herumgetrieben haben ... Da lag ich a u c h Nacht für Nacht schlaflos ... Und versuchte, diese Liebe, die mich quälte, zu zerstören, sie kurz und klein zu schlagen, aber ... Und das ist sehr wichtig ... Ich habe sie nicht zerstören können, ich habe nur das zerstört, was mich gequält hat, und bin zur Ruhe gekommen, das heißt, ich l i e b e Sie i m m e r n o c h , aber ... Es ist jetzt eine a n d e r e Liebe ... Das ist richtig.
VALERIE Sie nennen das Liebe, ja, aber für m i c h ... Ist diese Liebe nichts als eine e i n z i g e Q u a l ! Sie haben viel n a c h - g e d a c h t über mich, aber Sie haben mich zu w e n i g g e l i e b t !
TOLSTOI Was vergangen ist, ist vergangen, Valerie ... N i c h t s kehrt zurück ... Das Gute nicht und nicht das Böse ... Mit dem was man j e t z t h a t , muss man j e t z t zurechtkommen und ...
VALERIE Mortier hat mich gefragt, ob ich mit ihm nach Paris geh.

TOLSTOI *(plötzlich ganz wach)* Wann?
VALERIE Wann ich geh ... Oder ... Wann er mich das gefragt hat?
TOLSTOI Wann er Sie das gefragt hat.
VALERIE Gestern. Hier auf dieser Bank. Er hatte gerade seinen Arm um meine Schulter gelegt ... So wie Sie das vorhin getan haben ... Ich wollte aufstehen, aber mein Schultertuch – es war schon kühl – hatte sich an seinem Jackenknopf verfangen ... Wir versuchten den Knopf zu lösen, dabei berührte er meinen Arm und ... Ein ganz neues Gefühl war da, eine Mischung aus Entsetzen und ... Ja ... Gier vielleicht ...
TOLSTOI Ja, aber bitte, wieso sind Sie denn überhaupt mit ihm h i e r h e r gegangen? Zu u n s e r e r Bank? Glauben Sie denn i m m e r noch, dass es mit irgend einem anderen noch ein anderes, nicht vielleicht ein größeres, aber doch ein a n d e - r e s G l ü c k gibt? Das man ergreifen, das man a n g r e i - f e n m u s s ?
VALERIE *(erzählt weiter)* Ja, ich h a t t e Angst ... Ich w o l l t e weglaufen ... Aber ich war auch e r r e g t ... Ich spürte seine Hand an meinem Hals ... An meiner Brust ... Ich versuchte mich zu wehren, aber alle Worte, mit denen ich ihn hinhalten wollte, blieben mir im Hals stecken ... Ich konnte weder reden, noch mich rühren ... Auch d a n a c h noch nicht und ...
TOLSTOI Was heißt ‚danach'...?
VALERIE Je vous aime, hat er gesagt und ... Ob ich mitkomme mit ihm ... Nach Paris.
TOLSTOI Bitte ...? Ich glaube, ich h ö r e nicht recht ... Wiederholen Sie bitte, was Sie gesagt haben.
VALERIE Er hat mich gefragt, ob ich mitkomme mit ihm.
TOLSTOI Ja, aber was hat er d a v o r gesagt ... Sie haben doch noch etwas a n d e r e s erwähnt ...
VALERIE Dass er mich ... Liebt, hat er gesagt.
TOLSTOI Genau das. Er liebt Sie. Vorzüglich! Das ist doch eine kapitale Idee! Er verschleppt Sie nach Paris! Und ich? Was ist mit mir? Was soll i c h ... Denn jetzt tun? *(Er setzt sich.)* Er liebt sie ... E r l i e b t sie ... Was für eine k a p i t a l e Idee ... Valerie ...
VALERIE Ja ...

TOLSTOI Bin ich vollkommen blöd? Oder was? Ich war doch bis heute mit vollem Recht der Meinung, dass wir beide ... Also entweder bin ich verrückt oder Sie ... Aber der ist offenbar nicht verrückt, der hinter der Musikermaske seine Gier verbirgt! Seine himmelschreiende Herzlosigkeit ... Nein, nein, nein, Sie ... Sie sind genauso verrückt, wenn Sie diesem Korsen ins Unglück hinterherlaufen! *(Er wankt.)* Ich muss was trinken ... *(Will weg.)*
VALERIE Bleiben Sie, bitte ... Ich bin Ihnen böse, aber ich werde mich immer gern an Sie erinnern ...
TOLSTOI Ja, aber Sie ... Haben doch ständig gesagt, Sie lieben mich? So oft haben Sie das gesagt, dass ich Ihnen trotz aller Skepsis endlich geglaubt habe ... Und jetzt?
VALERIE Jetzt ist es anders. Ja. Richtig. Jetzt ist es anders.
TOLSTOI Alle unsere Gedanken und Gefühle, alle Pläne, die wir in den letzten Monaten gehabt haben, alle Vorfreude, alles hat sich in nichts ... Aufgelöst ... Wie der Rauch?
VALERIE Ja ... Das ist richtig ... Und ich rede jetzt auch nur deswegen so mutig, weil die Abreise schon beschlossen ist.
TOLSTOI Aber wir waren doch beide so stolz auf Ihre Entwicklung! Auf unsere gemeinsame Liebe ... Von der ich jetzt sehe, dass sie Ihnen absolut gar nichts bedeutet ... *(Er wankt.)* Ich kann nicht mehr ... Ich kann nicht ... Ich schäme mich ... Ja, das tu ich ... Ich schäme mich für uns beide ... Wenn Sie wüssten, wie ich mich schäme ... Dieses widerliche Gefühl der Scham ist mit keinem anderen Gefühl vergleichbar ... *(Er deutet auf seinen Hals.)* Hier, hier brennt es ... Ja, ich denke, ich sollte jetzt gehen ... Ich sollte jetzt wirklich gehen ... *(Er setzt sich.)* Was soll ich nur tun ...?
VALERIE Da ich stets nur das tun soll, was ich selber tun möchte ... Haben Sie mir immer gesagt ... Tu ich das eben jetzt ... Da ich wählen soll, wähle ich ihn. *(Ab.)*

VII

Bühne; Tolstoi

TOLSTOI *(geht an die Rampe)* Sagte sie und ging ... Ohne sich umzudrehen ... Und er? Der große Dichter? Er fuhr am nächsten Tag, wie er im Tagebuch festhielt, mit einer ‚rumpelnden Pferdekutsche nach Warschau' ... *(Er lacht.)* Und schon kurz danach ... Veröffentlichte er sogar diese Liebesgeschichte ...! Mit neuen Namen selbstverständlich und einer großen Hochzeit – als sehr erfolgreichen Roman unter dem erbaulichen Titel ‚Familienglück'. *(Will weg, bleibt aber stehen.)* Dieses pompöse Happy-End blieb allerdings sein e i n z i g e s ... Denn weder in seinen großen Romanen, noch im Leben gab es für ihn ein z w e i t e s ... Nicht umsonst lautet ja schon der erste Satz in seinem schönsten Roman ‚Anna Karenina': Alle g l ü c k l i c h e n Familien sind einander ä h n l i c h , jede u n g l ü c k l i c h e Familie aber ist auf ihre e i g e n e Weise u n g l ü c k l i c h . *(Er lächelt.)* Trotzdem, schrieb er, am Ende unseres Lebens zählen von all den Jahren doch nur die, in denen wir jemanden geliebt haben. *(Verbeugung, ab.)*

Licht aus, Verbeugungsmusik

Michaela Ehrenstein

Gerald Szyszkowitz

MARLENE DIETRICH

mit	Michaela Ehrenstein und Bela Fischer junior
Regie	Gerald Szyszkowitz
Assistenz	Tess Werner
Maske	Brigitte Wigelbeyer
Kostüme	Babsi Langbein
Fotos	Rolf Bock
eine Pause	

Uraufführung am 31. Dezember 2010
in der Freien Bühne Wieden

Lied: Kinder, heut' Abend

MARLENE *(lächend auf einem Barhocker)* Hallo … Die später sehr berühmte Marlene Dietrich hat zwischen 1923 und 1930 siebzehn Stummfilme gedreht, schnell gedreht und schnell vergessen, die ihr nichts gaben als das Gefühl: Ich bin immer noch ein „Nichts", weil ich eine Entennase habe und überhaupt aussehe wie eine Kartoffel, aber sie hatte ja ihren Mann, der Regieassistent bei der UFA gewesen ist, und ihre kleine Tochter ...

Und man hatte sich in Berlin schon daran gewöhnt, dass sie in maßgeschneiderten Herrenanzügen nachts durch die Bars tigerte, dass sie auf der oder der schrägen Kabarettbühne stand, auf der es wild herging ...

Ja, im Berlin der Zwanzigerjahre ging es tatsächlich wild zu. Das war so richtig Sodom und Gomorrha. Prostituierte lungerten an jeder Straßenecke. Ihre unverwechselbare, weiße Schminke ergänzte vorzüglich ihre „erotischen Kostüme", wie Paradiesvögel beherrschten sie mit ihren Federn, Ketten, Troddeln und kleinen Peitschen die Straßen.

Die Dietrich kannte vor allem alle Transvestiten, denn die waren ihrer Meinung nach die einzigen, die die obligaten Strapse stilvoll zu tragen wussten ... Ihr Liebling war ein großer Blonder, dessen Markenzeichen, einen weißen Zylinder und ein Rüschenhöschen, sie besonders bewunderte. Sie hat damals schon allen gesagt: „Nur meine schwulen Freunde wissen, was man machen muss, um eine aufreizende Frau zu sein."

Übrigens: Als sie wusste, dass sie schwanger war, hat sie zu ihrem Mann gesagt: Nun gibt es leider keinen Sex mehr, mein Lieber. Sie hatte ja leidenschaftliche Romanzen immer schon lieber gehabt als puren Sex. Ja, ihre körperliche Beziehung endete an dem Tag, an dem sie erfuhr, dass sie „in anderen Umständen" war. Ihr Mann hatte ab diesem Zeitpunkt natürlich immer Freundinnen, und sie hatte ihre Freunde, vor Hollywood Rudolf Forster und Willi Forst, dann Sternberg und ...

Also Sternberg. In einer Revuevorstellung von „Zwei Krawatten" saß plötzlich der amerikanische Filmregisseur Josef von Sternberg. Er war 35, stammte aus einer Wiener jüdisch-orthodoxen Familie, hatte aber in Amerika schon eine Handvoll Filme gedreht, und suchte jetzt in Berlin für seinen Film „Der blaue Engel" die Tingeltangeltänzerin Lola Lola, in die sich Emil Jannings, der Gymnasialprofessor Rath, verlieben sollte. Der Film ist die Tragödie eines sexuell abhängigen Menschen, der an seiner Leidenschaft zugrunde geht. Sternberg hatte viele Wochen lang gesucht. Trude Hesterberg, Lucie Mannheim und Brigitte Helm hatte er schon abgelehnt, aber beim Durchblättern eines Besetzungskatalogs war er, wie er erzählte, „auf das flache und uninteressante Bild eines Fräulein Dietrich gestoßen." Sein Assistent sagte noch: „Der Popo ist nicht schlecht, aber brauchen wir nicht auch ein Gesicht?" Hans Albers, der in den „Zwei Krawatten" auch mitspielte, sagte zu ihr nach der Vorstellung: „Der Kerl ist meinetwegen ins Theater gekommen, hat aber ständig nur auf deine Beine gestarrt. Ich wollte ihm schon von der Bühne herunter auf den Kopf pissen!" Nach der Vorstellung kam Herr von

Sternberg also in ihre Garderobe, erzählte ihr die Geschichte von der „feschen Lola“ und sagte, nur sie könne diese „tolle Lola“ glaubhaft darstellen. „Ich bin aber gar nicht fotogen, Herr von Sternberg“, sagte sie, und am nächsten Morgen war der UFA-Chef derselben Meinung. Er sagte: „Nein, bitte, bloß nicht diese Hure!“ Und auch Jannings fand sie viel zu ordinär. Aber Sternberg ließ nicht locker und nach den ersten Mustern sagte der Autor Heinrich Mann: „Jaja, Herr Jannings, den Erfolg dieses Films werden in erster Linie die nackten Oberschenkel der Frau Dietrich machen!“

Lied: Falling in Love Again

Da w a r er endlich! Ihr D u r c h b r u c h ! Kühl, mit verschleiertem Blick, den weißen Zylinder schief auf den blonden Locken, strumpfbandknallend, die schönen Beine im Rüschenhöschen breit gespreizt, saß sie auf ihrem Fass in der Spelunke „Zum Blauen Engel“ und sang: „Ich bin von Kopf bis Fuß auf Liebe eingestellt!“ Sternberg hatte ihren Auftritt dramaturgisch raffiniert vorbereitet. Erst betrachten die Schüler heimlich in der Klasse ihre Star-Postkarte mit den Strapsen, dann betrachtet der Professor heimlich bei sich zuhause in seiner dunklen Bude die konfiszierte Star-Postkarte, aber d a bewegt sich das Bild: Unter dem pustend-geilen Blick des Professors hebt sich das angeklebte Röckchen, und sofort danach kommt das G e g e n t e i l dieser düsteren Szene: Der Professor betritt die reale Welt dieser Frau, die grell ausgeleuchtet auf der Bühne steht, ungeschützt den Blicken aller ausgesetzt und ... Sie richtet den Bühnen-Scheinwerfer auf den Verdutzten und singt: „Kinder, heut Abend, da s u c h ich mir was aus, einen Mann, einen richtigen Mann ...“ Das ist der schönste Moment in dem Film! Sternberg hatte die Entdeckung seines Lebens gemacht! Er nahm sie noch in der Nacht der Premiere in Berlin mit nach Hollywood, und war dort in den nächsten Jahren ihr erster Kritiker, ihr Lehrer, Ratgeber, Agent, Vater, Bruder, Liebhaber, er war in dieser Zeit einfach a l l e s für sie. Dieser immer verlegene, verletzliche, unsichere Mensch.

Aber er war eben ein großartiger Regisseur. Er inszenierte mit ihr in Hollywood als ersten Film „Marocco“ mit Gary Cooper ... Sie spielte wieder eine Nachtclubsängerin, die sich diesmal in Gary Cooper verlieben sollte ... Und das tat sie dann auch wirklich, ja, sie küsste Gary Cooper jedes Mal so heftig, dass seine Frau allen Zeitungen verkündete, sie werde ihr die Augen auskratzen. Es war ein wilder Film. Sie spielte wie im „Blauen Engel“ wieder viele Szenen im Frack, diesmal aber mit einem schwarzen Zylinder, und in dieser männlichen Adjustierung war sie die Erste, die in einem amerikanischen Film eine Frau küsste. Nun war Gary Coopers Frau erst recht empört. Obwohl das wirklich eine poetische Szene ist ... Sie singt ein französisches Lied, geht zu dem Tisch dieser attraktiven Frau, küsst sie auf den Mund, nimmt die Gardenie, die sie angesteckt hat, hält sie sich unter die Nase und atmet ihren Duft ein – alle wissen, warum sie das so zärtlich tut –, dann wirft sie die Blume Gary Cooper zu und ... Das Publikum tobt!

Lied: Lola

Nun wohnte sie in Hollywood wie einer der wirklich großen Stars, sie hatte ein Mädchen, zwei Diener, fuhr einen Rolls-Royce, aber sie sehnte sich nach ihrem Mann und ihrer Tochter.

Sternberg wollte sofort nach „Marocco“ den nächsten Film machen, aber sie fuhr erst einmal nach Berlin, verkroch sich zwischen kleinen Kaufläden und Puppenwiegen, zwischen Puppenhäusern und Kinderbettchen, entdeckte allerdings sehr bald amüsiert, dass sich in Berlin die von ihr kreierten Hosenanzüge durchgesetzt, und dass die modebewussten Damen auch an ihren weichen, englischen Filzhüten Gefallen gefunden hatten, kurz, dass sich alle ihre Hemden mit den dazu passenden Krawatten bei Herrenschneidern bestellten, und fühlte sich zu Hause.

Da las ihr Freund Walter Rilla eines Tages im Theater an seiner Garderobentür mit Kreide geschrieben die Worte „Für

Juden verboten". Als er in der Direktion protestierte, erfuhr er, der Assistent des Bühnenmeisters sei Mitglied der NSDAP. Walter Rilla verließ Deutschland. Und gerade als sie das auch für sich überlegte, kam Sternberg, hatte das Manuskript von „Dishonored" dabei und redete so faszinierend darüber, dass sie stante pede mit ihm nach Hollywood ging, um für ihn diese berühmte Geheimdienst-Mata Hari zu spielen ... In Pelze und Schleier gehüllt, fesch, sexy, raffiniert, in fließenden Gewändern mit Perlen und Pailletten ... In der größten Zeitung in New York schrieb ein Mister Rand: „Ich sehne mich seit eh und je nach s o e i n e r trägen Verführerin! Man braucht nur ihre Augen anzusehen, um zu wissen, dass die Dietrich a l l e s hat, vor allem aber Humor."

Lied: *It's a Lazy Afternoon*

Als sie dann mit Sternberg den dritten amerikanischen Film machte – diesen „Shanghai-Express" nennen viele ihren besten Film –, kamen auch ihr Mann und ihre Tochter nach Hollywood. Aber auch d a s konnte die Klatschgeschichten über ihre Affäre mit Sternberg nicht zum Schweigen bringen. Sie hat allen gesagt: „Früher war er n i c h t da, aber j e t z t ist mein Mann doch d a ! Also! Wir sind eine glückliche Familie!"

Unter uns gesagt: Sie hatte keine starken Besitzansprüche an einen Mann. Auch an ihren eigenen nicht. Vielleicht war sie gerade deswegen in ihren Reaktionen an und für sich nicht besonders weiblich. Das ist sie nie gewesen. Selbst als sie jünger war, hatte sie es nie darauf angelegt, Männer zu erobern. Sie hatte keinen einzigen Kavalier bis sie ihren Mann kennen lernte.

Jedenfalls, ihren Mann, Sternberg und sie kümmerten die Klatschgeschichten wenig, aber F r a u Sternberg ließ sich plötzlich scheiden. Mit der Begründung „Sie hätte ihr ihren Mann weggenommen ..." Die Dietrich lachte nur und sagte: „Den hat sie doch gar nie wirklich g e h a b t ! "

Lied: *Peter*

Doch dann kam die große Katastrophe. Gut, ja, sie führte das Leben einer Prinzessin. Sie hatte ein riesiges Haus, acht vollständige Tafelservice für je 50 Personen, Sterlingsilber für Mittag, Goldbesteck für den Abend, aber dass deswegen jemand einbrechen könnte, kam ihr nie in den Sinn.

Plötzlich jedoch waren die Zeitungen voll von Berichten über die Entführung des Lindberg-Babys und ganz Amerika fragte sich, wem der nächste Schlag gelten würde.

Eines Morgens fand sie in ihrer Post einen anonymen Brief. Mit Buchstaben, die jemand aus einer Zeitung ausgeschnitten hatte. Wenn sie nicht bereit wäre, zehntausend Dollar zu bezahlen, würde man ihre kleine M a r i a entführen. Sie informierte die Polizei, engagierte mehrere Privatdetektive und sie bekamen ein Dutzend bewaffneter Leibwächter, die Herren stellten ein Paket mit imitierten Dollarnoten her, legten obenauf einen echten Dollarschein, sie selber legte das Paket auf ein Mäuerchen vor ihrem Haus und versteckte sich, und schon nach einer Minute sprangen zwei Männer aus einem Taxi, schnappten sich das Paket und rasten, ohne sich umzudrehen, davon. Am nächsten Tag kam ein neuer Brief. Jetzt sollte sie gleich hunderttausend Dollar bezahlen. Was sollte sie tun? Sie ließ alle Fenster vergittern, alle Zugänge zum Haus, alle Bedienten wurden bewaffnet, sie schlief mit ihrer Tochter Maria im selben Zimmer, a b e r die Entführer hatten wohl Angst bekommen und kamen n i e wieder ...

Zur Erholung fuhren sie nach Venedig. Wo sie Remarque kennen lernte. Diesen charmanten, schwierigen Melancholiker. Sternberg und sie saßen gerade am Lido beim Mittagessen, da kam er. „Darf ich mich vorstellen ... Erich Maria Remarque.“ Sie gab ihm die Hand ... Er gab ihr einen Handkuss ... Sternberg ließ einen weiteren Stuhl bringen ... Sie hatte bis dahin das Gesicht des Dichters nicht aus den Augen gelassen: „Sie sehen viel zu jung aus, um eines der größten Bücher unserer Zeit geschrieben zu haben.“ Er hatte seine Augen auch nicht von ihr gewandt und sagte leise: „Vielleicht habe ich es nur geschrieben, um einmal Ihre zauberhafte Stimme diese Worte sagen zu hören." Er gab ihr Feuer, sie nahm einen tiefen Zug und schob mit ihrer Zungenspitze einen Tabakkrümel von der Unterlippe ... Und Sternberg, dieses Kameragenie, begann sich zu entfernen. Er erkannte eine Liebesszene auf den ersten Blick. Remarque und sie sprachen heiter bis zum Morgengrauen, es war wunderbar, dann sah er sie aber ganz ernst an und sagte: „Ich muss Ihnen etwas gestehen – ich bin impotent." Sie schaute zu ihm auf und sagte. „Ach, wie wunderschön!" Sie sagte das wirklich mit einer richtigen Erleichterung! Sie wusste, jetzt würden sie nur reden und schlafen und zärtlich sein, und alles würde wunderbar leicht werden ... „Und was machen Sie", fragte er, „wenn Hitler Sie zurückhaben will? Für den deutschen Film?" „Ach", sagte sie, „der schickt mir doch bloß deswegen seine ‚hohen Offiziere' auf den Hals, weil er mich in ‚Der blaue Engel' in Strapsen gesehen hat".

Musik

Nach der Entführungsgeschichte kehrte sie nach Hollywood zurück und drehte eine Liebesgeschichte mit Maurice Chevalier und w i e d e r brodelte die Gerüchteküche! Selten war ein Star so sehr Zielscheibe ‚bösartiger Gerüchte' wie sie. Aber erstens waren es nie nur Gerüchte, und zweitens gehören die wohl zu diesem Beruf. Natürlich hatte sie, wie gesagt, eine U n z a h l von Liebhabern, aber sie dachte immer, das sei ausschließlich i h r e Sache. Aber sie wurde doch i m m e r w i e d e r gefragt: Ja, darf man das denn als Frau? Sie hat darauf immer gesagt: „Ja, ich wäre a u c h lieber ein Mann, denn Männer haben einen klareren Kopf, aber ich b i n keiner." Kurz, für sie, ihren Mann und ihre Tochter wurden ihre wechselnden Liebhaber immer selbstverständlicher. Sie waren ein fester Bestandteil einer ständig wachsenden Familie. Ja, so seltsam das klingt, Liebhaber und Liebhaberinnen gehörten nun einmal zu ihrem ständigen Hofstaat, und n i e hat eine Freundin oder ein Freund deswegen etwas Eifersüchtiges in der Öffentlichkeit verbreitet. Weil alle wussten: Sie kann Eifersucht einfach nicht ertragen!
W e r sie interessierte? Sie war eigentlich immer auf der Suche nach den „Verfassern wichtiger Bücher", nach strahlenden

Staatsmännern, prächtigen Kriegshelden und überragenden Musikern, also einfach nach „Persönlichkeiten“! Ihre Spezies waren die „lebenden Legenden“.

Meistens begann so eine Geschichte, wenn sie zu ihrem Mann sagte: „Rudi, ich brauch neue Unterwäsche.“ Dann antwortete er lächelnd: „Ja, man kann *nie* wissen“, sagte die Witwe, als sie ihr schwarzes Spitzenhöschen anzog ... Sie sehen, sie hat immer alles mit ihrem Mann besprochen, obwohl er gerade von Wäsche *nicht* viel Ahnung hatte. Spitze rollt sich zwischen den Beinen wie eine Wurst zusammen! Nein, sie hat die *nie* getragen! Sie trug auch *nie* Unterröcke! Und besonders hasste sie Unterhemden bei *Männern*. Sie ging *nie* mit einem Mann ins Bett, der ein Unterhemd trug. Einmal war da allerdings ein begabter, junger Schauspieler, der hatte im entscheidenden Moment tatsächlich ein Unterhemd an! Sie hat so eruptiv gelacht, dass sie auf die Toilette musste! Und was geschah? Als sie zurückkam, lag er in ihrem Bett im *Unterhemd* und schmachtete sie an wie ein Ochse! Gott sei Dank war er impotent. So wurde es dann doch noch nett und gemütlich.

Hemingway zum Beispiel trug *nie* ein Unterhemd. Sie begegnete ihm beim Käpt'ns-Dinner auf der „Ile de France“ mitten im Atlantik. Sie hatte alles von ihm gelesen, wusste, dass er da war und wollte ihn unbedingt kennen lernen. Für sie war er von Anfang an der tollkühne Kriegsberichterstatter im hochgeschlagenen Regenmantel, der Großwildjäger mit der schussbereiten Flinte, der sich entschlossen dem angreifenden Rhinozeros in den Weg stellt, der einsame Philosoph, der sich mit blutenden Händen an seine Angelschnur klammert, kurz, Hemingway und sie sahen einander, erkannten einander, setzten sich an den Kapitänstisch nebeneinander, und wurden *sofort* ganz dicke Freunde, *ein* Herz und eine Seele, und gerade deswegen konnte sie sich, als er sich 1961 plötzlich eine Kugel durch den Kopf jagte, das tagelang nicht erklären, bis ihr klar wurde: Seine *Frau* war schuld. Und die, sagte sie, habe ich ja auch mit *Recht* *nie* leiden können.

Lied: *Too Old to Cut the Mustard*

Ja, sie hatte eine R e i h e seltsamer Eigenschaften, aber sie war unabhängig von allem doch eine s e h r disziplinierte Person. Was ihr an Talent fehlte, erreichte sie durch Disziplin. Persönliche Probleme darf es beim Drehen n i e geben, sagte sie immer wieder, nichts, absolut g a r nichts darf das Endprodukt beeinträchtigen. Für emotionale Rührseligkeiten gibt es keine Entschuldigung. Wenn ein Schauspieler sich einen privaten Kummer erlaubt, wird die Kamera seine Verletzlichkeit sofort finden, sein Feind werden und dann ist es vorbei.

Aber es gibt natürlich auch ganz ä u ß e r l i c h e Störfälle. Gerade d a jedoch behielt sie i m m e r die Nerven. Einmal, in Kalifornien, bebte die Erde, die Beleuchter fielen von den Brücken, alle rannten aus den Studios, Maurice Chevalier riss sie an sich und rief: „Nun können wir w e n i g s t e n s zusammen sterben, Marlene!“ ‚Wenigstens sterben‘ deswegen, weil ‚schlafen‘ konnten sie ja nicht zusammen. Er war ja impotent. Aber er war eben auch in den p e i n l i c h s t e n Momenten immer witzig. Ihr gemeinsamer Film war wirklich elend. Aber danach drehte sie ihren Lieblingsfilm: „The Devil is a Woman!“ Unter uns gesagt, da hat sie wirklich gut ausgesehen. „The Devil is a Woman!“ Davon abgesehen: Dieser letzte Film von Sternberg und ihr ist ein einziger poetischer Beweis, dass in der Liebe a l l e s möglich ist! Auch das Unwahrscheinlichste!

Sie sagte: „Das werde ich dem Regisseur Josef von Sternberg nie vergessen: E r hat mit mir in sieben Filmen den Typus der schönen, unabhängigen, erfahrenen und selbstbewussten Frau etabliert, e r hat mich zur eigentlichen Ikone der modernen Frau im 20. Jahrhundert gemacht.“

Leider protestierte die spanische Regierung. Man g l a u b t es nicht! Die wollten – im Jahr 1936 – das Paramount-Büro in Madrid schließen, weil man in dem Film ihre B e i n e gesehen hat! Was für eine Beleidigung für alle spanischen Frauen! Ja, es ist wahr: Um die Schließung des Büros zu verhindern, musste die Paramount a l l e Kopien vernichten. Es gibt nur noch eine, aber die hatte wenigstens die Dietrich ...

Danach wurde Ernst Lubitsch ihr Produzent. Sie drehte in seiner Firma ihren ersten Farbfilm. „The Garden of Allah“. Der Regisseur Boleslawski starb kurz nach den Dreharbeiten. Richtig wäre gewesen, sagte sie später, wir wären a l l e nach diesem Film gestorben. Am besten wäre allerdings gewesen, Boleslawski wäre schon v o r den Dreharbeiten gestorben. „The Garden of Allah“ war jedenfalls der elendeste und lächerlichste Film ihres Lebens. Ein Mönch und sie und die große Liebe ... Aber dann geht der Esel doch wieder ins Kloster!

In sexlosen Zeiten war sie i m m e r labil. Sie war viel umgänglicher, wenn sie mit einer kleinen Romanze beschäftigt war ... Von jemandem begehrt zu werden, versetzte sie immer in eine hervorragende Stimmung – das ist übrigens bei den meisten Frauen so – sie hatte dann einfach mehr Lebensfreude! Gott sei Dank schrieb ihr gegen Ende der Dreharbeiten ihre neue Freundin Mercedes: Heute ist es eine Woche her, dass deine wunderbare Hand meine weiße Rose öffnete ...

Aber ihre e i g e n t l i c h e Liebesgeschichte hatte sie zu der Zeit mit dem weltbekannten Stummfilmstar John Gilbert. Er sah männlich, stark und wirklich beeindruckend aus. Leider war er ein Trinker. Eine Zeitlang war es trotzdem richtig nett mit diesem „Mister Hollywood“, aber er wollte es immer und andauernd mit ihr tun, und alles was s i e wollte, war, für ihn zu kochen, und danach wollte sie es nur noch ‚gemütlich‘ mit ihm haben ... Sie wollte nicht ständig dieses Getue im Bett. Aber er dachte, sie würde ihn nicht lieben, wenn sie nicht mitmachte. Also machte sie mit. Leider war er nicht besonders gut. Dabei. Männer, die so sehr danach aussehen, sind das nie.

Lied: Making Whoopee

Pause

Ja, es war schon so: Sie war immer entweder verliebt, oder nicht mehr verliebt, oder gerade im Begriff, sich wieder zu verlieben, und manchmal wechselten ihre Bettgenossen wirklich schnell, aber es war nicht so sehr sexuelle Lust, was sie da trieb, sondern ... Was sie sich ersehnte, waren Romantik, die Erklärungen absoluter Ergebenheit und eine lyrische Leidenschaft. Den dazugehörigen Sex akzeptierte sie als unvermeidliche Bürde, die jede Frau zu tragen hat. Aber sie machte das alles wenigstens, wenn es schon sein musste, immer in völliger Dunkelheit.

Als ihre Tochter erwachsen wurde, sagte sie ihr: „Ich weiß, wie schwer das für dich ist! Denn was wollen die alle denn? Sie wollen dir ihr Ding reinstecken, und wenn du sie das nicht sofort tun lässt, sagen sie, dass du sie nicht liebst, werden wütend und gehen!“ Aber gut, dank ihrer Erziehung kam ihre Tochter trotzdem ganz gut durchs Leben.

Den nächsten Film drehte sie mit Alexander Korda in London. Der war immer auf alle eifersüchtig. Auf den Schauspieler Douglas Fairbanks Junior, den britischen Hoffotografen Cecil Beaten, den wunderbar charmanten Dramatiker Noël Coward ... „Ritter ohne Rüstung“ hieß der Film, für den Korda sie geholt hatte. Es war passenderweise ein Film mit auffallend vielen Liebesszenen. Leider war sie in London aber ohne ihre Maskenbildnerin. Die dem guten Korda aber immerhin am ersten Tag schon folgendes Telegramm schickte: „Um Himmels Willen, achtet bloß auf ihr Make-up! Sie braucht nach jedem Kuss einen neuen Mund! Die Dietrich ist die wildeste Küsserin der Welt!“ Aber das Peinlichste war ihre große Badeszene. Sie hatte sich geweigert, ein fleischfarbenes Trikot zu tragen, ging in ihrem Bademantel zu dem Schaumbad, zwei Garderoberinnen halfen ihr, in die Wanne zu steigen, und die Einstellungen im Schaum waren für sie auch ganz ok, aber als sie herausstieg, rutschte sie aus und fiel splitternackt auf den nassen Boden! Und kein Schwein wagte es, ihr zu helfen! Weder die Techniker, noch ihre Bademädchen! Alle waren starr vor Schreck, weil die schönste Frau der Welt, die „Überirdische“ vor ihnen ganz irdisch auf der Nase lag. Also humpelte sie allein und splitternackt in ihre Garderobe.

Während dieser Dreharbeiten erhielt sie die erschütterndsten Nachrichten aus Deutschland und Österreich. Sie versuchte sofort, ihren Freunden zu helfen, mit Einladungen und Geld, aber die politische Lage wurde immer gefährlicher. Da bekam auch sie ‚Besuch' von Mady Soyka, Hitlers Botschafterin in London. Sie brachte ihr das Angebot des Doktor Goebbels: Für jeden Film 50.000 Pfund in j e d e r gewünschten Währung, steuerfrei, freie Wahl der Geschichte, des Hauptdarstellers, des Regisseurs, und eine Option für drei weitere Filme zu denselben Konditionen. Das war im Jahr 37. Die Dietrich hat die Frau Botschafterin gebeten, sofort zu gehen und n i e mehr zu kommen. Mady Soyka ging. Sehr arrogant. Sie wurde dann kurz vor Ende des Krieges in Paris von französischen Widerstandskämpfern erschossen...

Die Dietrich fuhr so schnell sie konnte nach Amerika zurück, wurde amerikanische Staatsbürgerin, und durfte im November 1939 das erste Mal wählen. Im „Stürmer" stand prompt: Die aus Deutschland stammende Filmschauspielerin Marlene Dietrich hat so viele Jahre bei den Kino-Juden in Hollywood verbracht, dass sie nun amerikanische Staatsbürgerin geworden ist ... Das waren unangenehme Töne.

Und mit ihren Filmen ging es leider a u c h nicht mehr so gut. Katherine Hepburn, Fred Astaire und sie wurden im „Hollywood Reporter" in einem Inserat ‚Gift für die Kinokassen' genannt. Ja, das Filmbusiness ist ein sehr hartes Geschäft. Du wirst gut bezahlt, um einen Film zu machen, aber nur, wenn der sich gut verkauft, darfst du n o c h einen machen. Wenn nicht, dann bist du keinen Pfifferling mehr wert. Film ist keine Kunst, Film ist ein Geschäft. Wenn du an der ersten Stelle der Star-Liste stehst, ist das gut, aber die Dietrich war damals auf der offiziellen Star-Liste an 126. Stelle ... Da geschah das zweite Wunder ihrer Karriere.

Lied: *The Boys in the Backroom*

Dieses Lied schrieb Friedrich Holländer, der wie sie aus Berlin nach Hollywood emigriert war, für ihren Film „Destry Rides Again", der endlich wieder einmal ein E r f o l g wurde. Und w a s für einer!

Der später sehr berühmte Regisseur Joe Pasternak hatte sie vom Josef-von-Sternberg-Podest geholt und auf einen Pferdesattel gesetzt. Sie spielte zwar nur für zehn Prozent ihrer bisherigen Gage, aber der einflussreiche Lord Beaverbrook sagte sofort: „Wenn die Dietrich in ihren schwarzen Strümpfen auf ihrer Wildwest-Theke steht und schmettert ‚See What the Boys in the Backroom Will Have', dann ist sie ein größeres Kunstwerk als die Venus von Milo. Rauh, laut und komisch!"

Das Public Relations-Büro warb für den Film mit einer ganz bestimmten Szene: „Der tollste Boxkampf, der je gefilmt wurde!" Es war ein Kampf zwischen zwei Frauen. Zwischen Una Merkel und ihr. Er begann wie eine übliche Damenrauferei: Haare ziehen, kratzen, beißen gipfelte aber darin, dass die Dietrich ihren Rock verlor und die Merkel pitschnass gespritzt wurde! Nach all den Jahren hatte sie ihren größten Erfolg also nicht mit einer Liebesszene, sondern mit einer Rauferei!

Nach „Destry Rides Again" spielte sie dann n o c h einmal eine Tingel-Tangelsängerin, die je nach Situation ihren Körper, ihren Kopf oder auch beides zusammen s e h r geschickt einsetzen konnte. Im Film „Haus der sieben Sünden". In dem sie dieses unvergessliche Lied zum ersten Mal singen durfte:

Lied: *I Can't Give You Anything But Love, Baby*

Sie war, wie Sie sicher wissen, keine große Sängerin. Bei komplizierteren Melodien hatte sie sich angewöhnt, den Text im Sprechrhythmus vorzutragen. Sie hatte „Geige" gelernt, aber n i e singen. Andere Stars rennen zu Korrepetitoren und schwitzen über Tonleitern, sie hat das nie getan, sie war einfach eine gute

Schauspielerin. Sie hat ihre Texte nicht gesungen, sie hat sie gespielt. Sie hat die G e s c h i c h t e des Liedes erzählt ...

Aber zurück zu ihrer Wildwest-Karriere. Sie hat sich auch das „Haus der sieben Sünden" – wie alle ihre Filme – o f t angesehen. Aber n i e aus Eitelkeit, immer nur zu Korrekturzwecken. Kaum einer hat je verstanden, dass sie sich selbst absolut d i s - t a n z i e r t ansehen konnte. Als ein Produkt der Meisterklasse Film, das ständig auf kleine Fehler überprüft werden muss. Die, sobald sie sie erkannt hatte, sofort verbessert werden mussten. Sie sah sich immer nur als ein „verbesserungsfähiges Meisterwerk". Auch d a r u m drehte sie immer neue Filme. Damals sogar mehrere Wildwest-Filme mit John Wayne zum Beispiel, kurz, sie wurde mehr und mehr zur kalifornischen „Saloon-Lilly", aber das missfiel ihr auf die Dauer. Sie wollte nicht mehr so belanglos sein.

Da bombardierten die Japaner Pearl Harbor und über Nacht verschwanden alle japanischen Gärtner. Ja, für alle Japaner wurde abends eine ‚Ausgangssperre' verhängt. Und es wurden nur noch heroische Propagandafilme beauftragt. Nun führte auch Hollywood Krieg.

Als die ersten Verwundeten aus dem Pazifik zurückkamen, schmierte sie zu ihrer Begrüßung Brötchen in der „Hollywood Canteen" – zusammen mit Hedy Lamarr und Ginger Rogers –, im eng anliegenden Kleid und mit schickem Haarband. Sie beteiligte sich an Krankenhausvorstellungen für die Verletzten, assistierte Orson Welles in einer Zaubernummer, und begann so die wichtigste Rolle ihres Lebens zu spielen: Die „tapfere Kriegsentertainerin".

Ihre große Liebe Jean Gabin war mit de Gaulle nach Afrika verschwunden, sie fühlte sich sehr allein und also rief sie schließlich im März 1944 bei der USO an, der amerikanischen Organisation für künstlerische Truppenbetreuung, und landete kurz danach ebenfalls in Nordafrika, und ‚ i h r e Tournee' dauerte dann tatsächlich drei Jahre.

Die Show begann mit einem Conferencier, der auf die Bühne trat und dem Publikum mitteilte, Marlene könne leider nicht auftreten, sie sei mit einem General essen gegangen. Mitten in das enttäuschte Murren des Publikums rief sie jedes Mal: „Oh no, Boys, I am here!" Und in einer hervorragend sitzenden khakifarbenen Uniform lief sie den Gang hinunter auf die Bühne, tauschte mitten auf der Bühne ihre Uniform mit einem Abendkleid – wobei ihr alle immer sehr gern zugeschaut haben –, und fortan lebte sie mit den Soldaten ... Sie aß in Marokko die Dosenrationen in ihren Kantinen und wusch ihr Gesicht in Irland mit eiskaltem Wasser – oder in Island gleich mit Schnee –, denn sie, die preußische Soldatentochter hatte nun ihre ‚Bestimmung' gefunden. Alle Gerüchte sind wahr: Sie trat in Sizilien auf, in Labrador und Grönland, in England und Frankreich, und wo immer sie damals im Kriegsgebiet auftauchte, wollten alle Soldaten sie natürlich küssen ... Es waren viele, aber wenn so ein Junge ins Gefecht musste, und sie ihn ein letztes Mal glücklich machen konnte ... Was sollte sie da denn anderes tun?

Lied: Lili Marlene

Dieses Lied wurde ein fester Bestandteil ihrer Show. Und sehr oft dachte sie dabei an Jean Gabin. Endlich fand sie ihn. Mitten in der Wüste. Auf seinem Panzer. Er hatte gerade eine Gefechtspause. Unter den Palmen. Sie erkannte ihn an seinen grauen Haaren. Er saß mit dem Rücken zu ihr. „Jean, Liebling", rief sie. Er fuhr herum, sah sie, „merde" sagte er, sprang herunter und umarmte sie! Es war ein wunderschönes, aber sehr kurzes Wiedersehen. Wie auch das n a c h dem Krieg. In Paris. Der Krieg, sagte sie später einmal, hat auch u n s e r e L i e b e kaputt gemacht ... Als der Krieg vorbei war, traf sie auch ihre Mutter wieder. Kurz bevor die starb. In Berlin.

Lied: Black Market

„Black Market" ist wieder ein Song von Friedrich Holländer. Sie hat ihn in dem Film „A Foreign Affair" gesungen. Den Film liebte sie sehr. Regie Billy Wilder. Sie spielte wieder einmal eine

Nachtclubsängerin. In Berlin. Eine, die in der Nachkriegszeit gemeinsame Sache macht mit einem amerikanischen Offizier, obwohl sie in den Jahren davor gemeinsame Sache mit den Nazis gemacht hatte. „A Foreign Affair“ ist eine bitterböse Komödie über amerikanische Moralvorstellungen und die Lebenswirklichkeit in Berlin von 1945.

Ja, und dann kamen die vier Jahre mit Yul Brynner. Diese Affäre loderte, flackerte, erlosch und flammte dann von Neuem auf ... Sie hielten diesen Aufruhr der Gefühle mutwillig am Leben, ja, nannten ihn sogar „Liebe“, bis ihr besitzergreifendes, romantisches Wesen den armen Yul schließlich zu ersticken drohte und er einen Schlussstrich unter das Verhältnis zog. Das von Beginn an eigentlich untragbar gewesen ist. Wegen ihrer Eifersucht auf seine Frau ... Ja, plötzlich war die Dietrich eifersüchtig! Sie saß tagelang neben dem Telefon und wartete, dass er anrief! Und er rief an! Mehrmals täglich! In jedem unbeobachteten Moment wählte er ihre Nummer. Er war der gefeierte Star am Broadway, begeisterte jeden Abend das Publikum mit „The King and I“, dem Triumph seines Lebens, aber sie rief er sofort an, wenn er in seine Garderobe kam! Immer rief er an! Während der Ouvertüre, in den Pausen, nach der Vorstellung, er versetzte Freunde, Bewunderer und Honoratioren, die ihn nach der Vorstellung auf der abgesprochenen Party erwarteten, und eilte direkt in ihre zitternden Arme! Sie hatte ihre Wohnung in der Park Avenue seiner Rolle zuliebe mit siamesischer Seide und mit indischer Goldfarbe ausstatten lassen, hatte den Eisschrank mit Kaviar und Champagner gefüllt, und nur, wenn er keine Zeit hatte, traf sie sich mit anderen ... Die Dietrich wollte ja niemanden enttäuschen …

Lied: *The Laziest Girl in Town*

Zu der Zeit ist sie Großmutter geworden. Und war noch nicht fünfzig. Und um sich davon abzulenken, spielte sie in dem Film „In 80 Tagen um die Welt“ mit David Niven und Shirley MacLaine, drehte „Die Monte Carlo Story“ mit Vittorio de Sica, mit Billy Wilder „Zeugin der Anklage“, mit Orson Welles „Touch of Evil“ und mit Maximilian Schell „Das Urteil von Nürnberg“. Da spielte sie eine unverbesserliche Nazi-Deutsche. Sie spielte also das Gegenteil von dem, was sie dachte. Soll aber trotzdem recht gut gewesen sein.

Sie sah jedenfalls immer noch gut aus, nur das Filmemachen l a n g w e i l t e sie. V i e l e s langweilte sie. Aber da war doch etwas, was sie immer mehr interessierte: Ein volles Theater! Und sie auf der Bühne mit einer eigenen Show! Ja, sie wurde eine Theaterverrückte! Ihre eigene Regisseurin, Beleuchterin, Kostümbildnerin, Agentin und Managerin ...

W o c h e n l a n g stand sie nun a l l e i n auf der Bühne! In Las Vegas! In London! In Paris! Und das war nun die eigentliche Marlene! Die Sängerin! Das sagten alle!

Als sie am 15. Dezember 1953 im Sahara-Hotel in Las Vegas auf die Bühne kam, stockte dem Publikum der Atem. Ihr Kleid betonte ihren Körper so enthüllend, dass sich alle fragten, ob sie das Kleid nicht auf ihren nackten Oberkörper gemalt hätte! Das Kleid war eine perfekte Mischung aus Enthüllung und Eleganz, Provokation und Glamour, unterstützt durch eine kleine ... Prise ... Sex ... Und nach der Pause? Trug sie einen Frack. Mit Zylinder. Sie sang immer in einem Kleid für die Männer und im Frack für die Frauen. Das hat i m m e r funktioniert. Der Kritiker Kenneth Tynan sagte zu ihr: „Du hast S e x , aber kein Geschlecht.“ Der hatte leicht reden. Wo der doch schwul war, oder? Außerdem hatten Frank Sinatra und die Kennedys, Michael Todd und Richard Tauber und auch noch einige a n d e r e nachgewiesenermaßen eine g a n z a n d e r e Meinung gehabt! Von ihr. Vielleicht sogar Henry Miller. In Paris. Nein, mit dem hat sie n i c h t geschlafen. Aber d o c h e i n m a l ... F a s t .

Lied: *La Vie en Rose*

Es liegt mir daran, noch etwas zu sagen. Im Jahr 1960 führte ihre Welttournee die Dietrich auch nach Deutschland. Vor dem Titania-Palast in Berlin demonstrierten Männer mit

Schildern ‚Marlene, hau ab!' Und von einer jungen Frau in Düsseldorf wurde sie angespuckt. Sie war wohl das Gegenteil des Frauenideals der Fünfzigerjahre. Die weiblichen Stars waren damals Maria Schell, das Seelchen, Ruth Leuwerik, die Dame ohne Unterleib, Liselotte Pulver, die Lachpuppe und Marika Röck, die ihre Beine nur zum Zweck artistischer Gymnastik entblößte. Das deutsche Kino spielte dem Publikum damals eine sehr kleine Welt vor, Verführerinnen wie die Dietrich standen viel zu sehr für Abenteuer, und man war doch so froh, dass man endlich etwas Ruhe hatte ...

Die Dietrich war das G e g e n t e i l dieser kleinbürgerlichen Leitbilder: Ihre Filme, ihre Kostüme, ihre Show und ihre Lieder waren Erotik! Und sie brach ein w e i t e r e s Tabu: Die Frau ab vierzig hatte damals ein Neutrum zu sein. Marika Röck, damals gerade vierzig, wurde vom „Spiegel" ja deswegen auch nicht umsonst als „Ahnfrau des deutschen Films" bezeichnet! Und die Dietrich war doch schon ... U n d sie erinnerte die Deutschen andauernd daran, was sie im Dritten Reich v e r l o r e n hatten: Anstand, Mut, Toleranz und die Kraft zum Widerstand ... Und daran wollte im neuen Wohlstand niemand mehr erinnert werden. Schon gar nicht von jemandem, der sich im A u s l a n d gegen Hitler engagiert hatte! Nein, sie war damals in Deutschland n i c h t willkommen.

Im Andenken daran singe ich jetzt k e i n p o l i t i s c h e s Lied, sondern ein Liebeslied. Einfach deswegen, weil sie es so gern hatte.

Lied: Frag nicht, warum ich gehe

Frag nicht, warum ich gehe,
frag nicht warum
Was immer auch geschehe, frag nicht warum
Ich kann dir nur mehr sagen, ich hab dich lieb
Das Schönste im Leben wollt ich dir geben

Frag mich bloß nicht das eine, frag nicht warum
Frag nicht, warum ich weine, frag nicht warum
Wir gehen auseinander, morgen küsst dich ein andrer
Dann wirst du nicht mehr fragen, warum

Das Lied ist aus, das du für mich gesungen
Beim letzten Klang war mir nach dir so bang
Das Lied ist aus, die Melodie verklungen
Nichts blieb von der Musik zurück
Ein Echo nur von Liebe

Die Rosen die du mir gebracht,
Sind jetzt ein welker Blumenstrauß – das Lied ist aus

Frag nicht, warum ich gehe, frag nicht warum
Was immer auch geschehe, frag nicht warum
Ich kann dir nur mehr sagen, ich hab dich lieb
Das Schönste im Leben wollt ich dir geben

Frag mich bloß nicht das eine, frag nicht warum
Frag nicht, warum ich weine, frag nicht warum
Wir gehen auseinander, morgen küsst dich ein andrer
Dann wirst du nicht mehr fragen, warum

Ende

Gerhard Rühmkorf, Katrin Graf

Gabriele Schuchter, Johannes Wolf

Michaela Ehrenstein, Stefan Moser

Gerald Szyszkowitz

DER JUNGE GOETHE UND DIE HERZOGIN ANNA AMALIA

Caroline von Görtz	Gabriele Schuchter
Johann Eustach von Görtz	Gerhard Rühmkorf
Carl August, Herzog von Weimar	David Czifer
Anna Amalia, Herzoginwitwe	Michaela Ehrenstein
Charlotte von Stein, Frau des Oberstallmeisters	Katrin Graf
Josepho Bellomo, Theaterprinzipal	Johannes Wolf
Johann Wolfgang von Goethe	Stefan Moser

Die Handlung spielt am 3. September 1786, wenige Monate vor der Französischen Revolution im Stadthaus des Grafen Görtz sowie im und beim Schloss Tiefurt in Weimar; in der Musik sollte das Grollen der aufziehenden Revolution hörbar sein.

Regie und Raum	Gerald Szyszkowitz
Assistenz	Vera Bernhauser
Musik	Franz Luttenberger
	Hartwig Eitler
	Peter Strutzenberger
Kostüme	Babsi Langbein
Perücken	Monika Krestan
Fotos	Rolf Bock
Pause	nach dem dritten Bild

Uraufführung am 12. April 2011 in der Freien Bühne Wieden

Die Musik ist eine Art Zirkus-Opening mit einem Hauch von Strenge und Klassik

I.1

Haus Görtz; Caroline, Bellomo

CAROLINE *(singt eine Koloraturarie, die Bellomo unterbricht, der hereinkommt)* Guten Morgen, lieber Bellomo, guten Morgen!
BELLOMO Morgen.
CAROLINE Bitte, lieber Bellomo, ich habe ‚Guten Morgen' gesagt ... Und darauf sollten Sie zumindest ‚Vielen Dank' sagen!
BELLOMO Vielen Dank.
CAROLINE Gott, sind Sie verdrießlich! *(Sie lacht.)*
BELLOMO Was S i e nicht alles erraten!
CAROLINE Ich vermute ... *(Sie lacht wieder.)* Ich vermute ... Dass Sie hier bei uns so wild hereinstürmen, weil Sie mir j e t z t s o f o r t etwas unheimlich Wichtiges sagen wollen ... *(Vergnügt.)* Dass Sie aber nicht den Mut haben ... Also? W a s wollen Sie denn so unbedingt l o s w e r d e n ?
BELLOMO Ich such den Grafen!
CAROLINE Der muss zum Herzog.
BELLOMO Na, deswegen s u c h ich ihn ja! Er hat doch jetzt eine Audienz beim Herzog ... *(Etwas frech.)* Und ich weiß etwas, was der Herzog ...
CAROLINE Ja, und ... Was i s t das denn?
BELLOMO Also ... Wenn der Herr Graf jetzt nicht da ist ... *(Will abgehen.)*
CAROLINE *(läuft ihm ein paar Schritte nach)* Bellomo! So h ö - r e n Sie doch ...
BELLOMO *(bleibt stehen)* Es ist ein Skandal.
CAROLINE Ja, w a s denn? *(Er sagt nichts.)* Hat der ‚Skandal' mit Ihrer neuen Abstecherbühne in Bad Lauchstätt zu tun? Haben Sie den Herzog wieder d a m i t verärgert?
BELLOMO Ich! Ich hab diese Schafsbude, diesen Augiasstall doch erst zu einem Kunstinstitut gemacht! Auf m e i n e Kosten! Und doch hat es M o n a t e gedauert, bis meine ‚Deutsche Schauspielergesellschaft' das Theater-Privileg in Bad Lauchstätt

bekommen hat! Weil man hier eben immer noch nicht weiß, w e n man vor sich hat!

CAROLINE Aber jetzt k ö n n e n Sie doch dort spielen, oder?

BELLOMO Spielen! Spielen! Ich muss dort alles unterbringen, was mir von meiner Theaterherrlichkeit geblieben ist! Alle alten Scharteken, die roten und schwarzen Samtlappen, die Perücken für die Götter, die seidenen Unterröcke, die Harnische, alles staubig und voll Motten, aber wenn es geputzt ist, glänzt alles wieder! Das ist der Z a u b e r des Theaters und ...

CAROLINE Also w o ist der Skandal?

BELLOMO Der erste Skandal ist, wie gesagt, dass man mich hier nicht genug achtet ... Ich bin kein Nichts, im Gegenteil, ich bin, bitte, der b e g a b t e s t e Jago, der mir j e untergekommen ist u n d ... Ich war jahrelang Mitdirektor der italienischen Oper in Graz ... Gut, ja, ich musste dort weg, aber nur wegen einer I n t r i g e ... Hätte ich sonst Direktor meiner eigenen Schauspielgesellschaft in Dresden werden können?

CAROLINE Ja, gut ...

BELLOMO Und jetzt spiele ich mit meiner im ganzen Reich angesehenen ‚Deutschen Schauspielergesellschaft' schon seit Dezember 1783, also schon s e i t d r e i Jahren hier in Weimar, aber eine ‚Designierte Hoftheatergesellschaft' dürfen wir uns immer noch nicht nennen!

CAROLINE Darf ich Sie bitten ...

BELLOMO Ich bekomme hier nur einen m ü n d l i c h zugesagten ‚Zuschuss' von 320 Talern im Jahr! Und w a s hab ich mir dafür eingehandelt? Dafür mischt sich das verdammte Hofmarschallamt hier in a l l e s ein! Gut, ich gebe zu, Heizung, Beleuchtung und Bewachung stellt der Herzog ... Dazu alle Dekorationen ... Auch die Instrumentalisten der Fürstlichen Hofkapelle werden vom Herzog bezahlt, aber alle Schauspieler muss i c h von diesen lächerlichen 320 Talern bezahlen! W i e soll ich das denn machen? Wo dieser ‚geniale' Herr von Goethe ständig mit n e u e n ‚Künstlerinnen' daherkommt! Dieser größenwahnsinnige Enkel einer Frankfurter Kneipenwirtin ... Nein, nein, ich sage k e i n Wort gegen ihn, aber ich habe eben jetzt erfahren ...

CAROLINE W a s haben Sie erfahren?

BELLOMO Also das ist so eine Ungeheuerlichkeit ... Das kann ich nur dem Herrn Grafen selber sagen ... Aber auch nur, wenn er mir verspricht, dass er beim Herzog dafür erreicht, dass ich ...
CAROLINE Reden Sie!
BELLOMO Nein, das ist kein Kinderspiel, liebe Dame ... Und wenn der Herr Graf nicht da ist, geh ich eben s e l b e r d i - r e k t zum Herzog! Man m u s s mich vorlassen! *(Ab.)*
CAROLINE Geht es um die Herzoginwitwe ...? Bellomo! So w a r t e n Sie doch!

I.2
Bei Görtz; Caroline, Görtz

GÖRTZ *(kommt von der anderen Seite)* S i t z t mein Knoten?
CAROLINE *(kommt zu ihm zurück und richtet ihm die Halsbinde)* Ist das so wichtig?
GÖRTZ Ja, darum bemühe ich mich. Ich muss vor dem Herzog auch in dieser Hinsicht völlig untadelig erscheinen ... Das Schwert an s i c h ist ja n i e gefährlich ... *(Lächelnd.)* Erst eine persönliche Tatkraft verleiht ihm seine Gefährlichkeit.
CAROLINE Bitte, gehen Sie n i c h t zu dieser Audienz! Was soll denn dabei herauskommen? Der Herzog h a s s t Sie!
GÖRTZ *(zieht sich fertig an)* Das tut er vielleicht, aber er weiß a u c h , dass Friedrich Wilhelm, der neue König in Potsdam, mich außerordentlich s c h ä t z t , neuerdings ... Unser Herzog wird also vielleicht die Verträge, die ich ihm bringe, nicht sehr g e r n unterschreiben, aber er w i r d sie unterschreiben ... Immerhin hat er mich deswegen ja nach Schloss Tiefurt hinaus bestellt und ...
CAROLINE *(will ihn daran hindern, sich fertig anzuziehen)* Verträge, Verträge ... Von diesen Verträgen hat hier noch niemand was gehört ... Das ist eine Finte ... Er wird Ihnen nur die Rente streichen wollen! D a r u m wird er mit Ihnen reden wollen ... Er verachtet uns ... Sie wissen nicht, mein Freund, wie die Damen und Herren des Hofes hier über mich hinwegsehen ... Wenn man mich trifft ... Irgendwo in der Stadt ... Die Arroganz dieser Leute wird von Tag zu Tag unerträglicher! Und die Arroganteste ist die Herzoginwitwe! Und ich weiß auch, warum ...

Diese Frau h a t k e i n reines Gewissen! *(Sie lacht.)* Ich spotte ja mittlerweile über all das, und Gott sei Dank bin ich ja auch in der Lage, darüber spotten zu können, aber eigentlich ... Würde ich a l l e s in der Welt hergeben, um möglichst schnell möglichst weit wegfahren zu können ... *(Sie lacht noch einmal.)* Jetzt hat diese alte Schindmähre ihren Hofdichter sogar in den Adelsstand erheben lassen!

GÖRTZ *(schnell und präzise)* Der K a i s e r hat Goethe geadelt, nicht sie.

CAROLINE Ja, aber s i e hat so lange interveniert, bis ihr Onkel, der Kaiser das g e m a c h t hat!

GÖRTZ *(genau artikulierend)* Und eine alte S c h i n d m ä h r e ist sie a u c h nicht ... *(Sehr verständnisvoll.)* Hervorgelockt durch den großen Zauberer Goethe wagt sich ihre Lebensneugier jetzt ein wenig m e h r heraus als früher, das ja ...

CAROLINE In ihrem Alter!

GÖRTZ *(lässt merken, dass er auch einmal verliebt gewesen ist in sie)* Ja, g e r a d e in ihrem Alter! Ich glaube, dass die Herzoginwitwe – in Goethes ausgelassener Gesellschaft – ein Stück ihrer versäumten Jugendfröhlichkeit nachholt ... Mit siebzehn verheiratet, schnell zwei Kinder, mit neunzehn verwitwet ... Dann 15 Jahre Regierung im Witwengewand ... Quasi als Nonne ... Und plötzlich steht der verrückt-verliebte Goethe vor ihr ... Da wären auch a n d e r e umgefallen!

CAROLINE Ich ha s s e diese aufgesetzte Jugendlichkeit!

GÖRTZ *(lächelnd)* So groß und stark das menschliche Herz ist, eins ist noch größer ... Seine Gebrechlichkeit und ... Seine wetterwendische Schwäche.

CAROLINE Ja, die h a t sie, weiß Gott!

GÖRTZ Aber, bitte, ich kann den jungen Mann schon verstehen ... Sie sieht doch wirklich i m m e r noch, sagen wir, ganz appetitanregend aus und ...

CAROLINE Sie hat schöne Hände und Füße, ja, und immer noch einen leichten, majestätischen Gang ... Sie spricht prägnant, wenn auch oft zu schnell ...

GÖRTZ Also i c h finde, sie hat in ihrem Wesen zweifellos immer noch etwas sehr ... Angenehmes ... Aber vor allem ... Ist sie nicht dumm! Sie hat an der Universität Jena den Theologen Danovius gegen die Anschuldigungen seiner missgünstigen Kollegen höchst intelligent verteidigt ... Sie hat öffentlich gesagt, dass es ohne Freiheit der Lehre keine Wissenschaft geben k a n n !

CAROLINE Ja, für die Wissenschaften setzt sie sich ein, aber ...

GÖRTZ Und sie z e i c h n e t auch nicht schlecht ... Sie spielt gefühlvoll Klavier, Querflöte, Laute, Harfe und Gitarre ... Sie tritt in Liebhabertheatern als Sängerin auf und ...

CAROLINE D a s sollte sie lieber b l e i b e n lassen!

GÖRTZ Sie versucht sich an musiktheoretischen, musikästhetischen und musikhistorischen Schriften ...

CAROLINE Die keiner liest ...

GÖRTZ U n d sie k o m p o n i e r t !

CAROLINE Zum Schrecken aller!

GÖRTZ Und das in einem Jahrhundert, in dem man allen Frauen prinzipiell jegliches Talent zum Komponieren abspricht!

CAROLINE *(nickt)* Sie kann auch Altgriechisch und Latein und ... Ein Dutzend a n d e r e r Sprachen, ja ... Aber die Sprache der Seele ... Die kann sie n i c h t .

GÖRTZ Die Sprache ... I h r e r Seele vielleicht, meine Liebe.

CAROLINE Und die ... Wird sie auch n i c h t mehr lernen!

GÖRTZ Die Sprache m e i n e r Seele spricht sie ganz gut ... Wie unser Herr Geheimrat schreibt: Wo E n g e l hausen, ist der Himmel ... Und sei es auch mitten im Weltgetümmel.

CAROLINE Ja, ich weiß ... Aber auch das hält mich nicht ab festzustellen: Die Macht, die diese Clique um den Herrn Goethe, diesen hergelaufenen Schneiderenkel aus Frankfurt auf die Herzogin ausübt ... U n d auf unseren Herzog ... Ist mittlerweile wirklich g e n a n t ... Aber was soll man schon halten ... Von einem Herzog ... Der sich lustig macht über alles! Übrigens: Bellomo hat vorhin gesagt, der Herzog wisse mittlerweile a u c h von diesem G e r ü c h t ... *(Sie lacht.)*

GÖRTZ Von welchem ‚Gerücht'?

CAROLINE Naja ... Es geht doch schon länger das ‚Gerücht' in Weimar herum, Goethe habe der Frau von Stein geschrieben, er schicke ihr die besprochenen ‚italienischen Originale' ... Aber die Stein k a n n doch gar kein Italienisch! Also ...

GÖRTZ Also schreibt er einer anderen.

CAROLINE Und wer kann das sein?

GÖRTZ Es handelt sich ... Jedenfalls um eine Frau, die italienisch kann.
CAROLINE Dazu kann ich nur sagen: Der Arzt Struensee wurde gevierteilt, weil er ein Verhältnis hatte mit der Königin von Dänemark.
GÖRTZ Ja, aber w a r u m glauben Sie denn, dass Goethe ausgerechnet mit ...
CAROLINE Warum, warum ... Warum b l i e b er denn bei seinem Kurzbesuch im Jahr 75 plötzlich g a n z hier in Weimar? Weil s i e das wollte! Und warum hat man S i e damals entlassen? Weil s i e das wollte. Warum wurde Goethe schon mit 26 M i n i s t e r ? Weil s i e das wollte! Und warum hat er all die Jahre keine a n d e r e geheiratet? Weil s i e das wollte! Und warum musste er schließlich diese fiktive Liaison mit der verheirateten Frau von Stein eingehen? Weil die Herzogin das wollte! Und vor allem: Warum kehrt in all seinen Gedichten das Thema der verbotenen Liebe zu einer hochgestellten, unerreichbaren Frau immer wieder? Weil s i e eben trotz all seiner Gedichte eine eigentlich unerreichbare Frau für ihn ist! *(Sie lacht.)*
GÖRTZ Und w a s ist das dann mit der S t e i n ?
CAROLINE Nichts ist mit der Stein ... W a r u m kommt der Name ‚Charlotte von Stein' ... In seinen Gedichten denn n i e vor? Weil diese Dame ihm nicht wirklich wichtig ist! Mit der Stein tändelt er in der Öffentlichkeit herum ... In seinen Gedichten dagegen geht es ihm immer nur ums Verheimlichen, um Verstecke, Verkleidungen, Verhüllungen und Verschlüsselungen ...
GÖRTZ Und dieser Schlüssel zu allem ist s i e ...?
CAROLINE Ja. Anna Amalia. Die Herzogin von Sachsen, Weimar, Eisenach.
GÖRTZ *(vorsichtig)* Aber warum habe ich in Berlin ganz a n d e r e Gerüchte gehört? Dass er sie nämlich neuerdings ... Verlassen will ... Also ... Das s t i m m t gar nicht?
CAROLINE Ja, aber bitte, warum s o l l er sie denn verlassen? Sie h a t doch alles, was er braucht ... Geld, Macht, Publikum, Beziehungen ... Nein, er l i e b t seine Rolle: Er ist rasend g e r n ihr Idol! Ihr H o f p o e t !
GÖRTZ Also eines steht fest: Staatspolitisch sind diese Gerüchte um die Herzoginmutter ... Zumindest irritierend.

(Leise.) Wenn die Herzoginwitwe – Nichte von Friedrich dem Großen und Großnichte der Kaiserin Maria Theresia – jetzt wirklich öffentlich zugibt, dass sie ... Und dieser Schankwirt-Enkel Goethe aus Frankfurt ... *(Geste.)* Dann ...
CAROLINE Was ...?
GÖRTZ Dann ist die Legitimität der herzoglichen Familie Weimar-Sachsen-Eisenach e n d g ü l t i g im Eimer.

Licht aus; Musik lieblich, charmant, poetisch

II.1
Park des Schlosses Tiefurt; Anna Amalia, Stein

ANNA AMALIA *(malt)* Du siehst mich lächelnd an und ... Drehst dich weg und lächelst i m m e r noch ... Willst du mir ein G e h e i m n i s sagen?
STEIN *(zeichnet)* Nein, nein, ich f r e u mich einfach, dass wir einen so schönen Tag haben ... Hier in Tiefurt ... In unserem Park ... Und dass wir endlich wieder einmal Zeit haben ... Zum Zeichnen!
ANNA AMALIA Der kleine Tempel und die Grotte, die Ilm-Brücke und die Wiesen ... Die Pfaffenhütchen ... Ich m a g dieses Spätsommerlicht ... Diese Gelbtöne ... Und die Kinderaugen der Blumen ... *(Sie windet einen kleinen Kranz.)* Doch nie kann Fortuna uns g a n z beglücken ... Schenkt sie uns einen Sonnentag ... So schickt sie uns auch Mücken. *(Sie erschlägt eine.)*
STEIN *(lacht, dann)* Ich freu mich auch auf den Abend, wenn die Winzer und die Fischer zum Erntefest kommen ...
ANNA AMALIA Die Musik wird spielen ...
STEIN Und wir werden tanzen, tanzen, tanzen! Oh, ich liebe den Herbst!
ANNA AMALIA Ja, aber ... Er macht mich auch unruhig.
STEIN Der Herbst ...? Oder unser Dichter? Der in der Allee dort unruhig hin und hergeht ...
ANNA AMALIA Ja, der Dichter ... Der dichtet ... Tag und Nacht ... Neuerdings.

STEIN Aber er zeichnet auch nicht schlecht ... Meistens übrigens ... *(Sie lacht.)* Nackte Damen.

ANNA AMALIA Das sind keine Damen, das sind immer nur ... Griechische Göttinnen.

STEIN Ja, aber gewisse Ähnlichkeiten ...

ANNA AMALIA Ähnlichkeiten g i b t es nicht! Die Ähnlichkeiten sind alle ... Nur ganz z u f ä l l i g e Ähnlichkeiten.

STEIN D a wär Platz ... D a könnte er mir noch eine Flurgöttin hinmalen!

ANNA AMALIA Also heute ... Wird er das sicher n i c h t mehr tun ... Heute will er unbedingt mit seinem neuen Theaterstück fertig werden!

STEIN Hoffentlich ist das nicht wieder so etwas Unanständiges wie sein ‚Götz von Berlichingen'! Sagt euerm Hauptmann, er k a n n mich ... Und so weiter ... Also, wenn er s o etwas vorliest, wird uns die Frau von Kalb gleich wieder vom Stuhl fallen! Zusammen mit dem Pastor Wieland!

ANNA AMALIA *(schaut in den Park)* Ja ... Keiner weiß genau, was das wird ... Was er da schreibt ... Das alles ist ein g r o - ß e s Geheimnis.

STEIN Er l i e b t Geheimnisse, nicht?

ANNA AMALIA Ob e r sie liebt, weiß ich nicht ... I c h liebe sie nicht, d a s weiß ich, aber ... Manchmal sind Geheimnisse ... Notwendig ... Wie du weißt ... Du solltest dich wieder einmal mit ihm zeigen ... Am Markt ... Oder im Theater ...

STEIN Aber ja! Natürlich! Seitdem mein Stallmeister weiß, warum ich das tu, hab ich wirklich g a r kein Problem damit. *(Sie lacht.)*

ANNA AMALIA Er ist ... Ober-Stallmeister ... Und ein Herr v o n Stein.

STEIN Ja, ‚von Stein' ... Und er passt auch gut auf, dass die Rosse nicht ausschlagen, wenn wir aufsitzen ... Ja, d a s macht er gut ... Den Wagenpark und das Gestüt ... 130 Zug- und Reitpferde ... Das alles pflegt er sehr korrekt ... Aber trotzdem ... Die Herren Herder, Wieland und Goethe sind zwar a l l e n i c h t als ‚Herren von und zu' geboren worden, aber man kennt sie d o c h im ganzen Land, weil sie Sachen schreiben, die a l l e Leute g e r n e lesen und ...

ANNA AMALIA Was? D u liest das alles a u c h ? Neuerdings?
STEIN Ja, natürlich! Ich l e s e s e h r gern! Alles! Also ... Hin und wieder ... Aber vor allem r e d e ich gern ...
ANNA AMALIA *(sanft)* Das merkt man gar nicht so ...
STEIN Das hab ich schon als Kind gern gemacht ... Und deswegen passen wir beide auch so gut zusammen, weil ich von vornherein immer so viel rede ... Und Sie so gern schweigen!
ANNA AMALIA Ich denk gern.
STEIN Ja, ich auch! *(Sie schlägt auf ihre Zeichnung.)* Und ich z e i c h n e auch gar nicht so schlecht ... Finden Sie nicht?
ANNA AMALIA Manchmal rede schon auch i c h viel ... Aber eben nicht mit a l l e n.
STEIN Mit unserem Dichter s c h o n , nicht ...? *(Sie lacht.)* Was macht er denn da hinter dem Busch ...? Was für ein unanständiges Stück ... Er j e t z t wohl wieder schreibt?
ANNA AMALIA Nicht e i n e Z e i l e davon hat er mich lesen lassen.
STEIN M i r hat er a u c h nichts gezeigt ... Aber das sollte ich wohl besser nicht so laut sagen, sonst fragt noch jemand, was das denn für eine Liebesgeschichte ist, bei der ein Dichter seiner Geliebten n i e was zeigt ...? *(Sie lacht.)*
ANNA AMALIA Bitte ...?
STEIN Was er geschrieben hat, mein ich ... Aber das ist eben so, weil er Sie viel lieber hat ... Als mich.
ANNA AMALIA I c h glaub, er mag wirklich uns b e i d e ... Wenn er auch heute uns b e i d e n sichtlich ausweicht ... Er scheint etwas zu suchen ... Was wir nicht sind ... Und was wir auch nicht zu kennen scheinen ... Was er aber vielleicht ... Auch s e l b e r möglicherweise nicht kennt ... Und also auch nie finden wird ... Aber so i s t er! Ein Träumer!
STEIN *(ruft)* H i e r sind wir! Wir w a r t e n !
ANNA AMALIA N i c h t tu ihm winken! Du darfst n i e u n g e d u l d i g mit ihm sein ... Er k ö n n t e uns sehen, ja, aber er s i e h t uns jetzt eben grad nicht ... Er sieht anderes ... Das ist seine spezielle Begabung ... Er sieht sehr oft anderes als das, was ihn gerade umgibt ... Und was w i r sehen ... Er horcht auf den Klang der Natur ... Das weit Zerstreute sammelt er ... Und ... Sein eigenes Gefühl belebt dabei ... Auch das Unbelebteste!

STEIN Und das sind dann seine Gedichte.

ANNA AMALIA *(zitiert)* Heiß mich nicht reden, | heiß mich schweigen, | denn mein Geheimnis | ist mir Pflicht; | Ich möchte dir | mein g a n z e s Innres zeigen, | allein das S c h i c k s a l | w i l l es nicht. *(Zur Stein.)* Schön ... Nicht?

STEIN Das trifft! Ja! Weil ‚sein Schicksal' n i c h t w i l l , dass er aufschreibt, w i e alles w i r k l i c h ist, darum sind alle ...

ANNA AMALIA Diese w u n d e r b a r e n Gedichte ... Gedichte für die ‚Frau von Stein' ... Damit keiner denkt, es könnte d o c h sein ...

STEIN Dass ein Dichter ... Eine Herzogin liebt?

ANNA AMALIA *(nickt, zeichnet und zitiert weiter)* Nein, an der W a h r h e i t | zweifel ich nicht mehr, | es i s t einfach s o : | Wenn du d a bist, | weiß ich, ich d a r f dich nicht lieben | doch gleich, wenn du weg bist, | l i e b ich dich s e h r . *(Heiter.)* Das sind s e i n e Gedanken, aber ... Wenn i c h sie wiederhole, klingt es, als wären sie m e i n e . *(Plötzlich ernst.)* Aber ... Hast du wirklich n i e von jemandem ... Andeutungen gehört, dass wir ...

STEIN Andeutungen ...? Fast nie ... Nein.

ANNA AMALIA Was heißt ‚fast'? *(Pause)* W a s hast du denn gehört?

STEIN *(zögernd)* Dass irgend jemand etwas ‚verraten' hat.

ANNA AMALIA W a s verraten?

STEIN Dass Sie jetzt öfter einmal ... Abends zu mir kommen ... Und dass wir dann ... Alle drei ... Zusammen Kartoffeln essen.

ANNA AMALIA Ja, genau d i e s e n Satz hab ich a u c h schon gehört ... Denn an der h e r z o g l i c h e n Tafel gab es ja n i e ... Und gibt es auch j e t z t n i e Kartoffeln ... Nur bei den Bauern gibt es die ... Also m e i n e n die Leute, die das sagen ... Da ist jemand von der herzoglichen Tafel weggelaufen ... Und hat sich mit einem g e m e i n gemacht, der sein ‚von' noch nicht gar so lange vor seinem Namen hat, oder?

STEIN Es ist manchen Leuten eben aufgefallen, dass sein Garten fast an m e i n e n stößt ... Und dass Ihrer ... Auch nicht grad s e h r weit weg ist von uns.

II.2
Park; Anna Amalia, Stein, Carl August

CARL *(mit einem Vertrag)* Also wo i s t er denn?
ANNA AMALIA Er dichtet ...
CARL Er hat g e s t e r n den ganzen Tag gedichtet!
ANNA AMALIA Ja, aber ... Er dichtet eben auch h e u t e .
CARL Den ganzen Tag? Das geht nicht!
ANNA AMALIA Dort drüben geht er ... In der Allee ... Und dichtet.
CARL Ja, das war i m m e r schon sein Fehler ... Dass er die Einsamkeit sucht ... Statt sich uns ... Also der G e s e l l - s c h a f t zu öffnen.
AMALIA ANNA Ein Dichter muss a u c h a l l e i n sein dürfen.
STEIN Er will sein neues Stück noch h e u t e f e r t i g bringen.
CARL Ja, das s o l l er ja auch! Ich m a g seine Stücke! Bis auf die ‚Iphigenie'. Die ist mir zu langweilig! Aber er kann doch nicht i m m e r nur d i c h t e n ! Er ist a u c h Minister! Görtz ist hier, als Gesandter des neuen Königs in Potsdam, und zwingt mich, Verträge zu unterschreiben, von denen ich nicht weiß, ob ich die wirklich unterschreiben will ... Und deswegen ...
ANNA AMALIA Welche ... Verträge?
CARL Der Kaiser will Bayern e i n s a c k e n ... Ohne den Reichstag zu informieren ... Aber wir wollen das nicht! *(Zur Stein.)* Er soll jetzt kommen ... Was immer er gerade dichtet ... *(Schaut die Stein an, die kontinuierlich weitergezeichnet hat, jetzt aber aufsteht, nickt und Goethe Bescheid sagen will.)*

II.3
Park; Anna Amalia, Carl

CARL W a s , meinten Sie, schreibt er?
ANNA AMALIA Etwas über s i c h ... Glaub ich.
CARL Na, das macht er doch i m m e r ... Der ‚Götz' ist doch ein reines Selbstporträt!
ANNA AMALIA Und etwas über m i c h ... Schreibt er a u c h ... Möglicherweise.

CARL Ah, d a s ist neu! M i r hat er nämlich gesagt, er schreibt etwas über den alten Tasso ... Über Ferrara und Jerusalem!

ANNA AMALIA Das tut er auch, aber ... Ich fürchte, es ist s o ... Dieser Tasso lebte zwar als geachteter Dichter am Hof der Fürsten Este in Ferrara ... Aber auch dieser Tasso hat dort sehr g e l i t t e n ... Unter seiner Situation ... Er war nämlich nicht nur abhängig von den Launen seines Herzogs, er liebte a u c h h e i m l i c h eine Frau, die unerreichbar gewesen ist für ihn.

CARL *(aushorchend)* Ah ... Und ... Warum soll er das, meinen Sie, n i c h t beschreiben? Weil es wer lesen könnte ... Da bei uns ... In Weimar und ...

ANNA AMALIA W e r soll das hier in Weimar denn schon l e s e n ...?

CARL Na, jeder E s e l ... Wenn er nur l e s e n k a n n ... Und j e d e r , der lesen k a n n , wird dann sofort an u n s e r e n Hof denken ... An Sie ... An mich und ...

ANNA AMALIA *(versucht eine Ausrede)* Mein Gott, Dichter ... Dichten doch!

CARL *(ruhig)* Also ... Bitte ... Entweder ... Ist die Sache harmlos ...

ANNA AMALIA Oder ... ?

CARL Wenn da etwas geschrieben worden ist, was nicht geschrieben hätte werden sollen, werden wir dieses Stück b e - w u n d e r n , aber sofort v e r s c h w i n d e n lassen ... Weil wir uns jetzt wirklich n i c h t mit Ferrara und Jerusalem, sondern mit der Botschaft aus P o t s d a m beschäftigen müssen ... So gern wie Kaiser Joseph Bayern einsacken will, so gern will Friedrich Wilhelm hier im Herzogtum Weimar einmarschieren! *(Er schaut sich um nach seinem Dichter.)* Aber unsern Dichter k ü m m e r t das ja nicht ... Er ist ein s e h r begabter Mann, ja ... Aber er ist zu viel allein ... Er verkriecht sich von Woche zu Woche m e h r vor der Welt! Warum, frage ich mich, muss denn ein Minister auch noch ein Dichter sein? *(Dreht sich zu Anna Amalia.)* Und dann frage ich mich auch, warum geht er speziell m i r aus dem Weg? Mir, der ich ihn doch erst zu etwas gemacht habe ... Ihn, einen hergelaufenen Studiosus aus Frankfurt ... Dessen Großvater Schneider ... Und dessen Großmutter Schankwirtin gewesen ist!

ANNA AMALIA Ja, aber ... Er hat immerhin den W e r t h e r geschrieben!
CARL Worauf sich a l l e jungen Männer in Wetzlar umgebracht haben! *(Ironisch.)* Warum soll ich mich d a r ü b e r , bitte, freuen?
ANNA AMALIA Alle haben sich nicht umgebracht, a l l e nicht. *(Sie sieht Goethe kommen.)* Ich seh ihn kommen ... Er geht langsam ... Bleibt immer wieder stehen aber ...
CARL Dichter sind Wirrköpfe ... Für dieses, sagen wir, banale Vorurteil ... Ist er ... Wirklich der b e s t e Beweis! *(Nahe vor Anna Amalia.)* Man sagt ... Er hat ein heimliches V e r h ä l t n i s hier in Weimar ... Können S i e sich das ... Vorstellen? *(Anna Amalia antwortet nicht sofort, da Goethe auftritt.)*

II.4
Park; Anna Amalia, Carl, Goethe

GOETHE *(kommt)* Entschuldigung, ich habe ... Eine Bitte.
CARL Ja ...?
GOETHE Ich möchte ... Mein neues Stück ... Ich bin mir nur noch nicht ganz sicher, ob ich es s c h o n ... Aus der Hand geben soll, aber ...
CARL *(altklug)* Ist nicht a l l e s i m m e r unvollendet?
GOETHE Das i s t wohl so ... Aber andererseits ... M u s s ich eben einfach w i s s e n , was ... Speziell S i e davon halten ... Deswegen m u s s ich es Ihnen geben ... Und Sie müssen es schnell lesen ... *(Er gibt ihm das Manuskript mit einer Verbeugung.)* So wie ein Mensch nur sagen kann: H i e r b i n ich ... So kann auch i c h nur sagen: H i e r i s t es.
CARL Ich fühle mich ... Geehrt ... Der Autor des ‚Werther', des ‚Götz' und der vielgerühmten ‚Iphigenie' ... *(Schaut Anna Amalia an.)* Übergibt der N a c h w e l t sein neuestes Werk ... Und er übergibt es nicht nur irgendeiner Nachwelt, er übergibt es ... M i r ? Das ist schön! *(Umarmt ihn.)* Ich bin ... Stolz ... Auf Sie!
GOETHE Das ist m e i n e i g e n t l i c h s t e s Stück ... Und ... Wenn ich an den Inhalt denke, an das, was diesem Text den

inneren Wert ... Und die Würde gibt ... Dann weiß ich, ich danke es ... Vor allem ...

CARL Mir? *(Dreht sich zu Anna Amalia.)*

GOETHE Die Natur hat mir das Talent geschenkt, das, was ich rund um mich her sehe, zu beschreiben ... *(Deutet auf die Staffelei.)* Wie andere z e i c h n e n können ... So kann ich schreiben ... Aber dass ich Z e i t finde für dieses Talent, und dass ich vor allem mit dem, was ich schreibe, nicht G e l d verdienen muss ... Das danke ich der Großzügigkeit, die hier an diesem Hof ... In Weimar ... Herrscht.

CARL Was h e i ß t das denn ...? *(Er wiegt das Manuskript in der Hand.)* Das neue Werk soll nur unter u n s bleiben? *(Er fragt das sehr vorsichtig.)* Das ist nicht ... Für die L e u t e ? Da haben wir einen neuen ‚Götz von Berlichingen' werden die Leute sagen und ... Wir müssen darauf sagen: Nein, nein, nein, nein! Dieses neueste Stück ist n u r ... Für u n s ?

GOETHE Ja. Ich bin zufrieden, wenn S i e b e i d e ... Das Stück lesen ... Ich dachte immer nur an S i e b e i d e , während ich daran gearbeitet habe, denn ... Das ist nicht ein Stück wie die anderen ... Es hat nur e i n e n Sinn ... Ich wollte I h n e n b e i d e n mit diesem Kunstwerk – denn das i s t ein Kunstwerk – beweisen, dass man etwas ganz Spezielles beschreiben kann ... Und etwas ganz a n d e r e s damit m e i n e n !

CARL Aber das wird uns k e i n Mensch verzeihen, dass nur wir ...

GOETHE Wer nicht die Welt in seinen F r e u n d e n sieht, verdient nicht, dass die Welt von ihm erfährt ... H i e r fühle ich mich wohl, h i e r achte ich auf jeden Wink, h i e r spricht Erfahrung, Wissenschaft, Geschmack und Weisheit ... Fremde machen mich unsicher ... Nur wer mir ähnlich ist, wer versteht und fühlt wie ich, der soll mich richten ... Und ... Wenn es sein soll ... Auch belohnen. *(Schaut Anna Amalia an.)*

ANNA AMALIA *(irritiert, aber mutig)* Sie gönnen mir die seltene Freude, Ihnen, ohne dass ich ein Wort sagen muss, zu zeigen, was ich denke ... *(Sie gibt ihm einen Blumenkranz.)* Das sind nur Wiesenblumen ... Kein Lorbeer ... Wir sind hier nicht in Griechenland ... Aber es ist, denk ich, das Schönste, was wir geben können!

GOETHE Diese Blumen ... Verkörpern für mich ... Alles, was ich empfinde, denn ... W a s hat m e h r Recht, Jahrhunderte zu bleiben ... Und im Stillen fortzuwirken ... Als das Geheimnis einer großen Liebe ... Einem Stück Theater bescheiden anvertraut und ...
CARL Was ... Für ein Geheimnis?
GOETHE Es steht alles hier ...
CARL Gut, gut ... Ich werde das lesen ... Aber nicht jetzt ... Die Kunst hat ihre Zeit gehabt, jetzt rufen die Geschäfte ... Graf Görtz ist da ... Auf dem Weg ... Nach Potsdam.
GOETHE Und? Arrogant? Wie immer? *(Carl deutet Goethe, vorauszugehen, und Goethe tut das.)*
CARL Es liegen Verträge auf meinem Tisch, die wir ... *(Er scheint mit Goethe abgehen zu wollen, lässt ihn aber alleine gehen und wendet sich noch einmal an Anna Amalia.)*

II.5
Park; Anna Amalia, Carl

CARL Das ist doch nicht w i r k l i c h ... Eine Liebesgeschichte?
ANNA AMALIA *(nimmt das Manuskript)* Doch, das i s t wohl ... Eine Liebesgeschichte, aber ... Sie spielt in Italien.
CARL Eine Liebesgeschichte von der Art ... Wie es sie nicht geben darf ... Darf es nämlich nicht geben.
ANNA AMALIA *(liest)* H i e r geht es ... Wort für Wort ... Um die Eroberung von Jerusalem.
CARL Und ... Um was n o c h ?
ANNA AMALIA Also hier ... Handelt es sich a u s s c h l i e ß - l i c h um Tasso und Ferrara und Jerusalem.
CARL Er hat aber etwas anderes gemeint ... Vorhin ... Also ... Wenn er s i c h ... Und noch s o n s t jemanden hier am Hof ... Auch nur in seiner Fantasie ... Sozusagen ... Meint ... Dann wird das Zeug s o f o r t verbrannt! *(Direkt vor ihr.)* Goethe und die Frau von S t e i n ... Haben, hör ich, schon seit ewig etwas miteinander ... Schreibt er d a r ü b e r ...? Er soll öfters abends bei ihr e s s e n , sagt man ... *(Anna Amalia schweigt.)* Aber ... Was auch immer ... Man redet ... Hier in Weimar ... Eines steht

fest ... Einem Bürgerlichen, der erst vor kurzem Mitglied des Reichsadels geworden ist ... Ist es n i c h t e r l a u b t ...
ANNA AMALIA Ach, das weiß doch jedes K i n d ! Dass das unmöglich ist! *(Zitiert.)* Die Spitze des Heiligen Römischen Reiches Deutscher Nation besteht nur aus ganz wenigen, dem Hochadel angehörigen Familien, die nur innerhalb ihres Standes heiraten dürfen und ... *(Unterbricht sich selbst.)* Also ... Das w e i ß ich doch alles! Die Schwester meiner Schwägerin war Königin von Dänemark ... Bis sie von Struensee, ihrem Arzt, ein Kind bekam ... Sie wurde verbannt, Struensee hingerichtet ... Du siehst, ich weiß das alles genau so gut wie du! *(Görtz kommt.)* Also!

II.6
Park; Anna Amalia, Carl, Görtz

ANNA AMALIA Graf Görtz! Wie schön! Sie ... Sind wieder einmal h i e r !
GÖRTZ *(zu Anna Amalia)* Verehrung ...
ANNA AMALIA *(zu Carl)* Ihr habt Geschäfte, denk ich, nein? *(Will abgehen, kommt aber noch einmal zurück.)* Ich weiß, dass Sie Herrn von Goethe nicht mögen ...
GÖRTZ Wie schlecht Sie mich kennen.
ANNA AMALIA Aber Ihre Gründe sind eines geistreichen Menschen, der die Welt kennt, nicht würdig ... Sie beurteilen ihn von einem falschen Gesichtspunkt aus ... Sie müssen das s o sehen ... Ich will, dass der Herzog ... Von Männern umgeben ist, die eine eigene Meinung haben ... Und sie auch ä u ß e r n ... Und s o einer i s t er ... Der Herr von Goethe ist keiner, der kriecht ... *(Görtz will etwas sagen.)* Nein, lassen Sie mich ausreden ... Ich will Ihnen jetzt nichts von seinen Talenten, von seinem Genie erzählen, ich rede nur von seiner Moral ... Sie lehrt ihn, seinen Nächsten zu lieben, und i m m e r w i e d e r zu versuchen, a l l e Untertanen in diesem Herzogtum g l ü c k l i c h zu machen ... D a s sollten Sie wissen ... Also ... Ich wünsche ... Gute Geschäfte. *(Ab.)*

II.7

Park; Carl, Görtz

GÖRTZ *(ihr nachsehend)* Ich meine zu erkennen, die Herzoginwitwe ist mit dem Genie par excellence ... Ein Herz und eine Seele?

CARL *(vorsichtig)* Wer n i c h t ... An diesem Hof?

GÖRTZ Böse Zungen sagen, dass er sich mit ihr, trotz ihrer kühlen Haltung ihm gegenüber, in der Öffentlichkeit – wie eben – neuerdings auch schon öfter einmal zum A b e n d - e s s e n trifft, um Pläne zu machen?

CARL Pläne?

GÖRTZ Möglicherweise ... Reisepläne?

CARL *(ruhig)* Wer ... Trifft sich w o ... Zum Abendessen? *(Schaut ihr nach.)* Also sie ... Sie ist i m m e r bei u n s ... Und das ‚Genie par excellence' ist der beste, fleißigste, moralischeste und gerechteste Minister, den Weimar je gehabt hat! Unlängst hat ausgerechnet e r eine junge ... Kindsmörderin zur Hinrichtung frei gegeben ... Denn Recht muss Recht bleiben ... In diesem Land.

GÖRTZ Dass er dichtet, weiß ich, aber ... Was tut er denn, wenn man fragen darf, als ‚Minister'?

CARL Er leitet nicht nur die Bergwerkskommission, die Kriegs- und die Wegebaukommission ... Er ist für a l l e Wege in den 285 Orten hier zuständig ... Für Erhalt, Verbesserung und Neubau a l l e r Straßen des Herzogtums ... Er kämpft gegen Faulheit, Schlendrian und Korruption bei den Beamten ... Kurz, er ist auf seinem Schimmel jeden Tag aufs Neue im ganzen Land unterwegs ...

GÖRTZ *(etwas ironisch)* Glücklich das Land, das so einen Minister hat.

CARL *(schroff)* Ja, glücklich das Land ... Und sein Herzog ... Graf Görtz. *(Will ab.)*

GÖRTZ *(schnell)* Das Misstrauen ... Welches Eure Hochfürstliche Durchlaucht mir im Moment bezeugen, ist mir äußerst schmerzhaft ... Ich wage es auch nicht, mich rechtfertigen zu wollen ... Ich erlaube mir nur e i n e kurze Entschuldigung ... Der Auftrag des Königs in Potsdam, dass ich Euer Hochfürstlichen

Durchlaucht hier in Weimar meine Aufwartung machen soll, kam o h n e m e i n e Veranlassung zustande und ...
CARL *(kühl)* Man hört, Sie haben sich ‚Unter den Linden' schon verteufelt spießbürgerlich eingerichtet? Mit wandhohen Spiegeln, höchst geschmacklosen Tapeten und einem ‚fürstlichen Nachtstuhl' für ...
GÖRTZ *(lässt sich nicht provozieren)* Falls Sie meine Frau meinen ... Sie lässt Sie s e h r herzlich grüßen.
CARL *(einlenkend)* Na, gut ... Also ... Ich hab zu tun. *(Will abgehen, schaut Görtz dann aber doch ganz direkt an.)* Also was gab es w i r k l i c h in Zweybrücken?
GÖRTZ Ich denke, wir h a b e n , was wir wollten.
CARL Der Erbprinz hat den Vorvertrag mit dem Kaiser zerrissen?
GÖRTZ Den Entwurf, ja ... Im Tausch gegen Geldzahlungen, die wir ihm zugesagt haben ... Aber a b g e l e h n t haben wir alle Adelsprädikate für seine illegitimen Verwandten ... Kurz, Potsdam und Weimar und Zweybrücken haben jetzt eine ‚Koalition' ... Gegen Wien.
CARL Ich will aber etwas anderes! Einen R h e i n b u n d ... Mit sechzehn Fürstentümern ... Als dritte Macht ... Z w i s c h e n Preußen und Österreich.
GÖRTZ Ja, Sie wollen das, aber ... Der König in Potsdam will genau d i e s e n Rheinbund n i c h t ... Die Reichsfürsten sind in seinen Augen jämmerlich schwankende Rohrhalme ... Er hat sich entschieden. Er hält den Krieg mit Österreich für unvermeidlich und weiß gerade deswegen Eure Hochfürstliche Durchlaucht s e h r zu schätzen ... Weil er weiß, dass der Zar ... Also die Tochter des Zaren ... Kurz, Eure Hochfürstliche Durchlaucht müssen sich entscheiden ... Jetzt ... Für Preußen ... Oder für Österreich.
CARL *(ärgerlich)* Das ist eine Erpressung! *(Er besinnt sich.)* Fangen wir a n d e r s an ... Der neue König in Potsdam schätzt ... Also ... Neuerdings ... Den Grafen Görtz ... Sehr?
GÖRTZ J e d e r erfahrene Mann ... Besitzt sein Ohr ... Und der Tätige sein Zutrauen ... Und ... Seine Gunst.
CARL Gut ... Für Friedrich Wilhelm ... Dass ein Graf Görtz ihn bewundert.

GÖRTZ Es gibt nichts Schöneres in der Welt ... Als einen Fürsten zu sehen, der k l u g regiert ... Es gibt nichts Schöneres, als ein Reich zu sehen, wo jeder stolz gehorcht, wo also jeder sich nur s e l b s t zu dienen glaubt, weil ihm immer nur das R e c h t e befohlen wird.
CARL Man hört allerdings auch, dass der neue König nicht mehr s e l b e r die Flöte spielt ... Wie sein Oheim das getan hat ... Und dass er sehr selten Bücher liest ... Und dann ... Immer nur sehr dünne.
GÖRTZ Friedrich Wilhelm e h r t die Wissenschaft ... So lange sie ihm nutzt ... Er s c h ä t z t die Kunst ... Wenn sie seine Regierung verherrlicht ... In seiner Nähe darf n i c h t s müßig sein ... Was etwas gelten soll, muss etwas b e w i r k e n !
CARL Gut, dann lassen Sie auch u n s etwas b e w i r k e n ... Beim Spazierengehn ... Der Park von Tiefurt ist berühmt ... Bei allen Botanikern und ...
GÖRTZ Ich ... Bin allerdings k e i n e r .
CARL Ich bin a u c h keiner ... Also können wir im Park ungestört von etwas ganz anderem reden.
GÖRTZ Und ... Worüber?
CARL Über unangenehme Gerüchte ... Die unter keinen Umständen nach Berlin dringen dürfen ... Und andererseits ... Über ein mögliches Entgegenkommen ... Bei unangenehmen Verträgen ... Meinerseits. *(Beide ab.)*

Licht aus, Musik eine Art Menuett

III.1
Bibliothek im Schloss Tiefurt; Anna Amalia, Goethe

ANNA AMALIA *(kommt mit Goethe)* Man b e o b a c h t e t uns.
GOETHE Wer? Görtz? Ist er wieder h e r u m g e s c h l i c h e n ? Um dich? *(Lacht.)* Ich weiß, es ist lächerlich, aber es i s t so ... Dass ich immer noch dummsinnig bin wie ein kleiner Junge, wenn du zu anderen z u freundlich bist! *(Er nimmt sie in den Arm.)* Ich will k e i n e n sehen! An deiner Seite! Und schon

gar nicht i h n ! Ich hätte am liebsten irgendein Sakrament, das mich dir auch gesetzlich ... Vor allen anderen ... Zu eigen macht ... Mein Noviziat ... War jetzt wirklich lang g e n u g ! *(Er versucht, sie zu küssen.)*

ANNA AMALIA *(löst sich)* Der Herzog glaubt, dass du ... U n - s e r e Geschichte im ‚Tasso' erzählst?

GOETHE Das habe ich versucht. Ja. Mit anderen Namen und ... An einem Ort in Italien.

ANNA AMALIA Er wird das Stück verbrennen.

GOETHE Ja, aber w a r u m denn? Nur er und ich werden den Text kennen ... Und du ... Und das g e n ü g t mir auch ... Ich habe diesen Text für ihn und dich und mich geschrieben ... *(Er unterbricht sich.)* Ich w e i ß ... Dieser Text wird gerade d i c h ... S e h r glücklich machen!

ANNA AMALIA Er wird das nicht verstehen.

GOETHE Er m u s s uns verstehen!

ANNA AMALIA Irgendwer muss ihm was g e s a g t haben ... Über uns ... Und jetzt verdächtigt er Görtz, dass der in Berlin versuchen wird ... Einen S k a n d a l daraus zu machen. *(Nah vor ihm.)* Was genau s t e h t denn in dem Stück?

GOETHE *(Pause)* Ich habe mich bemüht, zu zeigen, was w i r b e i d e erlebt haben ... Hab das aber s o erzählt, dass jeder denken muss, es handle sich hier n u r .... Um Torquato Tasso, Ferrara und die b e z a u b e r n d e Leonore von Este! *(Er lacht.)*

ANNA AMALIA *(ironisch)* Diese Leonore ist ... ‚Bezaubernd'? Ja, dann k a n n mich ja w i r k l i c h n i e m a n d erkennen!

GOETHE Und da ich i m m e r in Gleichnissen rede, sage ich jetzt auch einfach, du bist für mich, was die Kaiserliche Kommission den Reichsfürsten ist ... Du lehrst mein überall verschuldetes Herz ... Haushältlicher zu werden ... Und in e i n e r e i n z i g e n Einnahme- und Ausgaberechnung ... Mein g a n - z e s Glück zu finden. *(Deutet auf das Manuskript.)* So steht das alles hier!

ANNA AMALIA Und unsere Freundin Lotte ...?

GOETHE Die gute Charlotte von Stein hat mit der Leonore Sanvitale auch hier nur eine Nebenrolle! *(Er lacht.)* Ja, ich habe unsere Geschichte geschrieben, aber ... Ich habe sie v e r -

s c h l e i e r t ... Nein, keine Sorge, er wird durch alle Schleier hindurchblicken und uns verstehen ... Er sieht doch a u c h , dass sich die Zeiten ändern! In anderen Ländern will man jetzt Könige k ö p f e n , weil sie Könige sind ... Und in Weimar darf sich nur ein F ü r s t ... In eine Fürstin verlieben? *(Nimmt ihr sein Manuskript weg und schlägt es auf.)* Lies ... Bitte ... Diese Zeilen ... Nur diese Zeilen, die mein Tasso sagt ... *(Liest.)* Ich war sehr jung, als ich hierher kam ... In einem Augenblick, da Fest auf Fest die Herzogsstadt zum Mittelpunkt der Welt zu machen schien ... D a s a ß e n die ersten Männer ihrer Zeit ...

ANNA AMALIA *(liest weiter)* Und bildeten zusammen den herrlichsten Senat, der über Ehre, Verdienst, Tugend und Dichtkunst in diesem Land entscheiden konnte, weil alle diese Männer sich in e i n e m e i n i g waren, in ihrem Bekenntnis ...

GOETHE *(liest)* Zu den e w i g e n I d e a l e n der Menschheit, die schon im alten Athen ...

ANNA AMALIA *(schaut ihn ruhig an)* Ja ... Schön ist das, wie du unser Weimar beschreibst ... Obwohl ... *(Schließt das Manuskript.)* Für m i c h ist es damals g a r nicht schön gewesen ... Denn als du nach Weimar gekommen bist, war ich sehr krank ... Und nur durch einen dunklen Flor sah ich die bunten Farben des Lebens ... Da kamst du ... Und warst der E r s t e , der mir im neuen Leben n e u entgegen trat ... Du warst so unglaublich jung ... Zehn Jahre j ü n g e r als ich und ...

GOETHE *(liest etwas schwärmerisch)* Als ich dich zum ersten Mal sah ... War ich verzaubert ... Von allem Schlechten, Mittelmäßigen, Alltäglichen war ich mit e i n e m Blick in d e i n e n Blick geheilt ... S o findet man am weiten Sandstrand des Meeres eine Perle, die still, in ihrer engen Schale eingeschlossen, ruht, und doch ... Plötzlich ... Uns die g a n z e W e l t bedeutet!

ANNA AMALIA Eine wunderbare Zeit fing damals an!

GOETHE Und hat immer noch nicht a u f g e h ö r t ! Wenn auch ... *(Lässt sie los.)* Nicht nur der Herzog, auch Görtz war vorhin sonderbar ... Er lobte mich, ja, aber da waren Zwischentöne ... Er hat mich gefragt, ob ich mir nicht manchmal wünschte, dir m e h r zu sein als ...

ANNA AMALIA D a s hat er gefragt?

GOETHE Als die Götter sich versammelten, um an der Wiege Geschenke zu bringen, sind die G r a z i e n im Hause Görtz leider ausgeblieben.
ANNA AMALIA *(plötzlich)* Hat auch e r von einem ... ‚Verräter' gesprochen?
GOETHE *(hört nicht recht zu)* Was immer er gesagt hat ... Alle V e r ä n d e r u n g e n rundherum sprechen doch f ü r u n s ! Es kann nicht mehr lange dauern, dann wird es nicht nur in Paris, sondern auch hier in Weimar heißen: Erlaubt ist, was g e f ä l l t !
ANNA AMALIA Ja, aber j e t z t heißt es in Weimar i m m e r n o c h : Erlaubt ist, was sich z i e m t .
GOETHE Zur rechten Zeit vertreibt der Sonne Lauf ... Auch die finsterste Nacht ... Wir alle wissen ... Sie m u s s sich erhellen! *(Plötzlich.)* Warum gehen wir nicht w i r k l i c h ... Nach Amerika?
ANNA AMALIA Vielleicht werden wir das müssen, wenn ...
GOETHE D a s würdest du t u n ... ?
ANNA AMALIA *(lächelnd)* Der liebt nicht w i r k l i c h , der die Fehler des Geliebten nicht für T u g e n d e n hält. *(Der Kuss wird durch einen Lärm unterbrochen.)*
GOETHE Görtz ... Kommt.
ANNA AMALIA Ich k a n n ihn jetzt nicht sehen. *(Ab.)*

Kurze höfische Musik, aber ernster, grollender

III.2
Bibliothek; Goethe, Görtz

GÖRTZ *(kommt)* Geehrter Herr Minister, wie ... Geht es?
GOETHE *(etwas spöttisch)* Wie g e h t es, sagte ein Blinder zu einem Lahmen ... Wie Sie s e h e n , antwortete der Lahme.
GÖRTZ Oh, eine Schnurre aus Ihrem neuen Stück? *(Er lacht.)* Nein im Ernst ... Ich habe a l l e s vorbesprochen ... Der Herzog muss die Verträge jetzt nur noch ...
GOETHE *(verbeugt sich etwas ironisch)* Ich gratuliere ... Zum Erfolg in Zweybrücken.
GÖRTZ Und i c h gratuliere zum ‚Tasso' ... Der soll ja ... Ein wahres Meisterwerk sein!

GOETHE Oh, bitte ... Aber das ist richtig: Man lernt mit jedem Tag dazu ... Wenn man klug genug ist, ständig noch w e i t e r ... Lernen zu w o l l e n .

GÖRTZ Fleiß, Selbstdisziplin, Klugheit u n d V o r s i c h t , ja ... J e d e r Schritt in unserem Leben zeigt, wie nötig wir diese Tugenden haben.

GOETHE Doch ist es schöner, wenn uns die Seele sagt, dass wir der V o r s i c h t nicht bedürfen ... Im Umgang ... Mit Freunden.

GÖRTZ Das ist richtig, nur ... Finde ich leider, dass S i e , zum Beispiel, nicht vorsichtig g e n u g gewesen sind.

GOETHE Recht distanziert ... Sagen Sie das.

GÖRTZ Einer, der versucht, nicht z u gefühlvoll zu sein, wird öfters ‚distanziert' genannt ... Von Menschen, die sich selber für ‚wohl temperiert' halten ... Kurz, das Getändel ... Mit der Frau von Stein ... Ist nur S c h e i n ?

GOETHE Was eine Gottheit d i e s e m frei gewährt ... Ist j e - n e m streng versagt, nicht wahr?

GÖRTZ Diese Antwort, bitte, ist eine Antwort ... Auf w e l - c h e Frage?

GOETHE Auf die, die Sie anständigerweise b i s h e r ... Noch nicht gestellt haben.

GÖRTZ *(schnell)* Dann stell ich sie jetzt ... Die Briefe an die Frau von Stein k ö n n e n n i c h t an die Frau von Stein gerichtet sein, nicht wahr? *(Goethe schaut ihn fragend an, Görtz zitiert frei.)* Da war doch unlängst von e i l i g übersandten italienischen Texten die Rede ... Aber ... K a n n die Frau von Stein denn italienisch? Nein, das kann sie nicht ... Sie kann weder Italienisch, noch Französisch, noch Griechisch noch Latein.

GOETHE Na, und? Das sagt doch, bitte, g a r nichts.

GÖRTZ Was immer das sagt oder n i c h t sagt, fest steht: Andere Frauen hier in Weimar, gebildetere, sprechen d u r c h - a u s mehrere Sprachen und ... *(Er lacht. Goethe ist so betroffen, dass er Görtz ins Gesicht schlägt und wegrennen will, während Carl kommt.)*

III.3
Bibliothek; Goethe, Görtz, Carl

CARL Ein ... Streit?
GÖRTZ Ein Streit ...? Nein.
CARL Was war es d a n n ?
GÖRTZ Eine ... Meinungsverschiedenheit.
CARL Und warum ... Dann ... Diese Wut?
GÖRTZ *(bemüht gelassen)* E r ist wütend, nicht ich ... *(Ironisch.)* M i c h hat wohl nur ein Flügelschlag seines G e n i e s ... Kurz gestreift.
GOETHE *(nähert sich wieder)* Er hat meine Briefe ... *(Er will sagen ‚geöffnet', sagt das aber nicht und rennt wütend ab.)*

III.4
Bibliothek; Carl, Görtz

CARL W a s hat er gesagt?
GÖRTZ I c h habe seine Briefe n i c h t geöffnet ... Ich k e n - n e seine Briefe gar nicht ... Nicht einen einzigen .... Das wird er sofort bestätigen ... Wenn er sich erst ... Wieder beruhigt haben wird.
CARL *(schaut Goethe nach)* Er ist wütend?
GÖRTZ Weil er ein Geheimnis hat ... Offenbar ... Und Angst hat, dass darüber geredet werden wird. *(Schaut ihm auch nach.)* Das Unangenehme dabei ist nur ... So lange e r nicht redet ... Darüber ... Werden die Leute hinter seinem R ü c k e n erst r e c h t darüber reden.
CARL W a s ... Werden sie reden?
GÖRTZ Die ‚Frau von Stein' seiner Briefe ... Ist offensichtlich nicht ... Die uns bekannte ... Frau von Stein.
CARL Wer d e n n ?

Licht aus, Pause

Die Musik ist wieder eine Art Zirkus-Opening, diesmal aber zärtlicher

IV.1

Boudoir im Schloss Tiefurt; Anna Amalia, Stein

STEIN *(kommt mit Anna Amalia)* Hier ... Haben sie gestritten.
ANNA AMALIA Wer?
STEIN Er und Görtz ... Über uns ... Hab ich gehört ... Zumindest von m i r war die Rede ... Görtz sagte etwas Zweideutiges ... Und da hat er auf ihn eingeschlagen.
ANNA AMALIA Und ... Der Herzog?
STEIN Der kam dazu ... Hat die beiden beruhigt ... Aber ruhig, denk ich, ist jetzt wohl k e i n e r von den Dreien ... Vielleicht sollte er einfach verschwinden ... Für ein paar Tage.
ANNA AMALIA Ja aber, bitte, wohin s o l l er denn?
STEIN Nach Karlsbad ... Wie im Vorjahr.
ANNA AMALIA Und was s o l l er dort?
STEIN Was soll er jetzt h i e r ? Wenn in der ganzen Stadt hinter seinem Rücken immer lauter geredet wird, dass er und ...
ANNA AMALIA Also, bitte, von m i r ... Weiß doch vorläufig n i e m a n d was ... Oder?
STEIN Eine Reise nach Karlsbad ... Wäre glaubhaft.
ANNA AMALIA Aber so eine Reise müsste doch m o n a t e - l a n g dauern! Das geht doch nur, wenn i c h m i t g e h mit ihm! Ja, aber vielleicht ist das wirklich das Beste! Wer b r a u c h t mich denn hier? Niemand ... Ja! Gut! So machen wir das ... Wir fahren zu d r i t t ... Er ... Und die Frau von Stein ... Und ich.
STEIN Das g e h t nicht!
ANNA AMALIA Nur für ein paar Wochen!
STEIN Und meine Kinder? Das gäb doch nur n o c h mehr Gerede! Nein, e r muss weg! Und sofort! Und allein!
ANNA AMALIA Und wenn ich alles a b s t r e i t e ? *(Direkt zur Stein.)* Ich k a n n ihn nicht weglassen! Was b i n ich denn ohne ihn? Das ist doch immer m e i n e r s t e r Blick an jedem Morgen ... In den Park hinaus ... Ob ich irgendwo wenigstens seinen S c h a t t e n seh ... Zwischen den Bäumen ...

STEIN Irgendwann kann er ja wiederkommen ...
ANNA AMALIA Nein, das g e h t nicht! Das w i l l ich nicht! *(Leise.)* Was w i l l ich denn von i h m ... ? Ich wollte ihn doch nur immer besser verstehen lernen ... Eine immer r e i n e r e Harmonie wollte ich erreichen ... Gerade, wenn wir g e t a n z t haben ... Miteinander ... Leicht und schwebend ... *(Sie lacht.)* So ... Wie er war ... Wie er damals hier aufgetaucht ist, sich umgeschaut hat, gelacht hat ... Da m u s s t e ihn doch jeder lieben! Auch i c h ... Weil doch erst mit i h m mein Leben zu einem L e b e n geworden ist ... Zu einem, wie ich es n i e vorher g e k a n n t habe!
STEIN Ja, damals war das so, aber j e t z t ... Muss er weg.
ANNA AMALIA Er wird nicht gehen.
STEIN Er w i r d gehen.
ANNA AMALIA Aber er l i e b t mich doch!

IV.2
Boudoir; Anna Amalia, Stein, Bellomo

BELLOMO *(kommt)* Permesso ... Ist vielleicht der Herr Herzog ...
STEIN Das ist jetzt wirklich der u n g l ü c k l i c h s t e Augenblick, Signor Direttore!
BELLOMO Für ihn, vielleicht ... No per me ... Lasciate ogni speranza, voi ch'entrate ...
ANNA AMALIA Sie brauchen Geld, oder?
BELLOMO Das auch, ja, denn ... Die Galerie zahlt nur zwei Groschen, leider, das Parterre zwölf Groschen, leider, denn ein Unglück ist n i e solo, aber dass der Hof und das ganze Hofgefolge ständig f r e i e n Eintritt hat, das ist ...
STEIN *(fasst sein Revers)* Also?
BELLOMO Esselenza ... Es soll Liebesgeschichten geben, die ...
ANNA AMALIA *(sanft)* Ach, Unsinn. *(Ab.)*

IV.3
Boudoir; Stein, Bellomo

BELLOMO Ich meine ... Se non è vero ...
STEIN *(Pause)* Unsinn ...
BELLOMO *(leise)* Will der Herr Herzog den Tanz mit mir wagen ... Mag er's nur sagen ... Ich spiel ihm auf ...
STEIN W a s sagen Sie?
BELLOMO So heißt es im ‚Figaro'... Den sie jetzt spielen ... In Paris.
STEIN Machen wir ein Geschäft, Signor Direttore, ich rede mit der Herzogin über Ihre Eintrittspreise ... Und Sie vergessen Ihre schlechten Träume ... Jetzt und sofort.
BELLOMO Ihr, die Ihr die Triebe des Herzens kennt ... Ist es wirklich Liebe ... Was hier so brennt?
STEIN Bitte ...?
BELLOMO Das ist a u c h aus dem ‚Figaro' ... Den wir demnächst hier, ja hier, spielen werden ... Ich meine ... Ihnen schreibt ein gewisser Cavaliere andauernd Briefe ... Und die andere l i e b t er?
STEIN *(schaut sich um, kurzfristig verzweifelt)* Aber das kann Ihnen doch e g a l sein?
BELLOMO Er s e l b s t ist es ja auch ... Aber n i c h t seine S t ü c k e ! Mit denen ist nichts zu verdienen ... Kotzebue sollten wir spielen, Kotzebue! ‚Der Müller und sein Kind'! Ritterstücke! Schauerstücke! Wer will denn die ‚Iphigenie' sehen! *(Sieht Görtz kommen.)* Il Conte! Endlich!
STEIN *(hält ihn zurück)* Den kenn ich b e s s e r als Sie! Mit dem muss man s e h r vorsichtig sein ... Aber verlassen Sie sich auf mich ... Ich werde Sie rufen. *(Sie lacht.)* Schauen Sie nicht so böse ... Man soll nicht zu streng sein ... Bei Ihnen im Theater hab ich doch unlängst gehört: Behandelt jeden Menschen nach seinem V e r d i e n s t ... Wer ist dann vor Schlägen sicher?
BELLOMO Jaja, das stimmt ... *(Er zögert.)* Der bessere Teil der Tapferkeit ist Vorsicht ... Gut, ja. *(Gibt ihr die Hand.)* Aber seien auch S i e vorsichtig ... Der ... Denkt zu viel ... D i e Leute ... Sind gefährlich. *(Ab.)*

IV.4

Boudoir; Stein, Görtz

STEIN Ich fürchte, ich muss Sie ziemlich heftig beschimpfen ...

GÖRTZ Die Heftigkeit Ihrer Überzeugung, Lotte, ist noch keine Basis ihrer Richtigkeit.

STEIN Aber Sie kommen doch in einer ganz bösen Absicht, sagt man.

GÖRTZ Anklagen ist in demselben Maße leichter als verteidigen, wie es leichter ist, Wunden zu schlagen als sie zu heilen.

STEIN Sie kommen aus einer Schlacht, die Sie gewonnen haben, weil auf diesem Feld die Macht regiert, die Gewalt, die Faust ... Sie haben in Zweybrücken s o f o r t mit Krieg gedroht, und der schwache Bayernprinz hat sich s o f o r t Ihren Preußen unterworfen ... Und nun denken Sie, das geht ü b e r - a l l so ... Man muss nur drohen, schon weichen alle aus?

GÖRTZ W e r weicht aus?

STEIN *(deutet hinaus)* Der, der ausweichen m u s s ... Im Moment wohl ... Der Herr Geheimrat ... Der reist heute noch nach Karlsbad ... Wie es scheint ... Und Sie ... Sie werden sich hoffentlich öffentlich nichts anmerken lassen, dass Sie wissen, w a r u m er das tut!

GÖRTZ W a s soll ich mir nicht anmerken lassen?

STEIN Oh, wenn Lügen Haare hätten, wären Sie rau wie ein Bär! *(Sie nimmt ihn am Revers.)* Ach, Görtz, man hat Sie hier ... Doch jahrelang sehr gern gehabt ... Besonders ich ...

GÖRTZ *(lächelnd)* Jetzt ... Sagen Sie mir das?

STEIN Soll ich Sie daran erinnern, dass Sie mir ... Nein, das will ich nicht ... Aber wundern darf ich mich doch, dass ausgerechnet Sie jetzt den Sittenrichter spielen ...

GÖRTZ Sie verkennen mich ... Das alles vorhin ... Das tut mir leid und ...

STEIN W a s tut ihnen leid?

GÖRTZ Diese Auseinandersetzung ... Mit dem großen Dichter ... Ich war verärgert ... Wenn einer, der hart gearbeitet hat und müde ist ... Wenn der sich nach getaner Arbeit ... Im Schatten niederlassen will ... Wenn der bemerkt, da sitzt schon einer, der

den ganzen Tag n i c h t s getan hat, so ärgert sich der, der gearbeitet hat.
STEIN Der andere ... Hat den Tag über immerhin ... G e d i c h - t e t .
GÖRTZ Ja, er ‚dichtet'! Eine ‚Große Begabung' ist das Vorrecht aller Leute, die nichts zu t u n haben! Aber gerade hier im Herzogtum Weimar müssen t a u s e n d Sachen g e t a n werden! Was aber tut der von allen hier so Hochverehrte? Den man hier zum allmächtigen Minister gemacht hat? Er dichtet.
STEIN Sie sollten das lesen, was er schreibt, dann würden Sie s o nicht reden.
GÖRTZ Der Mann, der als Einziger, ich sage ‚a l s E i n z i g e r' das Ohr des Herzogs hat, der sitzt tagelang in irgendwelchen Gärten ... Und ‚dichtet'? In Paris geht die Welt unter, und e r dichtet?
STEIN Ein kluger Mann, ein menschlich empfindender, kann doch den Schatten des großen Baumes unter dem der Dichter sitzt und dichtet, mit ihm teilen ... Und Gewinn haben von dieser Rast ... Er kann einen Gedankenaustausch mit dem Dichter beginnen ... Und sich freuen, wenn beide ...
GÖRTZ Das geht nicht mit jedem ... Das müssen b e i d e wollen.
STEIN Wenn der Baum breit genug ist ... Braucht keiner den anderen zu verdrängen.
GÖRTZ Lotte, bitte, ich h a s s e Gleichnisse ... Sie stimmen n i e ... Und außerdem: Der Mann schreibt Sachen wie den ‚Werther', nach denen sich die Leute u m b r i n g e n ... Oder die alle ... Mindestens ... Verdammt o r d i n ä r finden ... Wie den ‚Götz' ... Und gerade jetzt, hör ich, soll er etwas geschrieben haben, was vielleicht sogar ... Das Ende des Herzogtums Weimar bedeuten wird und ... Was passiert? *(Stein reagiert erstaunt.)* Ihr verwöhnt ihn weiterhin grenzenlos, Ihr lasst seine Selbstsucht für Liebe gelten, Ihr beleidigt alle Freunde, die mit Sorge darüber reden ...
STEIN Nein, er wird schon auch g e t a d e l t , wenn er getadelt werden muss.
GÖRTZ Aber, bitte, das G e g e n t e i l ist doch wahr! Hier wird a l l e s g e l o b t , was er tut!

STEIN Er ist für mich der ungewöhnlichste Mann, den ich kenne. *(Sie umarmt ihn.)* Die letzten Enden aller Dinge will sein Geist zusammenfassen ...
GÖRTZ Sagt er ... Ja ... Aber das gelingt kaum e i n e m unter Millionen Menschen! Und gerade e r ist – davon bin ich überzeugt – n i c h t der Mann, der das erreicht ... Aber das seht Ihr nicht! Weil Ihr blind seid! Vor Liebe!
STEIN *(stellt sich ganz nah vor ihn)* Sie wollen ihn von hier ... Weg haben? Ist das ... Rache? Was Sie hierher getrieben hat?
GÖRTZ *(schaut die Stein direkt an)* Rache? Nein ... I c h will ihn n i c h t vertreiben ... Er selbst gefährdet die Unabhängigkeit des Herzogtums ... Ich kann nur hoffen ...
STEIN *(umarmt ihn heftiger)* W a s können wir hoffen ... Was?
GÖRTZ *(fast wie ein Liebhaber)* Wir hoffen immer ... Und in allen Dingen ist hoffen besser als verzweifeln. *(Sie küsst ihn auf die Wange.)* Vorsicht ... Der Kuss ist der allergefährlichste Zunder der Liebe ... *(Er löst sich aus ihrer Umarmung.)* Aber gut, ja, ich rede gern mit ihm ... Fragen Sie ihn nur, ob e r das will ... Aber gut, vielleicht w i l l er das wirklich ... Sobald er sich beruhigt hat ... Und wir sicher sein können, dass meine Gegenwart seine Wut nicht noch vermehrt. *(Stein nickt.)* Aber ... Das eigentliche Problem ist ja jetzt gar nicht mehr e r , sondern Ihr Sohn, meine Liebe ... Ihr S o h n hat Briefe geöffnet und jetzt muss der Herzog verhindern, dass Ihr Sohn herumerzählt, w a s er da ... Gelesen hat!
STEIN M e i n Sohn?
GÖRTZ *(deutet Bellomo nach)* Hat man Ihnen das noch nicht gesagt? Ihr Sohn Fritz, sagt der Direktor des Theaters, soll gewisse B r i e f e geöffnet haben und ...
STEIN Nein, der t u t so etwas nicht! Gut ... Zu stundenlangem Briefe schreiben hat er lange Zeit nur sehr b e d i n g t getaugt ... Und vieles, was er schrieb, schien dann, wenn man es kritisch las, nicht Hand und Fuß zu haben ... Viele Worte musste man ändern ... Und nie wusste man genau, welche Worte man wirklich hätte ändern sollen, weil man lieber das Ganze ausstreichen hat wollen ... Aber seit einigen Monaten ist es besser ... Und deswegen kann ich mir das w i r k l i c h nicht vorstellen, dass er schon gesiegelte Briefe noch einmal aufbricht ... Also das g l a u b ich einfach nicht!

GÖRTZ Er h a t sie aber geöffnet ... Und s c h l e c h t wieder versiegelt.
STEIN Na, d e r kann was erleben!

Licht aus, elegante Musik

V.1
Haus Görtz; Caroline, Bellomo

BELLOMO *(kommt)* Permesso, Contessa ...
CAROLINE Ja?
BELLOMO Die Stein hat mich an der Nase herumgeführt! Sie wollte ein Gespräch mit dem Conte vermitteln, aber plötzlich war sie weg! Und er auch! Und dann sagte man mir in Tiefurt, il Conte ist unterwegs zu Ihnen?
CAROLINE Das würde mich freuen.
BELLOMO Ich habe eine große Neuigkeit für ihn.
CAROLINE Das wird i h n freuen. Er ist ein Freund der Oper. Speziell der italienischen.
BELLOMO Ich weiß.
CAROLINE Speziell ... Der Sängerinnen.
BELLOMO Ich weiß, ich weiß.
CAROLINE Wer singt denn heute Abend?
BELLOMO Die besten jungen Damen ... N u r die Besten, aber ... Es geht nicht um eine Stretta jetzt, nur um ein ... Pianissimo ... Also ... Ich muss ihn unbedingt sprechen. *(Er stottert.)* Oh, permesso ... Immer wenn ich vor Ihnen stehe ...
CAROLINE Sind Sie sprachlos? Ja, aber w a r u m denn?
BELLOMO Weil Sie so schön sind.
CAROLINE *(geniert)* Aber das bin ich doch gar nicht mehr.
BELLOMO Keine Frau in Weimar ... Wie sagt man das auf Deutsch ... Berührt mein Herz ... Wie Sie.
CAROLINE Sie wissen genau, dass Sie nicht so mit mir reden dürfen ... Also ... Weswegen sind Sie gekommen?
BELLOMO Ihro Gnad haben persönlich ... Nichts zu tun mit größeren Geldsummen, leider, nicht?
CAROLINE Das kommt darauf an.

BELLOMO Eher il Conte, no?
CAROLINE Wenn Sie zum Beispiel etwas verkaufen wollen, was in unser Haus passt, dann reden Sie besser mit mir.
BELLOMO No, no, was ich verkaufen will, ist nichts Zerbrechliches, nichts Irdisches ...
CAROLINE Sie machen mich neugierig.
BELLOMO Mit Recht, mia cara, mit Recht.
CAROLINE Also wenn Sie mir einen Ablass verkaufen wollen oder sonst was Jenseitiges, damit habe ich n i c h t s im Sinn.
BELLOMO Ich komme gerade vom Herzog ... Also von seinem Schloss ... Ich habe nämlich eben ... Vor ganz kurzer Zeit ... Mit der Herzoginwitwe gesprochen ... Ich kenne sie ja gut ... Wir haben einige Produktionen zusammen gemacht ...
CAROLINE Wollen Sie mir ein Kostüm von ihr verkaufen?
BELLOMO Aber nein! Dass ich Ihre Herzogliche Gnaden erwähne, ist nur ein kleiner Hinweis, dass Sie mir vertrauen können ... Ich zeige Ihnen quasi ein Abbild meiner seriösen Person im Schloss Tiefurt, wenn ich schildere, wie ich dort eben noch ... Also ... Fritz von Stein hat mir erzählt, er hat in Briefen des Herrn von Goethe gelesen, dass die Herzoginwitwe und er ...
CAROLINE Das sagen jetzt schon viele, ja ...
BELLOMO Die Freunde meiner Freunde sind auch meine Freunde.
CAROLINE Machen Sie es nicht so spannend, bitte, ja?
BELLOMO Die Herzoginwitwe und ihr ... Geliebter ...
CAROLINE Also w e r ?
BELLOMO Fritz von Stein hat die beiden im Garten gesehen ... Und gelesen, dass die beiden ... Also ... Die wollen nicht nur nach Amerika fahren, sie wollen dort auch offiziell heiraten!
CAROLINE W o h e r wissen Sie das?
BELLOMO Das kann ich nur dem Conte selber sagen. *(Er verbeugt sich.)*

V.2
Haus Görtz; Caroline, Bellomo, Stein

STEIN *(stürmt herein)* Wo ist mein Sohn? Ist er da?
CAROLINE *(sehr reserviert)* Frau von Stein ...?

STEIN *(zu Bellomo)* Sie haben ja a u c h mit dieser Geschichte zu tun, nein?
BELLOMO *(stottert)* Also ich ...
STEIN Was immer Sie jetzt sagen ... D a s wird Ihnen noch l e i d tun!
BELLOMO *(zur Stein)* Sie sollten mich nicht für einen z u großen Einfaltspinsel halten, Signora. *(Zu Caroline)* Sie wissen ... Wo ich zu erreichen bin?
STEIN *(nahe vor ihm)* Man wird Sie festnehmen lassen!
BELLOMO *(zur Stein)* W i r sind a l l e e h r l i c h e Leute! *(Noch eine Verbeugung vor Caroline, ab.)*
STEIN D a s bezweifle ich!

V.3
Haus Görtz; Caroline, Stein

CAROLINE Sie suchen sicher meinen Mann, aber ... Der ist nicht da.
STEIN Nein, mit dem hab ich gerade gesprochen.
CAROLINE Geht es darum, dass Ihr Sohn Fritz gesagt hat ...
STEIN W a s hat er gesagt?

V.4
Haus Görtz; Caroline, Stein, Görtz

GÖRTZ *(kommt)* Meine Damen ...
STEIN Wo ist Fritz?
GÖRTZ Er war in Tiefurt. Ich habe ihm gesagt, er soll jetzt vor allem mal den Mund halten und hab ihn zu Ihnen nach Haus gebracht.
STEIN Was haben Sie mit ihm gemacht? *(Zu den anderen.)* Was haben die alle mit ihm gemacht? *(Ab.)*

V.5

Haus Görtz; Caroline, Görtz

CAROLINE Gut, dass Sie da sind ... Setzen Sie sich ... Sie müssen unbedingt wissen ...
GÖRTZ *(unterbricht sie)* W a s muss ich unbedingt wissen?
CAROLINE Er will sie heiraten.
GÖRTZ *(abwiegelnd)* W e r sagt das? Er s e l b e r ?
CAROLINE Nein, e r nicht ... Er redet ja mit niemandem mehr ... Er ist nur noch misstrauisch!
GÖRTZ Ja, und? Das ist nichts Neues. Er war immer gegen a l l e misstrauisch! Sei es, dass sich ein Brief verirrt hat, sei es, dass ein Bedienter aus seinem Dienst in einen anderen gegangen ist, sei es, dass er irgendein Papier irgendwo verlegt hat, gleich sieht er böse Absicht, überall Verräterei und Tücke ...
CAROLINE Diesmal ist er aber mit R e c h t misstrauisch ... Fritz von Stein hat sie selbst g e s e h e n ... Sie und ihn ... Bei der Frau von Stein ... Im hinteren Garten ... Gestern ... Und hat es dem Theaterdirektor erzählt ... Und der hat es mir gesagt ... Er kennt B r i e f e ...
GÖRTZ Ja, so s i n d diese Theaterleute! Sie schwätzen und schwätzen und schwätzen. *(Denkt nach.)* Im Garten ? Ja ...? Na, was kann er d a schon g e s e h e n haben.
CAROLINE Genug!
GÖRTZ Lächerlich.
CAROLINE Und die Briefe? Der Sohn von der Stein ist doch schon so etwas wie ‚sein Sekretär'! Er diktiert ihm seine Briefe ... Und die er ihm n i c h t diktiert hat, die hat er ...
GÖRTZ Was? S o u n v o r s i c h t i g ... Ist er?
CAROLINE Und dann ... Hat er diese Briefe in seiner Unschuld zwar wieder gesiegelt ... Aber doch s c h l e c h t gesiegelt ...
GÖRTZ Und?
CAROLINE Und da steht, dass er nach Amerika will, um sie dort zu heiraten.
GÖRTZ Was, bitte?
CAROLINE Na ... W a s sagen Sie j e t z t ?
GÖRTZ *(konzentriert sich)* Jetzt ... Sag ich, bitte sehr, exakt das G e g e n t e i l von dem, was ich vorhin gesagt habe ... Mich

interessiert die ganze Sache ‚Goethe und die Frau von Stein' in der Zwischenzeit nämlich ... Überhaupt nicht mehr ... Der Herzog hat alle meine Verträge unterschrieben ... Man wird staunen in Potsdam ... Und ich ... Habe dafür versprochen, über alles andere hier und in Potsdam zu s c h w e i g e n ... Das überrascht Sie, aber das werde ich wirklich t u n .

CAROLINE *(empört)* Was ... Werden Sie tun, bitte schön?

GÖRTZ Man hat hier Angst vor einer Okkupation durch die Preußen. Das Geheime Consilium hat heute eine Anordnung erlassen, wonach sogar schon jede D i s k u s s i o n über einen kommenden Einmarsch der Preußen in allen Wirtshäusern des Herzogtums verboten ist ... Weil man fürchtet, schon das G e s p r ä c h darüber könnte als Vorwand für die Okkupation dienen ... Sie sehen, es gibt hier Wichtigeres als Liebesgeschichten und den ... V e r r a t von Liebesgeschichten.

CAROLINE Also für mich ... Ist das jetzt aber t r o t z d e m das Wichtigste, dass die ...

GÖRTZ Nein, da i r r e n Sie sich schon w i e d e r ... Das Wichtigste für Sie bin ich ... Und i c h habe dem Herzog eben v e r s p r o c h e n , was S i e jetzt h a l t e n werden ... E r hat die Verträge unterschrieben, die ich nach Potsdam bringen werde, und S i e ...

CAROLINE Ja, aber diese Verträge haben doch n i c h t s mit dem S k a n d a l h i e r zu tun!

GÖRTZ Geschäfte sind Geschäfte.

CAROLINE Aber Bellomo wird das doch ohnehin jetzt ü b e r a l l herumerzählen ...

GÖRTZ Das wird er n i c h t ... Wenn Sie nichts Dummes herumreden, werde i c h mit dem Herzog über alles a n d e r e reden.

CAROLINE Aber ich d e n k e doch nicht daran, dass ich ...

GÖRTZ Aber bitte, ganz im Gegenteil, meine Liebe ... Sie denken jetzt nicht nur daran, s o f o r t zu packen ... Sie haben jetzt sozusagen s c h o n damit a n g e f a n g e n !

CAROLINE Schade ... Ich hätt mich so gern revanchiert ... Für die jahrelangen Gemeinheiten.

GÖRTZ Sie packen jetzt! Und ... Ganz ohne weitere Kommentare, bitte, ja? Also ... Je verschwiegener Sie jetzt sind, desto b e s s e r wird der Preis sein, den der Herzog ... *(Ab.)*

CAROLINE Wirklich schade!

Licht aus; Musik voll Gefühl und steigender Aufregung

VI.1

Park; Goethe, Anna Amalia

ANNA AMALIA *(kommt mit Goethe)* Ja! Ein Verräter! Die Stein hat ganz klar von einem ‚Verräter' gesprochen.
GOETHE Und w e r ... Soll das sein?
ANNA AMALIA Bellomo sagt, Fritz hat uns im Garten gesehen ...
GOETHE Ja, und? Was s a g t das denn ... A l l e s , was wir sehen, ist letztlich i m m e r eine Art R ä t s e l ... Und ist doch auch wieder keines ... *(Pause)* Aber die Lösung d i e s e s Rätsels ist wohl: Wir s i n d g e s e h e n worden und ... Wir hätten n i c h t gesehen werden d ü r f e n ... *(Pause)* Was also j e t z t ? Wir sollten in Z u k u n f t ... N i c h t mehr gesehen werden, oder?
ANNA AMALIA Görtz sagt ...
GOETHE *(unterbricht sie)* Ach, lass die schäbigen Kerle doch schwatzen! Görtz malt mich überall mit Dreckfarbe! Was i m m e r er gesagt hat, ihm darf man n i c h t s glauben!
ANNA AMALIA Das ist nicht richtig! Görtz hat nur gesagt, dass der Herzog ...
GOETHE Ja, auch von i h m muss ich weg ... Er ist und bleibt ein Hasenfuß! F r e i von a l l e m Z w a n g muss ich sein ... Im Schreiben und im Denken! Ich hab das Rücksichtnehmen satt! Das, was ich will, d a r f ich nicht ... Und das, was ich darf, ist n i c h t s ! Das w i l l ich jetzt nicht mehr! So einfach ist das. *(Er unterbricht sich.)* W a s g e n a u hat Görtz gesagt?
ANNA AMALIA Er war betont herablassend, hat aber doch durchaus mit einer gewissen Achtung von eurer Auseinandersetzung gesprochen und ...
GOETHE Mit A c h t u n g ...? Mit einer gewissen S c h o n u n g hat er vielleicht geredet ... Fein und klug ... Weil er weiß, dass ich ... Jetzt ... Hier ... In einer ausweglosen Lage bin ... Und

genau d a s verdrießt mich ja auch so ... Er kann so g l a t t sprechen, dass jedes L o b letztlich zu einem Tadel wird ... Nein, nichts verdrießt mich mehr als ein Lob von i h m ... Nein, nein ... E r will nicht mit mir reden, und ich ... Nicht mit ihm!
ANNA AMALIA Aber er hat gesagt, er ist bereit, den ‚Streit aus der Welt zu schaffen'! Er sagt, es wäre schade, dass ein so talentierter Mann ...
GOETHE Da siehst du, dass er s t ä n d i g l ü g t ! Ein Mann wie er verzeiht jedem anderen Vermögen, Stand und Ehre, weil er denkt, d a s hat er s e l b s t , doch das, was die N a t u r allein verleiht, was weder Gold, noch Schwert, noch Klugheit, noch Beharrlichkeit erzwingen kann ... Das wird er n i e verzeihn ... Dass einer t a l e n t i e r t e r ist als er, das wird er n i e verzeihn ... Schon gar nicht m i r , der ich nun w i r k l i c h ...
ANNA AMALIA Der Herzog hört auf ihn ...
GOETHE Ja, das hab ich heute leider a u c h schon bemerkt ... Auf mich hört er ja offenbar nicht mehr ... Und, bitte, warum ...? I h n b r a u c h t man jetzt ... In Potsdam ... Mich braucht man n i c h t ... S o e i n f a c h ist das!

VI.2

Im Park; Goethe, Anna Amalia, Görtz

GÖRTZ *(kommt)* Ich ... Ich möchte mich entschuldigen.
GOETHE Es geht aufwärts, sagte der Spatz, als die Katze ihn die Treppe hinauftrug. *(Zu Anna Amalia.)* Also gut, ich rede mit ihm. *(Zu Görtz.)* Der Couragierte stürzt mit Würde jede Treppe hinunter ... Nur der kleinliche Geist kriecht vorsichtig hinauf.
GÖRTZ *(höflich)* Kurz, ich will mich wirklich entschuldigen.
ANNA AMALIA Das freut mich. *(Ab.)*

VI.3

Im Park; Goethe, Görtz

GÖRTZ *(schaut Anna Amalia nach)* Sie ist immer s e h r geheimnisvoll.

GOETHE Sind S i e das n i c h t?
GÖRTZ Die Wahrheit ist ...
GOETHE Die Wahrheit! Ja! Als Pythagoras seinen bekannten Lehrsatz entdeckte, brachte er den Göttern ein gewaltiges Opfer dar ... Seitdem zittern die Ochsen, so oft eine neue Wahrheit ans Licht kommt.
GÖRTZ *(lacht)* Was ich meine, ist: Es wird Kriege geben ... Revolutionen ... In Paris brennen schon die Vorstädte ... Die Pariser haben das Vertrauen in die königliche Familie verloren ... Weil die Königin Marie Antoinette öffentlich lügt! Sie hat sich mithilfe des Kardinals Rohan ein Perlencollier erschwindelt, behauptet aber öffentlich ... So naiv d a r f man nicht sein! Wenn eine regierende Familie aufhört, sich standesgemäß zu benehmen ... Und anfängt, öffentlich zu lügen ... Ist die Axt schon angelegt ... An die Wurzel des Königtums.
GOETHE Ja, dunkel ist des Glückes launenhafter Flug ... *(Fasst ihn an der Schulter.)* Oder ... Reden Sie jetzt von s t a n d e s - g e m ä ß, weil Sie glauben, dass auch h i e r ...
GÖRTZ Nein, bitte, hier ... Ist alles anders! D o r t hat sich die Familie des Herrschers vom Volk e n t f e r n t, aber h i e r ... Könnte man ja direkt vom G e g e n t e i l reden ... Eine, wie sag ich das, kleine Liebesgeschichte ... Zwischen einem Minister und seiner Herzogin ... Könnte nicht nur n i c h t ein g a r so großes Unglück sein ... Meine ich ... Sondern sie könnte sogar ... Vielleicht ... Einen menschlicheren Ton bringen ... In die große ... Politik.
GOETHE Nichts ist nützlich, was nicht auch Schaden bewirken kann, meinen Sie ...? So wie das Feuer? *(Lässt seine Schulter los.)* Ich muss Ihnen trotzdem ... Trotz aller Philosophie sagen ... Es g i b t k e i n e ... Solche Geschichte ... Hier.
GÖRTZ Ja, gut, aber ... Vielleicht s o l l t e es so eine geben?
GOETHE W a r u m ... Sollte es ... So eine geben?
GÖRTZ Die Leute hätten sicher nichts dagegen ... Dass eine herzogliche Witwe ... Noch einmal ... Ein s t i l l e s Glück e r - l e b t ... Mit einem ... Aus dem Volk ... Das halte ich durchaus für möglich ... Und ... Den Herzog muss man eben ü b e r z e u - g e n! Die neue Zeit wird auch an i h m nicht g a n z vorübergehn ...

GOETHE Dazu kann ich nur sagen ...
GÖRTZ Der Herzog muss nur alle belastenden Dokumente jetzt sofort verbrennen ... Nicht in Archive legen, denn irgendwann werden auch alle privaten Archive durchstöbert ... Nichts darf die Familie Sachsen-Weimar-Eisenach im Moment kompromittieren ...

VI.4

Park; Goethe, Anna Amalia, Görtz

ANNA AMALIA *(kommt)* Graf Görtz ...
GÖRTZ Durchlaucht?
ANNA AMALIA Der Herzog fragt ...
GÖRTZ Ich rede mit dem Herzog. *(Verbeugt sich, ab.)*

VI.5

Park; Goethe, Anna Amalia

ANNA AMALIA Ihr streitet ...?
GOETHE Aber nein! Wir haben uns geeinigt. Ich verschwinde ...
ANNA AMALIA Jetzt? Ja? Und w a r u m so plötzlich?
GOETHE Warum, warum ... Warum kann ich nicht länger als immer nur ein paar Minuten mit dir zusammen sein? Mit dem einzigen Menschen, den ich liebe? Nur, weil es sich nicht s c h i c k t? Weil meine Z u n e i g u n g n i c h t s z ä h l t? *(Laut.)* Zählen nur ... Äußerlichkeiten? *(Leise.)* Ich l i e be dich! Ja! Deine Augen! Deinen Mund ... Aber über drei Tage auch nur nach Karlsbad zusammen fahren, das d ü r f e n wir nicht ...? *(Anna Amalia küsst ihn, aber Goethe macht sich frei.)* Ich l i e b e dich ... Ja, es i s t so ... Ich liebe dich wie am e r s t e n Tag ... Ich habe versucht, dieses Gefühl zu bekämpfen ... Ich hab mit mir selbst gestritten ... Ich habe mich fast zerstört ... Aber ich habe mich dann neu geboren! Frei wie ein Gott bin ich! Durch dich! Aber genau d a r u m ... Muss ich jetzt weg.
ANNA AMALIA Hast du mit i h m ... Darüber geredet?
GOETHE Er hat mich nicht verstanden ... Er ist gefühllos ... Der Fischschwanz schaut ihm immer aus dem Frack ... Während

ich mit ihm geredet habe, hat er nur daran gedacht, wie er mich überlisten kann. *(Anna Amalia will etwas sagen, aber er lässt sie nicht.)* Sag nichts! Es ist zu spät ... Ich bin entschlossen, jetzt alles zu gewinnen ... Oder mein Schiff ... Mit der ganzen Ladung ... In die Luft zu jagen!

ANNA AMALIA Oh, wie selig kann einer fliegen, dem ein Traum die Flügel schwingt! *(Sie dreht sich zu ihm.)* Aber ich will nicht, dass du gehst! Ich ertrage das nicht!

GOETHE Ich gehe nur deswegen, weil ich dich nicht gefährden will! Der Herzog befürchtet eine Intervention der Preußen ...

ANNA AMALIA Aber Görtz sagt doch ...

GOETHE Was immer er sagt, ich muss w e g ! Es ist ein Salto mortale, aber ich m u s s s o f o r t nach Karlsbad ... Karlsbad fällt nicht auf ... Ich war im Vorjahr mit Knebel dort ... Niemand wird sich was denken, wenn ich diese Reise nach Karlsbad jetzt wiederhole und ... Ich werde mich ab sofort anders nennen ... Johann Philip Möller werde ich mich nennen ... Schick alle Briefe an Johann Philip Möller! *(Anna Amalia will ihn wieder unterbrechen, aber Goethe lässt das nicht zu.)* Nein, sag nichts! Lass sie alle das möglichst spät bemerken, dass ich weg bin ... Alle, die mir untergeordnet sind, sollen mich von Woche zu Woche zurückerwarten ... So bin ich abwesend, aber doch auch anwesend ... Ja, du wirst lachen, aber ich k a n n so l e b e n ! Du wirst das sehen! Ich bin zu einem Privatmenschen geschaffen ... Ich begreife j e t z t schon immer weniger, wieso mich das Schicksal in eine Staatsverwaltung ... Und in eine fürstliche Familie ... Hineinflechten hat müssen! Siehst du das nicht? Das ist hier alles ... Viel zu eng für mich!

ANNA AMALIA Aber du kannst mich doch nicht allein lassen!

GOETHE Ich muss, denk ich ... Ich habe so wenig gepackt ... Dass es keinem auffallen wird ... Wenn man mich in einem Wagen sieht! *(Er lächelt.)* Und wenn das Gerede ... Mich in Karlsbad wirklich einholen sollte ... Dann fahr ich sofort nach Italien ... Und warte d o r t auf dich. *(Plötzlich.)* Sag auf jeden Fall allen ... Ich bin aus Weimar weg ... Weil ich das Hofleben nicht mehr e r t r a g e n habe ... Weil die Amtsgeschäfte mein künstlerisches Talent ruiniert haben und ... Weil ich e i n e s gelernt habe ... Wer sich mit dem Administrieren abgibt, ohne selber der regierende Herr zu sein, muss entweder ein Philister sein oder ein N a r r ! *(Er streichelt ihre Wange.)* Ich habe mir nichts so sehr gewünscht wie ein normales Leben mit dir ... Ich habe bis heute darauf gehofft ... Aber jetzt, wo dieser ‚Verräter' aufgetaucht ist, sehe ich, dass ich mich geirrt habe ... Jetzt k a n n ich nicht mehr in deiner Nähe bleiben!

ANNA AMALIA *(bedächtig)* Bisher ... War für mich ... Jeder Tag mit dir ... Ein ganzes Leben.

GOETHE Liebste ... Ich weiß, dass ich nichts lieber sehe in der Welt als deine Augen, und dass ich nirgends lieber sein will als bei dir ... Aber wenn die Erde zittert ... Wenn man w e i ß , dass ein Erdbeben kommt ... Dann muss man schnell aus dem Haus! *(Sie umarmt ihn.)* Ich hab keine Kraft mehr, mich gegen dieses Erdbeben zu stemmen ... Mein Steuer ist geborsten ... Es kracht das Schiff an allen Seiten ... Die Planken unter meinen Füßen brechen weg ...

ANNA AMALIA Hast du nicht einmal gesagt ... Liebster ...

GOETHE Was immer ich jemals gesagt habe, sag du jetzt dem Herzog, dass es d a s i s t, was es ist, eine F l u c h t ... *(Er zitiert aus seinem Tasso-Stück.)* ‚Es brennen mir die Sohlen | auf diesem Marmorboden; eher kann | mein Geist nicht Ruhe finden, bis der Staub | des f r e i e n Wegs mich Elenden umgibt!' *(Umarmt und küsst sie, Anna Amalia ab.)*

VI.6

Goethe

GOETHE *(geht an die Rampe vor)* Wohin beweg ich meinen Schritt | dem Ekel zu entfliehn, der mich umfängt | dem Abgrund zu entgehn, der v o r mir liegt ... Schrieb Goethe im ‚Torquato Tasso', als er Tassos Flucht aus Ferrara beschrieb ... Aber am 3. September 1786 floh er selber heimlich nach Karlsbad ... Diese ‚überstürzte Flucht' wurde von dem völlig überraschten Herzog öffentlich zwar schnell zu einer ‚Studien- und Arbeitsreise' erklärt, aber die Sorge des Herzogs legte sich doch erst, als Goethe ihm einige Wochen später überraschend direkt schrieb, dass mittlerweile ‚seine Leidenschaft zur Herzoginwitwe, wie es so gehe im Leben, ein ausgebrannter Vulkan sei'. *(Er lacht.)* Und als Goethe nach zwei langen Jahren endlich wieder nach Weimar zurückkam – nur an diesem ‚Musenhof' fand er ja die Bedingungen, um als Dichter ohne Geldsorgen leben zu können –, ist beiden Liebenden, also der Herzoginwitwe und ihm endgültig klar geworden, dass sie keine Liebenden mehr sind. Und was passiert? Nun fährt die Herzoginwitwe – in ihrer Enttäuschung – auf seinen Spuren, wenn auch o h n e ihren geliebten Goethe zwei Jahre quer durch Italien ... Wir müssen uns das s o vorstellen ... Als Anna Amalia den jungen Goethe im November 1775 kennen lernte, ist er sechsundzwanzig gewesen, und sie war fünfunddreißig, aber nun, da sie nach s e i n e r Italienreise im Jahr 1790 von i h r e r Italienreise zurückkommt, ist sie doch schon über fünfzig ... Da fällt ihr die Entsagung, die er ihr vorschlägt, nicht mehr g a n z so schwer. Trotzdem, als Goethe dann im Jahr 1805 die sehr viel jüngere Christiane heiratet, und auch noch den bis dahin unaufgeführten ‚Tasso' im Weimarer Theater öffentlich aufführt, stirbt die Herzogin, wie man so sagt, an ‚gebrochenem Herzen'. Und er? Goethe überlebte sie um fünfundzwanzig Jahre. Aber das Erstaunliche geschieht: Trotz dieser vielen Jahre und trotz seiner Ehe mit Christiane blieb Anna Amalia, wie man seinen Gedichten entnehmen kann, doch sein Leben lang ‚seine große Liebe'. Noch kurz vor seinem Tod schrieb er in Gedanken an sie: Der Sterne Glanz | geleitet mich im Traum | zur Schwelle, | wo sie ruht. | Oh, sei auch mir | dort auszuruhn bereitet ... | Wie es auch sei, | das Leben, | es ist gut.

Licht aus, Verbeugungsmusik

Ende

INHALT DER SZENEN

I. Bild – Haus Görtz

I.1 Der Theaterdirektor Bellomo erzählt Caroline von Görtz, dass er etwas wisse, was der Graf Görtz unbedingt wissen sollte! Aber da der Graf scheinbar nicht zu Hause ist, rennt Bellomo wieder weg.

I.2 Caroline von Görtz fürchtet zwar, dass der Herzog ihrem Mann bei der geplanten Audienz nur die Rente streichen wird, ihr Mann aber ist sich sicher, dass der Herzog vor allem erreichen will, dass er, Görtz ‚ein Gerücht, das die Herzogin betrifft', nicht in Potsdam weitergibt. Caroline erzählt ihrem Mann, dass Goethe tatsächlich ein Verhältnis mit der Herzoginwitwe habe. Auch Bellomo, sagt sie, wisse schon davon.

II. Bild – Park

II.1 Die Herzoginwitwe Anna Amalia und ihre Hofdame Charlotte von Stein sprechen darüber, dass es offenbar neuerdings ein ‚Gerede' gibt in der Stadt, das Goethe und Anna Amalia betreffen soll. Die Herzoginwitwe meint, die ‚gute Frau von Stein' möge sich doch gerade deswegen wieder öfter einmal zeigen ‚mit Goethe in der Stadt'.

II.2 Der Herzog hat sichtlich auch etwas ‚Unangenehmes' gehört und sucht Goethe.

II.3 Der Herzog fragt Anna Amalia indirekt, ob sie denn wirklich mit Goethe eine ‚Liebesgeschichte' habe? So etwas sei für eine Fürstin des Reiches nämlich nicht möglich. Sie gibt eine ausweichende Antwort.

II.4 Der Herzog nimmt das eben beendete Stück ‚Torquato Tasso' von Goethe entgegen und fragt ihn, ob denn in diesem Manuskript unerlaubterweise etwas ‚für die Öffentlichkeit Verfängliches' stehen könne? Goethe streitet alles ab. Ihn interessiere nur, wie der Herzog selber auf dieses ‚Stück' reagieren werde.

II.5 Der Herzog warnt Anna Amalia.

II.6 Anna Amalia vermeidet das offene Gespräch mit dem Herzog und Görtz.

II.7 Der Herzog ahnt, dass Görtz etwas weiß, was eigentlich niemand wissen dürfte, und beginnt mit ihm zu verhandeln. Er stellt ihm eine eventuelle Unterschrift unter die preußischen Verträge in Aussicht, falls Görtz sich bereitfinden könne, alle ‚Weimarer Gerüchte' in Berlin zu dementieren.

III. Bild – Bibliothek

III.1 Goethe und Anna Amalia haben gehört, dass es einen ‚Verräter' gibt. Goethe verliert zum ersten Mal die Nerven, und beide überlegen, ob sie nach Amerika gehen sollen.

III.2 Es kommt zur ersten Konfrontation zwischen dem Dichter und dem Diplomaten: Görtz fragt Goethe ganz direkt nach der ‚wirklichen Frau von Stein'. Der junge Goethe verliert zum zweiten Mal die Nerven und schlägt den Älteren.

III.3 Der Herzog kommt dazu. Der unbeherrschte Goethe verliert zum dritten Mal die Nerven, reagiert panisch und flieht.

III.4 Dem Herzog und Görtz wird dadurch klar, dass Goethe zweifellos etwas ‚Gravierendes' verheimlicht. Görtz deutet an, dass es eine andere ‚Frau von Stein' geben müsse. Und er ahne auch bereits, wer da gemeint sei. Man verabredet sich zu einem Spaziergang im Park, denn der Herzog will jetzt unbedingt ‚die Wahrheit' wissen.

PAUSE

IV. Bild – Boudoir

IV.1 Frau von Stein erzählt Anna Amalia vom Streit Goethes mit Görtz. Am besten wäre es, meint sie, Goethe würde eine Zeitlang verreisen. Anna Amalia sagt aber sofort: Das wird er nicht tun! Er liebt mich!

IV.2 Bellomo sucht den Grafen Görtz. Er erfährt aber nur, dass der offenbar in seinem Haus ist.

V. Bild – Haus Görtz

V.1 Bellomo erzählt der Gräfin Görtz, Goethe wolle Anna Amalia heiraten.

V.2 Die Gräfin Görtz erzählt ihrem Mann, Goethe wolle die Herzogin nicht nur heiraten, er wolle mit ihr auch fliehen. Nach Amerika. Görtz will das alles jetzt aber nicht mehr so genau wissen. Er sagt, die Lage habe sich verändert, und je verschwiegener er und sie ab sofort seien, desto höher werde die ‚Abfindung' für sie beide hier in Weimar sein.

VI. Bild – Park
VI.1 Goethe sagt Anna Amalia, dass er weg muss.
VI.2 Görtz will sich bei Goethe und bei ihr entschuldigen.
VI.3 Görtz macht Goethe ein Schweige-Angebot, aber Goethe verliert noch einmal die Nerven und lehnt ab.
VI.4 Die Herzogin kommt zurück, Görtz lässt die beiden allein.
VI.5 Goethe verabschiedet sich von Anna Amalia und flieht nach Karlsbad.

VII. Bild – Bühne
Epilog

DER JUNGE GOETHE UND DIE HERZOGIN ANNA AMALIA

1

Das Thema:
Die Spannung zwischen einem Genie und seiner Umwelt.

2

Die ursprüngliche Geschichte
G o e t h e sagt: „Ich hatte das Leben Tassos, ich hatte mein eigenes Leben, und indem ich zwei so wunderliche Figuren mit ihren Eigenheiten zusammenwarf, entstand ein neuer Tasso, dem ich als Kontrast den Antonio entgegenstellte."
I c h wiederum hatte nun Goethes Theaterstück ‚Torquato Tasso', in dem Goethe Tassos heimliche Liebe zur Herzogin Leonore von Este darstellt, und ich hatte Briefe, in denen behauptet wird, Goethe habe seine Herzogin Anna Amalia von Sachsen Weimar Eisenach geliebt, an die er beim Schreiben seines ‚Torquato Tasso' ständig gedacht hat. Da ich nun in meinem Theaterstück dem großen Dichter Goethe so nahe wie möglich kommen wollte, ergänzte ich Goethes historischen ‚Torquato Tasso' mit Goethes eigenen Lebensdaten und mit seinen Gefühlen.

3

Die Fabel
Der Weimarische Minister Johann Wolfgang von Goethe und die Herzoginmutter Anna Amalia versuchen ihre staatspolitisch gefährliche Liebesgeschichte geheim zu halten. Aber Goethes Sekretär Fritz vom Stein verrät das Geheimnis. Dieser Verrat

erschüttert Goethe so sehr, dass er Hals über Kopf aus Weimar flieht.

4

Was wollen die Figuren?

Der Theaterdirektor B e l l o m o hat erfahren, dass Fritz von Stein, Goethes junger Sekretär, der viele Briefe für Goethe schreibt, einige, die er nicht geschrieben hat, geöffnet und unerlaubter Weise gelesen hat. Dadurch hat er erfahren, dass Goethe und die Herzogin Anna Amalia heimlich nach Amerika auswandern wollen. Da Bellomo dieses Wissen gegen Geld eintauschen will, versucht er beim Herzog einen Termin zu bekommen, da ihm das nicht gleich gelingt, versucht er es beim Grafen Görtz.

C a r o l i n e v o n G ö r t z , Ehefrau des von Goethe verdrängten ehemaligen ‚Ersten Ministers des Herzogtums Sachsen-Weimar-Eisenach' fühlt sich von allen Mitgliedern des Hofes schlecht behandelt und brennt darauf, die sichtlich vorhandene ‚heimliche Liebesgeschichte Goethes mit der Herzogin' öffentlich zu machen, um damit zu zeigen, wer hier ‚im Recht' ist.

Ihr Mann, G r a f G ö r t z , ein hochintelligenter und erfahrener Diplomat, wurde von seinem neuen Arbeitgeber, dem König in Preußen beauftragt, den Herzog von Sachsen-Weimar-Eisenach zur Unterschrift unter einen geplanten Beistandsvertrag zu überreden. Das gelingt ihm auch im Laufe des Stückes, weil der Herzog wiederum von ihm erreichen will, dass der Graf von Görtz über keines der Weimarer Gerüchte in Berlin berichten möge.

Die F r a u v o n S t e i n spielt die Geliebte des Ministers Goethe, um die Liebesgeschichte ihrer Herzogin zu decken. Da sie immer schon eine gewisse Sympathie für den Grafen Görtz hatte, zeigt sie die auch jetzt, um ihrerseits den Grafen Görtz auf die Seite der Herzogin zu ziehen.

Der H e r z o g ahnt, dass eine mögliche Liebesgeschichte seiner Mutter, der Herzoginwitwe Anna Amalia, mit dem gerade nicht mehr bürgerlichen Herrn von Goethe den Bestand der Monarchie in seinem Herzogtum gefährden könnte und will diese Liaison folglich in dem Moment, in dem er von ihr erfährt, sofort beenden.

A n n a A m a l i a liebt Goethe, weiß aber, dass das nur heimlich möglich ist.
G o e t h e liebt Anna Amalia, obwohl auch er weiß, dass er diese Liebe geheim halten muss. Einige Jahre lang ist das beiden auch gelungen. In dem Moment aber, in dem Goethe bemerkt, dass es einen ,Verräter' gibt, verliert er die Nerven und verlässt Weimar fluchtartig. Er bildet sich dabei sogar ein, dass er das auch deswegen tut, damit er seine künstlerische Freiheit nicht verliert.

5

Die D r a m a t u r g i e des Stückes

Die ersten drei Aktionen und die Gegenaktion

A. die Aktionen

I. Akt oder Die e r s t e Aktion:

Der ehrgeizige Theaterdirektor Bellomo hat von Goethes Sekretär Fritz von Stein erfahren, dass Goethe mit der Herzoginmutter Anna Amalia eine unerlaubte Liebesgeschichte hat, und da er sich vom Herzog für das Überbringen dieser Nachricht Geld erhofft, will er den Grafen Görtz bitten, der an diesem 3. September 1786 eine Audienz beim Herzog haben wird, den Herzog auf seine, Bellomos, Loyalität gegenüber dem Hochwohlgeborenen Herzogshaus hinzuweisen. Das ist die e r s t e Aktion.

II. Akt oder Die z w e i t e Aktion:

Die Herzogin Anna Amalia und Charlotte von Stein, ihre Hofdame, genießen die herbstlichen Tage im Park des Schlosses Tiefurt. Da es offenbar Gerüchte gibt, die der Herzogin eine Liebesgeschichte mit Goethe unterstellen, beschließen die beiden, dass Frau von Stein sich wieder öfter einmal in der Stadt mit Goethe ,als seine ewige Geliebte' zeigen soll. Das ist die z w e i t e Aktion.

Aber auch der Herzog wird hellhörig, als ihm G o e t h e im Park sein neues Stück ,Torquato Tasso' überreicht mit dem Hinweis, das sei n u r für den Herzog und die Herzoginwitwe bestimmt. Das ist die d r i t t e Aktion.

Goethe geht – zumindest dem Herzog gegenüber – in die Offensive. Er will ihm mit dem ,Tasso' sagen, dass er, Goethe, die Herzoginmutter liebe. Der Herzog reagiert nervös, weil er weiß, dass der König in Potsdam nur auf einen Vorwand wartet, um das Herzogtum Sachsen-Weimar-Eisenach annektieren zu können.

B. Die Gegenaktion
III. Akt: Der H e r z o g versucht zu erreichen, dass auch Goethe seinen ‚Tasso' für zu gefährlich hält. Da das misslingt, versucht der Herzog wenigstens zu erreichen, dass Görtz in Berlin kein Wort der ‚Weimarer Gerüchte' weitergibt. Das ist die G e g e n - a k t i o n.
C. Die beiden K o n f r o n t a t i o n e n und die zentrale P e r i p e t i e.
Goethe und die Herzogin denken, da sie hören, dass es einen ‚Verräter' gibt, ernsthaft über eine gemeinsame Flucht nach Amerika nach.
Daraufhin passiert die e r s t e K o n f r o n t a t i o n zwischen Görtz und Goethe. Der Dichter verliert die Nerven und schlägt den Diplomaten. Der Herzog versucht den Streit zu schlichten und zieht sich zu einem klärenden Gespräch mit Görtz zurück.
D. Die P e r i p e t i e ; also die ‚Umdrehung'.
IV. Akt, Frau von Stein versucht Anna Amalia zu überzeugen, dass Goethe sofort weg muss aus Weimar. Um jeden Skandal zu vermeiden. Das ist die Peripetie. Alles soll also ab sofort anders werden in Weimar. Es wird auch anders, aber anders als Goethe, die Herzoginmutter, die Frau von Stein, die Gräfin Görtz und der Theaterdirektor Bellomo sich das gedacht haben.
Görtz hat mit dem Herzog einen Tausch gemacht. Der Herzog hat alle Verträge, die Görtz mitgebracht hatte, unterschrieben und Görtz hat dafür versprochen, dass er weder hier in Weimar, noch in Berlin jemals ein Wort über ‚das Gerücht' verlieren wird.
E. Zweiter Höhepunkt, z w e i t e K o n f r o n t a t i o n.
Obwohl Görtz also für möglich hält, dass bei allseitiger Vernunft der öffentliche Skandal noch verhindert werden kann, verliert Goethe in einer von ihm erwarteten z w e i t e n K o n f r o n t a - t i o n endgültig die Nerven und beschließt s o f o r t nach Karlsbad zu fliehen.
F. S c h l u s s
V. Akt: Abschied Goethes von Anna Amalia und Epilog.

Michaela Ehrenstein, Walter Benn

Johannes Kaiser, Walter Benn

Walter Benn, Martin Gesslbauer, Felix Kurmayer

Walter Benn, Katrin Graf

Walter Benn

Gerald Szyszkowitz

WERNER KRAUSS

oder Des Teufels Rabbi Löw

Theaterstück

Werner Krauß	Walter Benn
Käthe Dorsch	Michaela Ehrenstein
Assistentin	Vera Bernhauser
Max Reinhardt	Johannes Kaiser
Veit Harlan	Felix Kurmayer
Joseph Goebbels	Martin Gesslbauer
Riess, Journalistin	Kathrin Graf

Regie und Raum	Gerald Szyszkowitz
Assistenz	Vera Bernhauser
Kostüme	Babsi Langbein
Klavier	Béla Fischer
	László Kövi
Fotos	Rolf Bock
Pause	nach dem 5. Bild
Uraufführung	17. Januar 2012

Zeit der Handlung

I. Bild: März 1933
II. Bild: Oktober 1939
III. Bild: 12. Januar 1940
IV. Bild: 1942
V. Bild: 1942

Pause

VI. Bild: 1945
VII. Bild: 1946
VIII. Bild: 1952
IX. Bild: im Theaterhimmel

Musik aus dem Berlin der Dreißigerjahre
‚So oder so ist das Leben ...'

I.1
Großes Schauspielhaus Berlin, Bühne; Dorsch, Krauß, Reinhardt, Assistentin

REINHARDT *(kommt zur Dorsch, die gesungen hat)* Das ist ganz gut, wie du das machst ... Durch dieses Lied hat der Anfang unseres Stückes gleich etwas Berliner Lokalkolorit ...
ASSISTENTIN *(ruft)* Frau Dorsch, Telefon ...
DORSCH Ich kann jetzt nicht!
ASSISTENTIN Es ist aber wichtig!
REINHARDT Bitte, geh, wenn es wichtig ist ... *(Zum Klavierspieler.)* Das ist wirklich nett, wie sie das macht. *(Dorsch ab.)*
KRAUSS *(kommt mit roter Perücke und erschreckt den Regisseur)* Ha!
REINHARDT Was, s o wollen Sie den Shylock spielen ... Mit r o t e n H a a r e n? Einen T e u f e l wollen Sie spielen? Vom ersten Auftritt an einen Höllenhund ... Mit roten Haaren ... Einen Teufel?
KRAUSS *(zeigt einen Kasperl)* Ja ...
REINHARDT Als einen Kasperl?
KRAUSS Als eine Art Kasperl, ja ... *(Versucht, schlau zu schauen.)*
REINHARDT Und ... *(Lacht.)* S o g e r i s s e n soll er schauen?
KRAUSS Bitte, er g l a u b t, er ist gerissen ... Im Grund ist er aber nur d r e i s t! *(Er spielt.)* So ...
REINHARDT Wunderbar! Aber machen Sie das vielleicht besser s o ...
KRAUSS Nein, bitte, Sie müssen mir das nicht vorspielen ... Sonst spiel ich Ihnen genau das nach! *(Er lacht.)*
REINHARDT Ja, aber s c h i e l e n müssen Sie, schielen! Das ist komischer. Und watscheln ... Mit auswärtsgedrehten Plattfüßen! *(Tut es.)* Am Anfang kann das eine richtige Spottfigur sein, aber ... Sobald es ums Geld geht, um die Geschäfte, da verwandelt er sich ...
KRAUSS *(spricht hart und genau)* Dreitausend Dukaten – gut.

REINHARDT *(als Bassanio)* Ja, Herr, auf drei Monate.
KRAUSS Auf drei Monate – gut.
REINHARDT Wofür Antonio Bürge sein soll.
KRAUSS Dreitausend Dukaten, auf drei Monate, Antonio Bürge, gut ...
REINHARDT Der Rücken müsste äffischer gekrümmt sein ... Vielleicht so ...
KRAUSS Nein, bitte, n i c h t vorspielen!
REINHARDT Nein, nein, spielen Sie das nur selber, aber s p i e - l e n Sie! Man muss s p i e l e n , nicht r e d e n darüber ... Seine Haltung muss rasch wechseln ... Erst Kriecherei, ja, aber d a n n ... Besessenheit, Machtwahn ... Und schließlich die unverschämteste Rabulistik!
KRAUSS *(strafft sich mit einem plötzlichen Einfall)* Und wenn Ihr n i c h t zahlen könnt ... D a n n lasst uns ein volles Pfund von Eurem Fleisch zur Buße setzen!
REINHARDT *(als Antonio)* Ein Pfund ... Wovon?
KRAUSS Das ich schneiden darf ... Aus welchem Teil von Eurem Leib ich will. *(Er lacht vergnügt.)*
REINHARDT Sehr gut ... Wie Sie das machen, nur ... Es wird schon einige geben, die das n i c h t mögen ... Shakespeare ist kein Klostersüppchen ... Das ist richtig.
KRAUSS Ein paar werden sagen ... Schon wieder ein Judenstückl, ja, aber ...
REINHARDT Was heißt Judenstückl? Es geht hier n i c h t um die J u d e n ! Im ‚Kaufmann von Venedig' geht es Shakespeare um die a n d e r n ! *(Er legt ihm den Arm um die Schulter.)* Und deswegen will ich Ihnen ja auch sagen, w a r u m ich dieses Stück ausgerechnet j e t z t ansetzen will ... Wo bleibt denn die Dorsch?
KRAUSS W e r genau sind eigentlich die, die randalieren werden?
REINHARDT E r s t werden sich die Weltkriegs-Invaliden melden, dann die üblichen Frontheimkehrer, nebst einer Anzahl von Grafen, Exzellenzen, Landräten und Obersten im Dienst und außer Dienst, diese ‚sogenannten Patrioten' werden sich mit Leserbriefen in allen Boulevardblättern melden ... Und d i e nicht zu vergessen, die sich eigentlich auf n i c h t s mehr einlassen wollen ... Aber auch von der anderen Straßenseite

herüber wird gemeckert werden ... Denn unzählige getaufte und ungetaufte Juden werden sich wieder einmal verhöhnt finden, kurz, wir müssen die Aufführung von vornherein h e i t e r e r anlegen ... *(Setzt sich.)* Was mir vorschwebt, ist ein Theater, das sehr viel mit Musik zu tun hat, das aber auch unser Mitdenken fordert, das jedoch vor allem den Menschen F r e u d e gibt ... Das sie aus der Misere des Alltags hinausführt in eine heitere und reine Luft der Schönheit ... I c h w e i ß , dass die Menschen es satt haben, im Theater immer wieder nur das Elend wiederzufinden ...

KRAUSS Richtig, aber ... *(Greift sich an den Kopf.)* Brauch ich dafür die Perücke ...? Wichtiger als sein Haarschopf muss doch eigentlich der Mensch s e l b e r sein ... Wird man dem Shylock die ganze Geschichte nicht e h e r abnehmen, wenn er erst einmal äußerlich u n s c h e i n b a r ist? *(Nimmt die Perücke ab.)* Nicht alle Trinker haben rote Nasen ... Oder?

REINHARDT Ja, aber auf der Bühne hat sich schon noch eine Zeichenhaftigkeit erhalten, die es sonst nur mehr im Märchen gibt ... Wo die Hexen immer noch grüne Augen haben und auf Besenstielen durch die Luft reiten ...

KRAUSS Die w i r k l i c h e n Hexen im w i r k l i c h e n Leben haben selten grüne Augen ... Die sind blond ... Und sanft ... Wie unsere Assistentin ... Und dekuvrieren sich erst um Mitternacht. *(Er lacht.)* Also ... Ich sag nicht gleich am Anfang: Seht her, ich bin dämonisch! Ich gebe mich bescheiden, höre allen aufmerksam zu, so dass alle denken, dieser Shylock ist doch ein ganz netter Bursche ...

REINHARDT Ja! Gut! Denn wenn Sie den Wahnsinn von der ersten Szene an spielen, müssten ja alle anderen a u c h wahnsinnig sein ... Dass die das nicht merken ... *(Er lacht.)* Er hat nur ... Von Anfang an ein Geheimnis.

KRAUSS Eine Verletzung ... Im Herzen, ja ... Über die er aber erst spricht, als er aufgefordert wird, wieder einmal auf sein Recht zu verzichten ... Erst d a wehrt er sich, ja!

REINHARDT Er m u s s sich wehren, ja, und sehen Sie, genau d e s w e g e n ... Will ich dieses Stück ... J e t z t ansetzen!

KRAUSS Die Juden sollen sich w e h r e n ? Ja, aber w a r u m ... Sollen sie das denn jetzt tun?

I.2

Bühne; Krauß, Reinhardt, Dorsch

DORSCH *(kommt als Jessica)* Ihr habt gerufen, Vater?

KRAUSS *(als Shylock)* Bitte, lass mich, Kind, ich bin zum Abendessen ausgebeten ... *(Holt die Schlüssel.)*

DORSCH *(zu Reinhardt)* Entschuldige, aber ...

REINHARDT *(leise)* Warum kommst du eigentlich i m m e r zu spät ...

DORSCH *(leise)* Ich musste doch zum Telefon ...

KRAUSS *(bringt als Shylock die Schlüssel)* Ich bin zum Abendessen ausgebeten ... Da hast du meine Schlüssel ... Jessica, mein Kind ... Achte auf das Haus ... Denn ich ... Ich geh grad heut s e h r u n g e r n weg ...

REINHARDT Er ahnt nämlich schon ... Dass die andern ... Den Juden ... Ihre Häuser einfach wegnehmen wollen ... Und die Synagogen a n z ü n d e n ...

DORSCH Was? Hat das einer von denen jetzt schon ... Öffentlich gesagt?

REINHARDT Im Stück noch nicht, aber unser Publikum weiß ja m e h r ... Zumindest d e r Teil des Publikums, der ...

ASSISTENTIN Frau Dorsch, Telefon!

REINHARDT Wer ist es denn?

DORSCH Ich weiß es nicht. *(Ab.)*

REINHARDT *(ihr nachschauend)* Na, dann geh halt, wenn es unbedingt sein muss. *(Zu Krauß.)* Ich meine, auch in Venedig ... Ahnt man an diesem Tag schon einiges ... Die Geschäfte gehen schlecht ... Arbeitslose, Wirtschaftskrise, man braucht Schuldige ... Kurz: Shylock w a r n t seine Tochter ... Will sie aber andererseits auch wieder nicht z u sehr beunruhigen ...

KRAUSS Er l ü g t also.

REINHARDT So ist es ... Und genau d a s müssen wir zeigen, dass neuerdings a l l e s t ä n d i g lügen ... Um uns herum und ... Wir sollten zeigen ... W a r u m lügen sie? Weil es zu gefährlich geworden ist, die W a h r h e i t zu sagen ... Alle haben Schulden ... Aber niemand will einsehen, dass ...

KRAUSS Nur Shylock ... Wird die Wahrheit sagen.

REINHARDT Ja, und genau d a s ... Wird ihm zum Verhängnis ... In dieser Gesellschaft ... In der man – nowadays, wie es bei Shakespeare heißt – niemandem mehr trauen kann.
DORSCH *(kommt)* Bitte ...
REINHARDT Was i s t ?
DORSCH Goebbels lässt dir sagen ...
REINHARDT Goebbels?
DORSCH Dass du bei Gelegenheit zu ihm ... Kommen sollst.
REINHARDT Was ... Hat er s e l b e r angerufen?
DORSCH Sein Büro.
REINHARDT Das ist ... Unangenehm.
ASSISTENTIN *(ruft)* Frau Dorsch, Telefon!
DORSCH Schon wieder?
ASSISTENTIN Es ist wichtig!
DORSCH Entschuldigung! *(Ab.)*
REINHARDT Na, d a s ist eine Probe! U n a n g e n e h m ! Kaum sind diese Nazis an der Macht, s t ö r e n sie schon j e d e Probe! Absichtlich! Das ist wirklich unangenehm!
KRAUSS Unangenehm m u s s das nicht sein, wenn er Sie ruft ... Mich hat zuerst der Dollfuss eingeladen ... Dann der Mussolini ... Nach Rom ... Ja, einmal sogar der Führer selber ... *(Zu Reinhardt.)* Damals, bevor auch Sie mich eingeladen haben und ich Sie auch sofort im Schloss Leopoldskron besucht hab, um Ihnen die Bitte der Hohen Herrn zu überbringen ... Sie sollten einverstanden sein, dass man Sie zum „Ehrenarier“ erklärt.
REINHARDT Das war wirklich eine b l ö d e Idee, nicht?
KRAUSS Naja, über die Idee kann man streiten, aber die Einladung, dass ich nach Berchtesgaden kommen soll, die war nicht unnett ... Das ist eine wunderschöne Gegend und ... Man muss sich das vorstellen: Drei Tage nach meinem ersten Besuch bei dem neuernannten Minister Goebbels sagte der mir, der Herr Reichskanzler persönlich würde mich gern einmal sehen ... Er v e r e h r e mich s e h r ... Naja ... Da bin ich halt nach Berchtesgaden gefahren.
REINHARDT F e i n e Bewunderer haben Sie.
KRAUSS Das war eigenartig: Seine Halbschwester führte den eher b e s c h e i d e n e n Haushalt ... Sie kochte selber für uns alle ... Für den Führer, das Ehepaar Goebbels, für Göring

und Hess und den Staatssekretär Lammers ... Der heißt doch Lammers, oder?

REINHARDT Von mir aus kann der Lämmergeier heißen!

KRAUSS Ich wurde gefragt „Wein oder Bier ...?" Aber da der Führer ein Glas Wasser vor sich stehen hatte, bat auch i c h um Wasser ... Da sah mich der Führer schnell an und sagte „Wein", als hätte er sagen wollen: „Ich weiß doch, was für ein S ä u f e r Sie sind!" *(Er lacht.)*

REINHARDT Ich finde das nicht komisch ... Also ... Die zentrale Stelle in unserer Szene ist der Zweifel des Antonio ... Der sagt ganz vorsichtig, ja, fast ungläubig: Du wirst mein F l e i s c h dir doch nicht w i r k l i c h n e h m e n wollen ... *(Pause)* Und lachend fügt er hinzu: W o z u wär das denn auch gut?

KRAUSS Und Shylock sagt ... Hintersinnig ... Um F i s c h e zu ködern.

REINHARDT Fische?

KRAUSS Und fressen die F i s c h e es nicht ... So s ä t t i g t es doch meine R a c h e . *(Ernst.)* Und dann lacht Shylock ... Er ist richtig guter Laune ... *(Er schlägt Reinhardt auf die Schulter.)*

REINHARDT Aber nein, nein, er darf nie grob sein! Nie unsympathisch! Man muss immer verstehen, w a r u m er so ist ... Wie er ist ... Bei Shakespeare steht: Er zeigt auf Antonio und sagt ... Der hat mein Volk wieder und wieder geschmäht, aber ... Was kann i c h denn d a f ü r , dass ich ein Jud bin ... ? Ich bin geboren worden als ein Jud, ja, aber ... Hab ich keine Augen? Keine Hände? Keine Leidenschaften?

KRAUSS Wenn ihr uns s t e c h t , bluten wir da nicht a u c h ? Und ... Wenn ihr uns kitzelt, müssen wir nicht genau so lachen wie ihr, wenn wir e u c h kitzeln?

DORSCH *(kommt)* Entschuldigt, dass ich euch unterbreche, aber er will sofort mit dir reden!

REINHARDT Was? Am Telefon? Na, der hat es aber eilig ... Entschuldigt mich einen Moment. *(Ab.)*

I.3

Bühne; Krauß, Dorsch

KRAUSS *(Reinhardt nachschauend)* Zigarette? *(Dorsch lehnt ab.)* H a t er was?
DORSCH Was er h a t , weiß ich nicht, aber ich weiß, was er n i c h t hat ... Er hat keine Ruhe mehr ... Und keine Sicherheit ... Und vor allem: Er hat keine Mitarbeiter mehr, auf die er sich verlassen kann.
KRAUSS Ach, ich bitte dich! Wer will denn i h m ... In s e i n e m Theater hier was tun ... Ich? Vielleicht?
DORSCH Nein, du nicht ... D u bist nicht p o l i t i s c h ... Du erarbeitest dir deine Rollen wie ein Ingenieur ... Ton für Ton und Bewegung für Bewegung setzt du sie zusammen ... Aber was eigentlich mit dem ganzen Stück g e m e i n t ist, darüber denkst du kaum je nach.
KRAUSS Also, bitte! Wir hatten hier gerade eine hochpolitische Diskussion, w a r u m wir den Shylock gerade j e t z t ansetzen!
DORSCH So? Das sieht eher nach Zirkus aus ... *(Sie deutet auf die Perücke.)*
KRAUSS Das war nur so eine Idee ... Aber ich geb schon zu, im Grund hast du recht ... Ich denk mir normalerweise nie viel ... Theoretisches ... In den entscheidenden Momenten ... Ist da eher so etwas wie ... Glück, Gnade, Begabung ... Eine Eingebung, ja, die Spiellust ist das Eigentliche ... *(Unterbricht sich.)* Was i s t denn?
DORSCH Sie wollen alle Juden ... Aus Deutschland wegbringen ... *(Schaut Reinhardt nach.)* Das wird er ihm jetzt sagen.
KRAUSS Was, bitte? Ja, wohin ... Will man die denn bringen?
DORSCH Keine Ahnung, aber ... Ich frage mich im Moment auch eher, wer von uns anderen dann noch weiter hier Theater spielen wird ... Ich frage mich zum Beispiel, w a s d i r durch den Kopf gehen wird, wenn der Reinhardt nicht mehr da sein wird ... An s e i n e m Theater? Spielst du dann trotzdem da ... Weiter eine Rolle nach der anderen?
KRAUSS Also ... Ich nehme j e d e Rolle an, auch die kleinste, wenn ich glaube, dass ich mit dieser Figur die Menschen im Publikum erreiche ... Ich will, dass die sagen, schau an, so einen

kenn ich ... Ah, so denkt der ... *(Pause.)* Was ist? Stimmt was nicht?

DORSCH Es gibt Gerüchte, dass alle Kollegen ... Nach Polen ausgesiedelt werden ... Also alle, die Juden sind.

KRAUSS Du hältst für möglich, dass etwas richtig Schlimmes passiert?

DORSCH Werner, das ist schon passiert. Die sind schon an der Macht ... Keiner kann sie mehr hindern, das zu tun, was sie immer schon gesagt haben, das sie tun werden ... Hier im Haus gibt es schon einige, die nicht mehr nur hinter vorgehaltener Hand, sondern schon ganz schön laut sagen: Müssen immer nur die Juden die großen Rollen spielen?

KRAUSS Ja, aber ich bin doch gar keiner ...

DORSCH Nein, du bist keiner ... Und ich bin auch keine Jüdin, aber darum geht es auch nicht ... Die Realität ist denen total egal ... Die Stimmung zählt ... Das Bauchgefühl ... Wir haben schon zu viele Leute von der NSDAP hier im Haus ... Ich komm nicht mehr auf viele hier im Haus ... Für die ich die Hand ins Feuer legen würde.

KRAUSS Ja, aber was will er denn jetzt machen?

DORSCH Ich nehme an, er fragt grad in seinem Reisebüro, ob die noch einen Schlafwagenplatz für ihn frei haben ... Nach Wien ... Denn dort ... Im Theater in der Josefstadt ... Darf er noch sagen, was er will ... Hier ist seine Zeit vorbei ... Ja, ich hab was versucht! Ich bin zum Hermann gelaufen ... Und zu seiner Frau ... Er hat aber nur mit der Schmalzbacke gewackelt ... Und sie mit ihrem hübschen Hintern ... Und dann haben beide gesagt: Man wird sehen, was sich machen lässt ... Und diesen Satz hör ich seitdem überall ... Aber was passiert? Nix. Ja, hinter vorgehaltener Hand hab ich es schon tausendmal gesagt ... *(Dreht sich zu Krauß.)* In Zukunft sag ich aber gleich lieber offen, was ich denke ... Denn wenn ich einmal damit anfange, Angst zu zeigen, dann schlagen die doch erst recht sofort zu ... Mich schützt vorläufig nur, dass die glauben, dass ich mit dem dicken Hermann wenigstens einmal was gehabt hab ... Deswegen hab ich auch zum Beispiel dem großen Regisseur Veit Harlan sagen können, er soll mich in Ruh lassen! Ich spiel in seinem Kostümschinken nicht ... Unter keinen Umständen!

KRAUSS In was für einem Kostümschinken?

DORSCH ‚Jud Süß' wollen die verfilmen. Ich soll eine junge Frau spielen, die am Ende des Films aus Scham und Angst vor der Schande, dass sie ein ‚Judenliebchen' gewesen ist, ins Wasser geht. *(Sie lacht.)* Ich hab nur gelacht und dem Harlan gesagt, so einen Schmarrn spiel ich nicht und ... Was ist passiert? Nix ... Weil nicht i c h vor dem Harlan Angst hab, sondern der Harlan vor m i r ! U n d dem dicken Hermann. *(Sie lacht wieder.)* Ich hab mich natürlich nicht einfach nur geweigert. Ich hab dem Harlan einen b e s s e r e n Vorschlag gemacht ... Ich hab ihm die Söderbaum vorgeschlagen ... Die ist erstens so schön blond, zweitens wunderbar naiv ... Und drittens seine Frau. *(Sie imaginiert eine Kinoreklame.)* Kristina Söderbaum in der Rolle einer echten deutschen Frau, die ins Wasser geht ... *(Sie lacht.)* Ach Gott, ist das alles unappetitlich ... Manchmal denk ich, ich spring einfach selber von der Glinicker Brücke und ... Aus ist es, ja ... Ich habe seit Jahren genug Männer gehabt, genug zu trinken, genug gute Rollen ... Ich m u s s wirklich nicht mehr alles mitmachen, was die von mir wollen ... Wenn es aus ist, ist es aus, basta ... Wenn die ganze Chose nicht mehr lohnt, dann sollen die sich ihren Film-Kram alleine machen! *(Plötzlich.)* Warum ich trotz allem n i c h t weg geh von hier, kann ich dir sagen ... Weil es einige gibt, denen ich grad jetzt noch h e l f e n m u s s ... Denen nur i c h helfen k a n n ... Gemeinsam mit deinem ... Und meinem ... Freund Gustav ...

KRAUSS Naja, m e i n F r e u n d ist Gründgens grad nicht ... *(Sehr indifferente Handbewegung.)*

DORSCH Er lässt dich herzlich grüßen ... *(Schnell.)* Aber unabhängig davon ... Der große Regisseur und Selbstdarsteller Veit Harlan hat mich gebeten, auch d i c h zu fragen, ob du ... Kurz, du sollst ihn anrufen ... Aber bitte sag gleich nein, wenn er dir sagt, du musst in seinem neuen Film mitspielen. *(Umarmt ihn.)* Versprich mir das, bitte, ja? Ich hab dich bisher immer für einen anständigen Kollegen gehalten. *(Sie steht nahe vor ihm.)*

I.4

Bühne; Krauß, Dorsch, Reinhardt

REINHARDT Ihr entschuldigt ...
DORSCH *(etwas verwirrt)* Ich hab grad versucht, ihm zu sagen ...
REINHARDT Dass er immer zu v i e l macht? Als Schauspieler? Nein, das ist ein Gerücht. Er braucht g a r nichts zu tun. Nur da zu sein. Er stellt sich hin ... Ohne Gebärde, ohne Bewegung ... Er füllt sich auf mit einer ungeheuren Spannung ... Dann wird sein Gesicht weiß, die Haare sträuben sich, und er ist d a ... So da, dass man nichts anderes mehr sieht rund um ihn!
DORSCH *(etwas ironisch)* Wie m a c h s t du das eigentlich?
KRAUSS *(ebenso)* Ich kann ... Zaubern.
DORSCH *(lächelnd)* Zaubern?
REINHARDT Das ... Wenn ich jetzt könnt ... Könnt ich brauchen ... Er hat mir eben am Telefon gesagt, ich soll s o f o r t zu ihm kommen. Aber da kann er l a n g warten ... Wenn jemand was will von mir ... Ich bin verreist. *(Zieht sein Sakko an und will abgehen, aber die Dorsch hält ihn auf.)*
DORSCH Ja, aber w e r soll das denn hier weitermachen? Das sind doch alles d e i n e Schauspieler! D e i n e Theater? Die Kammerspiele, das Deutsche Theater und ...
REINHARDT Nein, das sind nicht meine mehr ... Ich habe sie gerade ... Verschenkt.
DORSCH Verschenkt hast du sie?
REINHARDT Ja ... Für mich erbitte ich nichts, hab ich gesagt ... Mein Gewinn war immer die Arbeit auf der B ü h n e , mit den S c h a u s p i e l e r n , aber ... Da Deutschland plötzlich Angehörige der jüdischen Rasse, zu der ich mich selbstverständlich uneingeschränkt bekenne, in keiner einflussreichen Stellung zu sehen wünscht, nehm ich noch heute den Schlafwagen ... Denn o h n e öffentliches Wohlwollen kann ein künstlerisches Theater gerade unter den jetzigen Umständen nicht bestehen.
KRAUSS Ja, aber wer soll denn jetzt da Direktor sein?
REINHARDT Die werden einen finden ... Das Deutsche Theater wird auch ohne mich in den kommenden Jahren, wie Shakespeare sagt, ein Spiegel sein, seiner Zeit ... Mit und o h n e Shylock. *(Zu Krauß, während er die rote Perücke aufsetzt.)*

Vielleicht spielen die den Shylock ja a u c h gerade j e t z t! Wenn auch aus a n d e r e n Gründen als ... Wir beide ihn gespielt hätten ... *(Er umarmt die Dorsch.)*
DORSCH Max ...
REINHARDT Ja?
DORSCH Sie werden alles hier zu Grunde richten.
REINHARDT Nein, nein, s o leicht geht das nicht.
DORSCH Und ... Du nimmst wirklich nichts mit von hier?
REINHARDT Doch ... Die Überzeugung nehm ich mit, dass ich, weil ich dem Staat m e i n e T h e a t e r s c h e n k e, eine Dankesschuld abtragen kann ... Für meine langen und glücklichen Jahre hier in Deutschland. *(Will abgehen.)*
KRAUSS Ja, aber w o h i n fahren Sie denn jetzt?
REINHARDT Ihr findet mich ... Wenn ihr mich finden wollt ... Im Theater in der Josefstadt ... In Wien. *(Ab.)*

Licht aus, Umbau

Flotte Musik wie ‚Ich möchte am Montag mal Sonntag haben ...'

II
Haus Krauß in Dahlem; Harlan, Krauß

KRAUSS *(als Kasperl, mit dem er gerade spielt)* Heil Hitler, lieber Veit Harlan ... W a r u m bist du gekommen?
HARLAN Schön ist deine Villa ... Und der Garten ... Ja, das ist eben D a h l e m ... Der schönste Teil von Berlin ... Du möchtest diese Villa aber doch sicher ... Behalten, nein? Dann würde ich dir raten, mitzumachen ... Die Wehrmacht hat aus Polen einen Film in jiddischer Sprache mitgebracht ... ‚Dybbuk" von Salomon Anski ... Schau dir den an ... Da spielen lauter wunderbare alte Juden mit.
KRAUSS Ich hab doch den Shylock schon gespielt! Unter R e i n h a r d t! Jüdischer g e h t s gar nicht! Was brauch ich jetzt ‚an Dybbuck'?
HARLAN Warum ...? Man will jetzt diesen Film haben ... Über den Juden Oppenheimer ... Noch nie was davon gehört? No,

schau ... *(Er lacht.)* Die ganze Branche redet seit Monaten darüber, nur d u hast noch nichts davon gehört ... Also dann hörst du es von mir ... I c h soll den Film machen und d u ... Du spielst den Rabbi Löw.

KRAUSS Ich? Ich sicher nicht.

HARLAN Wart ab, das wird ein großartiger Film! Also ... Es geht um den Jud Süß ... Den hoch begabten Joseph Süß Oppenheimer, geboren in Heidelberg sechzehnhundertsowieso, Finanzberater des Herzogs von Württemberg ... Der hatte nie genug Geld, aber der Jude Oppenheimer hat es ihm immer wieder beschafft ... Durch ein merkantilistisches Wirtschaftssystem und die Gründung von Seidenfabriken, Tabakfabriken und einer Porzellanmanufaktur ... Er hat auch die erste Bank des Landes gegründet ... Leider begann der gute Oppenheimer dann aber auch mit p r i v a t e n Geschäften ... Er verkaufte Handelsrechte, veranstaltete Lotterien, pachtete schließlich selber die staatliche Münze ... Er hat gut verdient, aber gerade d a s machte die Leute neidig ... Gut, sein Herzog schützte ihn ...

KRAUSS So wie dein Goebbels ... Dich, oder?

HARLAN *(lacht)* Ja, aber die Schlusspointe in d i e s e r Geschichte ist: Kaum hatte der Herzog einen Schlaganfall, wurde Oppenheimer verhaftet und wegen Beraubung der staatlichen Kassen, wegen Bestechlichkeit, Schändung – sowohl der protestantischen Religion wie auch einer Minderjährigen – kurzerhand umgebracht ... Hauff hat das Thema bearbeitet ... Auch Feuchtwanger ... Und jetzt ...

KRAUSS Jetzt machst du ... Einen antisemitischen Film.

HARLAN Sagt wer?

KRAUSS Der Reinhardt.

HARLAN No, bitte! Ausgerechnet der! Der war ja jetzt s e h r schnell weg, nicht? Also im Ernst: Wir beginnen schon am Anfang g l e i c h mit einem Insert ‚Die im Film dargestellten Ereignisse beruhen alle auf historischen Tatsachen'.

KRAUSS S c h o n gelogen, oder?

HARLAN Nicht ganz ... Der Schluss zum Beispiel entspricht g e n a u den historischen Tatsachen ... Der eben noch allmächtige Jud Süß wird erdrosselt, in einem rotgestrichenen Käfig an einen Galgen gehängt, und erst sechs Jahre später ... Wird sein

Leichnam verscharrt ... Also? Einverstanden? Den Oppenheimer spielt der Ferdinand Marian ... Goebbels will den unbedingt ... Und d u bist eben ... Der Rabbi Löw.

KRAUSS Ist das ... Eine kleine Rolle?

HARLAN Kleine Rolle? Wieso?

KRAUSS Kleine Rollen spiel ich nicht.

HARLAN Du bist die Wunschbesetzung des Ministers ... Für den Rabbi Löw ... Nein, das ist kein Tendenzfilm, das ist ein Kostümfilm! Das ist ‚Erste Deutsche Geschichte'! Kostüme wie bei Goethe, Schiller und Hölderlin u n d ... Ich werde das Drehbuch auch noch speziell auf deine Rolle hin umarbeiten!

KRAUSS Das ist eine weitere Drohung.

HARLAN Pflanz deine Großmutter ... Du kommst da nicht raus, du m u s s t das machen!

KRAUSS Wieso m u s s ich? Was passiert denn, wenn ich es n i c h t mach?

HARLAN Willst du lieber ‚Jawoll, Herr Hauptmann' spielen? Ja ...? Aber verlang dann nicht, dass ich dich hinter Lublin besuchen komm. Ich hab gehört, dort soll der polnische Winter am härtesten sein ... Aber bevor er dich an die Front schickt, will der Minister noch mit dir reden ... Soll ich dir zeigen, wie das sein wird? *(Er holt zwei Puppen.)* Du stellst dich vor Goebbels hin und sagst: Herr Minister, w e l c h e Möglichkeiten hab ich? *(Spielt die andere Puppe als einen Hinkenden.)* Den Rabbi Löw ... Werden Sie spielen ... M e h r Möglichkeiten sehe ich nicht ... Für Sie. *(Harlan als Krauß.)* Und welche Folgen wird das haben? *(Goebbelspuppe.)* Für Sie? Nur gute. Die Uraufführung bei den Filmkunstwochen in Venedig wird ein Riesenerfolg werden.

KRAUSS Und dann ...

HARLAN *(Kraußpuppe)* Und dann? Was kommt dann, Herr Minister? *(Goebbelspuppe.)* Dann kommt die Uraufführung hier in Berlin. Im Ufa-Palast am Zoo. Mit großem Publikum. Das ganze Reichskabinett wird da sein. Der Saal wird r a s e n vor Begeisterung!

KRAUSS Und später ...?

HARLAN *(Kraußpuppe)* Und später? Was werden die Leute sagen, wenn einmal k e i n e Nazis mehr an der Macht sind, Herr Minister? *(Goebbelspuppe.)* Menschenskind, es wird i m -

m e r Nazis geben! *(Kraußpuppe.)* Immer? Und überall? Neenee, mein Lieber, wirst du sagen ... Spätestens im Himmel werd ich vor einem u n a b h ä n g i g e n Gericht stehen, Herr Minister, und dann werden die himmlischen Richter mich fragen ... *(Goebbelspuppe.)* Die Geschichte wird immer von den S i e - g e r n geschrieben, Krauß, und die Sieger sind in den nächsten tausend Jahren w i r ! *(Harlan wirft mithilfe eines ‚Schwingers' der größeren Puppe die kleinere auf den Boden, hebt sie aber wieder auf und streichelt sie.)* Na, siehst du, du h a s t keine Chance.

KRAUSS Doch ... E i n Schlupfloch h a b ich ... Unser sachverständiger Kunstminister hasst doch Doppelbesetzungen, nicht?

HARLAN Das ist richtig ... Er sagt immer: Das sind ‚Mätzchen unserer Stars' ...

KRAUSS Na, dann werde ich ihm vorschlagen, ich will nicht nur den Rabbi Löw spielen, sondern ich will ‚aus künstlerischen Gründen' a l l e Juden spielen.

HARLAN Das ist idiotisch.

KRAUSS Das hätte zumindest d e n Vorteil, dass es keinen Wettstreit der anderen Schauspieler gibt, ob einer n o c h mehr jüdeln kann als alle anderen zusammen, aber ...

HARLAN Jaja, aber das ist dir schon klar ... Wenn er j a sagt, hast du dich in deiner eigenen Schlinge gefangen.

KRAUSS Ja, e i n e r wird sich fangen ... Aber ich sag dir jetzt schon: E r wird das sein.

Licht aus, Musik

Musik wie ‚Nichts haut mich um, aber du ...'

III.1

Propagandaministerium; Goebbels, Harlan

GOEBBELS Mein lieber Herr Harlan ... Ich möchte gleich feststellen, dass ich als Reichspropagandaminister aufgrund des ‚Reichskulturkammergesetzes' die uneingeschränkte Kontrolle über sämtliche Bereiche des kulturellen Lebens aller

Deutschen habe! Ich kann jeden Autor verfolgen, alle jüdischen Kulturschaffenden grundlos kündigen, ich werde die Terra-Film, die Tobis AG, die Bavaria, die Berlinfilm und die Wienfilm zur Ufa Gmbh zusammenschließen ... Die Frage ist also: W o will der Herr in Zukunft arbeiten? Wenn nicht bei mir? Ich verstehe also wirklich nicht, wie dieser Herr Krauß sich weigern kann ...

HARLAN Er weigert sich ja nicht ...

GOEBBELS Er hat bloß B e d e n k e n , was?

HARLAN Ja ...

GOEBBELS Dieser Film ist ein höchst patriotischer Film!

HARLAN Das findet er auch, aber ...

GOEBBELS Filme sind Mittel der Propaganda, ja ... Da sind wir uns einig ... Es geht um Rasse, Disziplin, Unterwerfung, Fahne und Endsieg, und also ...

HARLAN Er sagt, die Rolle des Rabbi Löw ist ihm zu klein ... Er sagt, man kann dafür doch i r g e n d e i n e n Juden nehmen ... Er ist ja auch wirklich keiner.

GOEBBELS Ah, und als er den Juden Shylock mit dem Juden Max Reinhardt gemacht hat, da hätte man a u c h einen anderen dafür nehmen sollen? Wo l e b t der Mann denn? Hat er noch nie was von plötzlichem Kriegsdienst gehört ...? Damit e t - w a s k l a r ist: Ich will diesen Film so gut wie möglich machen! Jede Figur muss künstlerisch erstklassig besetzt sein! Ich will, dass dieser Film f u n k t i o n i e r t ! Dieser Film wird Propaganda machen für die wirtschaftliche und soziale Ächtung aller Geldjuden in Deutschland und in den besetzten Ländern, verstanden ...? I c h setze mein H e r z b l u t dafür ein, was aber erlebe ich? Jannings sagt ab, Willi Forst, Gustav Gründgens, René Deltgen und Paul Dahlke ... Die ganze Bande ziert sich ... Und warum, weiß keine Gurke!

HARLAN Herr Minister, bedenken Sie ...

GOEBBELS W a s soll ich bedenken? I c h habe keine Bedenken! Dieser Herr K r a u s s hat Bedenken! Aber w e n n ich Bedenken hätte, könnte i c h sie mir leisten! Dieser Herr Krauß aber kann sich seine Bedenken n i c h t leisten! Denn dieser Herr Krauß hat zwei Schwestern, die mit Juden verheiratet sind! Nicht e i n e vielleicht, nein, alle beide! Na, ich bitte Sie, da wird er ja wohl wissen, was das heißt! Der soll nur k o m m e n !

HARLAN Darf ich noch erwähnen ...

GOEBBELS Nein ... Dieser Film wird g e m a c h t ... Ja, natürlich gibt es – ganz unabhängig von diesem Film – noch eine ganze Reihe von ungelösten Fragen in diesem Land, ja ... Was geschieht mit den Halbjuden ... Was geschieht mit den jüdisch Versippten ... Den Verschwägerten? Wir werden hier noch einiges zu tun bekommen ... Es wird eine ganze Reihe von persönlichen Tragödien geben, aber darauf können wir nicht warten, dieser Film m u s s j e t z t gemacht werden ... Spätere Generationen werden nicht mehr die Tatkraft und auch nicht unsere Wachheit des Instinkts besitzen ... Was i s t denn?

HARLAN Herr Minister, er wartet im Vorzimmer.

GOEBBELS Wir müssen so sein, mein Lieber, wie Friedrich der Große gewesen ist ... Der Führer hat mir sofort zugestimmt, als ich ihm vorhin gesagt habe, es muss unser Ehrgeiz sein, dass unsere Enkel, wenn in Deutschland einmal in 150 Jahren eine gleich große Krise auftaucht, sich auf uns als das heroische Beispiel der Standhaftigkeit berufen können. Wir alle sind Stoiker, gelehrige Jünger Friedrichs des Großen und, sehen Sie ... Über den müssen wir a u c h einen Film machen, Harlan, schauen Sie sich seine Biografie schon mal an. Der alte Fritz muss für uns alle Vorbild und Beispiel sein ... Da sind wir uns alle mit dem Führer einig ... Der Einzige, der aus der Reihe tanzt, ist übrigens typischerweise wieder einmal unser Fliegerheld Göring ... Und warum? Weil der ein Sybarit ist ... Kein Nationalsozialist.

HARLAN W a s ist er?

GOEBBELS Es ist eine Schande, dass ausgerechnet so ein Fettsack wie Göring die Partei repräsentiert. Ein Fettsack, der mit der Partei so viel zu tun hat, wie eine Kuh mit der Strahlenforschung ... Sehen Sie, mein Lieber, auch d i e s e s Problem muss demnächst gelöst werden ... Es hat keinen Sinn, an allen Dingen immer nur vorbeizureden ... E u e r B e r u f ist es, flüchtige Schatten über die weiße Leinwand wandeln zu lassen – ja, flüchtige Schatten – aber ihr müsst gerade deswegen endlich das werden, was der Führer sich vorstellt: Soldaten der Kunst! Also! Holen Sie den Mann herein! *(Er winkt. Harlan geht zur Tür.)*

III.2

Propagandaministerium; Goebbels, Harlan, Krauß

KRAUSS *(kommt)* Herr Minister haben ...
GOEBBELS Mein l i e b e r Herr Krauß ... Wie geht es Ihren Schwestern?
KRAUSS Oh, danke ... Ich habe beide ... Lange nicht gesehen.
GOEBBELS Beide ... Im Ausland?
KRAUSS Möglicherweise ... Ja ...
GOEBBELS Das kann bei den beiden möglicherweise vielleicht w i r k l i c h so sein ... Bei uns beiden kann aber e t w a s n i c h t sein, dass Sie ... Den Rabbi Löw n i c h t spielen ... Diese Rolle wurde für Sie ... Geschrieben ... Und Sie wollen doch Herrn Harlan nicht enttäuschen?
KRAUSS Entschuldigung ... Ich spiel so kleine Rollen schon lang nicht mehr.
GOEBBELS Ja ... Aber diese eine doch noch ... M i r zuliebe.
KRAUSS Ich täte das ja g e r n e , aber ich habe Bedenken, dass ...
GOEBBELS Lügen Sie nicht ... Sie haben nicht nur Bedenken, Sie wollen die Rolle ü b e r h a u p t nicht spielen ... Trotzdem werden Sie das tun m ü s s e n ... Sie haben nämlich schon zu v i e l auf Ihrem Kerbholz ... Ich rede nicht von Ihren Freundschaften mit all den Theaterjuden, und nicht von Ihren Schwestern, die mit Juden verheiratet sind ... Ihr Sohn, mein Lieber, hat ja jetzt a u c h eine Halbjüdin geheiratet, ohne dass Sie das verhindert haben ... Vor allem aber haben Sie im letzten Sommer, trotz einer Warnung von mir persönlich, bei den Salzburger Festspielen unter der Regie des Juden Max Reinhardt gespielt ... Sie haben sich also wissentlich zu einem Affront gegenüber den Kunstbestrebungen des Führers hergegeben ... D a sind Ihnen k e i n e r l e i Bedenken gekommen ... Und ich wünsche mir n u n , dass Ihnen auch j e t z t keine kommen ... I c h w i l l , dass Sie diese Rolle spielen und ...
KRAUSS Wissen Sie, was mich reizen könnte? Nicht den ‚Jud Süß' will ich spielen, aber ... Alle anderen Juden ... D a s könnte ich mir vorstellen ... Den Rabbi u n d den Sekretär ... U n d die jüdische Frau, die aus dem Fenster hinaussieht ... U n d den

Vorbeter in der Synagoge ... Und ich werde mir dabei keine einzige Nase ankleben ... Aber wenn Sie Doppelbesetzungen nicht wollen ... Dann lassen wir es eben ... Nur e i n e s muss uns b e i d e n k l a r sein ... Ich spiele alle Juden ... Oder keinen.

GOEBBELS *(zu Harlan)* Der Herr Staatsschauspieler hasardiert ... Da kann ich nur sagen: Na, gut ... Der Herr Krauß spielt das g a n z e j ü d i s c h e V o l k ... Weil er uns zeigen will: A l l e diese verschiedenen Charaktere kommen letzten Endes doch aus e i n e r e i n z i g e n Wurzel! *(Zu Krauß.)* Und w a s d a s für eine Wurzel i s t , das können Sie uns dann verdammt genau zeigen!

KRAUSS Ja aber, bitte, das sind schon alles ganz verschiedene Menschen ...

GOEBBELS Ja, Menschen, Menschen, Menschen sind sie alle, ja, aber dasselbe trifft auf Raubmörder, Kindesvergewaltiger und Zuhälter a u c h zu! Die Juden sind eine parasitäre Rasse, die sich wie faulender Schimmel auf die Kulturen gesunder Völker legt! Dagegen gibt es nur e i n Mittel: Wir müssen sie a l l e l o s w e r d e n ! Die Tatsache, dass der Jude unter uns lebt, ist kein Beweis, dass er zu uns gehört. Genau wie der Floh nicht dadurch ein H a u s t i e r wird, dass er sich im H a u s aufhält ... In unserer geschichtlichen Auseinandersetzung ist jeder Jude unser Feind. Gleichgültig, ob er im polnischen Ghetto vegetiert, ob er in Wien, in Berlin oder in Hamburg sein Dasein fristet ... Oder ob er in New York die Kriegstrompete bläst, verstanden ...? *(Er holt tief Atem.)* Aus der Glut der Begeisterung, mit der sich die Millionenmassen dem Führer und seiner Idee hingeben, hören wir alle den Schrei heraus, der Deutschland zur Zeit der Kreuzzüge erbeben ließ: „Gott will es!“ *(Er zögert.)* Der Führer täuscht sich n i e ... Die Dutzendweisen und Besserwisser pfuschen ihm zwar ständig ins Handwerk, er aber erfüllt wie ein Diener G o t t e s das G e s e t z !

HARLAN *(leise)* Heil Hitler.

GOEBBELS Heil Hitler! *(Ab.)*

Licht aus, Musik

Musik ‚Ich hab so Heimweh nach dem Kurfürstendamm ...‘

IV

Bar in New York; Reinhardt, Riess

RIESS *(kommt und begrüßt den Pianisten, der jetzt ‚amerikanische Musik' spielt)* Hallo John, nice music! *(Pianist grüßt zurück, Riess setzt sich an die Bar, an der schon Reinhardt sitzt.)* Guten Abend, Herr Generalintendant.

REINHARDT Oh, Sie sind auch nicht aus New York?

RIESS No, Mister Reinhardt.

REINHARDT Sie kennen mich?

RIESS Yes, Mister Reinhardt ... Jeder in Berlin hat Sie gekannt.

REINHARDT Sie kommen a u c h aus Berlin?

RIESS Ja, viele hier kommen aus Berlin ... Hier ist es für unsereinen viel besser als ‚Unter den Linden‘ ... Im Moment.

REINHARDT Wenn man was zu tun hat, ja.

RIESS Ich bin bei der Army ...

REINHARDT Das seh ich ...

RIESS USIS-Officer ...

REINHARDT Oh! Information-Service! Und was ... Haben Sie drüben gemacht ... Auch Information-Service?

RIESS Ich war Journalistin ... Ich habe in Deutschland auch Theaterkritiken geschrieben ...

REINHARDT Was? Theaterkritiken?

RIESS Aber die Zeitungen, für die ich schreiben wollte, wurden immer weniger.

REINHARDT Ja, ich hab am Anfang auch gedacht, wir könnten das alles aufhalten ... Wir hörten sie ticken, die Totenuhr der Republik, aber ... *(Deutet auf ihre Uniform.)* Steht Ihnen gut ... Othello auf Zypern ... Mit solchen Uniformen ... Das wär was ... Sagen Sie, gibt es das? Sie haben über Theater geschrieben, aber nie Lust gehabt, selbst ...

RIESS Wenn Sie, Mister Reinhardt, mich früher gefragt hätten, vielleicht hätte ich Lust gehabt ...

REINHARDT Haben wir da was versäumt?

RIESS Na, sicher! Aber ... Krieg ist Krieg ... Für mich ist das alles vorbei. *(Dreht sich zu ihm.)* Aber Sie ... Sie werden hier weiter Theater machen?

REINHARDT *(lächelnd)* Ja, ich werde hier weiter wie unser Stammvater Jakob mit den Engeln ringen ...

RIESS Den Engeln ...?

REINHARDT ‚Angels' nennt man hier die Geldgeber der Theater ... Nur ... Wenn das Wort ‚Kunst' fällt, bekreuzigen sich da in New York leider auch die Ungetauften sehr schnell ... Sie verstehen nie und nimmer, warum die alten Griechen ebensoviel Geld für die Theater ausgegeben haben wie für die Freiheitskriege gegen die Perser.

RIESS Ja, das hier ist ein ganz anderer Kontinent. *(Steht auf und will weggehen.)* Ich hab mich sehr gefreut, Sie kennen gelernt zu haben, Mister Reinhardt.

REINHARDT Ich mich auch.

RIESS Auf Wiedersehen, Mister Reinhardt. *(Sie geht weg, kommt aber wieder.)* Was ich noch sagen wollte ... Ich wundere mich nicht, dass Heinrich George und Eugen Klöpfer in diesem Hetzfilm ‚Jud Süß' mitspielen, aber dass Ihr Freund Krauß jetzt a u c h bei diesem Machwerk mitspielen will, wie ich gehört habe, d a s empört mich ... Ich habe diesen Werner Krauß als Kind gekannt ... In Nürnberg ... Ich hab jeden Abend vor dem Bühnentürl auf ihn gewartet ... Und einmal hab ich ihn angesprochen, ja, ich hab ihn richtiggehend verehrt ... Aber dass er das jetzt macht, Ihr großer Freund ...

REINHARDT Naja, Freund ...

RIESS Haben Sie ihn nicht für die Festspiele nach Salzburg geholt?

REINHARDT Nein, ich hab ihn den Herrn dort nicht vorgeschlagen. Die Regierung in Wien hat ihn vorgeschlagen. Und die Festspielgemeinde. Ich hab nur zugestimmt, aber ... Von einer ernsthaften Probenarbeit war allerdings von vornherein eh nicht die Rede. Er hätte die Rolle auch ohne meine Regie genauso gespielt wie er sie gespielt hat ... Teuflisch ... Teuflisch gut ... Nein, ich war n i e sein F r e u n d , aber ich hab ja auch prinzipiell nie nach Freundschaften besetzt. Auch nicht nach dem Charakter der Schauspieler. Immer nur nach ihrem Talent. Und Talent hat er. Er ist der einzige Teufel unter den deutschen

Schauspielern. Der einzige Dämon ... Wir Theaterleute haben ein altes Sprichwort: Wenn man einen Schauspieler braucht, muss man ihn sich auch vom Galgen schneiden ... Und den Krauß ... Den schneid ich auch heut noch von jedem Galgen! *(Legt seine Hand auf ihr Knie.)*

RIESS *(schiebt seine Hand weg)* Also ich nicht ... Ich bin entsetzt ... Für mich ist dieser Mann tot auf ewig ... Nicht einmal seinen Namen will ich mehr erwähnen.

REINHARDT Aber meine Liebe ... Schauspieler sind Schauspieler!

RIESS Nein, Charakter bleibt Charakter ... Und der hat keinen.

REINHARDT *(schüttelt den Kopf)* Er hat mir schon lang vor dreiunddreißig gesagt, sein Lebensinhalt ist nur die Kunst.

RIESS Ja, aber das geht eben nicht. Das darf man ihm nicht erlauben! Diese ‚Naivität der Komiker', von der Sie da schwärmen, die imponiert mir gar nicht! Adieu! *(Will wieder weg, bleibt aber stehen.)*

REINHARDT Unser Freund Krauß ... Mokierte sich schon sehr früh über die Nazis, verulkte Hitler als chaplinschen Friseurgehilfen, aber dann wurde er nach Berchtesgaden eingeladen, sah Hitler dort im Kreise seiner Mitarbeiter sitzen, und da wusste er sofort, hat er gesagt: Das ist Jesus ... Im Kreis seiner Jünger ... Ich fragte: Ja, und die SA? Darauf hat er nur leise gesagt: Der Mann ist nicht von dieser Welt ... Der hat eine ‚Vision'.

RIESS Was für ein Idiot!

REINHARDT Nein, dieser Werner Krauß ist weder dumm, noch bösartig ... Er ist nur durch und durch Schauspieler ... Und in Berchtesgaden hat eben ein Schauspieler den anderen Schauspieler schauspielerisch beeindruckt.

RIESS *(kommt noch einmal näher)* Wehe, dieser Krauß betritt nach dem Krieg noch ein einziges Mal irgendeine Bühne! Überall spring ich über die Rampe und hol ihn mir persönlich herunter!

Licht aus, Musik

Musik ‚Von nun an gings bergab ...'

V

Filmgarderobe in Prag; Krauß, Harlan

KRAUSS *(im Kostüm des Rabbi Löw)* Wie schau ich aus? Wie ein echter ... Rabbiner? Mir fehlt nur noch der Bart!
HARLAN Du schaust nicht nur so aus, du b i s t der Rabbi Löw! *(Er lacht auch.)* Ich hab i m m e r gesagt, das g e h t !
KRAUSS *(schaut in einen Garderobenspiegel)* Dass ich einmal in einem Filmstudio ausgerechnet in P r a g den berühmten Rabbi Löw spiel, hab ich mir ... *(Dreht sich.)* Wirklich g u t schau ich aus ... Die ganzen Juden da draußen am Set werden mich für ihren e c h t e n Rabbi halten.
HARLAN Na, sicher!
KRAUSS *(nimmt sich Harlan vor)* Werden die da draußen alle bezahlt, damit die da bei uns mittun? Oder habt ihr sie aus irgendeinem Lager ... Abkommandiert?
HARLAN Aber nein, nein, die haben sich da in Prag ... Ganz normal beworben.
KRAUSS Ihr habt sie nicht zusammengetrieben und mit vorgehaltener Puschka gezwungen ... Da mitzumachen? *(Harlan schüttelt den Kopf.)* Die kriegen w i r k l i c h G e l d dafür?
HARLAN Na, klar ... Ich hab vorhin selber mit einigen gesprochen ... Die kennen dich alle.
KRAUSS *(zweifelnd)* Naja, alle ... Aber ... Kann man vielleicht denen, die mich kennen, irgendwelche Sonderhonorare zahlen? *(Er lacht. Harlan zuckt die Schultern.)* Seit Oktober, hab ich gehört, werden die tschechischen und österreichischen Juden nach Polen transportiert ... Und seit Februar die deutschen ... Weiß man denn eigentlich, wohin die transportiert werden?
HARLAN Keine Ahnung ... Woher soll i c h denn das wissen?
KRAUSS Naja, vielleicht hast du auch d a f ü r das Drehbuch geschrieben ...
HARLAN Unsinn!
KRAUSS *(vor dem Spiegel)* Also ... Das e i n e sag ich dir: Ich spiel den Rabbi o h n e j e d e s jüdische Klischee!
HARLAN Ja! Gut! Ich hab einen echten Rabbiner engagiert! Der wird dir jeden Handgriff erklären ... Da draußen ... In unserer täuschend echt nachgebauten Studio-Synagoge ... Ich misch

mich da nicht ein ... Der Ritus wird so gezeigt, wie er ist ... Und der Marian wird ...

KRAUSS Ja, der Marian! Mein eigentlicher Gegenspieler in der Geschichte ist ja der Marian! Also der Jud Süß selber ... Denn der Jud Süß ist ja der Jude, der n i c h t betet ... Mein Rabbi Löw dagegen ist ein Mann Gottes ... Meinem Rabbi geht es n i c h t ums Geld, er ist nur auf der Suche nach einem ‚Neuen Heiligen Land' für seine Leute ... Und nur weil er glaubt, dass er dieses ‚Neue Heilige Land' in Württemberg finden kann ...

HARLAN Das ist sein großer Irrtum, ja ...

KRAUSS Nur d a r i n sieht er seine Aufgabe ... Dein Buch hat da Nebentöne ... Das kannst du nicht leugnen ... Dein Text zeigt die Juden insgesamt lüstern und gierig nach Geld und Macht ... Aber der Rabbi Löw ist die Gegenfigur ... Er ist düster, ja, aber warum? Weil er das Unglück schon viel früher ahnt als die andern ... Und s o spiel ich ihn auch ... Für mich ist der fast ein Heiliger! *(Er lacht.)*

HARLAN Ja, das ist gut, wenn du ihn so spielst ...

KRAUSS Und du wirst sehen, nicht die Juden werden am Schluss als die Miesen dastehen, sondern die andern! Der polternde, dumme, überhebliche, feiste und undiplomatische Herzog von Württemberg wird da stehn als das eigentliche S c h w e i n in der Geschichte.

HARLAN Ich finde, der George spielt den prima!

KRAUSS Der George ist so ein widerlicher Goi, dass alle Frauen am Ende sagen werden: Mit dem George? Nie! Aber mit dem Jud Süß, dem Ferdinand Marian, warum eigentlich nicht ...?

HARLAN Wenn das passiert, schickt uns der Goebbels allerdings alle zusammen s o f o r t an die Front ... Und genau das hab ich ja auch immer gefürchtet ...

KRAUSS Ich dachte, das Ganze war ... Deine Idee?

HARLAN Aber überhaupt n i c h t ! *(Pause.)* Im Gegenteil ... Um diesem Befehl ... Zu entgehen ... Hab ich mich nach Rücksprache mit meiner Frau s o f o r t kriegsfreiwillig gemeldet ... Aber der Herr Minister hat mich gezwungen, die Meldung zurückzuziehen und u m g e h e n d mit der Bearbeitung des Buches zu beginnen ... Und schon am nächsten Tag wurden an allen schwarzen Tafeln im Propagandaministerium und in allen

Studios Anschläge angebracht: Alle Freiwilligenmeldungen an die Front werden ab sofort als Desertion bezeichnet und entsprechend geahndet ... *(Er imitiert einen Genickschuss. Krauß zuckt zusammen.)* Ja, ich hab es versucht, aber es ging nicht ... Der Marian hat sich ursprünglich übrigens a u c h geweigert, den Oppenheimer zu spielen, aber seine Frau hat aus erster Ehe mit einem Juden eine Tochter ... Das hat der Goebbels gewusst ... Und a u s war es mit der Weigerung. *(Plötzlich.)* Der Herr Minister hat sich übrigens alle Probeaufnahmen s e h r genau angeschaut ... Und du bist ihm da, sagt er ... Zu menschlich ... Und vor allem ... Hast du dir leider wirklich n i e irgendwelche Judennasen angepickt ...

KRAUSS Bitte, lass mich d a m i t in Ruh! Der Mann hat keine A h n u n g von dem, was wir hier tun! Wir z e i g e n den Antisemitismus, ja, aber immer nur bei den N i c h t j u d e n ... Und wenn ich wirklich einmal zu jüdisch wirke, wenn ich zu sehr ‚mauschle' und zu viele typische Handbewegungen mach, dann sag leise ‚Stürmer' ... Und schon brems ich mich ein. *(Er umarmt ihn.)* Nein, bitte sag jetzt nix Negatives! Du bist doch a u c h Schauspieler! Du weißt, ein echter Schauspieler gibt sich an seine Rolle vollkommen hin ... Aber er muss an diese Figur g l a u b e n ! Er darf sie n i e v e r r a t e n ! Sonst ist es aus. *(Er wirft die Kostümpuppe um.)*

HARLAN Geh, bitte, sei jetzt nicht kompliziert.

KRAUSS In die stärkste Erschütterung, in den wildesten Zorn, in den tiefsten Schmerz muss sich die selige Heiterkeit des Spielens mischen können ... Nur d i e ist sein Schutz ... Ich kann sonst das alles da draußen nicht ertragen! Wenn ich meine Figur nicht s o spielen kann, wie i c h sie seh ... Entweder ich spiel den Rabbi Löw wie i c h ihn seh ... Oder ich reise s o f o r t ab!

HARLAN Aber, bitte, ich hab mir dich doch unter allen anderen a u s g e s u c h t ... Mit der Besessenheit eines Sammlers ... Mit dem gläubigen Fanatismus eines Feueranbeters ... Um dich und mich in Flammen zu setzen ... Darf ich dir e i n m a l sagen, dass ich dich als Schauspieler wirklich l i e b e , ja, ich weiß, ein Regisseur muss mit Liebeserklärungen sparsam sein, aber du bist für mich m e h r als ein Schauspieler, du bist das einzige Verwandlungsgenie, das ich kenne ... Wenn du die

Kamera spürst, wirst du im heiligen Feuer deiner Begabung, deiner Fantasie, deiner körperlichen Verwandlung vollkommen t r a n s p a r e n t ... Und dann weiß ich, j e d e r Mensch ist irgendwo und irgendwann schön, schöpferisch und göttlich ... Du kannst in jedem Raum Wasser und Erde, Luft und Licht mit einer Handbewegung erschaffen ... Und alle Menschen ... Nach deiner Vorstellung ... Ich bin der Lampenanzünder, du das Licht ... Ich kenne niemanden, der seinen Körper von innen heraus so verändern kann wie du ... Alle deine sechs Juden werden völlig verschieden sein und ... Unter anderem deswegen ... Wird das der beste Film, den wir beide je zusammen gemacht haben!
KRAUSS *(etwas ironisch)* Also gut, aber ... Kannst du das alles nicht ... Etwas positiver sagen? *(Er umarmt ihn.)*

Licht aus, Pause

Musik ‚Eins und eins, das macht zwei ...'

VI
Haus am Mondsee; Krauß, Riess

RIESS *(in amerikanischer Uniform)* Hallo! How are you, Mister Krauß? *(Spöttisch.)* Nein, Sie müssen jetzt n i c h t ‚Heil Hitler' sagen, ‚Guten Tag' genügt wieder ... Neuerdings ... Und Sie müssen mich auch nicht so abweisend ansehen ... Wir kennen uns ganz gut ... Denken Sie nicht an New York, denken Sie zurück ... An das Bühnentürl ... In Nürnberg.
KRAUSS Zurück ... Denk ich im Moment n i c h t so gern ... Ich bin froh, dass das alles vorbei ist.
RIESS Der Krieg und die ganze Schießerei? Das kann ich verstehen, aber jetzt ist es da am Mondsee doch wieder absolut idyllisch ...
KRAUSS *(vorsichtig)* Kennen wir uns ...?
RIESS Ja ... Ich war damals in Nürnberg noch auf der Schule und ... Nach einer Aufführung der ‚Räuber' hab ich am Bühnentürl gewartet, weil ich sehen wollte, ob der Franz Moor tatsächlich ein menschliches Wesen ist und ...

KRAUSS Er i s t ein menschliches Wesen ... Sogar ein a l l - z u menschliches, wie Sie sehen.
RIESS *(ganz direkt)* Ja, Sie glauben mir das jetzt nicht, aber ich war fassungslos, wie Sie aus dem Theater herausgekommen sind ... Jung, aktiv, lächelnd ... Mit Ihrem dichten Haarschopf hatten Sie gar nichts Dämonisches mehr ... Der ganze Franz Moor war weg ... Das war die r e i n e Hexerei! *(Sie nimmt ihn an den Schultern.)*
KRAUSS *(verwirrt)* Das ist lang her, ja ... *(Er deutet auf die Uniform.)* Sie sind ... Jüdin?
RIESS Ich hab lange nicht gewusst, dass ich Jüdin bin, damals, aber ihr Nazis habt es mir dann ... Sehr schnell beigebracht ... Und jetzt bin ich ausgerechnet in Berchtesgaden ... Stationiert.
KRAUSS Ja, da bin ich a u c h einmal gewesen.
RIESS Als Kriegsberichterstatterin ...
KRAUSS Und auftragsgemäß h a s s e n Sie jetzt alle Deutschen.
RIESS Nicht alle ... Eine hab ich sogar sehr gern ... Sie kennen sie. Sie ist auch Schauspielerin ... Die Dorsch.
KRAUSS Mein Gott ... Ja ... *(Er streckt ihr die Hand hin, Riess nimmt sie aber nicht, sondern hält ihm dafür ein Programm des ‚Jud Süß-Films' entgegen.)* Ah ... Sie sind gekommen ... Um mich zu verhaften ... Mit irgendwelchen Leuten, ich ... Ich wart seit Tagen, dass wer kommt.
RIESS Schlechtes Gewissen?
KRAUSS Ach, ja, auch ... Vielleicht ... Aber eigentlich bin ich nur froh, dass die Bomben nicht mehr vom Himmel fallen.
RIESS Die Leute, die Sie verhaften werden, sind sicher schon unterwegs ... Aber dass i c h Sie da in der Einschicht am Mondsee besuche, daran sind nicht die Alliierten schuld, sondern die Dorsch hat mich überredet, dass ich Sie besuche ... Sie hat eine Menge Kollegen ... Vor den Nazis beschützt ... Und jetzt ... Versucht sie eben, auch für die anderen was zu tun ... I c h wollte eigentlich überhaupt n i c h t zu Ihnen kommen ... Wie ich die Berichte über diesen ‚Jud Süß'-Film gelesen habe, also ... Wie ich gelesen habe, dass S i e da mitgemacht haben ... Da war ich einfach f a s s u n g s l o s .
KRAUSS War ich s o schlecht?

RIESS Für m i c h waren Sie t o t ... Schlimmer noch ... Nicht einmal Ihren N a m e n ... Wollte ich jemals wieder erwähnen!

KRAUSS Ja, aber ich hab doch in all den Jahren nicht nur in diesem e i n e n Film mitgespielt! Haben Sie nichts von meinem R i c h a r d gehört? Von meinem Monolog, bevor dieser Richard die verwitwete Königin Anna an sich reißt? *(Er spricht Text aus ‚Richard III.')* Ward je in dieser Laun ein Weib gefreit? Ward je in dieser Laun ein Weib g e w o n n e n ? I c h w i l l sie haben, ja, ich, der Mörder ihres Mannes ... Wer nie zu einem Mord b e - r e i t ist, wenn es sein muss, der kann auch kein L a n d g u t regieren! Nicht dass einer hinkt ist wichtig, nicht dass er eine missgestaltete Hand hat ist wichtig, wichtig ist allein, was er m a c h t mit dieser Hand. *(Er unterbricht sich.)* Applaus im Publikum ... Und in allen Zeitungen stand: Werner Krauß i s t Richard ... Eine geschmeidig hüpfende und hinkende Bestie ... Bald mit einem Biederton, bald kreischend, bald befehlend, und dann wieder händedrückend ... *(Er lacht in der Erinnerung.)* Na, was sagen Sie? Mutig, nicht? Das war der leibhaftige Goebbels!

RIESS *(unbeeindruckt)* Ja, gut, u n d ?

KRAUSS Das war f a s t S e l b s t m o r d !

RIESS Ja, aber eben nur f a s t ... Denn auch d a s konnten Sie sich leisten ... Als Staatsschauspieler und Hauptdarsteller in dem Hetzfilm ‚Jud Süß'!

KRAUSS Hetzfilm? Wieso? Das können S i e doch am allerwenigsten beurteilen ... Sie haben den Film doch gar nicht s e - h e n können.

RIESS Doch ... Ich h a b ihn gesehen ... Die Dorsch hat ihn mir in München vorführen lassen und ... Es war zum Kotzen ... Ich meine ... Das habe ich dann auch getan ... Mitten in der Vorführung musste ich hinaus und ...

KRAUSS Ja, aber doch nicht m e i n e t w e g e n ? *(Er lacht.)* I c h war g u t ! Das haben mir a l l e bestätigt!

RIESS Schiller sagt ... Die Scham nimmt ab mit der wachsenden Sünde.

KRAUSS Beim Festival in Venedig, bei der Galapremiere in Berlin ... Einfach ü b e r a l l war dieser Film ein T r i u m p h !

RIESS Und bei Shakespeare heißt das: ‚Beharrlichkeit im Unrecht macht das Unrecht nicht kleiner ...' *(Sie steht auf.)* Sie

haben in diesem Machwerk mindestens fünf bösartig verzeichnete Juden gespielt ...
KRAUSS Aber ich habe doch nicht eine e i n z i g e Nase geklebt! Obwohl das der Herr Goebbels p e r s ö n l i c h von mir verlangt hat. Ich hab alle meine Juden sympathischer gespielt als sie im Drehbuch waren ... I c h hab erst M e n s c h e n aus ihnen g e m a c h t!
RIESS W a s waren die denn vorher?
KRAUSS Papier!
RIESS A b l e h n e n hätten Sie die solln, diese unsägliche Gemeinheit!
KRAUSS Dann hätte mich der Herr Goebbels an die F r o n t geschickt! Und es trägt nicht jeder so gern eine Uniform wie S i e , meine Liebe!
RIESS Erklären Sie mir, wie das möglich war, dass Sie ...
KRAUSS W a s soll ich erklären? Warum ich S c h a u s p i e l e r geworden bin? Warum ich a u c h , jawohl a u c h hin und wieder einen Juden spiel? Ich hab schon lang v o r dem allen unter dem Juden Max Reinhardt den Juden Shylock gespielt! Als einen i n t e l l i g e n t e n H u n d ... Hab ich den gespielt, jawoll!
RIESS Aber, Herr Schauspieler, mitten im Frieden einen mauschelnden Juden zu spielen ist doch weiß Gott etwas anderes, als mitten unter all den Nazis, die mittlerweile alle Juden in ihre Lager gesteckt haben, lauter miese Juden zu spielen ... Damit es den Nazis noch leichter fällt, gleich a l l e u m z u b r i n g e n!
KRAUSS Ich persönlich hab n i e m a n d e n umgebracht!
RIESS Hat man Ihnen nicht gesagt, dass während Ihrer Festpremiere im Ufa-Palast am Zoo Ihre jüdischen Kollegen ein paar Straßen weiter auf den Abtransport nach Auschwitz ... Gewartet haben?
KRAUSS Das hab ich nicht gewusst. *(Pause)* Sie sind die E r s t e, die mir das sagt!
RIESS Und das Schlimmste ist: Dieser Hetzfilm wurde dann in j e d e m Kino in Deutschland ... Immer und immer wieder vorgeführt.
KRAUSS Nicht in j e d e m ...
RIESS Und der Film hatte ... Überall ... Seine Wirkung! In jeder Vorführung wurde gerufen: Juden raus aus Deutschland!

KRAUSS Also überall ... Sicher nicht.
RIESS Bitte ... Dass dieser Film nicht ein Film gewesen ist, der g e g e n die Judengesetze angetreten ist, d a s wenigstens war Ihnen doch klar, oder?
KRAUSS Gesetze, Gesetze, Gesetze sind nicht meine Sache ... Ich bin kein Jurist!
RIESS Dieser Film wurde s o f o r t a l l e n Einsatzgruppen an der Ostfront vorgeführt! Damit diese Truppen mit aller Konsequenz gegen die jüdische Bevölkerung vorgehen sollten ... Das wenigstens wird sich in Ihren Staatskantinen doch herumgesprochen haben!
KRAUSS Daran ... Kann ich mich nicht erinnern.
RIESS Die SS ließ diesen Film sofort ... Allen Wachmannschaften ... In j e d e m KZ vorführen! Und was da dann jeweils l o s gewesen ist ... Das können Sie sich vorstellen!
KRAUSS G a r nichts kann ich mir vorstellen!
RIESS Genau an d i e s e n Tagen kam es dann ... In Sachsenhausen zum Beispiel ... Zu den widerwärtigsten Übergriffen gegen die Juden!
KRAUSS *(steht auf und wankt)* Ich ... Entschuldigung ... Ich ... Muss was trinken ... *(Ab.)*
RIESS *(telefoniert)* Käthe? Ja ... Dein Freund Krauß ... Hat es jetzt wohl begriffen ... Ich denke, der wird nie mehr ... Irgendwo auftreten ... Was? D a s hältst du für möglich? Dass dieser Schauspieler ... Seine Scham ... G e s p i e l t hat?

Licht aus, Umbau

Musik ‚Bei dir war es immer so schön ...‘

VII
Villa Dorsch; Dorsch, Krauß

KRAUSS *(kommt im Mantel und mit Tasche und wirft sich in einen Sessel)* Entschuldige, dass ich nicht früher gekommen bin, aber ich komm direkt von der Verhandlung.

DORSCH Müde ...? Beruhig dich erst einmal ... Der Krieg ist ja nun wirklich vorbei ... Der Attersee ist wieder genau so blau wie vor dem Krieg ... Ich mag Wien und Berlin und München, aber das Salzkammergut hat besonders im Sommer schon einen ganz eigenen Zauber ... Erzähl von deinem Prozess!
KRAUSS Der Ankläger ... Lang, dünn und arrogant hat stundenlang geschrien ... *(Als Ankläger.)* Ich beantrage, den Angeklagten in die Gruppe der Hauptschuldigen einzureihen ... Er war in der ganzen kritischen Zeit von 1934 bis 1945 Mitglied der nationalsozialistischen Filmkammer! *(Brüllt als Krauß.)* Ja, aber bitte, das g i n g doch nicht anders! *(Er lacht.)* Ja, ich h a b zurückgebrüllt ... Aber das war eher dumm von mir, denn dann hat e r wieder gebrüllt ... Gott sei Dank kam dann der Zuckmayer zu Wort und ...
DORSCH *(lacht auch)* Bist du eigentlich bei der Generalprobe von seinem ‚Hauptmann von Köpenick' damals t a t s ä c h l i c h stockbesoffen gewesen?
KRAUSS Besoffen? Naja ... Man sollte vielleicht eher sagen, ich hab noch schnell vor Ort r e c h e r c h i e r t ... Ich wollte ‚Atmosphäre atmen' ... Im Ratskeller von Köpenick ...
DORSCH Ach, s o nennt man das jetzt?
KRAUSS Dort gab es damals nämlich noch einen alten Kellner, der dem echten Schuster Voigt 1906 die berühmte halbe Flasche Rotspon ...
DORSCH Und dir ... Gab er vor eurer Generalprobe eine g a n z e?
KRAUSS Als der Zuckmayer mich mit Brachialgewalt ins Taxi geschleppt hat, war ich im Zustand temporärer Bewusstlosigkeit ...
DORSCH Deine ewige Premierenangst!
KRAUSS Der h a t auch viel Text, der Hauptmann von Köpenick ... Der hat v i e l Text!
DORSCH Mir haben sie erzählt, sie haben dich in der Garderobe mit k a l t e m W a s s e r übergossen ...
KRAUSS Und dann mit h e i ß e m M o k k a angefüllt, ja, aber dann geschah etwas Erschreckendes ... Mehr als drei Stunden war ich eine lebende Marionette ... Ich wusste nicht, was ich tat ... Ich tat aber alles, was wir geprobt hatten, nur verstand keiner unten offenbar auch nur ein einziges Wort ... Ich versäumte keinen Auftritt, keine Stellung, kein Stichwort, keinen Satz, ich agierte bewusstlos wie ein Zombie ... Aber statt

zu sagen „Haben Sie gedient?“ hörte man unten von mir immer nur: „A-e-i!“

DORSCH Oh, Gott!

KRAUSS „Ein seltsames Stück hast du da geschrieben“, hat der Komiker Pallenberg dem Zuckmayer ins Ohr geflüstert.

DORSCH M i r hat der Zuck gesagt, er hat während der ganzen Probe f e s t an dich geglaubt.

KRAUSS Ja, das h a t er auch ... Allerdings als E i n z i g e r im ganzen Theater ... Alle erwarteten eine Brezn, nur der Zuckmayer glaubte fest an ein Theaterwunder und ... Er war dann auch wirklich der Erste ... Nach der Premiere ... In meiner Garderobe ... Er brachte mir eine g a n z e Flasche Rotspon ... Und einen Zettel auf dem stand: ‚S a g e n lässt sich's nicht, schreiben a u c h nicht, was Ihr ‚Wilhelm Voigt‘ für mich bedeutet: Das größte Glück, seitdem ich Stücke schreibe!‘

DORSCH D a s hätt er bei deiner V e r h a n d l u n g sagen sollen!

KRAUSS Hat er auch ... Er, der Emigrant! Und deswegen war ja der Schlussentscheid auch: Der Angeklagte Krauß ist nicht belastet, das Verfahren wird eingestellt, die Kosten trägt die Staatskasse.

DORSCH Gratuliere! *(Sie stoßen an.)* Und zum ‚Jud Süß‘ ... Hat keiner was gesagt?

KRAUSS Der wurde mir eigentlich erst in der Wiederaufnahmeverhandlung w i r k l i c h m a s s i v vorgehalten ... Der unangenehmste Zeuge war ein Doktor Proskauer aus Prag, der zwar kaum Deutsch konnte, sich aber trotzdem an alles penibel erinnern konnte, an unsere Jud Süß-Aufnahmen in Prag, an Gespräche mit mir in der Synagoge, an die i c h mich überhaupt n i c h t erinnern konnte ... *(Er spielt die Szene vor.)* Beim Zoll an der tschechisch-daitschen Grenze, hat dieser Herr Poskauer vorgebracht, da hätte ich gegrießt mit ‚Heil Hitler, die Herrn ...‘ Dann aber hätte ich auf ihn gedaitet und gesagt: ‚Der Jid kann warten! Fertigen Sie zuerst m i c h ab ... Ich bin der Staatsschauspieler Krauß!‘

DORSCH *(etwas ironisch)* Also das ... Könnt ich mir bei dir s c h o n vorstellen.

KRAUSS Aber dann ... Kam der Höhepunkt! Der Amtsgerichtsrat Dodel ... Ich schwöre, der h i e ß so. Den hat beeindruckt, dass ich am Staatstheater Richard den Dritten mit Hinkefuß gespielt hab ... D a s hat ihm imponiert ... Kurz, der Amtsgerichtsrat Dodel hieß zwar so, war aber gar keiner und sagte am Schluss sogar, dass der Führer den Herrn Krauß hin und wieder eingeladen hat, hatte nichts mit Politik zu tun, sondern n u r mit seiner Schauspielkunst, den der Herr Hitler war ja a u c h eine Art Schauspieler ... Also, sagte er, minderbelastet, Gruppe III, zwei Jahre Bewährungsfrist ... Ich sei weder Aktivist, noch Nutznießer, noch Militarist gewesen ... Also das schon gar nicht ... Sagte der Amtsgerichtsrat Dodel und ...

DORSCH Ja, also d a r f s t du jetzt wieder spielen oder n i c h t ?

KRAUSS Der Dodel hat gesagt, ich darf, aber der Öffentliche Ankläger erhob Einspruch ... Darauf wieder ich: „Hier habe ich einen Brief von George Bernhard Shaw: Die gesamte Kultur wird am Leben erhalten von den Massen, die mit der jeweiligen Regierung eines Landes zusammenarbeiten. Eine solche Zusammenarbeit nach jedem Regierungswechsel als ein Verbrechen zu behandeln, ist eine rachsüchtige Dummheit, die durch nichts gerechtfertigt werden kann!“ Na, d a s hab ich noch gebraucht! Alle schrien durcheinander ... Gott sei Dank hat mich der Liebeneiner verteidigt ... Der Antisemitismus des Herrn Krauß ist nicht politisch zu werten, hat er gesagt, sondern das ist eine Marotte ... So wie man halt in Bayern die Preußen nicht mag.

DORSCH Das ist nicht ungeschickt formuliert ... Also ... D a r f s t du nun wieder spielen? Oder n i c h t ?

KRAUSS Spielen darf ich, aber keiner w i l l mich ... Manche h a s s e n mich sogar ...

DORSCH Geh, wer?

KRAUSS Der Kortner ... Und der Lindtberg ... Ich hab aus ganz Deutschland Absagen ... Alle Direktoren haben Angst vor Tumulten ...

DORSCH Red mit dem Hilbert ... Nein, nicht mit dem Heinz, mit dem Egon ... Der ist seit ein paar Tagen Leiter der Bundestheaterverwaltung in Wien ... Oder besser noch, i c h red mit ihm ... Ich sag ihm, i c h will auftreten bei ihm, aber n u r – mit dir!

KRAUSS Dann wird er auch dich nicht wollen.
DORSCH In einem Stück, in dem i c h ... Mindestens eine Viertelstunde auf der Bühne sein muss, b e v o r d u auftrittst ... Und ... Es muss ein lustiges Stück sein ... Wenn die Leute schon viel gelacht haben, sind sie nicht mehr in der Stimmung, faule Eier auf die Bühne zu werfen.

Licht aus, Musik

Musik ‚Die Nacht ist nicht allein zum Schlafen da ...'

VIII.1
Garderobe des Theaters am Kurfürstendamm;
Krauß, Riess, dann die Assistentin

RIESS *(kommt)* Guten Abend, Herr Staatsschauspieler! *(Foto.)*
KRAUSS Oh, Frau Riess ... Nicht mehr in Uniform?
RIESS Verzeihung, aber ich brauch ein ganz schnelles Interview ... Für die Zeitschrift ‚Quick'.
ASSISTENTIN *(kommt eilig)* Der Direktor lasst fragen, ob wir nicht etwas s p ä t e r ... Es ist sehr viel Polizei vor dem Theater ...
KRAUSS Sagen Sie dem Feigling ...
ASSISTENTIN Ah, d a s sag ich sicher nicht! *(Ab.)*
KRAUSS *(schminkt sich)* Ist das ein gutes Blatt? Die Zeitschrift ‚Quick'?
RIESS *(während sie ein Foto macht)* Die ‚Quick' hat immer s e h r ... Gute Bilder.
KRAUSS *(lächelnd)* J e t z t wollens Bilder machen ...? *(Schaut sie interessiert an, da Riess einen Block herauszieht.)*
RIESS Na, aber doch sicher! Heute entscheidet es sich doch, ob ... *(Krauß schaut sie direkt an.)* Ob die Leute das aushalten ... Dass Sie wieder spielen.
KRAUSS Aber ich hab doch in W i e n schon g e s p i e l t !
RIESS Ja, aber ... Das Berliner Publikum ist immer b e s o n - d e r s feinfühlig ...

KRAUSS M i c h haben grad die Berliner i m m e r s e h r gemocht! Ich spiel heute ja nicht zum ersten Mal da im ‚Theater am Kurfürstendamm'!
RIESS V o r dem Krieg ist nicht n a c h dem Krieg ... *(Schreibt.)* Wie war denn die Reaktion in Wien? Bei Ihrem ersten Auftritt? In dieser Komödie ...?
KRAUSS Kein Schwein hat gelacht.
RIESS Ich hab gelesen: Werner Krauß, der Held antisemitischer Hetzfilme, hat sich die Maske eines tränentriefenden alten Esels zugelegt, der das ganze Stück über so tut, als habe er nie von irgendwas was gewusst ...
ASSISTENTIN *(kommt)* Der Regierende Bürgermeister hat grad im Radio gesagt, dass alle unbedingt Ruhe bewahren sollen ...
KRAUSS Wer?
ASSITENTIN Man erwartet, dass es vor und während der Vorstellung lautstarke Protestmärsche der Studenten geben wird ... *(Ab.)*
RIESS Ja, es gibt eine ... Ziemliche Unruhe in den antifaschistischen Verbänden, in der Jüdischen Gemeinde, an den Universitäten ... Denn Sie, mein Lieber, haben ja aus Ihrem Antisemitismus nie ein Hehl gemacht.
KRAUSS Ich hab i m m e r und aus a l l e m ein ‚Hehl' gemacht, bitte schön, ich bin ein g e b o r e n e r Hehler.
RIESS *(Foto)* Man wartet auf eine ö f f e n t l i c h e Distanzierung von Ihnen.
KRAUSS Es ist in W i e n nichts passiert ... Und es wird schon auch h i e r n i c h t s passieren.
RIESS Ja, aber w a s ... W e n n was passiert?

VIII.2

Garderobe des Theaters am Kurfürstendamm;
Riess, Krauß, Dorsch, Assistentin

DORSCH *(kommt und hängt ihren Mantel zu den Kostümen)* Die Straßen sind v o l l ... Von Polizisten.
KRAUSS Ja, aber das heißt doch nur ... Dass wir hier gut bewacht werden, oder?

DORSCH Das Theater wird abgesperrt, weil die Zuschauer Ziegel mithaben ...
ASSISTENTIN *(kommt)* Bitte, ich soll fragen, ob nicht doch abgesagt wird ... Weil jetzt a l l e Besucher ... Auch die im Smoking und in den Pelzen ... Nach Ziegelsteinen untersucht werden! *(Krauß macht eine heftige Bewegung, Assistentin ab.)*
DORSCH Die mit den Ziegelsteinen sind von der Gewerkschaft ... Und die machen jetzt genau das, was ihre Vertrauensleute ...
KRAUSS Aber ich b i n doch bei gar keiner Gewerkschaft!
DORSCH Das ist es ja! Weil die dich nicht k e n n e n , werden die ihre Ziegelsteine auf die falschen Leute schmeißen ...
RIESS *(will draußen ein Foto machen)* Sie sollten vielleicht d o c h a b s a g e n ! *(Ab.)*

VIII.3
Garderobe des Kurfürstendammtheaters;
Dorsch, Krauß, dann die Assistentin

DORSCH Hörst du die Sprechchöre ... Krauß raus! Krauß raus! Wir sollten vielleicht wirklich ...
KRAUSS Was? Absagen? Ich b i t t e dich ... Wenn die Polizei ... D r a u ß e n so gut auf uns aufpasst ... Was soll dann da h e r i n n e n passieren?
DORSCH Im Foyer wurde schon eine Scheibe eingedrückt ...
ASSISTENTIN *(kommt)* Draußen spritzen jetzt Wasserwerfer! Überall sind Verletzte! *(ab.)*
KRAUSS *(Pause)* Und wer ist schuld? Ich ... Schon wieder?
DORSCH Wer denn ... Du Esel.

VIII.4
Garderobe des Kurfürstendammtheaters;
Krauß, Dorsch, Riess, die Assistentin

RIESS *(von draußen)* Schweine ... *(Kommt und hält sich den blutenden Kopf.)*

DORSCH Was ist denn ... Du blutest? *(Verbindet sie mit einem Handtuch.)*
RIESS Die Einsatzleitung hat über Lautsprecher verkündet, das Ziel der Demonstration ist erreicht, die Vorstellung findet n i c h t statt, weil der Schauspieler Werner Krauß ...
KRAUSS Was? A b s a g t ? *(Er springt auf.)* Also, bitte, i c h sage n i e ab!
RIESS Aber dann kam die Korrektur: Die Vorstellung findet d o c h statt und ... Da stürmten die Leute über die Absperrung ... Und die Polizei hat zugeschlagen!
ASSITENTIN *(kommt)* Der Herr Direktor fragt ...
DORSCH Wir ... Sagen a b ! *(Beide ab.)*

VIII.5

Garderobe des Kurfürstendammtheaters;
Riess, Krauß, die Assistentin

KRAUSS *(ruft Dorsch nach)* Aber w i e s o ... Denn?
RIESS Ich bin grad noch durchgekommen ... Ins Foyer ... Da haut mir einer von der Polizei mitten auf dem schönen, roten Plüschteppich eine drüber ...
KRAUSS *(trocken)* Jetzt sehen Sie, wie es ist, wenn man sich einmischt.
ASSITENTIN *(kommt)* Bitte, jetzt ist alles da draußen doch wieder anders ... Die Polizei sagt ...

VIII.6

Garderobe des Kurfürstendammtheaters; Riess, Krauß, Dorsch, die Assistentin, dann Harlan, Reinhardt, Goebbels

DORSCH *(kommt)* Der Hilbert sagt: Wir spielen!
ASSISTENTIN Ja, aber draußen ... *(Ab.)*
RIESS Draußen schreien die doch immer noch: Schlagt ihn! Schlagt ihn!
DORSCH Ja, aber der Hilbert sagt, die sind alle bezahlt! Spontan ist da g a r nichts! Er hält grad eine Rede ...

ASSISTENTIN *(kommt)* Wer? Der Direktor? *(Ab.)*

DORSCH Vor dem Vorhang, ja ... Er sei selber sieben Jahre in Dachau gewesen ... Er hat gerade gefragt, wer im Publikum das n o c h von sich sagen kann ... Ein Wutgebrüll war die Antwort. *(Ab.)*

KRAUSS Er ist auf der Bühne ... Gut ... Ich geh a u c h auf die Bühne.

RIESS Nein, bitte, das ist das D ü m m s t e ! *(Ab.)*

KRAUSS Zu meinen ... Berlinern ... Und fang gleich an mit dem ‚Hauptmann von Köpenick' ... Mit dem Text vom Schuster Voigt ... *(Pause)* Dann stehste vor Gott dem Vater, der allens jemacht hat ... Vor dem stehste denn, und der fragt dir ins Jesichte: Willem Voigt, wat haste jemacht mit dein Leben? Und da muss ick sagen – Fußmatte, muss ick sagen ... Die hab ich jeflochten im Jefängnis, und denn sind se alle druff rumjetrampelt, muss ick sagen ... Und am Schluss haste jeröchelt und jewürcht, um det bisschen Luft, und denn war's aus ... Det sagste vor Gott, Mensch ... Aber der sagt zu dir: Jeh wech! Sagt er! Dafür hab ick dir det Leben nich jeschenkt, sagt er! Det biste mir schuldig! Wo is et? Wat haste mit jemacht?! *(Ganz ruhig.)* Alles, was ich ... Jemacht hab in mein Leben ... Das tut mir leid, ja, det sach ich laut, aber ... Jetz, bitte, sollense mich wieder s p i e l e n lassen! *(Geht zur Tür.)* Genau d a s ... Werd ich ihm sagen ... Denn n u r d a f ü r haste mir dat Leben doch j e s c h e n k t ... Nich?

DORSCH *(kommt aus dem Publikum)* Er ist also Werner Krauß, Schauspieler ... Weiß er, wo er ist? Im Polizeikommissariat Wolke Sieben ... Hier werden ihm jetzt die entscheidenden Fragen gestellt ... War er bei der Partei? NSDAP?

KRAUSS Nee.

DORSCH Aha ... Das doch nicht. Und nun glaubt er also, er bekommt allein schon deswegen hier eine Unbedenklichkeitsbescheinigung? Damit er dann überall wieder spielen kann ... Als wäre diese Schande, dieser F i l m n i e gewesen?

KRAUSS *(hält für möglich, dass das alles jetzt eine Art A l b - t r a u m ist)* Eine Zeitlang ... Berufsverbot, das ja, aber dann ... Dann müsst ich wieder spielen dürfen ... Denn das richtige Leben, das ist für mich nur auf der Bühne ... Sonst s a u f ich nur ... Gammel irgendwo rum und ... Nur wenn ich Probe habe, oder wenn ich Abends auf die Bühne muss ... Dann leb ich auf!

Dann leb ich in jeder Rolle ... Ein n e u e s L e b e n , verstehen Sie, dann ...
DORSCH *(setzt sich in die erste Reihe)* Wie alt?
KRAUSS Immer so alt ... Wie ich sein muss ... In der Rolle, die ich grad probier.
DORSCH Wann g e n a u ... Geboren?
KRAUSS 23. Juni 1884 ... In Gerstungshausen bei Coburg ... Als Sohn eines Oberpostsekretärs ... Der allerdings schon bald darauf in einer Breslauer Irrenanstalt verstorben ist.
DORSCH Das ist keine Entschuldigung.
KRAUSS Nein, so mein ich das auch nicht ... Es war nur so ... Ja ... Ich lebte dann bei meinem Großvater, der Pfarrer gewesen ist und Wotan geheißen hat ... Als er starb, konnte mich niemand finden ... Bis sie mich dann doch gefunden haben ... In seinem Sarg ... Ich hatte meinem Großvater noch Blumen in die Hand gesteckt ... Und war dabei eingeschlafen.
DORSCH S e l t s a m e Jugend ... W e l c h e Schauspielschule?
KRAUSS Keine.
DORSCH Ja, nach welchen Regeln spielt er denn dann?
KRAUSS Wenn ich spiele, hör ich genau hin ... Und dann hör ich den T o d hinter mir geigen ... Und dieser zweiten Stimme ... Hinter meinem Ohr ... Der spiel ich nach ... Und wenn ich nur die leiseste Schwankung zwischen dem Geigenton und meiner Melodie spür, dann weiß ich, dass meine Saiten nicht gespannt sind und ... Dann geh ich immer am besten gleich wieder ab.
DORSCH W ä h r e n d der Szene ...? Seltsam ... Aber abgesehen von Ihrer Schauspielerei ... Hat er irgendwann auch einmal ... Irgendetwas P o s i t i v e s geleistet?
KRAUSS Naja ... Beim Göring war ich einmal ... Um für meinen Nachbarn, den Juden Kalisch ... Zu intervenieren und ...
DORSCH Na, immerhin.
HARLAN *(kommt aufgeregt)* Entschuldigung, Frau Kommissar, ich muss meinem Freund hier ...
DORSCH Bitte, wir sind hier mitten in einer Amtshandlung!
HARLAN Genau darum g e h t es aber auch bei mir, bitte! Ich hab a u c h einen Prozess ... Und er ist der Einzige, der bezeugen kann, wie ich mich g e w e h r t hab ... Diesen verdammten Film zu machen! *(Zu Krauß.)* Das w a r doch so?

KRAUSS Heil Hitler, lieber Freund Harlan ...
HARLAN Frau Kommissar, er meint das nicht so ... Den Herzog haben wir als Schwein gezeigt, aber doch nicht die Juden!
DORSCH Herr Harlan, bitte, raus!
KRAUSS Einen Moment, bitte ... Im Ernst ... Mein Rat ist: Red nicht so viel herum ... Du musst laut und deutlich sagen, dass es dir leid tut, dass du diesen Film gemacht hast ...
HARLAN Mein Gott, es tut mir ja leid, immer wieder ausgerechnet nur mit diesem Film in Verbindung gebracht zu werden ... Das ist doch selbstverständlich ...
KRAUSS Nein, nicht dass du mit diesem Film in Verbindung gebracht wirst, soll dir leid tun, sondern dass du ...
HARLAN *(zur Dorsch)* Frau Kommissar ... Es hat nicht nur den Film ‚Jud Süß' gegeben! Bedenken Sie ... Gründgens hat gewagt, den ‚Richard' anzusetzen ... ‚Richard der Dritte' ist das Drama über den Prototyp des politischen Verbrechers ... Am 2. März 37 war Premiere ... Göring war in seiner Loge, der Zuschauerraum war voll von Uniformen ... Da kam er auf die Bühne ... Werner Krauß als Richard ... Mit einem Schwert, das größer war als er und ... Hinkend ... Jeder musste an Goebbels denken ... Und die ganz in Schwarz gekleidete Leibgarde hatte Nazi-Stiefel an ... Es war völlig still ...
KRAUSS Das war der Augenblick der Sprachlosigkeit ...
HARLAN Der Augenblick, in dem unser Herzschlag aussetzte ...
KRAUSS Es gab niemanden ... Im Zuschauerraum ... Der das nicht gespürt hat.
HARLAN Da war die Bühne, wie Schiller sagt, eine moralische Anstalt ... Da hörten die Mächtigen, was sie damals sonst nie hörten ... Die Wahrheit ... Und was sie sonst nie sahen, das sahen sie hier ... Einen Wahnsinnigen ... Der nicht mehr weiter wusste.
REINHARDT *(kommt)* Also, das geht ja nun gar nicht! Dass Sie, Harlan, da im Himmel sind! Das ist sicher ein Irrtum ... Raus, raus, raus!
HARLAN Ja, schon, aber ... *(Gibt Krauß ein Papier.)* Da steht alles ... Mein Prozess ... Bitte, das nicht zu vergessen.
REINHARDT Sie waren an diesem Shakespeare-Abend doch auch gar nicht beteiligt ... Raus jetzt, ja? *(Harlan ab.)*

DORSCH Herr Direktor ... Wir haben ihn.
REINHARDT Das seh ich, ja ... Und?
DORSCH Nun erzähl er doch dem Herrn Direktor noch einmal genau ... W i e er zu diesem Film gekommen ist und ...
KRAUSS I c h bin g a r nicht zu diesem Film gekommen! Der Film ist zu m i r gekommen! Der Harlan hat mich zum Goebbels gebracht, und der hat gesagt, das m a c h s t du jetzt oder ich schick dich an die Front ... Wären Sie ... An die Front gegangen?
REINHARDT Ich bin schon v o r h e r weggegangen ...
KRAUSS Wenn ich s i n g e n hätt können wie der Caruso, wär ich vielleicht auch ...
REINHARDT Krauß, hören Sie zu ... Schauspieler zu sein, kann wunderbar sein, aber dieses Gewerbe kann a u c h , siehe Jud Süß, wenn es von allen guten Geistern verlassen ist, das allertraurigste sein ... Eine armselige Prostitution ... *(Zur Dorsch.)* Bitte das festzuhalten. *(Zu Krauß.)* Wir Theaterleute sind besonders gefährdete Menschen ... Wir tragen das Gute u n d das Böse unaufgeräumt in uns ... Sonst könnten wir ja auch alle die Charaktere nie so gut spielen ... Ich meine: Jeder normale Mensch empfindet gewöhnlich e i n m a l im Leben die ganze Seligkeit der Liebe, e i n m a l den Jubel der Freiheit, er hasst e i n m a l g r ü n d l i c h , er begräbt e i n m a l mit tiefem Schmerz ein geliebtes Wesen und stirbt am Ende e i n m a l s e l b s t ... Aber d a s i s t sowohl für uns, wie auch für unsere Zuschauer z u w e n i g für die uns angeborenen e n o r - m e n F ä h i g k e i t e n zu lieben, zu hassen und zu jubeln ...
KRAUSS *(unterbricht ihn)* Also, bitte, k r i e g ich jetzt meine ... Spielerlaubnis ...
REINHARDT Einerseits ja, andererseits aber ... Ihre Entscheidung, in diesem Film nicht nur einen, sondern gleich ein halbes Dutzend Juden zu spielen, hätte ein politisches Bewusstsein Ihnen verbieten müssen! Da wurde Ihre Schauspielkunst politisch m i s s b r a u c h t !
KRAUSS Ja, Sie ... Sie tun sich da leicht! Aber wissen Sie, wie der M i n i s t e r mich a n g e s c h r i e n hat?
GOEBBELS *(stürzt herein, spricht aber ganz leise)* Mein lieber Herr Krauß ... Es geht hier nicht mehr um simplen Lebensraum! In diesem Kampf geht es buchstäblich um einen

Ausrottungskampf! Der Jude ist der Feind aller Völker! Sie werden das ja noch erleben: Die ganze Welt wird dem Nationalsozialismus ewig dafür dankbar sein ... *(Zum Publikum.)* Dass wir die Juden nicht nur in Deutschland, sondern dass wir sie auch in ganz Europa ausgelöscht haben! *(Zu Krauß.)* Grinsen Sie nicht so dämlich ... Die ganze Welt wird dem Nationalsozialismus ewig dafür dankbar sein, dass wir die Juden nicht nur in Deutschland, sondern dass wir sie in ganz Europa ausgelöscht haben ... Sie grinsen, aber das waren die letzten Worte unseres Führers ... In seinem Diktat ... Am 2. April 45 ... In seinem Bunker in Berlin. *(Ab.)*
REINHARDT Was für ein mörderischer Unsinn!
KRAUSS Jetzt können Sie das leicht sagen, aber damals ...
REINHARDT Entschuldigen Sie, Krauß, aber bei diesem Film ‚Jud Süß' ... Haben Sie versagt ... Da fand Ihre geniale Begabung eben leider ihre Grenzen. Auch eine realistisch genaue und wahrheitsbesessene Beobachtungsgabe kann nicht ohne die Kontrolle der politischen Zusammenhänge auskommen! Das müssen Sie einfach einsehen!
KRAUSS Ja, ich hab wohl ... Alles falsch gemacht.
REINHARDT Ja, leider.
KRAUSS Herr Direktor ...
REINHARDT Bitte?
KRAUSS Wenn ich einmal stirb ... Soll man meinen offenen Sarg für zehn Minuten auf die leere Bühne ins Arbeitslicht stellen, damit die Kollegen sich anschauen können, wie vergänglich alles ist ... Wie der Mensch, der oft König war auf dieser Bühne, da liegt wie ein Häuflein Elend ... Und keiner soll eine Rede halten, damit er nicht in Versuchung kommt zu lügen ... Nur eine Flöte soll spielen ... *(Alle ab bis auf Krauß, der an die Rampe vorgeht.)* Hat Werner Krauß in seinem Testament geschrieben ... Er hat nach 1945 noch viele große Rollen gespielt ... Auch am Burgtheater ... Den ‚Hauptmann von Köpenick' und Philipp den Zweiten ... Und Rudolf den Zweiten ... Und schließlich bei den Salzburger Festspielen im ‚Jedermann' sowohl die ‚Stimme des Herrn' als auch den ‚Teufel' ... Also die Stimme des Guten und des Bösen. *(Kleine Pause.)* Im Juni 1959 hat er seinen 75. Geburtstag gefeiert ... Und im Oktober ist er gestorben ...

Wer von ihm den Iffland-Ring bekommen sollte, wurde eine Woche danach im Büro der Bundestheaterverwaltung bekannt gegeben ... Sein versiegelter Brief war bis zu diesem Moment in einem Panzerschrank verwahrt worden. Werner Krauß hatte geschrieben: Sie, lieber Josef Meinrad, sind für mich in Ihrer Einfachheit, Ihrer Schlichtheit, Ihrer Wahrhaftigkeit der Würdigste. Darum bitte, nehmen S i e den Ring, tragen Sie ihn, und gedenken Sie manchmal meiner – Ihr Werner Krauß. *(Verbeugung.)*

Licht aus
Verbeugungsmusik ‚Die Nacht ist nicht allein zum Schlafen da ...'

Martin Gesslbauer, Philipp Limbach, Felix Kurmayer, Gerhard Rühmkorf, Kerstin Raunig, Michaela Ehrenstein, Marcus Strahl

Gerald Szyszkowitz

EVA KÖNIG

oder

Das Glück von Gotthold Ephraim Lessing in der Wiedner Hauptstraße

Theaterstück in fünf Bildern

Just, Bedienter	Gerhard Rühmkorf
Gotthold Ephraim Lessing	Marcus Strahl
Eva König, Fabrikantin	Michaela Ehrenstein
Franziska, ihr Mädchen	Kerstin Raunig
Tobias von Gebler	Philipp Limbach
der Wirt des ‚Ochsen'	Felix Kurmayer
Riccaut de la Marliniere	Martin Gesslbauer

Regie und Raum	Gerald Szyszkowitz
Assistenz	Vera Bernhauser
Kostüme	Babsi Langbein
Fotos	Rolf Bock
Pause	nach dem dritten Bild
Uraufführung	16. April 2013

Die Handlung spielt im Jahr 1775 in Wien, abwechselnd in der Halle und in einem Zimmer des Gasthofs ‚Zum Ochsen'.

I.1

Halle im ‚Ochsen'; Just, Wirt

WIRT *(kommt mit Just)* Guten Morgen, Herr Just, guten Morgen! Schon so früh auf?
JUST Wo ist mein Herr?
WIRT Das weiß ich nicht, aber ich sagte ‚Guten Morgen', und das verdient doch, dass Sie ‚Großen Dank' darauf sagen.
JUST Großen Dank.
WIRT Sie haben ihn also nirgends gefunden ...?
JUST Was Sie nicht alles erraten können!
WIRT Ich vermute ...
JUST Gehorsamster Diener! *(Will abgehen.)*
WIRT *(hält ihn)* Nicht doch, nicht doch, Herr Just ...
JUST Na gut, dann n i c h t ... Ihr Diener! *(Will weg.)*
WIRT Herr Just, ich will doch nicht hoffen, dass Sie noch böse sind ...
JUST Doch, das bin ich.
WIRT Ist das katholisch?
JUST Das ist ebenso katholisch, als es katholisch ist, einen ehrlichen Mann beim ersten Missverständnis auf die Straße zu werfen!
WIRT Wer könnte denn so gottlos sein?
JUST Ein katholischer Gastwirt, der meinen Herrn ...
WIRT Aus dem Haus gestoßen hat ...? Ich habe ihm aus Not ein anderes Zimmer einräumen müssen ... Möchten Sie nicht einen k l e i n e n Marillenschnaps? Aus unserer schönen Wachau ...
JUST Machen Sie sich keine Mühe, Herr Wirt ... *(Zögert, trinkt dann aber doch.)* Und ... Sie sind d o c h ein Grobian.
WIRT Nicht doch, nicht doch, Herr Just.
JUST Wenn ich heucheln könnte, würde ich sagen, lassen wir es gut sein ... *(Zögert, trinkt.)* Aber ich kann nicht heucheln! Es muss heraus! Sie sind d o c h ein Grobian!
WIRT In meinem ganzen Leben hat mir das noch niemand gesagt! *(Bietet noch einen Schnaps an.)* Aller guten Dinge sind drei, Herr Just.
JUST Meinetwegen ... *(Trinkt.)* Das ist wahrhaft ein gutes Ding ... Aber die Wahrheit ist auch ein gutes Ding, Herr Wirt ... Sie s i n d

ein Grobian ... Meinem Herrn, während er ausgegangen ist, das Zimmer auszuräumen!
WIRT Ich habe es dringend gebraucht!
JUST Und ihm eine Abstellkammer gegeben!
WIRT Warum ereifern Sie sich denn so, Herr Just?
JUST Ich will mich ereifern!

I.2
Halle im ‚Ochsen'; Just, Wirt, Lessing

LESSING *(kommt)* Just, du zankst ...? Was hab ich dir befohlen?
WIRT Oh, Ihro Gnaden, zanken? Da sei Gott vor! Ihr untertänigster Wirt sollte sich unterstehen, mit einem, der die Gnade hat, in Ihren Diensten sein zu dürfen, zu zanken?
JUST *(leise)* Ich sollte ihm eins auf seinen Katzenbuckel geben!
WIRT Es ist wahr, der Herr Just s p r i c h t für seinen Herrn ein wenig hitzig, aber daran tut er recht, denn ...
JUST *(leise)* Die Zähne sollte ich ihm austreten!
LESSING Genug, Herr Wirt, Sie räumen mir in meiner Abwesenheit das Zimmer aus, ich muss also woanders unterkommen, das ist nicht angenehm, aber trotzdem, Sie müssen bezahlt werden ...
WIRT Woanders unterkommen? Eher muss die Dame ihr Quartier wieder räumen! Ich werde es ihr sofort mitteilen! *(Will weggehen.)*
LESSING Freund, das bitte nicht! Nicht zwei dumme Streiche für einen!
WIRT Sie muss weg, sie muss weg ... Und Sie ... Sie müssen Ihr Zimmer behalten dürfen, jetzt, wo ich weiß, was für ein bedeutender Mann Sie sind!
LESSING Ah, das wissen Sie plötzlich?
WIRT Wahrhaftig, ich erschrak recht, als ich beim Umräumen die vielen Empfehlungsbriefe fand und ...
LESSING Herr Wirt, genug! *(Deutet auf Just.)* Ich hab mit ihm zu reden.
WIRT Mein ganzes Haus steht zu Ihren Diensten! *(Ab.)*

I.3

Halle im ‚Ochsen'; Lessing, Just

JUST *(leise)* Ich könnt ihn erwürgen!
LESSING Mach mir deine Rechnung, Just ... Hier in Wien hat keiner etwas getan für mich! Ja, sie bezahlen mir trotz aller Versprechungen nicht einmal das Reisegeld ... So kann ich auch dich nicht mehr bezahlen ... Kurz, ich muss mich ohne Bedienten behelfen lernen.
JUST Also, wie ...
LESSING Schreib auf, was ich dir schuldig bin.
JUST Nun ja ...
LESSING Na, mach schon!
JUST *(sehr zögernd)* Was der Herr Rat mir schuldig ist ...?
LESSING So viel kann das nicht sein ...
JUST *(hat eine Art Rechnungszettel eingesteckt, denn er nun unwillig entfaltet)* Was der Herr Rat mir schuldig ... Drei und einen halben Monat Lohn, den Monat 6 Taler, macht 21 Taler ... Seit dem Ersten dieses ... An Kleinigkeiten ausgelegt 1 Taler, 7 Groschen, 9 Pfennig ... Summa summarum 22 Taler, 7 Groschen, 9 Pfennig.
LESSING Gut ... Und es ist billig, dass ich dir den laufenden Monat g a n z bezahle.
JUST *(schreibt langsam)* Was dem Herrn Rat ich schuldig ... An den Arzt in Wolfenbüttel bezahlt 25 Taler, für Wartung und Pflege während meiner Kur für mich bezahlt 39 Taler ...
LESSING Genug!
JUST Nein, das muss jetzt sein! Meinem abgebrannten Vater auf meine Bitte vorgeschossen 50 Taler, Summa summarum 114 Taler. Davon abgezogen vorstehende 22 Taler, 7 Groschen, 9 Pfennige, bleibe ich dem Herrn Rat schuldig 91 Taler, 16 Groschen, 3 Pfennige.
LESSING *(Pause)* Gut, Just, wir sind einander nichts schuldig, aber es bleibt dabei ... Ich werde dich einem Bekannten empfehlen, bei dem du es besser haben sollst als bei mir.
JUST Ach, machen Sie alles, wie Sie wollen, Herr Rat, aber ... Ich bleibe doch bei Ihnen, weil ...

LESSING Aha! Und deine Sturheit, dein Trotz, dein wildes, ungezügeltes Wesen gegen alle, von denen du glaubst, dass sie dir nichts zu befehlen haben ...?

JUST Ach, machen Sie mich nur so schlimm wie Sie wollen, ich will nicht schlechter von mir denken als von meinem Pudel ... Vorigen Winter ging ich in der Dämmerung bei uns in Wolfenbüttel den Kanal entlang, da hörte ich etwas winseln. Ich stieg in das Gebüsch hinab und griff nach der Stimme ... Ich glaubte, ein Kind zu retten, aber ich zog nur einen Pudel aus dem Wasser. Auch gut, dachte ich und ging ... Der Pudel kam mir nach, aber ich bin kein Liebhaber von Pudeln. Ich jagte ihn fort. Umsonst. Ich prügelte ihn fort. Umsonst. Ich ließ ihn Nachts nicht in meine Kammer, umsonst, er blieb vor der Tür auf der Schwelle. Wo er mir zu nahe kam, stieß ich ihn mit dem Fuß. Er schrie, sah mich an ... Und wedelte mit dem Schwanz. Noch hatte er keinen Bissen Brot aus meiner Hand bekommen, und doch war ich der Einzige, auf den er hörte, und der ihn anrühren durfte. Er sprang vor mir her und machte mir seine Künste unbefohlen vor. Er war ein hässlicher Pudel, aber ein gar zu guter Hund ... Ich hörte schließlich auf, den Pudeln gram zu sein.

LESSING Also gut, Just ... Wir bleiben zusammen.

JUST So ist es recht, Herr Rat ... Denn ich bin ein Bedienter, der, wenn das Schlimmste zum Schlimmen kommt, für Sie betteln und stehlen kann.

LESSING Just, wir bleiben n i c h t zusammen.

JUST *(lächelnd)* Schon gut.

LESSING Aber ... Wir brauchen Geld ... Nimm diesen Ring ... Das Einzige, was ich noch habe ... Und versetze ihn ... Lass dir achtzig Taler dafür geben, die Rechnung des Wirtes kann keine dreißig betragen. Bezahle ihn und räume meine Sachen ... Wohin du willst, der wohlfeilste Gasthof ist mir recht ... Aber vergiss meine Bücher nicht! *(Will ab, kommt aber zurück.)* Und nimm mir auch deinen Pudel mit, hörst du, Just? *(Ab.)*

I.4

Halle im ‚Ochsen'; Just, Gebler, dann Wirt

GEBLER Gott zum Gruß, Herr Just ... Sie erinnern sich? *(Just zögert.)* Tobias von Gebler ...
JUST *(langsam)* Von Gebler ...?
GEBLER Ich habe mit Herrn Lessing korrespondiert und ...
JUST Korrespondiert ...?
GEBLER Und ich habe ihn sogar einmal in Wolfenbüttel besucht ...
JUST *(hat eine Erleuchtung)* Ah ja, na sicher! Ich erinnere mich ...! Vor allem an die Kiste aus Ihrem Weinberg!
GEBLER Die Kiste aus meinem Weinberg in Enzersdorf, ja ...
JUST *(lachend)* Die Kiste ist uns unvergesslich!
WIRT *(bringt eine Kiste mit Weinflaschen)* Wohin? Herr von Gebler?
GEBLER *(mit einem Wink, sie irgendwo abzustellen)* Hier ist wieder so ein Gruß, Herr Just ... Weil ich gehört habe, unser Herr Rat logiert hier im ‚Ochsen', hab ich gleich ...
JUST Ja, hier logiert er, Herr von Gebler ... Leider.
GEBLER Leider?
JUST Weil ich sicher bin, dass diese Lokalität geradewegs nach dem hauseigenen Wirt benannt worden ist.
WIRT *(kommt)* Das soll wohl eine Beleidigung sein ...?
GEBLER *(beruhigend)* Aber zweifellos nicht, Herr Wirt. *(Gibt ihm Geld.)*
WIRT *(sehr freundlich)* Na, das will ich aber auch hoffen, Herr Just! *(Ab.)*

I.5

Halle im ‚Ochsen'; Gebler, Just

GEBLER *(dem Wirt nachsehend)* Sie sollten hier nicht gleich so böse sein, Herr Just ... Hier in Wien bringt man seine Bosheiten viel charmanter an den Mann.
JUST Sie sind Diplomat, Herr von Gebler ... Aber muss ich auch ... Einer sein?

GEBLER Sie würden sich mehr Freunde machen ...
JUST Mein Herr ist mein Freund. Das genügt mir.
GEBLER *(sich umblickend)* W o i s t denn unser lieber Herr Rat?
JUST Er muss Ihnen begegnet sein ... Er ging eben die Treppe hinunter!
GEBLER Und ich komm die Hoftreppe herauf ... Ich bin schon verspätet ... Unten stehen meine Pferde ... Ich muss zum Fürsten Kaunitz ... Ich habe eben erfahren, dass ich an die Botschaft nach Rom gehen soll, und da dachte ich ... Da ich nämlich weiß, dass die Herrn Kardinäle für die Verliese des Vatikan immer die besten Bibliothekare suchen, wollte ich das unserem Herrn Rat sofort mitteilen ... Falls aus allem hier in Wien, wie ich höre, nichts wird ... Und er nicht mehr zurückgehen will ... Als Bibliothekar ... In seine Verbannung nach Wolfenbüttel ... Kurz, bitte, sagen Sie ihm, dass ich da war, Herr Just. *(Will abgehen.)*
JUST Sie gehen nach Rom? Ja, was wird denn dann aus Ihren Weinbergen hier in Enzersdorf?
GEBLER Die nehm ich mit.
JUST Die Weinberge?
GEBLER In guter Münze. Ich hab alles verkauft. Hier, hundert Dukaten für unseren Herrn Rat. *(Will sie ihm geben.)*
JUST Ja, und? Was soll er damit?
GEBLER Was heißt ‚Was soll er damit ...?' Verbrauchen soll er das Zeug! Verprassen, verspielen, versaufen ... Ach, was, der Mann muss jetzt Geld haben! Wenn unser Kaiser ihn noch länger hinhält, wird er das brauchen!
JUST Herr von Gebler ...
GEBLER Ich weiß, was er denkt ... Alle diese Wiener Hofintriganten soll der Teufel holen!
JUST *(will den Geldbeutel zurückgeben)* Richtig, Herr von Gebler, aber das Geld ...
GEBLER Was ist ... Hat der Herr Rat denn genug?
JUST Nun, das grad nicht ...
GEBLER Hat er wo welches geborgt?
JUST Nun, das grad nicht ...
GEBLER Na, wovon lebt er denn dann?

JUST Wir lassen anschreiben ... Und wenn man nicht mehr anschreiben will und uns aus dem Haus wirft, so versetzen wir, was wir noch haben ...
GEBLER Na, genau das mein ich ja ... Dann ist alles in Ordnung! Dann gib ihm das Geld und ... Basta! Wie man in Rom sagt und berichte dem Herrn Rat, der die Witwe König ja sehr schätzt ... Jeder bei Hof weiß, dass Ihre Majestät, die Kaiserin, die Witwe König zum Tee gebeten hat, dass die Damen sich über Gott und die Welt unterhalten haben ... Beide sind Witwen, beide haben viele Kinder, beide sind berufstätige Frauen ... Ja, es gibt sogar das Gerücht, Maria Theresia habe der Prinzipalin König die Erhebung in den Adelsstand angeboten ... Allerdings zu dem bekannten Preis, den die Kaiserin immer fordert: Den Übertritt zum Katholizismus ... Das müsste sein! *(Im Abgang.)* Herr Just, ich habe die Ehre! *(Verbeugung, ab.)*

Licht aus, Musik

II.1
Zimmer im ‚Ochsen'; Eva, Franziska

EVA Ich habe ihm geschrieben, er soll im ‚Ochsen' absteigen ... Und was passiert? Er ist nicht da ... Ich habe extra ein hübsches Zimmer gemietet, damit unser Wiedersehen hier möglichst ungestört sein kann ... Und er? Er ist nicht da.
FRANZISKA Wie lange haben wir denn unseren ‚Verlobten' jetzt schon nicht gesehen?
EVA *(lachend)* Drei Jahre! Aber mach dich bloß nicht lustig über uns! Wir sind zwar nicht mehr die Jüngsten, aber wir sind tatsächlich ‚rechtmäßig verlobt'!
FRANZISKA Und wie lange hat er uns jetzt nicht geschrieben?
EVA Er schreibt selten, das ist wahr, und wenn, dann nur kurz ...
FRANZISKA Ich dachte, er ist nicht nur Dramaturg und Bibliothekar, sondern auch Dichter ...?
EVA Dichter dichten ... Und das Briefe schreiben ... Das gehört doch eher zur Spezies der Nachrichtenübermittlung, nicht zur Dichtkunst, nicht?

FRANZISKA Noch Tee, gnädige Frau?

EVA Der Tee schmeckt mir nicht.

FRANZISKA Soll ich Schokolade bestellen?

EVA Der Herr Wirt soll Schokolade bringen, ja, aber für dich ...

FRANZISKA Für mich? Ich wollte ebenso gern für mich alleine plaudern, als für mich alleine Schokolade trinken ...

EVA *(sinnend)* Ihn und mich ... Uns bindet viel mehr aneinander als eine ‚Verlobung' ... Der Herr Geheimrat aus Wolfenbüttel ist auch der Pate meines siebenten Kindes ...

FRANZISKA Vom Fritz?

EVA Und der ist jetzt auch schon sieben Jahre alt ...

FRANZISKA Ach, er ist der echte Pate vom Fritz?

EVA Ja ... Wir waren in den Jahren in Hamburg oft zusammen im Theater ... Mein Mann und ich hatten eine Loge, und der Herr Rat war damals der stadtbekannte Kritiker der ‚Hamburger Dramaturgie', und er war bei jeder Premiere in unserer Loge ...

FRANZISKA Damals lebte er noch nicht in Wolfenbüttel ...? *(Eva nickt.)* War er verheiratet? *(Eva schüttelt den Kopf.)* Und hatte er auch keine ... Freundin?

EVA Das wusste man bei ihm nie so genau ... Er kam manchmal mit Meta Klopstock ins Theater, dann wieder mit Elise Reimarus ... Und es war kein Geheimnis, wie sehr ihn beide verehrt haben, diese ganz sicher ‚bemerkenswerten' Frauen ... Aber am liebsten, glaub ich, war er bei uns ...

FRANZISKA Ihretwegen?

EVA *(sanft)* Wir hatten damals ein herzliches und sehr glückliches Familienleben ... Eine Mischung aus heiterer Geselligkeit und ernster Arbeit ... Wir waren fest verankert in einem Kreis verlässlicher Freunde ... Mit viel Freuden, aber auch mit manchen Sorgen ...

FRANZISKA Ich verstehe ... So eine Familie war für einen unsteten, immer etwas unsicheren Junggesellen in den mittleren Jahren, der sich nie binden wollte, kein schlechter Ort ...

EVA Ja, aber plötzlich bekam mein Mann die Chance, eine wichtige Außenstelle unserer Firma in Wien aufzubauen ... Erst hatte er vierzehn, bald aber über hundert Webstühle für Samt, Samtbänder, Futteratlasse und Tafte ... Wir brachten allein über

fünfzig Facharbeiter nach Wien mit ... Auch ich plante, mit meinem Mann nach Wien zu gehen ...
FRANZISKA Da verzog sich unser Herr Rat nach Wolfenbüttel ... Wo nichts passiert, als dass sich die Füchse ‚Gute Nacht' sagen.
EVA Er nahm das Angebot des Herzogs von Braunschweig an, ja, aber er reiste nicht sofort ab, denn Wolfenbüttel ist zwar früher einmal eine glanzvolle Residenz gewesen, aber vor ein paar Jahren ist der Hof nach Braunschweig umgezogen, und nun ist Wolfenbüttel nur mehr ein Ackerbaustädtchen hinter Festungswällen mit einem leeren Schloss, einer berühmten Bibliothek ... Und einem Ratskeller, wo schon mit dem Sonnenuntergang die Gläser abgeräumt und die Fensterläden zugeklappt werden.
FRANZISKA Er blieb also doch noch in Hamburg ... Weil er von Ihnen nicht weg wollte, gnädige Frau?
EVA Der Dezember ging vorbei, das Christfest, der Jahreswechsel ... Und Lessing war immer noch in der Stadt, da bekam ich in diesen kalten Januartagen Post aus Italien ... Aber nicht von meinem Mann, nicht die erhoffte Ankündigung, wann er wieder in Hamburg sein werde, bekam ich, sondern die Nachricht, dass er am 20. Dezember in Venedig, wo er Stoffe eingekauft hat, an einem schweren Fieber gestorben sei ... Sein Grab befinde sich, stand da, auf dem Friedhof der evangelischen Gemeinde bei der Kirche San Cristoforo della Pace.
FRANZISKA *(leise)* Schrecklich ...
EVA Ich war dreiunddreißig, hatte eine Handvoll Kinder, keinen Mann, ein Warenlager in Hamburg, zwei Fabriken hier in Wien, die ich damals noch nie gesehen hatte und ... Eine Menge Gläubiger! *(Lacht.)* Ich war eine wohlhabende Witwe ... Und besaß doch fast nichts.
FRANZISKA Und ...
EVA Und jetzt? Jetzt hab ich – bankmäßig – einiges erreicht, sitz aber doch seit Jahren in der Wiedner Hauptstraße auf gepackten Koffern und ...
FRANZISKA Ja, das ist wirklich kein richtiges Zuhause!
EVA Nein, aber ich bin trotzdem nicht traurig, denn mein H e r z sagt mir, dass alles bald anders sein wird, dass e r bald d a sein wird und ...

FRANZISKA Das Herz, gnädige Frau? Man traue doch ja seinem Herzen nicht zu viel ... Lieber die schönsten Zähne nicht gezeigt, als alle Augenblicke das Herz darüber springen zu lassen!
EVA Ach, gerade d u empfiehlst mir ‚Zurückhaltung'?
FRANZISKA Nein, nicht w i r k l i c h , gnädige Frau ... Nur ganz m a n c h m a l wollte auch ich schon auch gern etwas zurückhaltender sein ... *(Sie lacht.)* Aber das ist schon so ... Man spricht selten von der Tugend, die man hat, desto öfter von der, die uns fehlt.
EVA Oh, Franziska, da hast du eine sehr gute Anmerkung gemacht.
FRANZISKA Gemacht? M a c h t man das, was einem so einfällt?
EVA Weißt du, warum ich diese Anmerkung so gut finde? Sie hat viel Beziehung zu meinem Lessing.
FRANZISKA Was hätte bei Ihnen auch k e i n e ... Beziehung zu ihm?
EVA Freund und Feind sagen, dass er der klügste und toleranteste Mann der Welt ist ... Aber wer hat ihn selbst je davon reden gehört? Er hat das rechtschaffendste Herz, aber hat er je davon geredet?
FRANZISKA Ja, das ist wahr, aber ... Von welchen Tugenden spricht er denn dann?
EVA Er spricht von keiner, denn ihm fehlt keine.
FRANZISKA D a s wollte ich nur hören.
EVA Warte, Franziska, er spricht oft von Ökonomie ... Im Vertrauen, Franziska, ich glaube, der Mann ist ein Verschwender.
FRANZISKA Und, gnädige Frau, ich habe ihn sehr oft ‚Treue' und ‚Beständigkeit' erwähnen hören ... Wie, wenn der Herr auch ein Flattergeist wäre? Wie lange hat er Ihnen schon nicht geschrieben?
EVA Oh, er hat mir ... Seit Monaten nur ein einziges Mal geschrieben ... Dass er jetzt nach Wien kommt, hat er geschrieben.
FRANZISKA Ja, wer weiß, warum ... Der gute Mann so lange so schweigsam gewesen ist ... W e r weiß, warum?
EVA Du meinst, er könnte sehr krank gewesen sein oder ... Schon fast tot?

FRANZISKA Für Sie, gnädige Frau ... In den Armen einer anderen.
EVA Hör auf! Sofort ... *(Nimmt ihre Hand.)* Aber natürlich ... Auch d a s kann sein. *(Es klopft.)*
FRANZISKA Herein!

II.2
Zimmer im ‚Ochsen'; Eva, Franziska, Wirt

WIRT *(den Kopf hereinsteckend)* Ist es erlaubt?
FRANZISKA Unser Herr Wirt? Nur vollends herein.
WIRT *(mit einer Feder hinter dem Ohr, Blatt und Schreibzeug in der Hand)* Ich komme, gnädige Frau, um ein paar ... Notwendige Fragen zu stellen ... *(Holt die Feder hinter dem Ohr vor.)* Ohne Zweifel kennen Sie schon die weisen Verordnungen unserer Polizei ...
FRANZISKA Nicht im Geringsten, Herr Wirt.
WIRT Wir Wirte sind angewiesen, jeden Fremden, wes Standes und Geschlechtes er sei, wem immer wir also ein Zimmer vermietet haben, zu fragen nach seinem Namen, seiner Heimat, seinem Charakter, nach seinen hiesigen Geschäften, nach der vermutlichen Dauer der Beanspruchung der Zimmer und so weiter, denn das müssen wir alles gehörigen Ortes schriftlich einreichen.
EVA Ja, natürlich, also bitte ... Fragen Sie.
WIRT Ihro Gnaden werden sich also gefallen lassen müssen ... *(Tritt an den Tisch.)*
EVA Sehr gern ... Ich heiße ...
WIRT Einen kleinen Augenblick Geduld. *(Schreibt.)* Dato den 24. April 1775, allhier im Hotel ‚Zum Ochsen' ... Nun Ihren Namen, gnädige Frau ...
EVA Eva König, Witwe.
WIRT Eva König, Witwe ... Sieh da, sieh da ... Kommend woher?
EVA Eigentlich aus Hamburg.
WIRT Eigentlich ... Aus Hamburg? Ja? Aus Hamburg?
EVA Nun, warum nicht? Es ist doch hier im Lande keine Sünde aus Hamburg zu sein? Bloß, weil man dort nicht katholisch ist, oder?

WIRT Eine Sünde? Behüte! Das wäre ja eine ganz neue Sünde! Aus Hamburg also! Eiei, das liebe Hamburg ... Aber Hamburg, gnädige Frau, ist nicht klein und hat, wie soll ich es nennen, mehrere Bezirke und ... Unsere Polizei ist da sehr exakt.

EVA In Hamburg bei der Sankt Petrikirche ... An der Alten Börse.

WIRT Aus Hamburg ... Bei der Sankt Petrikirche ... An der Alten Börse ... Ja, das ist besser ... Eva König, Witwe, kommend aus Hamburg bei der Sankt Petrikirche an der Alten Börse ... Nebst einer Kammerfrau.

FRANZISKA N e b s t einer Kammerfrau? Das soll wohl i c h sein?

WIRT Ja, mein schönes Kind.

FRANZISKA Nun, Herr Wirt, so setzen Sie anstatt Kammerfrau Kammerjungfer. Ich höre, die Polizei ist sehr exakt. Es möchte ein Missverständnis geben, welches bei meinem Aufgebote einmal Händel machen könnte. Denn ich bin wirklich noch Jungfer und heiße Franziska. Mit dem Geschlechtsnamen Willig. Franziska Willig. Aus Thüringen. Es soll mir lieb sein, wenn mich die Polizei recht gut kennt.

WIRT Gut, mein schönes Kind, auch das will ich mir für weitere Nachfragen merken ... Aber nunmehr, gnädige Frau, Dero Verrichtungen allhier?

EVA Meine ... Verrichtungen?

WIRT *(etwas ironisch)* Suchen ‚Madame König' etwas bei ... Unserem ‚Kaiser'? *(Ernst.)* Ich meine ... Suchen Ihro Gnaden etwas bei unseren Majestäten?

EVA Franziska, ich glaube, wir werden vernommen ...

FRANZISKA Herr Wirt, die Polizei wird doch nicht die Geheimnisse einer Dame ...

WIRT Allerdings, mein schönes Kind, die Polizei will a l l e s wissen! Und schon gar Geheimnisse ... Besonders von Damen, die ohne Gepäck hier angekommen sind.

FRANZISKA Je nun, gnädige Frau, was sollen wir da erklären ... Also hören Sie, Herr Wirt ... Aber dass das ja unter uns und der Polizei bleibt ...

EVA *(lachend)* Lass nur, Franziska ... Also, Herr Wirt, es ist so ... Ich besitze hier in Wien ...

WIRT Sie besitzen? Ja? Ja, w a s denn, w o denn?

EVA Genau genommen besaß ich bis vor kurzem zwei Fabriken, eine habe ich verkauft, und nun besitze ich nur noch eine ... Auf der Wieden ... Ecke Wiedner Hauptstraße, Ziegelofengasse ... Und auch die ...

WIRT *(schreibt eifrig)* Also wo ... Genau?

EVA Die Fabrik ist in einem ehemaligen Tanzsaal im Oberstock des Benkoischen Hauses auf der Wieden 54 ... Die Leute sagen ‚Im Tempel' ... Vielleicht weist das auf eine ehemalige Synagoge in der Ziegelofengasse hin, das weiß ich aber nicht ... Das Haus hat einen Turm, einen langgestreckten Seitenflügel, und der Vorbesitzer hieß eben Josef Benko und war Kaffeesieder.

WIRT Sehr gut. Sehr genau. So liebt es unsere Polizei ... Z w e i Fabriken?

EVA Ja, eine für Samt und Seide, die hab ich verkauft ... Und eine für Textilien zur Wandverkleidung, für die Ihre Große Kaiserin selbst starkes Interesse gezeigt hat ...

WIRT *(schreibt)* Ihre Majestät hat ...?

EVA Diese Fabrik wurde ja schon seit ihrer Gründung durch meinen mittlerweile verstorbenen Mann durch kontinuierliche Zuwendungen der Regierung unterstützt ...

WIRT Von der R e g i e r u n g unterstützt ... Sehr gut!

EVA In der Wirtschaftskrise nach dem Siebenjährigen Krieg hat Ihre Große Kaiserin die verstärkte Förderung der Seidenmanufakturen angeordnet. Sie erließ Einfuhrverbote für alle ausländischen Seidenerzeugnisse und hat umgehend ausländische Unternehmer angeworben, die alle die dringend benötigten Fachkräfte nach Wien mitgebracht haben ... Und die seitdem hier arbeiten.

WIRT Sehr gut, ja ... Das wird unsere Polizei b e s o n d e r s interessieren ... Ausländische Fachkräfte ... Aber warum, bitte, ohne jedes Gepäck?

EVA Herr Wirt ...

WIRT Ja ...?

EVA *(zögert)* Ich erwarte hier einen mir seit vielen Jahren vertrauten Freund ...

WIRT *(schreibt)* Kommend woher ...?

EVA Aus Wolfenbüttel ... Einen Herzoglich-Braunschweigischen Geheimrat ...

WIRT Geheimrat ... Soso ...
EVA Den ich seit drei Jahren nicht gesehen habe ... Obwohl wir seit drei Jahren verlobt sind und ...
WIRT Seit drei Jahren ... Soso ... Das wird ja immer geheimnisvoller ...
EVA Wieso?
WIRT Ich meine, gnädige Frau ... Sie verstehen doch etwas von Juwelen ...
EVA Nicht sonderlich ...
WIRT Darf ich Ihnen einen Ring zeigen ...? Sehen Sie, allein der mittlere Brillant wiegt über fünf Karat!
EVA Wie ... Dieser Ring ...
WIRT Ist unter Brüdern seine fünfzehnhundert Taler wert!
EVA Franziska ...
WIRT Ich habe mich auch nicht einen Augenblick bedacht, achtzig Pistolen darauf zu leihen!
EVA Erkennst du ihn?
FRANZISKA Ja, natürlich ... Wo haben Sie denn diesen Ring her ... Herr Wirt?
WIRT Nun, mein Kind ... Sie hat doch wohl kein Recht daran!
FRANZISKA Wir kein Recht? Da drinnen steht der Name ...
EVA Wie kommen Sie zu diesem Ring, Herr Wirt?
WIRT Auf die einfachste Weise von der Welt ... Geben Sie ihn mir, bitte, wieder, gnädige Frau!
EVA Von wem ... Haben Sie ihn?
WIRT Von einem Mann, der ...
EVA Bringen Sie mir diesen Mann!
FRANZISKA Fix, Herr Wirt, hurtig! Fort!
WIRT Also gut, also gut, ja ... *(Ab.)*

II.3

Zimmer im ‚Ochsen'; Eva, Franziska

EVA Er ist also schon in Wien! Und sobald er weiß, dass wir a u c h im ‚Ochsen' sind, wird er zweifellos ... *(Gibt Franziska Geld.)* Kauf dir, was du haben möchtest, Franziska, aber freu

dich mit mir ... Es ist z u traurig, sich a l l e i n zu freuen ... Wir h a b e n ihn wiedergefunden!
FRANZISKA Ja, aber ... W i e haben wir ihn wiedergefunden? Nach allem, was man hört ... Muss es ihm sehr schlecht gehen ... Dass er d i e s e n Ring versetzt?

II.4

Zimmer im ‚Ochsen'; Eva, Franziska, Wirt, Just

WIRT *(kommt mit Just)* Hier ist sein Bedienter.
EVA Mein Freund, Sie sind bei Geheimrat Lessing im Dienst?
JUST Ja.
EVA Ja, und ... Wo i s t der Herr Rat?
JUST Nicht hier.
EVA Aber Sie könnten ihn finden?
JUST Ja.
EVA Ja, wollen Sie ihn dann nicht geschwind herholen?
JUST Nein.
EVA Sie würden mir damit aber einen Gefallen erweisen.
JUST *(unbeeindruckt)* Ah, ja?
EVA Und dem Herrn Rat einen Dienst ...
JUST Vielleicht auch nicht.
EVA Warum vermuten Sie das?
JUST Sie sind doch die Dame, die jetzt in unserem Zimmer wohnt.
EVA Weiß der Herr Rat das? Ich meine, weiß ... Der Herr Rat meinen Namen?
JUST Nein, aber er kann allzu höfliche Damen ebenso wenig leiden wie die allzu groben Wirte.
WIRT Das soll wohl auf m i c h gehen?
JUST Ja.
WIRT So vergessen Sie doch endlich unseren dummen Zank und holen Sie den Herrn Rat so schnell wie möglich hierher!
EVA Franziska ... Gib ihm etwas.
FRANZISKA Wir verlangen Seine Dienste auch nicht umsonst ...
JUST Und ich Ihr Geld nicht ohne Dienste.
FRANZISKA Eins fürs andere, oder?

JUST Ich kann nicht ... Der Herr Rat hat mir befohlen, auszuräumen ... Das tu ich ... Und daran, bitte ich, sollten Sie mich jetzt nicht weiter hindern. Wenn ich fertig bin, will ich es ihm sagen. Er ist nebenan in dem Caféhaus. Und wenn er da nichts Besseres zu tun hat, wird er wohl kommen. *(Will gehen.)*
FRANZISKA So warten Sie doch ... Die gnädige Frau ist seine ... Schwester.
EVA Ja, seine S c h w e s t e r !
JUST Oh, das weiß ich besser! Der Herr Rat h a t eine Schwester, ja ... Er hat mich in den letzten Monaten zweimal nach Kamenz geschickt ... Zu seiner Familie ... Da hab ich seine Schwester gesehen, aber bei Gott, die sieht s e h r anders aus ... Zwar gibt es mancherlei S c h w e s t e r n ...
FRANZISKA Das ... War jetzt grob!
JUST Muss man es nicht sein, wenn die Leute einen nicht gehen lassen? *(Ab.)*
WIRT Lassen Sie ihn ... Ich weiß ja jetzt, wo der Herr Rat ... *(Ab.)*

II.5

Zimmer im ‚Ochsen'; Eva, Franziska

EVA Himmel! Bin ich f r o h ! *(Sie zögert.)* Aber ... Was ist mit dir? Franzsika! Du bist doch nicht ... Neidisch? G i b t es das?
FRANZISKA Ach, wo! Aber ... Wollen Sie sich nicht noch etwas frisieren und ...
EVA Ich b i t t e dich! Er wird mich von nun an öfter s o als geputzt sehen!
FRANZISKA Da ... Haben Sie recht ... Wenn wir s c h ö n s i n d , sind wir ungeputzt am schönsten!
EVA Wir müssen f e s t daran glauben, dass wir schön sind, dann s i n d wir auch schön ... *(Sie lacht.)* Ach Franziska, wenn alle Frauen sich so fühlen, wie ich mich jetzt fühle, so sind wir sonderbare Dinger ... Zärtlich u n d stolz, tugendsam u n d eitel, wollüstig u n d fromm ...
FRANZISKA Ganz r u h i g sollten Sie jetzt sein, denn ich hör ihn schon kommen!

II.6

Zimmer im ‚Ochsen'; Eva, Franziska, Wirt, Lessing

LESSING *(kommt)* Meine Eva!
EVA Mein ...
LESSING *(stutzt und tritt etwas zurück)* Verzeihen Sie, gnädige Frau ...
EVA Was ... Ich soll Ihnen verzeihen, dass ich ‚Ihre Eva' bin? Verzeih Ihnen der Himmel, dass ich die ‚Witwe König' immer noch bin!
LESSING Was ... Was s u c h e n S i e denn hier im ‚Ochsen'?
EVA Ich suche n i c h t s mehr ... Alles, was ich suchte, habe ich gefunden ... Haben Sie denn meinen Brief nicht bekommen?
LESSING Welchen Brief ...?
EVA Aber das ist eigentlich auch e g a l ... Ich bin da, Sie sind da, Sie lieben mich noch, alles ist gut!
LESSING Nichts ist gut! Ich hasse es, zu klagen, aber ...
FRANZISKA *(zum Wirt)* Kommen Sie, Herr Wirt, wir wollen den Küchenzettel machen! Lassen Sie sehen, was wir haben werden ...
WIRT *(will nicht weggehen)* Ja, schon, aber ...
FRANZISKA Still, Herr Wirt ... Wenn die gnädige Frau jetzt schon weiß, was es gibt, hat sie dann gar keinen Hunger mehr! *(Ab mit dem Wirt.)*

II.7

Zimmer im ‚Ochsen'; Eva, Lessing

EVA Haben die drei Jahre, in denen wir uns nicht gesehen haben, etwas verändert? Lieben Sie mich noch oder ...
LESSING Die Notwendigkeit und die Vernunft gebieten mir zu sagen ...
EVA Herr Rat ... Ich bin eine g r o ß e Liebhaberin der Vernunft und ich habe s e h r viel Ehrerbietung vor der Notwendigkeit ... Lassen Sie hören, w i e vernünftig diese Vernunft und w i e notwendig diese Notwendigkeit ist ...
LESSING Ich bin nicht mehr derselbe, nicht mehr der, den Sie vor drei Jahren in Hamburg gekannt haben ... Genau so wenig

wie ich mein Vater bin. Beide sind gewesen ... Es ist zu viel geschehen in der Zwischenzeit ...

EVA Ich weiß ... Sie sind ja gerade noch in Leipzig gewesen ... Und die schöne Witwe Ernestine Christine Reiske wollte und will Sie ja unbedingt heiraten ...

LESSING Ja, und ich werde den Nachlass des Herrn Reiske jetzt wahrscheinlich auch tatsächlich herausgeben, aber schwerer wiegt ... Ich hab jeden schöpferischen Funken verloren, ich sehe mich außerstande richtig zu arbeiten ... Oder auch nur Briefe zu schreiben ...

EVA Ja, auch das ... Weiß ich ... Vergeblich schickte ich jeden Tag ... Auf die Post ... In Erwartung eines Briefes von Ihnen ... Ich habe sehr wenige bekommen ... Ich wusste schon gar nicht mehr, was ich denken soll ...

LESSING Ich schrieb Ihnen vor einigen Wochen, dass etwas für mich im Werke sei, was mein künftiges Schicksal bestimmen wird ... Und es hoffentlich so bestimmen wird, wie ich und Sie es wünschen ... Ich war überzeugt, dass keine acht, keine vierzehn Tage vergehen würden, ohne dass ich Ihnen die völlige G e - w i s s h e i t schreiben hätte können, aber diese vierzehn Tage sind viermal vergangen, und ich hatte n i c h t s zu schreiben ... Ich hatte Ihnen nicht schreiben wollen, wenn ich es nicht so hätte schreiben können, wie ich gerne gewollt hätte ... Und am Ende muss ich jetzt leider sagen: Ich bin betrogen worden.

EVA Ja, Hofämter werden nicht auf Grund der besten Fähigkeiten, sondern auf Grund der besten Verbindungen und geschicktesten Intrigen vergeben und ...

LESSING *(unterbricht sie)* Ich werde allen Freunden ein gleichlautendes Rundschreiben schicken ... Mit der Bitte, mich als ‚verstorben' zu betrachten ... Mir ist das ganze Leben Ekel ... Ich verträume meine Tage mehr als dass ich sie verlebe, ich habe mit meiner staubigen Bibliothekswühlerei in Wolfenbüttel eine quälende Arbeit, die mich abmattet ohne mich zu vergnügen ... Und die Aussicht, dass dieses Einerlei ewig weitergehen soll, das alles sind Dinge, die einen so mächtigen Einfluss auf meine Seele haben – und von der Seele auf meinen Körper – dass ich wirklich nicht weiß, ob ich noch gesund oder schon ernsthaft krank bin ... Wer mich sieht, macht mir Komplimente wegen meines gesunden Aussehens, aber ich möchte diese Freundlichkeiten immer mit einer Ohrfeige beantworten ... Ich lebe allein mit meinem Bedienten in dem alten, leeren Kasten in Wolfenbüttel, den man nicht heizen kann ... Die Tinte friert ein, im Winter, n i e kommen Freunde und ...

EVA Ja, gut, das war Wolfenbüttel, aber jetzt sind Sie doch hier in Wien ...

LESSING Ja, hier, aber ... Hier ist alles noch schlimmer! Auf dem Weg hierher war ich ...

EVA *(lächelnd)* Bei Madame Reiske, ich weiß, in Leipzig ...

LESSING Ja, aber ich war a u c h in Berlin ... Und Gottfried van Swieten, der österreichische Gesandte dort, hatte mir ein Amt in Wien versprochen! Kaiser Joseph plane die Errichtung einer Österreichischen Akademie in Wien, und ich sei zu vorteilhaften Bedingungen, das heißt zu einer Gage von 1500 Talern als Secretarius in Aussicht genommen ...

EVA Na, das ist doch wunderbar ...

LESSING Das war keine kryptische Anfrage! Das schien verdammt sollde zu sein! Was aber höre ich hier? Diese Stelle habe man auch dem Erfurter Philosophen Friedrich Justus Riedel angetragen! Diesem Scharlatan und intriganten Idioten!

EVA Mit welcher Begründung?

LESSING Ja, das ist das Raffinierteste! Weil ich doch ohnedies, wie der Herr Staatskanzler Kaunitz bereits mitgeteilt habe, mit einer Gage von 2000 Talern die Direktion des Nationaltheaters bekommen soll ...

EVA Es gibt hier also Angebote über Angebote!

LESSING Ja, aber das alles ist nichts als Gerede! Was im Übrigen ja auch typisch sein soll für diese Stadt! *(Plötzlich.)* Und wissen Sie, warum Kaunitz will, dass ich jetzt plötzlich den Burgtheaterdirektor machen soll? Weil der Kaiser in einer Aufführung meiner ‚Emilia Galotti' gewesen ist, und danach gesagt hat, er habe noch in keiner T r a g ö d i e so viel g e l a c h t wie in meiner ‚Galotti' ... Und warum hat er gelacht? Kaum hatte der Vater Galotti seine Tochter Emilia e r s t o c h e n, hat der Prinz den Dolch aufgehoben und das frische Blut von der K l i n g e g e l e c k t!

EVA *(leise)* Oh, Gott ... *(Plötzlich.)* Und Joseph von Sonnenfels?

LESSING Der schreibt mit seinen ‚Briefen über die Wienerische Schaubühne' meine ‚Hamburgische Dramaturgie' öffentlich ab, redet gleichzeitig aber hinter meinem Rücken hundsföttisch über mich ... Und dann schickt er mir auch noch seine miserablen Stücke mit der Bitte, ich soll coram publico ... Was dafür tun!
EVA Ja, am Wiener Hof muss man seine Vorteile wahrnehmen, e h e sie einen haben ... Nachher ist es praktisch unmöglich, was zu bekommen.
LESSING Sonnenfels sagt mir, dieser verfluchte Riedel aus Erfurt ist schon unterwegs hierher! Ich meine: Das ist doch alles nur noch ärgerlich!
EVA Reden Sie noch einmal mit Kaunitz ...
LESSING Ich kann mich doch nicht selbst anbieten! Es darf nie so aussehen, als würde i c h mich um den Posten bewerben! Ich muss gebeten werden! Berufen!
EVA Wer sich immer u n s i c h t b a r macht, der wird eben auch nicht gesehen.
LESSING Nein, ich halte es in dieser Stadt nicht aus!
EVA Und wie wäre es mit einem Übertritt ... Zum Katholizismus?
LESSING Ich h a s s e Weihrauch ... Und Kratzfüße. *(Ab.)*

Licht aus, Musik

III.1
Halle im ‚Ochsen'; Just, Franziska

JUST *(klopft an die Zimmertür und verbeugt sich, da Franziska erscheint)* Ihr Diener ...
FRANZISKA Ich wollte so einen Diener nicht.
JUST Es ist nur eine Redensart ... Ich bring einen Brief an die gnädige Frau ... Schwester ... Wars nicht so? Schwester? *(Franziska reißt ihm den Brief aus der Hand.)* Und mit Ihnen ... Würde der Herr Rat auch gern ein Viertelstündchen reden ... Allein.
FRANZISKA Mit mir?
JUST Bittet der Herr Rat ... Damit Sie nicht glauben, ich bitte was. *(Ab, da der Wirt kommt.)*

III.2
Halle im ,Ochsen'; Franziska, Wirt

WIRT Mein schönes Kind, wissen Sie, ob ...
FRANZISKA Naja, alles ... Weiß ich nicht.
WIRT Naja, aber d a s wissen Sie doch sicher ... Die gnädige Frau hat noch meinen Ring und ...
FRANZISKA *(will abgehen)* Sie wird ihn schon nicht verlieren.
WIRT *(hält sie auf)* Da bin ich mir sicher ... Ich will ihn auch gar nicht wieder haben ... Ich kann mir doch wohl an den Fingern abzählen, w o h e r sie diesen Ring kannte, der dem ihren so ähnlich sah ... Ich will nur die hundert Pistolen, die ich darauf gegeben habe, auf die Rechnung der gnädigen Frau setzen ... Das ist doch recht so, mein schönes Kind, nicht wahr?
FRANZISKA Hundert Pistolen? Waren es nicht nur achtzig?
WIRT Neunzig, glaub ich, waren es, neunzig und ... Die setz ich auf die Rechnung, gut?

III.3
Halle im ,Ochsen'; Wirt, Franziska, Gebler

GEBLER *(klopft Franziska auf die Schulter)* Frauenzimmerchen ...
FRANZISKA *(dreht sich um)* He!
GEBLER Frauenzimmerchen, erschrecken Sie nicht ... Ich sehe, Sie sind hübsch ... Aber mit den hiesigen Umgangsformen noch nicht recht vertraut ... Ich sage nur: Nehmen Sie sich vor diesem Manne in Acht!
WIRT Aber Herr von Gebler! Warum soll sie sich denn vor m i r ... In Acht nehmen?
GEBLER Gehen Sie ihm überall aus dem Weg!
WIRT Mir? Ja? Bin ich so gefährlich, mein schönes Kind?
GEBLER Dass es doch immer Seinesgleichen für Spaß erklären, wenn man ihnen die Wahrheit sagt!
WIRT Die Wahrheit? Hahaha! Ich gefährlich? Ich?
GEBLER Das will ich meinen!
WIRT So vor zwanzig Jahren vielleicht, da war was dran, mein schönes Kind, aber jetzt ... Wenn wir alt werden, ist es mit unse-

rer Gefährlichkeit vorbei und ... Das wird Ihnen auch nicht besser gehen, Herr von Gebler.
GEBLER Ach, Frauenzimmerchen, so viel Verstand werden Sie mir wohl zutrauen, dass ich von d e r Gefährlichkeit nicht rede! Der eine Teufel hat ihn verlassen, aber es sind dafür sieben andere in ihn gefahren!
WIRT *(lachend)* Ach, glauben Sie ihm nicht, schönes Kind, glauben Sie nichts von dem, was er sagt ... Verehrung, Herr von Gebler! *(Ab.)*

III.4
Halle im ‚Ochsen'; Franziska, Gebler

GEBLER Kommen wir zur Sache, Frauenzimmerchen ... Sie kennen den Herrn Rat?
FRANZISKA Ja, ich kenn ihn.
GEBLER Und Sie mögen ihn?
FRANZISKA Ja, ich mag ihn.
GEBLER Sehen Sie, Frauenzimmerchen, nun kommen Sie mir gleich noch einmal so schön vor ...
FRANZISKA Das freut mich.
GEBLER *(nett)* Mich auch, aber ... Das Böse an der Sache ist: Dieser Ochse von einem Wirt hat unserem Herrn Rat tatsächlich die Zimmer ausgeräumt, weil er geglaubt hat, dass unser Herr Rat nicht genug Geld dabei hat ...
FRANZISKA Ja, h a t er denn Geld?
GEBLER Wie Heu! Ich bring ihm auch grad wieder was ... Und demnächst wird er noch viel mehr Geld haben ... In Rom.
FRANZISKA Ja, warum versetzt er denn dann?
GEBLER Was ... Hat er denn versetzt?
FRANZISKA Einen Ring.
GEBLER Ach, glaub Sie doch so was nicht! Vielleicht hat ihn der Ring zu sehr gedrückt, an seinem Finger ... Das passiert manchem schon öfter einmal.
FRANZISKA Aber es ist ein kostbarer Ring ... Den er wohl noch dazu von lieben Händen hat!

GEBLER Das wird's auch sein! Von lieben Händen! Jaja! Sowas erinnert einen manchmal, woran man nicht erinnert sein will! Drum schafft man sich solche Sachen aus den Augen!
FRANZISKA Wie, bitte?
GEBLER Diese Herren Gelehrten in ihren riesigen Bibliotheken sind besonders in den langen Wintermonaten schrecklich einsam ... Dann machen sie aus lauter Verfrorenheit schnell einmal eine Bekanntschaft, die nicht für die Ewigkeit gemeint ist, aber plötzlich haben sie dann doch ein Ringelchen am Finger, ohne dass der Mann weiß, wie das kommt ... Und nicht selten gäb er dann, wenn er im Frühling wieder unter anderen interessanten Menschen ist, gern den Finger mit drum, wenn er das Ringelchen nur wieder loswerden könnte!
FRANZISKA I s t das so ...?
GEBLER Ja, besonders im Braunschweigischen ist die Kälte in den Wintermonaten epidemisch! Wenn er zehn Finger an jeder Hand gehabt hätte, er hätte sie wohl alle zwanzig voller Ringe gekriegt!
FRANZISKA *(sieht Lessing kommen)* Das hätt ich gar nicht gedacht, Herr von Gebler, aber ... Ich hab ja hier noch den Brief für die gnädige Frau ... Ich trag ihn schnell hinein ... Wollen Sie so gut sein und hier warten? Ich möchte doch gar zu gern m e h r mit ihm plaudern!
GEBLER Plaudern Sie gern, Frauenzimmerchen? Nun, meinetwegen. Geh Sie nur. Ich plaudere auch gern ... Ich will warten.
FRANZISKA Aber ... Nicht weglaufen, ja? *(Ab.)*

III.5

Halle im ‚Ochsen'; Gebler, Lessing

GEBLER Gott zum Gruß, Herr Rat! Gut, dass ich Sie endlich gefunden habe! Ich hörte von Ihren Misslichkeiten, aber Kopf hoch, hier ist Geld und ...
LESSING Ich erkenne Ihr Herz, Herr von Gebler, aber ...
GEBLER Bitte, nehmen Sie das Geld, Herr Rat! Und nehmen Sie einfach alles andere nicht so schwer! So i s t das Leben eben! Bei einem geht nichts weiter, und einem anderen fliegt

alles nur so zu! Ich zum Beispiel bin im Moment der glücklichste Mensch der Welt ...

LESSING *(schaut Franziska nach)* Ich habe so etwas gesehen, ja ...

GEBLER Das auch ... Aber es ist nicht nur das! Sie wissen, ich bin Beamter, aber doch nicht n u r Beamter vor dem Herrn ... Gerade Sie wissen ja, dass ich auch ein Dramatiker bin ... Gut, von bescheidenem Talent, aber ... Was passiert? Zu meinem neuesten Werk ‚Thamo, König von Ägypten' ...

LESSING Klingt bedeutend ...

GEBLER Hat der Herr Mozart ... Die Musik geschrieben!

LESSING Wer ...?

GEBLER Und w a s für eine Musik ... Drum, Herr Rat, nehmen Sie das Geld!

LESSING Nein, nein, das g e h t nicht ... Ich erkenne Ihr Herz ... Ihre Liebe zu mir, Herr von Gebler, aber ich brauche Ihr Geld nicht. Das heißt, ich w i l l es nicht brauchen. Man soll sich prinzipiell nichts borgen, wenn man nicht g a n z genau weiß, wie und wann man das Geborgte zurückzahlen kann.

GEBLER Oh, Sie werden das schon zurückzahlen! Ich habe einen Vorschlag! Und alle hier werden ihn unterstützen ... Die ganze Stadt hier weiß ja, dass Sie in Wien sind und jubelt! Der berühmte Herr von Lessing, dessen Theaterstücke ‚Emilia Galotti' und ‚Miss Sara Sampson' auch Wien in der Vergangenheit schon entzückt haben, dessen Name den Begriff des Literaten, des Altertümerkenners, des Dramaturgen und des ‚Meisters der dramatischen Kunst' mit sich führt, beehrt seine Bewunderer mit seiner Anwesenheit in der Kaiserstadt und ...

LESSING Genug, mein Lieber, genug!

GEBLER *(plötzlich)* Sind Sie etwa krank, Herr Rat?

LESSING *(vorsichtig)* Nein, nein, ich bin so ziemlich wiederhergestellt ... Außer, dass ich noch mit häufigem Schwindel beschwert bin, aber ich hoffe, dass sich auch der bald verlieren wird ... Dann werde ich wie neugeboren sein und ...

GEBLER Man liest in allen Gazetten, dass sogar die Kaiserin und der Kaiser den ‚berühmten Gelehrten aus Wolfenbüttel' bei sich empfangen wollen, ja, die Audienzen sind schon vorgemerkt ...

LESSING Eventuelle E r g e b n i s s e dieser Audienzen könnten mir helfen! Auf die Audienzen selbst pfeif ich! Denn ich weiß mittlerweile: Es gibt viel zu v i e l e Kreaturen hier, die meine Berufung hintertreiben! Ich bin denen allen nicht katholisch genug!
GEBLER Glauben Sie mir ...
LESSING Ich kann an keine Wunder mehr glauben!
GEBLER Es ist wirklich an der Zeit, dass Sie wieder mehr unter Menschen als unter Büchern leben! Bedenken Sie, noch nie ist ein deutscher Gelehrter hier in Wien mit solcher Auszeichnung aufgenommen worden!
LESSING Aufgenommen? Wo?
GEBLER Jeden Abend ruft das Burgtheaterpublikum stehend: Vivat Lessing!
LESSING Ja, aber von einer Anstellung in kaiserlichen Diensten – und mit kaiserlicher Gage – hör ich seit Monaten n i c h t s mehr! K e i n e r will w i r k l i c h was von mir, k e i n e r b r a u c h t mich, ich könnte genau so gut Kohl pflanzen gehen!
GEBLER Das bilden Sie sich ein! Gestern sagte mir seine Durchlaucht Prinz Leopold von Braunschweig zum Beispiel ...
LESSING Wenn der n i c h t s mehr leistet, so ist der immer noch der Prinz von Braunschweig! Ich aber bin ... Ich weiß nicht mehr, was ... Ich bin irre geworden an mir! Eigentlich hätte ich ja Pfarrer werden sollen, wie mein Vater, aber mein unstetes Literatenleben hat vieles unmöglich gemacht, was ursprünglich vielleicht möglich gewesen wäre ... Und die alten und die neuen Schulden zusammen machen jetzt alles noch unerfreulicher ...
GEBLER Der Prinz sagte mir ...
LESSING Will ich wirklich ... ‚So einsam weiterleben' heißt es in Shakespears Sonetten, ‚in diesem großen Narrenhaus Welt' ...? Nicht mein Bemühen um die Wissenschaften und auch nicht mein Bestreben, persönlich möglichst tugendsam zu leben, kann mich mehr ablenken von dem quälenden Gedanken: N i e m a n d braucht mich, eigentlich, und auch ich ... Brauche n i e m a n d e n ... D a s ist des Pudels Kern.
GEBLER Das Einfachste ist, Herr Rat, Sie gehen mit mir nach Rom ...
LESSING Nach Rom?

GEBLER Und sagen Wolfenbüttel und dem Herzog dort ein für allemal Adieu! Der Herzog steht, wie man hier bei Hof sehr genau weiß, ohnedies am Rande des Staatsbankrotts. Mit ihm sollten Sie nicht mehr rechnen. Der muss jeden Tag mehr und mehr seiner Untertanen an die englische Krone verkaufen! Als Söldner im Kampf gegen die rebellierenden, nordamerikanischen Kolonien ...
LESSING *(leise)* Ich weiß ...
GEBLER Ist das Christenart? Seine Landeskinder wie Vieh auf fremde Schlachtfelder zu schicken ...? I c h geh n i c h t als Soldat nach Rom, sondern an die Botschaft ... Und das Beste wäre: Sie gehen mit mir mit!
LESSING *(leise)* Sie wollen dort ... Botschafter werden?
GEBLER Nein, nein ... Daran denke ich nicht. Ich bin ein guter Zweiter ... Ich würde wohl nie ein guter B o t s c h a f t e r werden ... Die Erfahrung hat man ... Aber S i e haben in Rom a l l e Chancen! Als Bibliothekar! Denken Sie an die unendlichen ‚Verliese des Vatikan'!
LESSING An den Vatikan ...? Ich will es mir überlegen.
GEBLER Tun Sie das, lieber Herr Rat, tun Sie das!

III.6

Halle im ‚Ochsen'; Lessing, Gebler, Franziska

FRANZISKA *(kommt)* Guten Tag, Herr Rat!
LESSING Hat sie den Brief gelesen, Franziska?
FRANZISKA Ja, und hier übergeb ich Ihnen ...
LESSING Die Antwort?
FRANZISKA Nein, Ihren e i g e n e n Brief ... Wir denken, dass das Briefe schreiben für die nicht erfunden worden ist, die sich mündlich miteinander unterhalten können.
LESSING Aber sie m u s s den Brief lesen ... Dieser Brief enthält meine Rechtfertigung! Alle die Gründe und Ursachen ...
FRANZISKA Warum Sie uns nicht heiraten wollen ...? Das alles will die gnädige Frau von Ihnen persönlich hören, ja.
LESSING Damit mich jede Antwort von ihr aufs Neue verwirrt?
FRANZISKA *(gibt ihm den Brief)* Sie erwartet Sie um drei ... Wollten Sie mir noch etwas sagen? *(Auf Gebler zeigend.)* Oder

ihm ...? Ein Geheimnis vielleicht? *(Ernst.)* Das sollten Sie sich s e h r überlegen ... Er sagt nämlich alles weiter ... Alle zwanzig, Herr von Gebler, nicht? *(Sie hält beide Hände mit gespreizten Fingern in die Höhe.)*
GEBLER Pst ... Nicht doch ... Frauenzimmerchen!
LESSING Was ...
FRANZISKA Husch ists am Finger, Herr von Gebler, nicht? *(Sie geht weg.)*
LESSING Also, Franziska ... Wenn ich durchaus kommen muss, bitte ich nur, dass die gnädige Frau den Brief doch noch vorher liest. *(Sieht, dass der Brief erbrochen ist.)* Aber ... Der ist ja erbrochen!
FRANZISKA *(macht kehrt)* Wahrhaftig, aber ... Gelesen haben wir ihn wirklich nicht!
LESSING Naja, dann weiß sie wenigstens schon, wie r e c h t ich habe! *(Ab.)*

III.7
Halle im ‚Ochsen'; Franziska, Gebler

GEBLER *(ruft Lessing nach)* Essen wir zusammen? Ich weiß am Neuen Markt ein s e h r gutes Haus ... *(Zu Franziska.)* Ich wollte nur noch schnell fragen, Frauenzimmerchen, soll auch ich wiederkommen?
FRANZISKA Meine Augen ... Würde das freuen, Herr von Gebler, aber meine Ohren werden desto eifriger auf der Hut sein müssen, denk ich, denn ... Zwanzig Finger, Herr von Gebler, und a l l e voller Ringe!
GEBLER Frauenzimmerchen, eben das wollte ich noch klarstellen ... Diese Dummheit fuhr mir nur so heraus! Es ist nichts dran ... Der Herr Rat hat sogar einmal geschrieben: Liebe ist ein Spiel, in dem man a l l e s s e h r ernst nehmen muss, also ... *(Er drückt ihre Hand, geht ab, und Franziska macht einen kleinen Luftsprung.)*

Licht aus, Pause

IV.1

Zimmer im ‚Ochsen'; Eva, Franziska

FRANZISKA Sie können unmöglich satt sein, gnädige Frau!
EVA Ich war nicht hungrig.
FRANZISKA Wir hatten ausgemacht, während des Essens nicht von ihm zu reden ... Aber wir hätten besser auch ausmachen sollen, nicht an ihn zu denken!
EVA Ja, ich h a b an ihn gedacht ...
FRANZISKA Gnädige Frau, ich hab diesen Mann auch sehr gern. So wie Sie. Aber wenn man seinen Brief liest, kann man schon auch ein wenig ärgerlich werden.
EVA *(scherzend)* Dann l i e s den Brief nicht!
FRANZISKA *(liest)* Alles in mir ist von einem wütenden Trübsinn ... Kälte und Zahnschmerzen ... *(Sie sieht auf.)* Ich fasse es nicht! Nach der Bibliothek im Vatikan und der des Kaisers in Wien ist seine Bibliothek in Wolfenbüttel die drittgrößte in ganz Europa, aber er ist überhaupt nicht stolz darauf, er fühlt sich wie eine Maus im Laufrad, verflucht sich und die ganze Welt, einzig weil Sie ... *(Sie unterbricht sich.)* Vielleicht wirklich nur, weil er bisher nie wirklich mit Ihnen zusammen sein konnte?
EVA *(liest)* Man kann auch an einem gedeckten Tisch in einem warmen Zimmer verhungern und erfrieren. *(Zu Franziska.)* Siehst du, Franziska, so ein Satz trifft mich ... Und besorgt mich auch ... Denn da frag ich mich: Hab ich mich doch in den falschen Mann verliebt?
FRANZISKA Aber nein!
EVA Und er ... Sich in die falsche Frau?
FRANZISKA *(sucht in dem Brief einen speziellen Grund seines Unmuts)* Aber nein, aber nein, er ärgert sich nur über gewisse Kleinigkeiten ...
EVA *(liest)* Ohne die geringste Veranlassung von meiner Seite lässt man mich kommen, tut, wer weiß wie schön mit mir, schmiert mir das Maul voll, und hernach tut man überhaupt nicht, als ob jemals von irgendetwas die Rede gewesen ist ... Ich habe mich mehrmals erkundigt, habe verlangt zu wissen, woran ich wäre, aber ich habe über Monate keinerlei Antwort bekommen! Nun bin ich persönlich in Wien und will erreichen,

dass die hohen Herren meine Sache zu Ende bringen, weil man sie doch nun einmal angefangen hat, aber ich ahne, wieder wird hier nichts geschehen, in diesem Schlangennest der unzähligen überzähligen Beamten, und in mir verfestigt sich die Überzeugung: Lieber geh ich betteln, als dass ich s o mit mir h a n d e l n lasse!

FRANZISKA Er tut mir leid ... Ja, das muss ich sagen ... Er tut mir richtig leid.

EVA Ja, aber er ist doch auch z u entrüstet, nein? Es wird ihm übel mitgespielt, ja, oder vielmehr: Die Art ist verfehlt, wie man einen Mann wie ihn behandelt ... Aber noch ist die Stelle hier in Wien nicht mit einem anderen besetzt worden!

FRANZISKA *(geht zur Türe)* Vorsicht, ich höre ...

EVA Ich bin jedenfalls fest überzeugt davon, dass er, der jetzt, wo es mir gut geht, solche Schwierigkeiten macht, dass derselbe Mann, würde es mir schlecht gehen, mich sofort in seine Arme nehmen würde!

FRANZISKA Dann sagen wir ihm doch, dass es uns schlecht geht ...

EVA Ja, aber wie soll er das denn glauben? *(Es klopft.)*

FRANZISKA *(laut)* Einen Moment! *(Leise.)* Er glaubt Ihnen alles ... *(Es klopft wieder.)* Es geht uns jetzt g a n z schlecht, oder? *(Eva nickt. Sie geht zur Tür. Franziska ruft laut.)* Herein!

IV.2

Zimmer im ‚Ochsen'; Eva, Franziska, Riccaut

RICCAUT *(von draußen)* Est-il permis, Monsieur?

FRANZISKA Bitte?

EVA Bitte ...?

RICCAUT *(kommt)* Parbleu! Ik bin unriktig ... Mais non ... Ik bin nit unriktig ... C‘est sa chambre ...

FRANZISKA Ganz gewiss, gnädige Frau, glaubt er, den Herrn Rat Lessing hier zu finden.

RICCAUT Iss so! Juste, ma belle, c‘est lui que je cherche ... Ou est-il?

FRANZISKA Er wohnt nicht mehr hier.

RICCAUT Comment? Logier nit mehr hier? Wo logier er denn?
EVA *(kommt auf ihn zu)* Der Herr Geheimrat Lessing aus Wolfenbüttel hat die Güte gehabt ...
RICCAUT Ah voilà ! C'est un très-galant-homme!
EVA Seine Freunde werden ihn natürlich jetzt hier suchen ...
RICCAUT Ik bin sehr von seine Freund, Ihro Gnad und ... Ik hätt ihn zu sprek sehr notwendik ... Ik komm ihm bringen eine Novelle ...
EVA Ich könnte, wenn Ihnen das recht ist, Monsieur ...
RICCAUT Oh, Madame sprek Französisch? Mais sans doute, telle que je la vois ... Mais ... Ik kann auk mik auf Deutsch explicier ... Ihro Gnad soll also wiss, dass ik komm auf dem geraden Weg von Schoen Brunn ...
FRANZISKA *(staunend)* Woher ...?
RICCAUT Von das neue Schloss ... Viele Soldat, groß, gelb ... Schoen Brunn ... Da haben wir zu Mittag gespeist, vraiment ... Die Kaiserin Marie Thérèse mit einige Diplomat ... Und da ist man gekommen zu reden auf ce fameux Lessing ... Et le ministre Kaunitz m'a dit en confidence, car Son Excellence est ... De mes amis ... Son Excellence, will ik sag, hab mir vertrau, dass die Sak von unsere Monsieur Lessing is auf dem Punkt zu enden und gutt zu enden ... Das mik freut, denn ... Les amis de mes amis sont aussi les miens.
EVA Oh, diese Nachricht wird dem Herrn Geheimrat sehr angenehm sein ... Wie ist Ihr Name?
RICCAUT Ihre Gnad seh in mik le Chevalier Riccaut de la Marliniere, Seigneur de Pret-au-vol de la Branche de Prensd'or ... Ihro Gnad is verwundert, mik aus ein so groß, groß Familie zu hören ... Qui est veritablement du Sang Royal ... Je suis né aux Philippsbourg auf Sint Maarten ... Also ... Dans Les isles de Caraib ... Ich ab dort gedient in der Marin ... Bis eine Affaire d'honneur makte mik fliehen ... Dann ik habe gedient Seine Päpstlike Eilikeit, der Republik San Marino, der Kron Polen und den Staaten General ... Gegen die Rothaute mit diese Federschmücke ... Bis ik endlich bin gezogen hierher als eine abgedankte ...
EVA Oh, das ist wirklich ein Unglück ...
RICCAUT Oh, Madam ... Ik abe nur meine gutte Name nok ...

EVA Das tut mir leid.
RICCAUT Oh, vraiment, Madame ... Aber wie jedes Ungluk schleppt mit sik sein Bruder, so bei mir.
EVA Ich will nicht hoffen ...
RICCAUT Ein Mann wie der Chevalier Riccaut de la Marliniere hat nur ein Ressource ... Das Spiel ... Aber nun ... Hab ik immer gespielen mit Gluk so lange ich hatte nit vonnöten das Gluk ... Nun ik ihr hätte vonnöten, Madame, is seit fünfsehn Tage keine vergangen, wo sie mik nit hab gesprenkt ... Gestern drei Mal ... Aber heute werde ik nehmen Revanche!
EVA Man muss an sein Glück glauben, Monsieur, das ist richtig! Ich kann Sie da nur ermuntern! Wären Sie wohl geneigt, mich in Gesellschaft zu nehmen? Mir einen Anteil an Ihrer Bank zu gönnen?
RICCAUT Comment, Madame, vous voulez sein ... De moitié avec moi? De tout mon coeur!
EVA Nur mit einer Kleinigkeit, vorerst ... *(Gibt ihm Geld.)*
RICCAUT Donné toujours, Madame, donné ... *(Nimmt es.)*
EVA Aber verteidigen Sie unser Geld geschickt, Monsieur! Also ... Viel Glück!
RICCAUT Gluk? Wofür sehen mik Ihro Gnad an? Für ein Einfaltspinse? Je sais monter un coup ...
EVA Aber Sie werden doch nicht ... Betrügen?
RICCAUT Betrügen ...? Commen, Madame ... Corriger la fortune ... Das nenn die Deutsch ‚betrügen'? Oh, was ist die deutsch Sprak für ein plump Sprak! Genug! Morgen sehn mik wieder Ihro Gnad mit hundert Pistol ... Oder seh mik wieder g a r nit ... Madame! *(Verbeugung, ab.)*

IV.3
Zimmer im ‚Ochsen'; Eva, Franziska

FRANZISKA Oh, gnädige Frau, da haben Sie jetzt aber einem rechten Spitzbuben wieder auf die Beine geholfen!
EVA Er hat immerhin eine gute Nachricht gebracht! Unser Freund aus Wolfenbüttel wird sich freuen ... Franziska, da nimm meinen Ring ... *(Zieht ihn sich vom Finger.)* Und gib mir dafür den, den der Wirt dir gegeben ...

FRANZISKA *(tut es)* Diesen ...?
EVA Genau den ... Und dem Herrn Geheimrat sag ‚hinter meinem Rücken', seine Situation sei noch g o l d i g gegen meine ... Mir, mir gehe es richtig d r e c k i g ! *(Es klopft.)* Herein!

IV.4

Zimmer im ‚Ochsen'; Eva, Franziska, Lessing

LESSING *(kommt)* Gnädige Frau, Sie werden mein Verweilen entschuldigen, ich traf zufällig Herrn von Gebler, der mir sagte ...
EVA Oh, Herr Rat, so gar bürokratisch wollen wir es miteinander nicht nehmen, Sie sind ja da ... Und ein Vergnügen zu erwarten ist auch ein Vergnügen!
LESSING Gnädige Frau, ich habe ...
EVA *(unterbricht ihn)* Ich habe Ihnen noch gar nicht gesagt, dass ich heute auch noch meinen alten Freund Johannes Schubak erwarte, der ein Kaufgebot mitbringt für meine zweite Fabrik, das heißt, mich hält bald gar nichts mehr in Wien ... Und wenn man auch Sie hier nicht will ... Könnten wir schon morgen nach Wolfenbüttel reisen und ...
LESSING Oh, gnädige Frau, warum haben Sie meinen Brief nicht gelesen?
EVA Ahja, diesen Brief ... Was schrieben Sie mir denn?
LESSING Meine Augen werden schlechter, die Eintönigkeit meines Lebens in Wolfenbüttel stört mein geistiges Gleichgewicht, ich habe Existenzangst und dazu kommt noch u n s e r e Geschichte ohne Aussicht auf ein glückliches Ende ...
EVA Also ... Was g e n a u ... Haben Sie geschrieben?
LESSING Nur das, was mir die Ehre befiehlt.
EVA Ehrenvoll ist, dass man eine ehrliche Witwe, der man die Ehe versprochen hat, nicht sitzen lässt ... Ich meine, dass diese Erkenntnis richtig ist ... Und was ich noch nicht gelesen habe, das höre ich jetzt, nicht?
LESSING Ja, Sie sollen es hören ...
EVA Nein, ich brauch es auch nicht zu hören. Es versteht sich von selbst, Sie können mich nicht einfach s i t z e n lassen ... Alle würden mit den Fingern auf mich zeigen und sagen: Das ist

sie, die Witwe König, die sich einbildete, weil sie zwei Fabriken auf der Wieden gehabt hat, bekommt sie den berühmten Herrn Lessing, als ob die besten Männer für G e l d zu haben wären ... Dass eine Witwe zwei Fabriken besitzt, das allein macht alle ja schon neidig ... *(Steht knapp vor ihm.)* Aber dass man mich ... Einfach als Frau ... Würde haben wollen, das ist doch a u c h wahr, Lessing, nicht?

LESSING *(ironisch)* Ja, um einen Erfolglosen ... Wird Sie wahrlich die ganze Welt beneiden!

EVA Bei m i r h a b e n Sie Erfolg!

LESSING Da höre ich jetzt aber nur den ‚Erfolglosen' heraus, liebe Eva!

EVA Und ich höre in Ihrem Verweis nur das ‚liebe Eva' ... Warum wirklich ... Zieren Sie sich denn so, Herr Rat?

LESSING Sie wollen lachen, gnädige Frau ...? Ich beklage nur, dass ich nicht lachen kann.

EVA Warum? Was haben Sie gegen das Lachen? Kann man nicht auch lachend sehr ernsthaft sein? Das Lachen macht uns vernünftiger als der Verdruss. Der Beweis steht vor Ihnen. Ihre lachende Freundin beurteilt Ihre Situation viel vernünftiger als Sie ... Warum stehen wir beide denn hier voreinander? Weil mein Mann Engelbert König, als er zu seiner letzten Geschäftsreise aufbrach, um italienisches Rohmaterial für seine Fabriken in Wien einzukaufen, seinen besten Freund Gotthold Ephraim Lessing gebeten hat, sich um seine Frau und seine Kinder zu kümmern, f a l l s ihm etwas p a s s i e r e n sollte ... Und als die Todesnachricht kam, standen Sie sofort vor mir und sagten: Ich habe das versprochen, hier bin ich.

LESSING Das ist richtig, aber ...

EVA Kein ‚Aber'! Wir haben daraufhin alles durchgesprochen ... Und uns ganz offiziell verlobt.

LESSING Ja, aber jetzt ... So viele Jahre später ... Habe ich immer noch nur ein trostloses Amt in der braunschweigischen Provinz ... Und in diesem verdammten Wolfenbüttel auch nur ein ... Miserables Einkommen!

EVA In dem Moment, in dem Sie sagten ‚Hier bin ich' l i e b t e ich Sie schon ... Und ich hätte Sie auch geliebt ... Wenn Sie so schwarz und hässlich gewesen wären wie der Mohr von

Venedig ... Denn so eifersüchtig wie der, dachte ich, werden Sie schon nicht sein ... Aber, mein lieber Lessing, Sie sind zwar nicht so schwarz, aber ... Sie haben doch viel Ähnliches mit ihm!
LESSING Das kann ich e h r l i c h ... Nicht finden!
EVA Oh, über die wilden und unbeugsamen Männer, die immer ihr Auge auf das Gespenst der E h r e richten! Hierher sollten Sie schauen, auf mich, Lessing! *(Sie dreht sein Gesicht zu sich.)* Woran denken Sie?
LESSING Wenn der Mohr klug gewesen wäre, hätte er das getan, was ich jetzt tun werde: Er wäre rechtzeitig gegangen und ... *(Geht zur Tür.)*
EVA *(hält ihn auf)* Ich muss Ihnen ins Wort fallen ... *(Zu Franziska.)* Franziska, du erinnerst mich auch an g a r nichts! *(Zu Lessing.)* Der Chevalier de la Marliniere hat uns doch erzählt ...
LESSING Der Chevalier de la Marliniere ... Wer ist das?
FRANZISKA Es mag ein ganz guter Mann sein, aber ...
EVA Er kommt von einer holländischen Insel in der Karibik, hat aber auch h i e r s e h r einflussreiche Freunde ...
LESSING Ah, Monsieur Riccaut ...
EVA Er versicherte, dass er Ihr Freund sei ...
LESSING Ich versichere, dass ich seiner n i c h t bin ... Und dass mich all diese Gerüchte nicht interessieren! E r weiß das nicht, aber i c h weiß das ganz g e n a u : Während Kaunitz mit mir wegen der Übernahme des Nationaltheaters verhandelte, hat man schon einen anderen ... Und einen so in aller Öffentlichkeit Genasführten kann ich Ihnen nicht zumuten! So ein Ehemann ist unter Ihrer Würde!
EVA *(Pause)* Das ist Ihr Ernst?
LESSING *(nickt bedächtig)* Ja.
EVA Und dabei bleiben Sie?
LESSING Ja.
EVA Dann nehmen Sie, bitte, diesen Ring zurück. *(Gibt ihm den Ring.)* Leben Sie wohl. Wir wollen einander nicht gekannt haben. *(Ab.)*

IV.5

Zimmer im ‚Ochsen'; Lessing, Franziska

LESSING Sie ... Weint?

FRANZISKA Nicht doch, Herr Rat, Sie werden der Unglücklichen ... Doch nicht ins Schlafzimmer folgen?

LESSING Der Unglücklichen? Von welchem Unglück r e d e n Sie?

FRANZISKA Ach, Herr Rat, Sie sind wütend, ich weiß, aber Ihre Situation ist ja noch Gold gegen die der gnädigen Frau ... Ihr geht es dreckig!

LESSING Ich m u s s mit ihr reden!

FRANZISKA Herr Rat, nicht jetzt ... Sie muss sich erst beruhigen ... Nicht nur ihre Fabriken sind weg, jetzt sind auch Sie ...

LESSING Franziska ...

FRANZISKA Wenn Sie schon unbedingt wiederkommen wollen, Herr Rat, kommen Sie in einer halben Stunde ... Vielleicht hat sie sich dann beruhigt. *(Ab.)*

Licht aus, Musik

V.1

Halle im ‚Ochsen'; Lessing, Gebler

LESSING Gut, dass Sie kommen, Herr von Gebler ...

GEBLER Ich bring lauter gute Nachrichten!

LESSING Ich brauch keine Nachrichten, Gebler, ich brauch Geld! So schnell und so viel Sie auftreiben können!

GEBLER Ich hab es ja gesagt: Sie werden Geld von mir borgen, wenn Sie selber welches zu verleihen haben!

LESSING Ich gebe Ihnen auch alles wieder!

GEBLER Sie wissen es also noch nicht ...? Der Herzog von Braunschweig hat eine Beförderung angedeutet, und sein Sohn, Prinz Leopold, ist hier in Wien und will persönlich mit Ihnen ... D a ist das Geld.

LESSING Bringen Sie es, bitte, Justen ... Er muss den Ring einlösen ... Und dann brauch ich noch mehr Geld ... Die gnädige Frau ist sehr unglücklich!

GEBLER Oh, Jammer!
LESSING Aber demnächst ist sie meine Frau!
GEBLER *(leise)* Oh, Freude ...
LESSING Und übermorgen fahren wir nach Norden, sie sammelt ihre Kinder ein, und dann wird geheiratet!
GEBLER Aber ... Wäre fürs Heiraten Rom nicht geeigneter?
LESSING Das überlegen wir!
GEBLER So ist es recht! Auf nach Rom! Alle ... Kardinäle sollen leben! *(Ab.)*

V.2

Halle im ‚Ochsen'; Lessing, Franziska

FRANZISKA *(kommt)* Sie sind noch da, Herr Rat?
LESSING Ich glaube, Franziska, meine Seele hat neue Triebfedern bekommen!
FRANZISKA Wie denn das, Herr Rat?
LESSING Mein eigenes Unglück machte mich ärgerlich, kurzsichtig und schüchtern ... Aber jetzt ... Jetzt fühle ich mich wieder richtig stark und will alles unternehmen ... *(Deutet auf Evas Zimmer.)* Um ihr ...
FRANZISKA Vorsicht, Herr Rat, haben Sie vergessen ...?
LESSING Ich habe sie gereizt und sie war empfindlich ... Aber ich werde sie um Vergebung bitten und sie wird mir vergeben.
FRANZISKA Und der Ring?
LESSING *(tut harmlos)* Welcher Ring ...?
FRANZISKA Zeigen Sie ihn mir doch ...
LESSING Ich? Ich habe ihn ... Anzustecken vergessen.
FRANZISKA Ah, ja? *(Es klingelt.)* Ob das nun wahr ist ... Oder nicht ... Es klingelt ... Ich muss hinein!
LESSING Ich komm mit dir ...
FRANZISKA Um des Himmels willen, nein! Sie hat mir ausdrücklich verboten, mit Ihnen auch nur ein Wort zu reden! *(Leise.)* Aber ich s a g ihr, dass Sie da sind. *(Ab.)*

V.3

Halle im ‚Ochsen'; Lessing, Franziska, Eva

EVA *(kommt)* Franziska ... Ist der Wagen vor der Tür?
FRANZISKA Ich seh gleich nach. *(Ab.)*
EVA Herr Rat, ich errate, warum Sie sich noch einmal hierher bemüht haben ... Sie wollen mir meinen Ring zurückgeben, aber ... Geben Sie ihn einfach Franziska ... I c h hab jetzt g a r keine Zeit. *(Scheint fortgehen zu wollen.)*
LESSING *(tritt ihr in den Weg)* Gnädige Frau ... Was habe ich erfahren? Entschuldigen Sie, bitte, meine Ungeschicklichkeit ... Sie konnten nicht vermuten, wie sehr mich Ihr Unglück ... Über das meine hinaussetzen würde ...
EVA Ach, sind Sie nicht mehr zornig, gekränkt und hypochondrisch?
LESSING Hier, bitte, empfangen Sie zum zweiten Mal ...
EVA Ich ... Soll diesen Ring annehmen?
LESSING Diesen Ring nahmen Sie das erste Mal aus meiner Hand in Hamburg ... Als unser beider Umstände einander gleich und glücklich waren ... Sie sind nicht mehr glücklich, aber doch wiederum einander gleich ... Erlauben Sie also ... *(Will ihre Hand nehmen, um ihr den Ring anzustecken.)*
EVA Wie? Mit Gewalt? Nein, da ist keine Gewalt der Welt, die mich zwingen kann, diesen Ring zu tragen ...
LESSING *(konsterniert)* Ja, aber ... W a r u m denn nicht?
EVA Weil i c h unglücklich bin ... Und S i e n i c h t ... So haben Sie es mir doch beigebracht ... Nur Gleichheit ist der Liebe Band ... Und Ihnen schickt, bitte, Ihr Herzog, wie man hört, das lang erwartete Dekret ...
LESSING Ach, der Herzog ist mir doch egal!
EVA Wie ...? Plötzlich ist das alles egal? Selbst wenn die Gage sich verdoppelt? Oder gar verdreifacht?
LESSING Eva ... Mit Ihnen zusammen zu sein ... Das ist für mich das Wichtigste!
EVA Wir sind aber nicht zusammen. Sie vergessen das schon wieder! G l e i c h h e i t ist der Liebe Band! Und wir beide s i n d eben n i c h t in der gleichen Situation! Meine Schulden wachsen von Tag zu Tag und Sie ...

LESSING Wenn Sie die beiden Fabriken verloren haben, so lassen Sie uns einfach Samt und Seide samt und sonders vergessen! *(Er lacht.)*

EVA Sie lachen? Ja? Mir ... Mir ist heute g a r nicht zum Lachen ... Warum habe ich denn vorgeschlagen, dass wir uns hier in diesem Gasthof treffen? Weil ich kein Haus mehr habe, in dem ich Sie standesgemäß empfangen kann und ...

LESSING Das vom Herzoglichen Hof verlassene Schloss in meinem Wolfenbüttel ... Ist wirklich groß genug für uns!

EVA Ich wohne seit Wochen in einem ehemaligen Hasenstall!

LESSING Na, und? Das versteh ich gut! Dass Sie mich nicht eingeladen haben, bei Ihnen zu wohnen! Im Gegenteil! Ich sehe, dass Sie denken, das könnte mich beengen ... Und Sie wollten mich nicht verlieren!

EVA *(sie scheint zu weinen)* Zu viele Wechsel sind offen! Die Fabriken produzieren immer weniger! Mein Faktor Cornelius Hornbostel hat stark nachgelassen. In seinem Eifer. Das spürt die ganze Firma ... Er hat auf recht unbedachte Art gewirtschaftet, und Monate lang offenbar nur das getan, was ihm bequem war, und seit kurzem ...

LESSING *(versucht sie zu trösten)* Gibt es dafür ... Beweise?

EVA *(mit großem, tragischem Ton)* Womöglich hat er schon in der Überlegung gehandelt, den Wert der Fabriken so weit zu senken, dass er beide Objekte um die geringe Summe kaufen kann, die ihm zur Verfügung steht.

LESSING Ja! Gut! Dann soll er sie doch haben! Verkaufen Sie, verkaufen Sie, Eva ... Egal, w i e v i e l dabei herauskommt!

EVA *(auf dem Höhepunkt ihrer tragischen Klage)* Ich hoffte, dass sich mir am Jahresende Gott und die Welt als Käufer aufdrängen würden, aber was sehe ich? Kein Schwein will meine Webstühle kaufen! Und warum? Das Geschäft mit Samt und Seide machen jetzt die Rheinländer!

LESSING Vergessen Sie Ihr Unglück, Eva ...

EVA Wie k a n n ich? Auch Schmitt, mein Hamburger Partner steht vor dem Bankrott! Und ein anderer Freund in Hamburg ist verrückt geworden und lebt, todkrank, gar nicht einmal mehr zu Hause ... Und mein Heidelberger Bruder, Vater von acht Kindern, spuckt Blut, neuerdings ...

LESSING Eva, ich bitte Sie, nehmen Sie diesen Ring und ... *(Versucht ihn ihr anzustecken.)* Sie z i e r e n sich? *(Schaut ihr lange in die Augen.)* Vergeben Sie mir, bitte, dass auch i c h dieses Wort verwende ...

EVA *(ernsthaft)* Hat dieses Wort vorhin ... Sie beleidigt?

LESSING Es hat mir weh getan.

EVA *(gerührt)* Das sollte es nicht ... Verzeihen Sie mir.

LESSING Eva, dieser Ring ...

EVA Ach, Lessing, so schauen Sie ihn sich doch an!

LESSING Ja, und ...? *(Er tut es.)*

EVA Das ist doch derselbe Ring, den i c h I h n e n vor drei Jahren bei unserer Verlobung in Hamburg gegeben habe ... Zum Zeichen, dass ich Sie ewig lieben werde und ... Es hat sich in diesen drei Jahren nichts verändert ... Sie müssen ihn jetzt nur einfach s e l b e r ... Weiter tragen.

LESSING Ja, aber das Unglück ... Mit der Firma und ...

EVA Das hab ich doch alles ... Nur erfunden!

LESSING Wie? Der Verkaufsvertrag ist unterschrieben?

EVA Mit einer Verkaufssumme, deren jährliche Zinsen von 500 Talern mir und meinen Kindern ein sicheres Auskommen ermöglicht.

LESSING Wie, bitte? Das ganze Unglück haben Sie erfunden? Ja, w a r u m denn?

EVA Um Ihnen zu zeigen, dass etwas doch noch viel wichtiger ist als alle finanziellen Dinge dieser Welt, und das ist ... Unsere Liebe, oder? *(Umarmung.)*

LESSING Ich Esel.

EVA Ja, daran kann man jetzt aber nichts mehr ändern. Die Liebe ist stärker als alles, heißt das, und: Wenn man einen Esel liebt, dann liebt man eben einen Esel. Das steht schon bei Shakespeare.

LESSING Ja, aber kann man einen Esel auch ... Heiraten?

EVA *(lachend)* Na, aber doch sicher! Das muss man sogar! Wenn man ihn liebt ... Morgen packen wir, übermorgen reisen wir und am nächsten Ersten wird in Wolfenbüttel geheiratet ... Der Herr Geheimrat Gotthold Ephraim Lessing heiratet die Witwe König ... Samt ihren Kindern! *(Kuss.)*

LESSING Und diese kleine Familie ... Wird dann in Wolfenbüttel leben?

EVA In dem schönen, alten, weitläufigen Schloss ... Denn Wolfenbüttel ... Ist der stillste, heiterste, lachendste Winkel der bewohnten Welt, dem zum Paradies nichts fehlt als ein glückliches Paar ... Und das werden wir sein!
LESSING *(lächelnd)* Ich und ... Die süßeste, lieblichste, holdseligste, beste Eva unter der Sonne ... Ganz Güte und Großmut, ganz Unschuld und Freude ... Nur dann und wann zeigt sich ein Mutwille, hier und da ein wenig Eigensinn und ... Dann und wann eine kleine N o t l ü g e , nicht? Aber ... Desto besser ... Meine Eva wäre sonst ein Engel, den ich mit Schaudern verehren müsste, den ich aber nicht lieben könnte ... Oder? *(Er ergreift ihre Hand und küsst sie.)*

V.4
Halle im ‚Ochsen'; Lessing, Eva, Franziska, Wirt, Just, Gebler

FRANZISKA *(kommt mit dem Wirt, mit Just und Gebler)* Ein Herr steigt vor unserem Haustor aus einer Karosse und ...
WIRT Mein schönes Kind, auf ein Wort ...
FRANZISKA Nein, Herr Wirt, wir wissen selbst noch nicht, was er bringt!
JUST Herr Rat, dieser verdammte Wirt sagt, die Dame habe den Ring ... *(Lessing nickt und zeigt Just den Ring an seinem Finger.)*
GEBLER Und hier ist das versprochene Geld und ...
LESSING Danke, mein Lieber, das werden wir bei unserer Hochzeit ...
WIRT Hochzeit? Hier? Oh, sehr gut, sehr gut! Der Saal zum Hof ist s e h r ...
EVA Nein, die Hochzeit ist in Wolfenbüttel! Machen Sie die Rechnung!

V.5

Halle im ‚Ochsen'; Lessing, Eva, Franziska, Gebler, Wirt, Just, Riccaut

RICCAUT *(kommt)* Herr Rat Lessing ... Cher Monsieur ... Ihr Herzog schickt mich ... Und ich werde ihm umgehend berichten, wie sehr ich mich freue, Sie so gesund ... Angetroffen zu haben ... Mesdames, Messieurs ... *(Verbeugung nach allen Seiten.)*

LESSING *(verbeugt sich auch)* Ich freue mich a u c h , Sie zu sehen.

RICCAUT Da sind Sie nicht der Einzige ... Hier in Wien ... Monsieur ...

LESSING *(leise)* Aber ...

RICCAUT La situation est maintenant ... Der S o h n des Herzogs von Braunschweig-Lüneburg erwartete hier ... Dans la capitale ... Seit vielen Monaten ... Von unserer Großen Kaiserin Marie Thérèse, die ja, wie wir alle wissen, eine Cousine ist de son père ... Einen glänzenden Posten ... Dans l'armée autrichienne ... Aber was passiert? Rien-du-tout ... Oder, wie man hier sagt: Es hat nicht g e k l a p p t ... Il est von Woche zu Woche ... Vertröstet gewesen ... Et ca veut dire ... Auch Prinzen bekommen nicht immer a l l e s ... Cést vrai ... Und schon gar nicht s o - f o r t! *(Lessing nickt verständnisvoll.)* Damit aber cette histoire, die ein gewisse Peinlichkeit hat, nicht n o c h mehr auffällt, als sie ohnedies schon aufgefallen ist, hat son père aus Braunschweig den Befehl geschickt, le prince muss umgehend en Italie weiterreisen und dort seine Aufwartung machen ... Bei alle die anderen ... Gesalbten und regierenden und verwandten Häupter, um zu fragen, ob es vielleicht dort ... *(Steht vor Franziska.)*

FRANZISKA *(sagt, da Riccaut nichts sagt)* Ein passendes ... Armeekommando gibt?

RICCAUT Exacte, ma belle enfant ... Dans la sainte cité le climat est meilleur et ... Toute la chose est ... Dort weniger peinlik ... Man kann um den Heiligen Stuhl viel besser eine gute Zeit herumsitzen, weil man könnte sein ... Eine Art pélégrin, also ... Pilger ... Monsieur Lessing, n'est-ce pas?

LESSING *(lächelnd)* Niemand kennt diese Situation besser als ich.

RICCAUT Mais maintenant ... Hat der Herzog in Braunschweig Sie ... Wie ich mir heute schon erlaubt habe, dieser Dame anzudeuten ... Zum Herzoglichen Landeshistoriker und Oberbibliothekar ernannt ... *(Lessing verbeugt sich, alle applaudieren mit Ah! und Oh!)* Vorerst aber müssen Sie son fils, le prince, nach Venedig, Florenz, Rom, Neapel und Sizilien begleiten ...
LESSING *(bleich)* Was, ich? Jetzt?
EVA *(ebenso bleich, aber leiser)* Er? Ja ...? Ja aber, w a r u m denn?
RICCAUT Il est un connaisseur des choses antiques, nichwa, als gelehrter Kenner aller Altertümer ... Werden Sie le prince persönlich interessieren für die Welt der Antike et ... Das vor allem ... Für das ‚Römische Recht'.
LESSING *(zu Eva)* Ja, aber w a n n sollen wir denn dann ...
RICCAUT Abreise morgen Früh ... Richtung Venice et Florence ...
GEBLER Wunderbar! Wir treffen uns in Rom!
FRANZISKA *(leise)* Ist der Herr Rat ein Leibeigener ... Seines Herzogs?
GEBLER Nein, aber im Zweifelsfall muss er sich fügen, wenn er seinen Herzoglichen Dienstherrn nicht über die Maßen verärgern will.
LESSING Wir ... Müssen wirklich schon morgen Früh?
RICCAUT Le prince a dit, Ihren Marotten wurden schon genug Freiheiten gelassen.
LESSING *(mit Geste auf Eva)* Ja, aber ...
RICCAUT Aber ganz recht ... Le Prince hat gehört von der Marriage ... Et le Prince möchte da schon unbedingt ... Dabei sein und ... *(Zu Eva.)* W a s sagen Sie, ma chère?
EVA Ich ... ? Nichts ... Ich sage nur: Wir wollten eigentlich schon am kommenden Ersten heiraten ...
RICCAUT Le marriage findet statt, sobald les Seigneurs ... Aus Italien zurück sind. *(Zu allen.)* Und außerdem ... Le Prince möchte Sie alle maintenant ... Zu seinem Geburtstagsdinér einladen ... Ins Palais der Grafen Antinori.
LESSING Bitte ...?
RICCAUT Pardon ... Ist Ihnen das nicht genehm? *(Zu allen.)* Er würde sich sehr freuen, wenn Sie alle kommen. *(Alle ab, außer Lessing, Eva, Gebler und Franziska.)*

V.6

Halle im ‚Ochsen'; Lessing, Eva, Gebler, Franziska

LESSING *(zu Eva)* Die Reise wird hoffentlich ... Wohl nur ein paar Tage dauern ...
EVA Sagt wer?
LESSING *(mit Galgenhumor)* Haben Sie nicht vorhin gesagt ... Ein Vergnügen zu erwarten, ist a u c h ein Vergnügen?
EVA Gott mag es Ihrem Prinzen verzeihen, dass er mich wieder wochenlang um Ihre Gesellschaft bringt, i c h verzeihe es ihm n i e ! *(Kuss, beide ab.)*

V.7

Halle im ‚Ochsen'; Franziska, Gebler

FRANZISKA Herr von Gebler ... So schauen Sie mich doch an, Herr von Gebler ...
GEBLER Mir ... Mir ist was in die Augen gekommen ... Und außerdem ... Ich fürchte, ich habe Sie schon zu viel angesehen ... Was gibt es denn?
FRANZISKA Herr von Gebler ...
GEBLER Ja ...
FRANZISKA Brauchen Sie keine ... Frau von Gebler?
GEBLER Ist das Ihr Ernst, Frauenzimmerchen?
FRANZISKA Mein völliger!
GEBLER: Würden Sie denn wohl auch mitgehen ... Nach Rom?
FRANZISKA Wohin Sie wollen, Herr von Gebler ...
GEBLER No, dann geben Sie mir Ihre Hand, Frauenzimmerchen, in zehn Jahren sind Sie Frau Botschafter ... In Rom ... Oder Nonne! *(Beide ab.)*

V.8

Halle im ‚Ochsen'; Lessing

LESSING *(geht an die Rampe)* Schon am nächsten Tag, am 25. April 1775, verließen bei angenehmstem Frühlingswetter der

Prinz und Lessing in der herzoglichen Kutsche Wien in Richtung Venedig. Noch ahnt niemand, dass diese improvisierte Reise nicht ein paar Tage dauern wird, sondern ein ganzes Jahr. Schon gar nicht ahnt das Eva König. Sie setzte an diesem sonnigen Frühlingstag ein Inserat in die Zeitung, um eine Reisebegleitung zu finden, und am 7. Mai 1775 saß dann auch tatsächlich statt ihres Bräutigams ein Buchhändler aus Geldern ihr gegenüber in ihrer Kutsche und reiste mit ihr nach Norden. Der erste Brief aus Italien erreichte sie Anfang Juni. Sechs Wochen nach dem plötzlichen Abschied in Wien. „Ich werde nicht ruhig sein, bis ich Sie nicht gesund in Hamburg weiß! Aber alles Übrige, hoffe ich, soll sich dann zu unserer beider Vergnügen wohl ergeben ... Behalten Sie mir Ihre Liebe, woran ich nicht zweifeln will, aber worum ich auch nicht aufhören will, Sie zu bitten, weil nur diese Ihre Liebe ... Mein Glück in der Welt machen kann ... Ich umarme Sie tausendmal und ... Küsse Sie nochmals tausend- und tausendmal in Gedanken ... Ich bin zeitlebens ... Ganz der Ihrige ... Lessing.

Rudolf Weys

Gerald Szyszkowitz

DAS WIENER WERKEL

oder

Die Ehre der Kollaborateure

Theaterstück in fünfundzwanzig Szenen

Adolf Müller-Reitzner, Direktor im ‚Wiener Werkel'
Rudolf Weys
Christl Räntz, Schauspielerin
Leo Schödl, Schriftleiter des ‚Völkischen Beobachters'
Joseph Goebbels, sein Chef
der Autor

Die Handlung spielt an einem kalten Märzmorgen
des Jahres 1941 auf der Bühne des ‚Wiener Werkel'
und im Goebbels-Apartment des Hotels ‚Bristol'.

1. SZENE

Bühne des ‚Wiener Werkel'; Autor, Christl Räntz, Müller-Reitzner, Rudolf Weys als Raunzer

AUTOR *(kommt)* Guten Abend, meine Damen und Herrn ... *(Kleine Verbeugung.)* Ich bin dem Dichter Rudolf Weys im Jahr 1956 ‚begegnet' ... Aber eigentlich müsste ich ein viel wärmeres Wort verwenden, denn ich bin dem alten Weys nicht nur begegnet, die beiden, Rudolf Weys und seine Frau Gerda, geborene Waschinsky, haben mich aufgenommen wie einen zweiten Sohn. Einen hatten sie ja schon. Den berühmten Rupi Weys, der Burgtheaterdramaturg wurde, als Achim Benning Direktor war.
Im Jahr 1956 waren Rupi und ich achtzehn und begannen unser Studium der Theaterwissenschaft bei Professor Kindermann. Zusammen mit Achim Benning, Peter Matic, Peter Mertz, meiner späteren Frau Uta Wiers-Keiser, mit Yvonne Sturzenegger und Inge Reisner, die später über die ‚Literatur am Naschmarkt' ihre Dissertation geschrieben hat, kurz, wir waren damals, kurz nach dem Krieg, alle noch sehr jung ... Ich kam zum Beispiel als ahnungsloser Wicht aus Graz in die Großstadt Wien und hab der Frau Weys, weil ich zum Geburtstags-Kirschenstrudel eingeladen worden war, Kornblumen mitgebracht.
„Ausgerechnet diese Naziblumen bringst du mir", sagte sie, „dann hättest dir gleich auch weiße Stutzen anziehen können."
So lernte ich von der liebenswürdigen Jüdin Gerda Waschinsky und ihrem stockarischen Ehemann Rudolf Weys – in ihrer weitläufigen, mit Büchern, Bühnenbildentwürfen und Kritiken vollgestopften Wohnung im fünften Stock der Gonzagagasse – Geschichte. Speziell auch Theatergeschichte. Und Kabarettgeschichte. Denn der alte Weys und seine Frau waren die Gründungsmitglieder der Kabarett-Bühne ‚Literatur am Naschmarkt'. Wo auch Manfred Inger begonnen hat, und die Herren Carl Merz, Hans Weigel, Leon Epp und Rudolf Steinböck, und die Damen Heidemarie Hatheyer und Hilde Krahl und, und, und ... Kurz, die beiden haben die ‚Literatur am Naschmarkt' am 3. November 1933 eröffnet. In Deutschland waren damals – seit dem Januar 1933 – die Nazis an der Macht. In Österreich zwar noch nicht, aber in Wien waren die ‚Illegalen Nazis' doch auch schon

in vielen Positionen in den Ämtern und in den Zeitungen ... Und genau deswegen hat Rudolf Weys als erste Nummer der ‚Literatur am Naschmarkt' die Nummer ‚Die Ahnfrau' auf die Bühne gebracht.
CHRISTL RÄNTZ *(kommt)* Ich hab mich als Ahnfrau noch nie versucht. | Still ruht ich bei meinen Gebeinen. | Ich starb ganz brav an der Wassersucht. | Es geht mir nicht ums Erscheinen. | Ich will auch nicht, dass sich jemand erschreckt, | ich spuke nicht zum Vergnügen, | ich hab vor Geistern den größten Respekt. | So lang sie im Grabe liegen.
AUTOR Warum aber doch? Und wieso dann ja? Wozu ist die ‚alberne Ahnfrau' da?
CHRISTL RÄNTZ Ich misch mich nicht gern in die Gegenwart, | sie ist mir zu unromantisch; | auch wär mir das Leben heute zu hart | und manchmal zu dilettantisch. | Es waren der eigenen Sorgen genug, | ich will keine Enkel sekkieren, | ich hab doch auch gar kein Training als Spuk | und mag mich vor niemand blamieren.
AUTOR Warum aber doch? Und wieso dann ja? Wozu ist die ‚alberne Ahnfrau' da?
CHRISTL RÄNTZ Mein Enkel, ein ganz kleiner Referendar, | erhielt einen Fragebogen: | Ob sein Großelternpaar auch – rein arisch war, | oder ob er mosaisch erzogen? | Nun war doch mein Gatte ein Findelkind, | und ich kann durch gar nichts beweisen, | dass dessen Eltern arisch sind, | und wie sie denn eigentlich heißen?
AUTOR Was machen wir da? Wie helfen wir ihm?
CHRISTL RÄNTZ Ganz einfach: sein Vater war illegitim! | Genealogisch war ich noch nie interessiert | für rassische Experimente. | Doch wenn hier die Ahnfrau nicht interveniert, | wer fälscht dann die Dokumente? | Zu so etwas, ja! | Zu so etwas, ja! | Zu sowas ist heute die Ahnfrau da! *(Ab.)*
AUTOR Ja ... So eine kleine Korrektur im Ahnenpass war damals die Rettung! Wenn einem nicht b e w i e s e n werden konnte, dass man Jude war, w a r man eben keiner ... Jedenfalls im Jahr 1933 in Wien ... Und ähnlich frech ging es auch weiter ... Passenderweise hieß die Abschluss-Nummer des letzten Programmes der ‚Literatur am Naschmarkt' am 11. März 1938: ‚Der Wiener geht unter'. Die Nazis, die gerade an diesem Tag

einmarschiert waren, wollten allerdings das Gegenteil hören, und also ließen sie die ‚Literatur am Naschmarkt' sofort gleich mit untergehen ... Bald aber gab es das ‚Wiener Werkel'. Das Nachfolgeunternehmen der ‚Literatur am Naschmarkt'. Und im ‚Wiener Werkel' ging es gleich wieder ganz witzig los ... Mit dem betont ernsten ‚Interview einer Kuh' ...

MÜLLER-REITZNER *(kommt)* Fräulein, bitte, aufgepasst, | jetzt wird auch die Kuh erfasst! | Ja, es gibt in diesem Jahr | auch für Sie ein Formular ... | Sind Sie arisch? Sind Sie gscheckert? | *(Zum Publikum.)* Hat da irgendwer gemeckert? | *(Wieder zur Kuh.)* Fressen Sie noch Haferkörner? | Trägt der Ehegatte Hörner? | Wer betreut das Hufe-Schneiden? | Gehen Sie auch im Sommer weiden? | a) bei Sonne? b) bei Wolken? | Wird zur rechten Zeit gemolken? | Sind Sie derzeit dienstverpflichtet? | Weltanschaulich ausgerichtet? | Haben Sie an Sommertagen | Fliegen mit dem Schwanz erschlagen? | Aus Gesinnung? Nur zum Spiele? | Aus Gewohnheit? Und wie viele ...? | Beichten Sie den Milchertrag? | a) per Melkung b) pro Tag | c) im Durchschnitt d) summarisch | Leitet man Sie kommissarisch? | Zahlen Sie als ‚Wiederkäuer' | zweifach – Ihre Umsatzsteuer? | Wird Gemeinschaftsgeist erzielt | oder – ‚Blinde Kuh' gespielt? | Führen Sie genaue Listen | wo und wann und wie Sie misten? | Sind die Fladen wohlgeformt, | gleichgeschaltet und genormt? | Treibt man trotz der Ehebande | pflichtvergessne Rassenschande? | Kurz: | *(Lauter.)* | Stehen Sie mit ganzer Kraft | zu der NS-Rinderschaft?

AUTOR *(als Kuh)* Muuuuuuh!

MÜLLER-REITZNER Danke. *(Ab.)*

AUTOR Heute kann man das kaum glauben, dass diese Sätze auf einer Bühne des Hitlerreiches gesagt werden konnten. Kamen die Welteroberer nicht auf den Gedanken, dass sie gemeint sein könnten ...? Nicht sofort offenbar, aber bald dann doch, denn schon das nächste Programm endete beinahe im KZ ... Der allmächtige Minister Goebbels war wegen einer Rede zum dritten Jahrestag der ‚Angliederung der Ostmark an das Großdeutsche Reich' gerade in Wien und hatte seine beiden Assistenten in die Vorstellung geschickt, weil er im ‚Völkischen Beobachter' gelesen hatte, dass ... Also das war so ...

Die beiden Nummern, um die es ging, hießen ‚Des Odysseus Reise durch Groß-Griechenland' und der ‚Wiener Januskopf' ... Besonders der hatte den Rezensenten geärgert ... Die Nummer begann mit dem ‚Optimisten'.

MÜLLER-REITZNER *(kommt lächelnd)* Seit zwatausend Joahr bin i Wiener | und stimme seit jeher mit ‚Ja', | als ganz gehorsamer Diener | des Staates der jeweils grad da.

AUTOR Und da kommt ‚der ewige Raunzer'.

RUDOLF WEYS ALS RAUNZER *(kommt griesgrämig)* Was nutzt ma ‚Barock' und ‚Paläste', | und – wia ma so sagt – die ‚Guldur'? | I siech nur mehr spärliche Reste, | und auch die gengen jetzt in Verlur.

MÜLLER-REITZNER ALS OPTIMIST Der Balkan, heißts, steht uns doch offen! | Und Wien wird ein ‚Umschlageplatz' ...?

RUDOLF WEYS ALS RAUNZER I hab nix dagegen, woll ma hoffen – | Weil sonst ziag i doch noch nach Graz.

MÜLLER-REITZNER ALS OPTIMIST | Vom Kahlenberg bis fast nach Baden | reicht heute unser ‚Groß-Wien'!

RUDOLF WEYS ALS RAUNZER Na, wenn schon! Soll ma nix schaden. | Deswegen steckt owa a – net mehr drin. *(Müller-Reitzner und Rudolf Weys ab.)*

AUTOR Das war nicht sehr aufbauend, das ist wahr, aber in den Augen der Nazis waren ‚der Optimist' und ‚der Raunzer' nicht nur nicht aufbauend, sondern die waren zwei ganz gefährliche ‚Volksschädlinge'. Schrieb Leo Schödl. Der Schriftleiter des Naziblattes ‚Völkischer Beobachter'. Und der Herr Schödl war im Jahr 1938 hier in Wien ein Rädelsführer der ‚Kultur-Reinigungs-Truppe'.

2. SZENE

Bühne des ‚Wiener Werkel'; Müller-Reitzner, Rudolf Weys

RUDOLF WEYS Guten Morgen, Herr Direktor ... Haben Sie den ‚Völkischen Beobachter' schon gelesen...? Ich hab gehört, dass dieser Herr Schödl ...

MÜLLER-REITZNER Nennen Sie den Namen nicht! Ja, ich habe diese Gemeinheit gelesen ... Sie auch? Ah, Sie waren schon im ‚Café Tirolerhof' drüben? Was mich allerdings wundert ... Sie sind doch sonst ... Nie so früh im Theater?

RUDOLF WEYS *(reagiert nicht direkt darauf)* Ja, ich war heute sogar schon ein paar Schritte spazieren ... Am Ring ... Ich hab nicht schlafen können ... Übrigens ... Kein Mensch war sonst da ... Um diese Zeit ... Da vergisst man ganz, dass rundherum Krieg ist ... Aber ... Im Café hat man mich auch schon nach dem Herrn Schödl gefragt ... Was halten denn Sie von diesem Text ... Im ‚Beobachter'?

MÜLLER-REITZNER Ich erklär Ihnen das, wenn die andern alle da sind ... Dann muss ich nicht alles zweimal sagen. *(Weiß nicht recht, wie er weiterreden soll.)* Aber Sie haben recht, es ist erstaunlich, wie leer die Stadt ist ... In der Früh ... Alle haben irgendwie Angst ... Wer nicht was erledigen muss, geht nicht auf die Straße.

RUDOLF WEYS Die ‚Räuber' von Schiller sollten wir bearbeiten ... Da ist am Anfang auch so eine Stimmung ... Und alle Räuber müssten weiße Stutzen tragen und Lederhosen.

MÜLLER-REITZNER Ah, und wer soll die Amalie spielen? Wieder das Fräulein Räntz?

RUDOLF WEYS Warum nicht? Die ‚bezaubernde Christl Räntz' könnt ich mir schon vorstellen.

MÜLLER-REITZNER Waren Sie mit ihr im ‚Tirolerhof'? Ja, ich hab schon bei der letzten Premierenfeier gedacht ... Ob da nicht wer ... Eine Affäre hat? *(Weys hebt kurz die Schultern.)* Denn das wär immerhin eine Erklärung, warum Sie gar so interessiert daran gewesen sind, dass nur die ‚bezaubernde Christl Räntz' im Odysseus-Sketch mitspielen darf ... Ich meine ... Mir ist das im Prinzip ja egal, ich will nur keine Schwierigkeiten ... Im Ensemble.

RUDOLF WEYS Ja, ich weiß .. Aber was mich mehr interessiert: Der Text in der Zeitung ... Ist der wirklich so gefährlich? Für uns?

MÜLLER-REITZNER Über unser Programm wird jedenfalls auch schon in Berlin geredet.

RUDOLF WEYS Ah, in Berlin ...? Ja, warum denn?

MÜLLER-REITZNER Es sind jeden Abend auffallend viele Wehrmachtsoffiziere in der Vorstellung und ...

RUDOLF WEYS Wären wir ohne die nicht ... Jeden Abend ausverkauft?

MÜLLER-REITZNER Momentan, ja ... Vor allem, weil unsere guten Wiener immer noch nicht genau wissen, was Sie ... Da eigentlich mit Ihren Nummern meinen ... Mit dem ‚Januskopf' zum Beispiel kennt sich kaum wer aus ... Die einen sagen, Sie meinen mit dem scheinbar so vernünftigen ‚Optimisten' die ‚vernünftigen Kollaborateure' und applaudieren ... *(Er lacht.)* Die anderen sehen in dem ‚Raunzer' eine Art von ‚Österreichischem Widerstand' ... Und diese Herrschaften applaudieren dann erst recht!

RUDOLF WEYS Ah ... Und was denken Sie?

MÜLLER-REITZNER Ich habe, wie jeder weiß, das NS-Parteiabzeichen, ich spiele aber trotzdem Ihre Nummern ... Ja, so bin ich ... Aber im Ernst ... Ich denk manchmal das eine ... Und dann wieder das Gegenteil ... Aber ich nehme überhaupt an, Sie wissen selber nicht so genau, was Sie da geschrieben haben ... Aber zweifellos meinen Sie ... Wien bleibt Wien ... Und das geschieht uns ganz recht ... Die viel wichtigere Frage für mich ist allerdings: Was schreiben Sie denn ... Als Nächstes? Denn, wenn wir dieses Programm wirklich absetzen müssen ...

RUDOLF WEYS Steht das ... Im ‚Beobachter'?

MÜLLER-REITZNER Dann brauchen wir schnell ein anderes ... Ein ebenso zugkräftiges ...

RUDOLF WEYS Wenig Schauspieler, wenig Ausstattung ...

MÜLLER-REITZNER Der Mussolini schreibt übrigens auch Stücke ... Das Burgtheater spielt grad eins.

RUDOLF WEYS Dort passt der Mussolini auch hin.

MÜLLER-REITZNER Was wär mit einer Parodie auf den Italo-Faschismus? Pronto, pronto, Spaghettino ... Nein, im Ernst: Was machen wir, wenn der Herr Minister Goebbels ...

RUDOLF WEYS Wer ...

MÜLLER-REITZNER Der ist nämlich heute in Wien, hab ich gehört ... Also ... Was machen wir, wenn der heute ... Zum Beispiel ... In die Aufführung kommen will ...?

RUDOLF WEYS Das ist ein hübscher Witz, aber ... Dann sollten wir uns schnell zwei Fahrkarten ins Ausland kaufen.

MÜLLER-REITZNER Oder besser gleich nach Dachau.

RUDOLF WEYS Ah, nein ... Ich hasse Sightseeing!

3. SZENE

Bühne des ‚Wiener Werkel'; Müller-Reitzner, Rudolf Weys, Christl Räntz

CHRISTL RÄNTZ *(kommt)* Guten Morgen, meine Lieben ... Was schaut ihr denn so? Ist ... *(Meint ihr Kleid.)* Was nicht in Ordnung?

MÜLLER-REITZNER Nichts ist mehr in Ordnung, meine Liebe, nichts, denn der ‚Völkische Beobachter' schreibt ... Aber das erzähl ich euch gleich ... Die Krisensitzung ist in fünf Minuten. *(Ab.)*

4. SZENE

Bühne des ‚Wiener Werkel'; Rudolf Weys, Christl Räntz

CHRISTL RÄNTZ *(umarmt ihn)* Der Schödl kommt! Hast du schon gehört ...?

RUDOLF WEYS Wer sagt das ... Er ... Dir? Ja, wieso das ... Denn? Kennst du den auch? Diesen Schödl?

CHRISTL RÄNTZ *(setzt sich auf seinen Schoß)* Natürlich kenn ich den! Der ist nicht uncharmant ...

RUDOLF WEYS Und du hältst für möglich ... Dass man über diesen Schödl an den Goebbels herankommen kann ... Den kennst du doch auch, oder?

CHRISTL RÄNTZ Der ist grad in Wien, aber ... Was willst denn ausgerechnet von dem?

RUDOLF WEYS Ich denke ... Wenn der Goebbels selbst einmal käme, dann ... Also du kennst ihn?

CHRISTL RÄNTZ Kennen ... Was heißt das schon ... Er hat mir geholfen ... In Berlin ... Ich hab eine kleine Rolle bekommen ... Durch ihn ... In dem Film ‚Flieger, Funker, Kanoniere' ... Blöder Titel, aber kein unnetter Film ... Dieser ‚feine Herr' hat dann aber ... Auch mich sehr schnell betrogen, ja ... Aber machen das nicht alle Männer ... Irgendwann?

RUDOLF WEYS Der Goebbels selber soll nämlich Humor haben ... Mehr als dein Schödl.

5. SZENE

Bühne des ‚Wiener Werkel'; Rudolf Weys, Christl Räntz, Müller-Reitzner

MÜLLER-REITZNER *(kommt)* Dieser seltsame Herr Schödl ... Wird uns besuchen kommen.

CHRISTL RÄNTZ *(zu Weys)* Na, bitte.

RUDOLF WEYS Sie kennt ihn.

MÜLLER-REITZNER Ah, du kennst ihn? Ja, woher denn?

CHRISTL RÄNTZ Vom Rennplatz ...

MÜLLER-REITZNER Was? Du gehst ... Unter diesen Umständen ... Immer noch ... Mit solchen Typen ... In die Freudenau?

CHRISTL RÄNTZ Ja, aber ich renn dort dann nicht selber mit ... Falls du das glaubst.

RUDOLF WEYS *(seufzt)* Ich mag diese Witze nicht ... Sag, bitte, nicht immer solche Sachen.

CHRISTL RÄNTZ Plötzlich bist du nur noch für die ‚ernste Kunst'? Bist ... Krank?

RUDOLF WEYS Schlecht geschlafen hab ich.

CHRISTL RÄNTZ Ich hab auch ... Nicht geschlafen.

RUDOLF WEYS *(unterbricht sie leicht ironisch)* Also das geht nicht! Ich kann mir das leisten, nicht durchzuschlafen, aber bei dir, meine Liebe, ist das, bitte, ganz etwas anderes ... Du musst jede Nacht gut schlafen, sonst bist du abends in der Vorstellung nicht schön ... Und das geht nicht! Denn dass du schön bist, das ist sehr wichtig für unser Stück. Unser Mittelstück ist zwar eine Odysseus-Parodie, aber das Wichtigste ist die Darstellerin der ‚Circe'! Vor allem die ... Muss das Publikum becircen, obwohl oder vielleicht sogar gerade weil sie alle Männer in Schweine verwandelt ... Vergiss nicht, das kann sie nur, weil sie so umwerfend schön ist!

CHRISTL RÄNTZ Mach dich nicht lustig über mich, ja? *(Zu Müller-Reitzner.)* Was machst du denn da ... Die ganze Zeit?

RUDOLF WEYS Er streicht dir deine wichtigsten Szenen. Weil du nicht ausgeschlafen bist.

MÜLLER-REITZNER *(streicht in seinem Bühnentext)* Ja, ich fürchte wirklich, dass wir heute am Abend ein paar Striche

machen müssen ... Wenn der Schödl wirklich noch einmal zu uns kommt ... Auch noch mit Verstärkung, dann ...
RUDOLF WEYS Ich finde, das sollten wir ablehnen.
MÜLLER-REITZNER Was? Dass er kommt?
RUDOLF WEYS Das nicht, aber ... Die Striche!
MÜLLER-REITZNER Das geht nicht. Die Herren von der Propagandastaffel glauben nämlich, dass bei uns Leute aus und ein gehen, die von unseren Texten gegen Groß-Deutschland so aufgehetzt werden, dass sie ...
CHRISTL RÄNTZ Dass sie ... Was?
MÜLLER-REITZNER Na, dass ihnen ... Allerhand einfallen könnt. *(Zitiert.)* Die Front verkürzt man mehr und mehr, | wenn i des nur verstengert, | wenn kürzer wirklich besser wär, warum hat man, ich bitte sehr, | sie überhaupt verlängert? *(Pause)* Das ist wirklich nicht sehr aufbauend. Besonders für die vielen Soldaten im Publikum ... Die direkt von der Ostfront kommen ... Oder dort grad hinfahrn solln ... Nicht?
RUDOLF WEYS Er glaubt übrigens, dass ich dich als Circe besetzen wollte, weil ich eine Affäre mit dir will ... So simpel denken manche Leute ... Von uns Dichtern ... *(Steht neben Müller-Reitzner.)* Kurz: Ich bin gegen diesen Strich.
CHRISTL RÄNTZ *(zu Müller-Reitzner)* Ja! Richtig! Unter den gegebenen Umständen bin ich erstens dagegen, dass du ausgerechnet meine Szenen streichst, aber zweitens bin ich sowieso der Meinung, alle Striche zusammen helfen da gar nichts ... Das Beste wäre, wir würden dieses Programm ... Unter diesen Umständen ... Schon heute am Abend nicht mehr spielen ... Ich kenn ... Diese Leute.
MÜLLER-REITZNER Mit Strichen geht das, denk ich ...
CHRISTL RÄNTZ Nichts geht bei denen ... Die werden euch einrexen ... Ins Rexglasl reinsperrn, Gummi drum, Klammer drauf, und ab in den Keller. *(Zu Weys.)* Und du bist der Erste, der das nicht aushält!
RUDOLF WEYS Niemand hält das aus ... Aber trotzdem ...
MÜLLER-REITZNER *(zu Räntz, während er sein Rollenbuch schließt)* Du sagst, du kennst diesen ... Schödl wirklich? Na, vielleicht hilft uns das ja was ... Der muss jedenfalls jeden Moment da sein. *(Ab.)*

6. SZENE

Bühne des ‚Wiener Werkel'; Rudolf Weys, Christl Räntz

CHRISTL RÄNTZ *(setzt sich auf seinen Schoß)* Bitte ... Ich hab nur eine einzige Bitte ... Wenn der Schödl das wirklich fordert, dann sagen wir halt ab ... Heute ... Alles andere ist zu gefährlich! *(Weys schüttelt den Kopf.)* Jetzt sei nicht so arrogant! Du kannst doch nicht abstreiten, dass ich öfter recht hab als du ... Weil ich schon immer vorsichtiger war ... Ist uns je wer ... Auf irgendwas draufgekommen? Nein. Niemand. Weil ich immer vorsichtig gewesen bin. Ich bin prinzipiell vorsichtiger als du. Du hast mehr Fantasie, aber ich bin vorsichtiger. Du bist älter als ich, aber ich war immer schon erwachsener.
RUDOLF WEYS Manchmal darf man nicht zu erwachsen sein.
CHRISTL RÄNTZ Ich spiel deine Sketche wirklich gern, ja, ich liebe deine Figuren, aber ich kann auch die Reichs-Deutschen verstehen, wenn sie hören, wie da bei uns jeden Abend gejubelt wird ... Über deine Witze ... Über sie ... Das kann ihnen nicht recht sein!
RUDOLF WEYS Ich hab das nicht geschrieben, damit irgendwer jubelt ... Ich schreib meine Nummern, damit alle klarer sehen, was da bei uns rundherum passiert. Jetzt.
CHRISTL RÄNTZ Ja, aber du bist für die allgemeine Ruhe in der Stadt eben auch nicht verantwortlich ... Aber die Reichs-Deutschen sind es ... Jetzt ... Was machst du, wenn die Wut unserer Zuschauer so groß wird, dass sie rausrennen auf die Straße und bei der Oper drüben ihren Benzinkanister in die Polizeistation schmeißen?
RUDOLF WEYS Dann schau ich nicht hin.
CHRISTL RÄNTZ Du verstehst mich nicht, gell?
RUDOLF WEYS *(explodiert)* Aber natürlich versteh ich dich! Ich versteh doch alle immer hervorragend! Auch unseren Herrn Direktor Adolf ... Müller Reitzner! Denn er allein ... Muss ja immer mit den Reichs-Deutschen reden, ob wir das spielen dürfen ... Oder nur das ... Er allein ... Muss das ja immer alles verteidigen ... Und er allein ... Muss ja auch immer alles berechnen! Das kostet so viel und das kostet so viel ... Gestern waren so viele Zuschauer im Theater und heute sind es so viele ... Und geht

sich das aus? Verdammt, es muss sich ausgehen ...! Oh, ich versteh das alles! Ich darf alle möglichen Stücke schreiben, das ja, aber immer nur Stücke mit einer Handvoll Personen. Wegen der Kosten. Möglichst Stücke mit nur einem Bühnenbild. Wegen der Kosten. Und trotz allem Tiefgang der Gedanken müssen alle Stücke bitte immer lustig sein. Wegen der Einnahmen. Aber vor allem: Alle reden zwar hinter der vorgehaltenen Hand, dass es einen heimlichen Widerstand gibt! Im Militär! Und im Außenamt! In und um Berlin! Ja, selbst bei uns! Ausgerechnet in der ‚Heimat des Führers'! Bei den Kummerln in Donawitz! Und bei den Heiligen-Kreuz-Bauern, die sich heimlich treffen, im Tullnerfeld ... Aber das Wort Widerstand darf auf der Bühne, bitte, kein einziges Mal vorkommen! Also kommt es bei mir auch nicht vor! Siehst du, ich versteh alles!

CHRISTL RÄNTZ Leise, bitte, ja?

RUDOLF WEYS Oder das Wort SS. Oder der Hinweis, dass dein Herr Goebbels erstens ein Massenmörder und zweitens das zynischste Schwein auf Gottes Erdboden ist ... Das wissen wir zwar alle, aber auf der Bühne darf das unter keinen Umständen gesagt werden. Ich darf nur noch ‚Odysseus-Nummern' schreiben, die im Jahr 1000 vor Christus spielen! Und jetzt ... Jetzt will man auch die noch absetzen? Nein, meine Liebe, das sag ich grad dir sehr deutlich ... Nicht mit mir! Wir müssen alle lernen, viel mutiger zu sein!

CHRISTL RÄNTZ Du kennst den Goebbels nicht ... Der hat einen sehr eigentümlichen Humor.

RUDOLF WEYS Nein, ich kenn ihn nicht, das ist richtig, und ich will ihn auch nicht kennen lernen, aber ...

CHRISTL RÄNTZ Ich sag dir nur eines: Der ist stärker als wir ... Und eigentlich denken da bei uns ja auch fast alle anderen in Wirklichkeit wie er ... Beziehungsweise ... Im Wesentlichen wollen alle deine Wiener doch nur noch etwas haben ... Ihre Ruhe!

RUDOLF WEYS Aber überhaupt nicht! Ich bin auch ein Wiener, und ich ... Ich will nicht ... Meine Ruhe haben, sondern ich will, dass unser Programm ...

CHRISTL RÄNTZ Wenn du erst in Dachau bist, wirst auch du leiser werden. Denn die hauen dir dort sehr schnell eine drüber!

RUDOLF WEYS *(Pause)* Weißt du, was mich am traurigsten macht ...? Dass wir nicht mehr alle ... Hier im ‚Wiener Werkel' ... Dieselbe Überzeugung haben!
CHRISTL RÄNTZ Hast du an deine Frau gedacht?
RUDOLF WEYS Hab ich.
CHRISTL RÄNTZ Und an den Rupi?
RUDOLF WEYS Hab ich.
CHRISTL RÄNTZ Wollen die wirklich beide, dass die Reichs-Deutschen dich ...?
RUDOLF WEYS *(lacht leise)* Ich hab den Rupi heute Früh noch kurz im Arm gehabt. Er stand plötzlich vor mir. In seinem kleinen, weißen Nachthemd. Und hat mich gefragt, warum ich schon so früh wieder nach Wien muss ... Aber ich will nicht sentimental sein ... Wir müssen jetzt mit klarem Kopf eine Lösung finden, mit der wir alle leben können, bitte, ja? Vor allem ... Ich.

7. SZENE
Bühne des ‚Wiener Werkel'; Rudolf Weys, Christl Räntz, Müller-Reitzner

MÜLLER-REITZNER *(kommt mit einer Flasche Wein)* Vielleicht will unser Besuch ja ... Was trinken, nein?
CHRISTL RÄNTZ Wo ist denn der blöde ... ‚Völkische Beobachter'?
MÜLLER-REITZNER Der liegt auf meinem Schreibtisch.
RUDOLF WEYS Hast du jetzt gesagt ... ‚Der lügt auf meinem Schreibtisch?'
CHRISTL RÄNTZ Aber ich bitte dich! Das würde der Herr Direktor öffentlich doch nie sagen!
MÜLLER-REITZNER Er ‚liegt' ... Auf meinem Schreibtisch.
CHRISTL RÄNTZ Die andere Version stimmt aber schon auch ... Jedenfalls ... Die Idee mit dem Wein ist vielleicht eine ganz gute Idee. *(Ab.)*

8. SZENE

Bühne des ‚Wiener Werkel'; Rudolf Weys, Müller-Reitzner

RUDOLF WEYS *(will auch abgehen)* Ich muss mir ... Den Artikel auch anschaun ... Also ... Was genau schreibt der Schödl denn?
MÜLLER-REITZNER Am meisten hat er sich über den ‚Hintern' aufgeregt.
RUDOLF WEYS Worüber?
MÜLLER-REITZNER Na, über den Schluss deiner Schlussnummer ... ‚Man ist besorgt, und das mit Grund, | wie wird man überwintern? | Es fehlt bereits der letzte Schund, | nimmt man ein Blatt sich vor den Mund, | dann fehlt es für den Hintern.'
RUDOLF WEYS *(lacht)* Wenn er sich darüber aufgeregt hat, ist das immerhin ein Beweis, dass er diese Anspielung verstanden hat.
MÜLLER-REITZNER *(zeigt sein Manuskript)* Da können Sie sicher sein ... Der ist nicht blöd ... Nur etwas weiß er noch nicht ... Dass ich eine ‚offizielle Unbedenklichkeitserlaubnis' für unser Programm hab ... Die zeig ich ihm jetzt ... Wenn er kommt ... Ich hab die von einem freundlichen deutschen Oberleutnant bekommen, der im Herbst mit einer Schauspielerin von uns ... Sagen wir ... Befreundet gewesen ist.
RUDOLF WEYS *(nimmt das Manuskript)* Ah, war das nicht ...? *(Er deutet der Räntz nach.)*
MÜLLER-REITZNER *(nickt)* Ja, das war die Christl ... Aber leider haben sie diesen freundlichen Kerl bald nach unserer Freigabe an die Ostfront versetzt ... *(Pause.)* Leider nehme ich an, der hat damals nicht besonders lang in dem Text gelesen und blöderweise seine Freigabe nicht sehr begründet ... Er hat gesehen, das Mittelstück heißt ‚Die Reise des Odysseus durch Groß-Griechenland', das alles spielt also bei den alten Griechen ... Und da hat er sich wie Hamlet gesagt: Was ist mir ‚Hekuba'? Was bin ich ihr? Diese ‚Reise des Odysseus' kann doch nur sterbenslangweilig sein ... Und schon hat er das Manuskript abgestempelt.
RUDOLF WEYS Dann ist ja alles in Ordnung ... So lange die ihre eigene Bürokratie ernstnehmen und ...
MÜLLER-REITZNER Ja, nur ... Wenn die was beseitigen wollen, beseitigen sie das. Da kann kein Papier sie behindern ...

Drum ist es besser, wir machen jetzt erst einmal ein paar Striche, und dann sehen wir weiter.

RUDOLF WEYS Doch ... Striche?

MÜLLER-REITZNER Erinnern Sie sich an die Striche bei unserem vorigen Programm ...? Nach dem Anschlag auf den deutschen Offizier ...? Die Lautsprecherwagen fuhren am Nachmittag durch die Straßen mit der ‚frohen Botschaft': Die Ausgangssperre wird auf 17 Uhr vorverlegt ... Aber die Vorstellung lief schon ... Damals haben Sie gesagt, wir lassen einfach den vierten Akt weg ... Und nach fünf Minuten: Wir lassen auch den dritten Akt weg ... Aber der hatte auch schon begonnen ... Da haben wir die Schauspieler einfach von der Bühne geholt. Und was ist passiert? Das Programm hat nie mehr so einen Erfolg gehabt wie an dem Tag ... Das beweist, dass man allein mit Kürzungen enorme Erfolge erzielen kann!

RUDOLF WEYS *(steht nah vor Müller-Reitzner)* Kürzen Sie, was Sie wollen, aber ... Aber wenn mir bei der ganzen Gschicht was passiert, könnten Sie sich dann, bitte, etwas um meine Frau kümmern ...?

MÜLLER-REITZNER Um Ihre Frau?

RUDOLF WEYS *(zögert)* Sie ist Jüdin ... Alle Angehörigen wurden deportiert ... Sie lebt immer auf einem anderen Hof ... Im Gesäuse ... In der Nähe des Klosters Admont ... Dort weiß man immer, wo sie ist ... Mit unserem Buben ... Der ist vier ... Sie hat sonst nur mich ... Und Sie ... Sie haben immerhin das Parteiabzeichen ...

MÜLLER-REITZNER Also, bitte, jetzt dramatisieren Sie! Der Text im ‚Völkischen Beobachter' ist eine Warnung, ja, aber kein Todesurteil! Die Herren werden nur auch langsam nervöser ... Selbst Goebbels hat ja nicht nur Freunde in Berlin ... Ich sage nur Himmler, Heydrich, Schellenberg ... Da darf hier nix schief gehen ... Denn manche glauben ja schon, dass der große Glenn Miller mit seinem Saxophon und den anderen Musik-Amis schon in ein paar Wochen durch das Brandenburger Tor einmarschieren werden ... Wenn nicht die Russen schneller sind ... Aber lustig wird das für uns auch wieder nicht sein ... Denn dann werden die Herren unseres ‚heroischen Widerstandes' ...

RUDOLF WEYS Kennt die wer?

MÜLLER-REITZNER Die sind jetzt noch in Moskau, aber nach dem Krieg sind die alle wieder da, in Wien, und dann werden wir sie richtig kennen lernen, diese Herren, die werden uns nämlich sofort alle als ‚Kollaborateure' verhaften lassen, weil wir uns hier ja auch in der ‚bösen Nazi-Zeit' bemüht haben, immer noch ‚Theater' zu machen!
RUDOLF WEYS Naja, aber wir können doch dann ...
MÜLLER-REITZNER Dann können wir goa nix mehr ... Baden gehen können wir ... Werden die uns sagen.
RUDOLF WEYS Mir ... Mir können sie das nicht sagen. Ich kann nämlich nicht schwimmen.
MÜLLER-REITZNER Oh, die bringen Ihnen das ganz schnell bei. *(Es klopft.)* Das ist der Schödl. *(Ab.)*
RUDOLF WEYS *(ruft ihm nach)* Ja, aber was ... *(Leise.)* Sagen wir ihm denn jetzt?

10. SZENE

Bühne des ‚Wiener Werkel'; Rudolf Weys, Müller-Reitzner, Leo Schödl

MÜLLER-REITZNER *(kommt mit Schödl)* Wir haben Herrn Hauptschriftleiter Leo Schödl zu Besuch ... Ich darf Sie doch so nennen ... Der, wie er sagt, ein paar Fragen hat und ...
LEO SCHÖDL Heil Hitler.
MÜLLER-REITZNER Unser Autor Rudolf Weys ... *(Weys verneigt sich knapp.)*
LEO SCHÖDL Sehr erfreut ... Uns wurde mitgeteilt, dass Sie hier ein ... Programm aufführen, das zwar ... Unter starkem Publikumszuspruch gegeben wird, aber Sie spielen das ... Ohne, dass Sie eine Genehmigung dafür beantragt haben.
MÜLLER-REITZNER Nein, bitte, dieses Programm, das dieser Herr hier geschrieben hat, geht, das ist richtig, sehr gut, aber es ist rechtzeitig von der zuständigen Stelle genehmigt worden.
LEO SCHÖDL Wer sagt das?
MÜLLER-REITZNER Das Manuskript wurde offiziell abgestempelt.
LEO SCHÖDL Sagt wer?

MÜLLER-REITZNER Hier ist der Stempel. *(Zeigt ihm den Stempel auf dem Manuskript.)*
LEO SCHÖDL *(prüft den Stempel)* Ist der echt ...?
MÜLLER-REITZNER Ein zweites gestempeltes Exemplar muss in der Propagandastaffel ... In der zuständigen Stelle liegen ... Zu Ihrer Einsicht.
LEO SCHÖDL Das ... Wäre dann natürlich wirklich ... Ein einwandfreier Beweis, ja. *(Er stellt sich nahe vor Müller-Reitzner.)* Aber nach dem, was mir zugetragen wurde, würde ich persönlich Ihnen trotzdem nahe legen, das Stück abzusetzen ... Ohne dass weiter nach irgendeinem weiteren Papierkram gesucht wird.
MÜLLER-REITZNER Ich könnte das selbstverständlich tun, aber ich wüsste nicht, warum ich das tun sollte ... *(Deutet auf sein Parteiabzeichen.)* Ich bin, wie Sie wissen, genau so PG wie Sie, wir sind beide Parteigenossen ...
LEO SCHÖDL Um so schlimmer.
MÜLLER-REITZNER Ich halte vorläufig, bitte, nur fest ... Normalerweise setzen wir ein Stück nicht ab, wenn die Verantwortlichen es zuvor genehmigt haben ... Und wir es jeden Abend vor einem vollen Haus spielen können ... Jedes Theater ist ja auch ... Ein Wirtschaftsbetrieb.
LEO SCHÖDL Sagen wir das so ... Mir persönlich wäre es aus mehreren Gründen, über die ich hier nicht sprechen will, lieber, Sie würden das Stück sofort absetzen, ja ... Trotz der erwartbaren finanziellen Einbußen ... Denn wir wissen immerhin beide, dass dieses Stück jetzt lange genug gelaufen ist ... Und dass es eben nicht gerade beigetragen hat zu ... Also ... Das meine eben nicht nur ich ... Muss ich mehr sagen?
MÜLLER-REITZNER *(Pause)* Aha. Naja. Gut. Ich verstehe.
LEO SCHÖDL Wir könnten Ihnen aber selbstverständlich dabei helfen, ein anderes, geeigneteres Stück herauszubringen ... Ein Stück von Kleist zum Beispiel ... Kennen Sie Kleist?
MÜLLER-REITZNER *(leise)* Selbstverständlich.
LEO SCHÖDL Na, eben ... Ich sehe, wir verstehen uns.
RUDOLF WEYS Also ... Ich sehe das nicht. So.
LEO SCHÖDL Wie ... Meinen?
MÜLLER-REITZNER *(nickt schnell und unsicher)* Jajaja ... Ich hätte nur gerne ... Etwas Bedenkzeit.

LEO SCHÖDL *(schaut erst Weys an, dann Müller-Reitzner)* Sollen Sie haben, sollen Sie haben ... Reservieren Sie mir erst einmal ... Für heute ... Zwei Karten? Ich hoffe, ich kann jemanden mitbringen, den das alles enorm ... Interessiert. *(Müller-Reitzner nickt.)* Heil Hitler. *(Will abgehen.)*

11. SZENE
Bühne des ‚Wiener Werkel'; Rudolf Weys, Müller-Reitzner, Christl Räntz, Leo Schödl

CHRISTL RÄNTZ *(kommt mit dem ‚Völkischen Beobachter' in der Hand)* Guten Tag, Herr Hauptschriftleiter! Ich höre, Sie kommen am Abend? Da hören Sie ein ganz neues Lied von mir! *(Singt.)* Ich wünsch mir zum Geburtstag einen Vorderzahn, | den meinen schlug der Ferdinand mir ein, | ich weiß bis heute nicht, warum er das getan – | aus Liebe kann es nicht gewesen sein. Es hat vorher nicht den kleinsten Streit gegeben – | bis er grausam mich von seiner Seite stieß! | Und in meinem jungen, ihm geweihten Leben | plötzlich diese große Lücke hinterließ. | Die Krankenkasse sagt mir, das geht sie nichts an, | denn das ist schließlich meine Schuld allein. | Wenn sie das zahln möchte, käme ja ein jeder dann – | und hauert sich die Vorderzähne ein! *(Lacht.)* Das ist doch nicht sehr politisch, oder? Es ist auch gar nicht neu. Es ist ein so altmodischer Text, dass er schon wieder klassisch ist. Von unserem Autor Hugo Wiener ... Hautnah echtes Wien. Gereimter Volkswitz ... Oder sehen Sie in diesem Text auch schon wieder – wegen der eingeschlagenen Zähne – einen Angriff auf die SS?

LEO SCHÖDL *(Pause)* Keineswegs ... Aber ich kann Ihnen ganz genau sagen, was mich an Ihrer Odysseus-Nummer gestört hat ... Und die ist ja wohl immer noch im Programm, oder? Da hat mich gestört, dass Ihr Odysseus zwar ein PG ist, aber keineswegs ein vorbildlicher ‚Parteigenosse', sondern nur ein ‚Prima Grieche' ... Aber das hab ich ja noch akzeptiert, dass er jedoch in dem überorganisierten Land, durch das seine grauenhafte, zehnjährige Heimfahrt führt, ständig von Schikanen,

Klippen und Schluchten in Form von tausend ‚reichs-deutschen Erlässen und Verordnungen' behindert wird, dass er durch das wirtschaftlich total daniederliegende ‚Protektorat Kreta' wandern muss, bis er in seine Heimatstadt zurückkommt, wo er endlich die richtige Überlebensart lernt, nämlich das ewige Meckern, das hat mir nicht gefallen ... Aber besonders hat mich die Szene ‚Odysseus in der Pension Circe' gestört. Da karikieren ausgerechnet Sie genau jene Wiener Lokale als ‚Schlemmerlokale', in denen allerhöchste, wie Sie sagen ‚Bonzen', eben auch in den ärgsten Tagen des Krieges alles haben können, was das Herz begehrt, sogar echten Bohnenkaffee, den Traum aller Wiener und Wienerinnen ... Und ausgerechnet da haben Sie auch noch mit dem als Starkomiker auftretenden listenreichen, allmächtigen Götterboten – leicht zu erkennen am Dialekt und in der Bewegung – den etwas hinkenden Minister Goebbels karikiert ... Und das, sehen Sie, das hat mich am meisten gestört! Man lacht nicht über körperliche Behinderungen! Heil Hitler! *(Ab.)*

12. SZENE

Bühne des ‚Wiener Werkel'; Rudolf Weys, Müller-Reitzner, Christl Räntz

CHRISTL RÄNTZ Was genau ... Wollte der Schwerenöter denn jetzt eigentlich ... Hier?
MÜLLER-REITZNER Schwerenöter ...?
CHRISTL RÄNTZ Er hat mir gerade im Vorbeigehen ein Äuglein gekniffen! Der Mann hat sichtlich doch mehr Humor als man ihm zutraut ... Der ist kein ganz ... Unangenehmer Typ, nicht?
MÜLLER-REITZNER Ja, ich weiß, du kennst ihn vom Rummelplatz ...
CHRISTL RÄNTZ Vom Rennplatz!
MÜLLER-REITZNER Trotzdem warne ich dich ... Der glaubt, er ist hier auf ein Nest des Widerstands gestoßen ... Und das wird er zuallererst unter deinem Rock suchen.
CHRISTL RÄNTZ Soll ich ihm das erlauben?
MÜLLER-REITZNER Was ...
CHRISTL RÄNTZ *(betont harmlos)* Dass er da was findet?

MÜLLER-REITZNER Also Rock hin oder her, die Höllenfahrt heute am Abend ist jedenfalls jetzt kein Gerücht mehr ... Ich fürchte, der Schödl bringt seinen Chef mit ... Folglich ... Was müssen wir ändern?
RUDOLF WEYS Nichts. Sein Chef ist ja kein Trottel.
CHRISTL RÄNTZ Nein, das ist er nicht, aber ...
RUDOLF WEYS Ich bin überzeugt davon, dass der lachen wird ... Der Mann hat Sinn für Pointen ... Und wenn er erst lacht, dann ... Haben wir gewonnen.
MÜLLER REITZNER Ja, schon, aber ... Was, wenn nicht?

Licht aus, Musik, Umbau

13. SZENE
Hotel Bristol; Christl Räntz

CHRISTL RÄNTZ *(kommt und singt)* Wir laufen durch dic asphaltierten Straßen, | wir drängen uns in einer Stadt aus Stein, | wir fühlen uns bedrückt von unsern Gassen, | und könnten leicht und mühlos glücklich sein; | der Staub, der Lärm, die Steine sind uns über, | das Karussell der Großstadt wirft uns um, | wir werden bleich und müd und still darüber, | und dabei sind wir nichts als schrecklich dumm. | | In den Wäldern am Bach blüht der Frühling, | hoch vom Berg durch das Dorf bläst der Wind, | und es ist, bitte, nicht zu fassen, | dass wir nicht in dem Dorf, an dem Bach, auf dem Berg, | in den Wäldern im Frühling sind. | | Wir streiten über Klassen, über Rassen, | wie man die Welt von Tag zu Tag regiert, | das Zeitunglesen können wir nicht lassen, | man liest – und merkt kaum, dass man nichts kapiert. | Wir hocken qualmend vor den Mokkaschalen | und biegen unsere graden Glieder krumm, | dann rufen wir verärgert „Ober, zahlen!“ | Sind wir nicht, bitte, schrecklich dumm? | | In den Wäldern am Bach blüht der Frühling, | hoch vom Berg durch das Dorf bläst der Wind, | und da ist es doch gar nicht zu fassen, | dass wir nicht auf dem Dorf, an dem Bach, auf dem Berg, | in den Wäldern im Frühling sind. | | Ich suche täglich in den Straßen einen | mit etwas frischer Luft um das Gesicht, | dass es den gibt, das sollte man doch meinen, | doch grade diesen gibt es leider nicht. | Warum hab ich das dumme Lied gesungen? | Hätt ich es nicht getan, ich gäb was drum. | Doch etwas Föhn, und schon sind wir bezwungen – | wir Frauen sind so furchtbar arm und dumm ... | | Denn im Wald, an dem Bach blüht der Frühling, | hoch vom Berg durch das Dorf bläst der Wind, | und da ist es doch gar nicht zu fassen, | dass wir nicht in dem Dorf, an dem Bach, auf dem Berg, in den Wäldern im Frühling sind ... *(Ab.)*

14. SZENE
Hotel Bristol; Autor

AUTOR Unser Stück spielt im März ... Und dieses ‚Föhnlied' war auch damals eines der Umbaulieder. Der Autor war der ‚Ständige Conferencier' Harald Peter Gutherz. Diese Umbaulieder waren sehr beliebt, denn da konnten sich die Zuschauer von den politischen Texten ein paar Minuten erholen ... Aber zurück zu unserem Stück ... Wie Sie sehen, befinden wir uns nicht mehr auf der Bühne im ‚Wiener Werkel', sondern in der ‚Goebbels-Suite' im ‚Hotel Bristol'. Der Herr Minister hat nicht nur seine große Anschlussrede unter dem Applaus seiner Anbeter bereits beendet, sondern auch seine interne Ansprache an seine in Wien stationierten Abwehrspezialisten. Er hat ihnen erklärt, wie er sich die Arbeit seiner Leute vorstellt: Der jeweilige Abwehroffizier soll lächelnd auf seinen Gefangenen zugehen und sagen: „Ich gehöre zur Abwehr. Sie wissen genau, dass ich Ihnen kein Haar krümmen werde. So etwas gibt es bei uns nicht. Aber falls Sie weiter schweigen, bin ich gezwungen, Sie der Gestapo zu übergeben. Und was dann passiert, können Sie sich ausmalen. Da ist es doch viel vernünftiger, Sie führen jetzt ein offenes Gespräch von Mann zu Mann, da Sie am Schluss ja doch gezwungen sein werden, den Mund aufzumachen und ..."
Dieser ‚sauberen Arbeitsteilung' zwischen Gestapo und Abwehrzentrale verdankten übriges viele Mitarbeiter nach dem Krieg ihre ‚Eignung' für neue Aufgaben bei den westlichen Alliierten in Wien und in der Organisation Gehlen unter Adenauer.
Hier im ‚Hotel Bristol' also wohnt nun, im März 1941, der Reichsminister Joseph Goebbels. Das Hotel wirkt wie ein Bienenhaus,

nur im ‚Apartment Goebbels' herrscht eine ‚gespannte Stille', denn der Minister studiert gerade etwas irritiert den Geheimbericht über diesen, wie er findet, ‚extrem blödsinnigen Skandal im Wiener Werkel'.

15. SZENE
Hotel Bristol; Joseph Goebbels, Leo Schödl

LEO SCHÖDL *(kommt)* Heil Hitler.
JOSEPH GOEBBELS *(liest einen Bericht)* Locker, locker, lieber Schödl ... Ich habe Sie hergeholt ...
LEO SCHÖDL Melde mich zur Stelle.
JOSEPH GOEBBELS Seh ich, seh ich ... Was ich aber nicht sehe, ist, dass gegen diese gottverdammte Sauerei da etwas unternommen worden ist! *(Wirft den Bericht auf den Tisch.)* Nämlich ... Nur berichten darüber ... Das ist zu wenig!
LEO SCHÖDL Gegen welche ... Sauerei?
JOSEPH GOEBBELS Sie schreiben da ...
LEO SCHÖDL Verstehe ...
JOSEPH GOEBBELS Nee, Schödl, nichts verstehen Sie ... Sie schreiben da ... Hier in Wien wird ein Kabarett-Programm gespielt, das eine demoralisierende Wirkung auf unsere, jeden Abend ausgerechnet in dieses Theater strömenden Wehrmachtsangehörigen hat ... Was soll man denn in Berlin nun darüber denken ...?
LEO SCHÖDL Ach, diese Sache meinen Sie ... Ja, die ist eher unangenehm.
JOSEPH GOEBBELS Eher? Was meinen Sie mit ‚eher' ...? Das Ganze ist verdammt unangenehm!
LEO SCHÖDL Mit ‚eher' meine ich ... Ich komme gerade aus diesem Theater.
JOSEPH GOEBBELS Was? Spielen die jetzt auch schon am Vormittag?
LEO SCHÖDL Am Vormittag nicht. Aber an vielen Nachmittagen. Nämlich immer dann, wenn abends der Strom abgeschaltet wird und ...
JOSEPH GOEBBELS Was wollen unsere Männer denn da? Sind nackte Frauen auf der Bühne?

LEO SCHÖDL Eigentlich nicht, aber das Theater ist tatsächlich das alte ‚Moulin Rouge' ... Jetzt aber ist es eine Kabarett-Bühne ... Dort ist jetzt alles also mehr ... Zum Lachen.

JOSEPH GOEBBELS *(ungnädig)* Was ...?

LEO SCHÖDL Jedenfalls ist das beabsichtigt ... Sozusagen ... Auf jeden Fall habe ich gebeten, dass man mir heute zwei Karten hinterlegt ... Sollten Sie also Zeit haben ...?

JOSEPH GOEBBELS Kann man dort anständig ... Essen?

LEO SCHÖDL Werde mich erkundigen ... Vorläufig weiß ich nur, dass das Theater ungeheizt ist, dass die Zuschauer mit Schals und Wolldecken kommen, und wenn der Strom abgeschaltet ist, wie gestern, werden die Schauspieler nur durch das Tageslicht beleuchtet, das durch das – zu diesem Zweck frisch gereinigte – Glasdach dringt.

JOSEPH GOEBBELS Mann, klingt das ärmlich.

LEO SCHÖDL Und das Traurigste ist: Sehr viele Zuschauer sind jedes Mal tatsächlich ... Offiziere der Wehrmacht.

JOSEPH GOEBBELS Was? Unsere Offiziere sind auch dort? In einem ‚total demoralisierenden Stück'? *(Zu Leo Schödl.)* Was haben Sie denen denn gesagt? In dieser Bude ...

LEO SCHÖDL Ich habe den Theaterleuten empfohlen, die Vorstellung heute am Abend als ‚Dernière' anzukündigen.

JOSEPH GOEBBELS Aha ... Ahso ... Naja .... Immerhin ... Dann ist ja alles erledigt. *(Wirft den Bericht auf die Ablage und winkt Schödl, dass er gehen kann.)*

LEO SCHÖDL Die Sache ist nur die ... Der Autor will das nicht.

JOSEPH GOEBBELS Wer ...?

LEO SCHÖDL Und ich weiß auch warum ... *(Er zögert.)*

JOSEPH GOEBBELS Schödl, wenn Sie was Erhellendes zu sagen haben, dann kraulen Sie endlich los! Wir sind doch hier nicht in der Schwimmschule!

LEO SCHÖDL Fregattenkapitän Liebenschütz war vorgestern mit mir in der Vorstellung. Er meint, eine Gruppe jüngerer Leute auf den hinteren Plätzen habe jedes Mal, wenn von irgendeiner Art Widerstand auf der Bühne die Rede war, lauthals zu applaudieren begonnen.

JOSEPH GOEBBELS Organisierte Schulkinder?

LEO SCHÖDL *(liest nach)* Nein, von Schulkindern ist nicht die Rede.

JOSEPH GOEBBELS Na, dann ist das doch klar! Dann waren das irgendwelche Jugendliche ... Und den jungen Leuten wurde eben allmählich langweilig! *(Er lacht.)* Ein paar unschuldige Halbwüchsige haben sich in diese Bude verirrt und zu kichern begonnen! Wenn wir die nun mit sieben MGs verhaften, machen wir uns doch nur lächerlich! *(Ernst.)* Ich fürchte, Schödl, da will uns jemand reinlegen!

LEO SCHÖDL Nein, bitte, diese Leute haben applaudiert, als hätten sie das einstudiert ... Sagt auch Fregattenkapitän Liebenschütz.

JOSEPH GOEBBELS Wie ... Haben die applaudiert?

LEO SCHÖDL Minutenlang ... Und das klang, sagt Fregattenkapitän Liebenschütz, jedes Mal wie eine gewollte Provokation ...

JOSEPH GOEBBELS Wieso kann er das sagen?

LEO SCHÖDL Weil er gemerkt hat, dass bis dahin Unbeteiligte von Mal zu Mal heftiger mitapplaudiert haben ... Fregattenkapitän Liebenschütz sagt, er habe schon erwartet, das Publikum würde jede Minute mit ‚Gott erhalte Franz den Kaiser' beginnen!

JOSEPH GOEBBELS Na, das ... Wär doch was Schönes gewesen! In diesem viel zu katholischen Wien!

LEO SCHÖDL Fregattenkapitän Liebenschütz dachte, er müsse in den Boden versinken.

JOSEPH GOEBBELS In ‚die Versenkung', Schödl, heißt das im Theater ... Und ... Unsere Leute? Haben die auch fest mitapplaudiert? Blöd wie die sind?

LEO SCHÖDL Vorgestern nicht ... Aber ich meine, solche Situationen können leicht explodieren ... Ich meine, wenn ich mir erlauben darf, das zu sagen, ich habe mir durch die Lektüre der hiesigen, ostmärkischen Historiker und Dichter ein gewisses Verständnis für die Sitten und Gebräuche hier erarbeitet, das heißt, ich weiß um die kulturelle Stellung des Theaters in Wien Bescheid, aber ... Meiner Meinung nach dürften solche Kabarettaufführungen ... In unserer Situation einfach nicht mehr stattfinden ... Das Dumme ist nur, ein deutscher Oberleutnant hat den Leuten die ‚Unbedenklichkeit' ihres Kabarett-Programmes mit Unterschrift und Stempel bescheinigt.

JOSEPH GOEBBELS Warum das denn?
LEO SCHÖDL Er hat mit einer hiesigen Schauspielerin eine Affäre gehabt.
JOSEPH GOEBBELS Na, und?
LEO SCHÖDL Wurde an die Ostfront versetzt.
JOSEPH GOEBBELS Der Fall ist also bereinigt ... Der Mann wurde versetzt ... Alle seine Entscheidungen aufgehoben und ...
LEO SCHÖDL Er wurde versetzt, aber keine Entscheidung ... Wurde aufgehoben ... Und das Unangenehmste ... Diese betreffende Dame spielt in diesem Programm auch noch mit.
JOSEPH GOEBBELS Was ...?
LEO SCHÖDL Ja ... Und jetzt haben wir den Salat.
JOSEPH GOEBBELS Ach, die bringen wir einfach weg ... Bisschen Essig drauf und weg ... Mit dem Salat! *(Er lacht leise.)*
LEO SCHÖDL Das wird nicht so leicht gehen ... Sie ... Kennen diese Dame nämlich auch.
JOSEPH GOEBBELS Ich? Wieso?
LEO SCHÖDL Aus Berlin ... Spielte in dem Film ‚Flieger, Funker, Kanoniere'.
JOSEPH GOEBBELS Mensch, kann sein ... Ach, die ... Naja ... Mittelmäßige Produktion ... Aber immerhin ... Na dann ... Was ist das denn eigentlich für eine Geschichte, die diese Truppe da aufführt?
LEO SCHÖDL Das Ganze ist eher verwirrend, aber der Kern ist ... Widerstand.
JOSEPH GOEBBELS Wann ... Spielt denn die Geschichte?
LEO SCHÖDL Im alten Griechenland.
JOSEPH GOEBBELS Und was kratzt uns das?
LEO SCHÖDL Ob man will oder nicht, die Zuschauer beginnen nachzudenken.
JOSEPH GOEBBELS Worüber?
LEO SCHÖDL Darüber ... Wer Recht hat ... Sagt auch Fregattenkapitän Liebenschütz ... Die Unterdrücker oder die Unterdrückten.
JOSEPH GOEBBELS Na, und?
LEO SCHÖDL Die Besetzten ... Oder die Besatzer ... Ja, es ist vielleicht kein sehr bedeutendes Programm, aber es scheint doch wirksam zu sein.
JOSEPH GOEBBELS Gut.

LEO SCHÖDL Gut?
JOSEPH GOEBBELS Ja, sehr gut sogar ... Das macht die Entscheidung doch einfacher ... Wenn es im Programm um ‚Widerstand' geht, und wenn es tatsächlich was taugt, dann verbieten wir es!
LEO SCHÖDL Der Autor ist vielleicht kein sehr guter Autor ... Aber einfallen wird diesem Menschen garantiert sofort wieder ... Etwas ... Derartiges.
JOSEPH GOEBBELS Na, noch besser, dann ...
LEO SCHÖDL Er ist da draußen.
JOSEPH GOEBBELS Na, her mit ihm.
LEO SCHÖDL Ich habe mir seine Akte geben lassen. Wollen Sie selbst ...? *(Gibt sie Goebbels und geht zur Tür, um Weys zu holen.)*
JOSEPH GOEBBELS Ich ruf mal schnell in Berlin an ... Aber Sie ... Sollten jetzt nirgends mehr anrufen ... Auch nicht in Ihrer Redaktion ... Keinerlei Rumgetratsche mehr, ja ...? *(Goebbels links ab, Schödl rechts.)*

16. SZENE

Hotel Bristol; Leo Schödl, Rudolf Weys

LEO SCHÖDL *(bringt Rudolf Weys)* Vorwärts ... Und das alles, was Sie mir ... Nicht erzählen wollten, das können Sie jetzt hier erzählen. *(Weys schüttelt den Kopf.)* Jetzt ist es aus mit den Ausreden ... Nein, lassen Sie nur, das weiß ich doch, dass Sie den Kopf voll Ausreden haben ... Jeder von euch legt sich doch vor jedem Verhör ein Dutzend Ausreden zurecht ... Aber bei ihm werden Ihnen die nichts nützen ... Wetten wir, dass Sie keinen Fuß auf den Boden bekommen? Ich kenne den Mann ziemlich gut. Ich kannte ihn schon, da war er noch Redakteur am Niederrhein und ... Er hat mich auch hierher ... Ich meine ... *(Weys schweigt.)* Wir haben uns doch verstanden, oder? Hier wird Ihnen kein Haar gekrümmt. So etwas gibt es da nicht. Aber passen Sie auf, wenn Sie weiter schweigen, wird man gezwungen sein, Sie direkt der Gestapo zu übergeben ... Das Übrige, lieber Freund, können Sie sich dann ausmalen ... Finden Sie es nicht vernünftiger, jetzt ein offenes Gespräch von

Mann zu Mann zu führen, wenn Sie doch am Schluss gezwungen sein werden, den Mund ganz weit aufzumachen? *(Nimmt ihn an der Schulter.)*

17. SZENE
Hotel Bristol; Leo Schödl, Rudolf Weys, Joseph Goebbels

JOSEPH GOEBBELS *(kommt, leise)* Loslassen. *(Schödl lässt Weys los.)* Wo habt ihr ihn festgenommen? *(Rudolf Weys antwortet nicht.)*
LEO SCHÖDL Na, eigentlich gar nicht und ...
JOSEPH GOEBBELS Ist das wahr?
RUDOLF WEYS Ja, das ist wahr ... Er hat mir nur gesagt, es wäre vielleicht besser, wir reden hier in Ruhe, bevor Sie heute in die Vorstellung kommen.
JOSEPH GOEBBELS *(zu Schödl)* Aha ... Naja, gut ... Also ... Bericht über alle Vorkommnisse in diesem Theater und ... *(Geste, dass Schödl verschwinden soll.)*
LEO SCHÖDL *(macht die Bewegung des Handschellenanlegens)* Soll ich ... *(Goebbels schüttelt den Kopf, Schödl ab.)*

18. SZENE
Hotel Bristol; Joseph Goebbels, Rudolf Weys

JOSEPH GOEBBELS Ich habe eigentlich nur eine Frage ... Gibt es Absprachen ... Mit diesen Leuten, die Abend für Abend so auffällig ... Applaudieren?
RUDOLF WEYS Nein.
JOSEPH GOEBBELS Bestimmt nicht?
RUDOLF WEYS Bestimmt nicht ... Unser Direktor trägt ja selbst das Parteiabzeichen.
JOSEPH GOEBBELS *(geht nachdenklich hin und her)* Das wundert mich ... Aber, bitte, ich bleibe dabei: Bei mir zu Hause könnten Sie allerlei Witze machen, aber auf offener Bühne, mitten im Krieg, da geht das einfach nicht ... Darüber können wir uns doch klar werden, nicht ...? Wollen Sie sich setzen?

RUDOLF WEYS Ich würde lieber gleich wieder gehen.
JOSEPH GOEBBELS Ja, das versteh ich, nur ... Dazu ist unsere Sache noch zu ungeklärt. *(Er geht weiter hin und her, gibt dann Weys einen Text.)* Mir ist schon klar, Ihr ganzes Augenmerk gilt der Frage: Wie täuscht man die Machthaber, wie spottet man, ohne verboten zu werden, aber ... Kennen Sie das?
RUDOLF WEYS *(liest)* Doch wir haben die Losung von Dachau gelernt und wir wurden stahlhart dabei. Bleib ein Mensch, Kamerad, sei ein Mann, Kamerad: Denn Arbeit, Arbeit macht frei.
JOSEPH GOEBBELS Ja, und ...?
RUDOLF WEYS Der Satz steht auf dem Tor von Dachau.
JOSEPH GOEBBELS Kommen Sie mir nicht mit dem Einwand, man will durch diese Art von positiven Sätzen unsere Politik unterstützen! Wir haben eine solche Unterstützung nicht nötig ... *(Heftiger.)* Durch diese Art von ... Conférenciers und sogenannten ... Ulkmachern ... Das ist doch reiner Hohn ... Das sieht doch jede Gurke! *(Lacht selbst.)* Wer ist denn dieser ... Jura Soyfer?
RUDOLF WEYS Der war ... Einer der Hausdichter ... In unserer Kleinkunstbühne ... Jetzt ist er das ... Im KZ.
JOSEPH GOEBBELS Jude, oder ... ? Also was Dachau ist, das weiß ich, aber was heißt ... Eigentlich ... ‚Kleinkunstbühne'? Was ist denn das ... ‚Kleinkunst'? Entweder is was Kunst oder nich Kunst, aber ‚Kleinkunst'? Was hat denn unser neues ‚Groß-Deutschland' mit Ihrer ‚Kleinkunst' am Hut, bitte sehr?
RUDOLF WEYS Im Spätherbst 1938 erhielt der Schauspieler Adolf Müller-Reitzner ...
JOSEPH GOEBBELS Was? Ausgerechnet ‚Adolf'? Ja?
RUDOLF WEYS Vornamen sagen nicht viel ... Oder?
JOSEPH GOEBBELS Richtig. Ich heiße ja auch Joseph. Bin ich deswegen ‚ein Nährvater'? Naja ... Für manche vielleicht schon ... Aber das ist eine andere Sache ... Also?
RUDOLF WEYS Im Spätherbst 1938 erhielt der Schauspieler Adolf Müller-Reitzner vom Gaupropaganda-Amt Wien den Auftrag, am Standort Wien I, Liliengasse 3, im früheren ‚Moulin Rouge', eine ‚Kleinkunstbühne' zu eröffnen ... Das war die amtliche Bezeichnung ... Dieser amtliche Auftrag wurde sofort erfüllt, diese Kleinkunst-Bühne heißt jetzt ‚Wiener Werkel', und dort arbeiten wir.

JOSEPH GOEBBELS Gut, ja, das mag ja stimmen, aber ... Ihre Arbeit findet vor allem zwischen den Zeilen statt, oder ...? Anspielungen, Doppelbödigkeiten, etcetera pepe ... Was ich nämlich davon ... Gehört habe ... Gefällt mir gar nicht.
RUDOLF WEYS Da sind Sie nicht der Erste. Und trotzdem spielen wir immer noch ... Wir haben, wie Sie sicher hier in Ihrem Akt auch ... Lesen können ... Wir haben den Einmarsch der Reichs-Deutschen in Wien im März 1938 als Einmarsch der Japaner in China dargestellt. Und der Amtsdiener Po Ma-Li fragt seinen Chef, den Hofrat Po Kor-Ni entsetzt: ‚Was soll denn nun gschehn, Herr Hofrat, wo die da sin?' Da lehnt sich der Herr Hofrat zurück und beruhigt ihn: ‚Goa nix wird gschehn, lieber Po Ma-Li, seins nur net nervös ... Mir werns scho demoralisiern.' *(Goebbels lacht leise.)* Ja, bitte, der Herr Gauleiter Bürckel war selbst mit seinem Stab in der Vorstellung und hat gerade bei dieser Stelle auch gelacht ... Steht sicher da ... Die Schauspieler haben allerdings grad in dieser Vorstellung die besten Pointen brav ‚vernuschelt' ... Das steht wahrscheinlich nicht da.
JOSEPH GOEBBELS Und dazu kam ... Toll viel Alkohol, oder?
RUDOLF WEYS Das war das Entscheidende ... Und die Vernunft des Herrn Gauleiters ... Der ist ja aus dem Saarland ... Das ist fast Frankreich ... Und deswegen hat er nach der Vorstellung wohl gesagt, man könne in der Ostmark nicht die gleichen Maßstäbe anlegen wie im Reich. *(Schaut Goebbels direkt an.)* Kann ich noch was sagen? Zu unserem Programm? *(Geste von Goebbels.)* Ich weiß nicht, wer das behauptet hat, aber es applaudiert niemand in unserem Theater absichtlich provokant ... Niemand.
JOSEPH GOEBBELS Mir wurde aber mitgeteilt ...
RUDOLF WEYS Von einem Ihrer Leute? Einem hier Fremden? Dann sind das Mystifikationen. Wer soll denn hier provozieren? In dieser Stadt haben doch alle nur noch Angst.
JOSEPH GOEBBELS Ah, ja ...?
RUDOLF WEYS Die Wiener sind feig, verlogen und verwöhnt! Sie applaudieren, wenn ein Sänger in der Oper einen unnatürlich hohen Ton trifft, dann ja ...
JOSEPH GOEBBELS Neenee, mein Lieber, das is mir zu simpel.
RUDOLF WEYS Man applaudiert nach einem gelungenen Aktschluss, das schon, aber doch nicht, wenn ...

JOSEPH GOEBBELS Einer auf der Bühne eine politische Sauerei rauslässt ...? Neenee, mein Lieber, das erzählen Sie mal Ihrer Großmutter!
RUDOLF WEYS Sie glauben mir das nicht, aber ... Hier passiert alles nur noch aus Angst.
JOSEPH GOEBBELS Und das? *(Gibt ihm den Akt.)*
RUDOLF WEYS *(liest)* Frau Kampel singt: ‚Nur am Rhein, da möcht ich leben, nur am Rhein geboren sein ...' Herr Kampel kommt: ‚Was is? Bist narrisch worn?'
JOSEPH GOEBBELS Das ist doch auch ... Nicht sehr deutschenfreundlich, oder?
RUDOLF WEYS Also da muss man schon sehr kleinlich sein, wenn man bei so einem Kinderlied ...
JOSEPH GOEBBELS Naja, vielleicht haben Sie recht ... Ich finde das ja auch alles lächerlich ... Und vor allem ... Durchaus nicht ganz unbegabt ... Also ... Fangen wir mal so an ... Hat Sie jemand gesehen, als dieser Journalist Sie in seinem Wagen mitgenommen hat?
RUDOLF WEYS Nein ... Ich denke nicht.
JOSEPH GOEBBELS Kann jemand aus dem Theater heraus Sie ... Beobachtet haben?
RUDOLF WEYS Das glaube ich nicht ... Die Kollegen waren alle noch auf der Bühne ... Unsere Bühne hat keine Fenster zum Platz vor dem Theater.
JOSEPH GOEBBELS Gut ... Dann ist es vielleicht am besten, Sie gehen einfach wieder in Ihr Theater zurück ... Und sagen allen, die Sie fragen, es sei alles in Ordnung.
RUDOLF WEYS Ja, aber Herr Redakteur Schödl hat im Theater gesagt, dass nichts in Ordnung ist ... Man wird mir also nicht glauben.
JOSEPH GOEBBELS Wieso denn nicht ...? Ja, dieser Herr Schödl war bei Ihnen im Theater, und ja, er hat sich erkundigt! Aber was hat er erfahren? Es gibt eine Spielgenehmigung für Ihr Programm ... Und also war alles nichts als ein Missverständnis.
RUDOLF WEYS Wir können unser Programm also spielen?
JOSEPH GOEBBELS Nehmen Sie die zwei Nummern raus ... *(Schaut in seinen Akt.)* Diesen ‚Odysseus' und den ‚Januskopf'... Und den Rest spielen Sie ... Heute am Abend ... Und das wars dann.

RUDOLF WEYS Bitte ...?
JOSEPH GOEBBELS Mann, was wollen Sie denn noch? Dieses Programm macht uns allen doch nur Ärger.
RUDOLF WEYS *(leise)* Aber dieses Programm habe ich geschrieben, weil ich überzeugt davon bin, dass wir gerade jetzt ...
JOSEPH GOEBBELS Ja, Sie sind von sich überzeugt, aber ich ... Ich bin das auch ... Und ich muss dieses Stück verbieten ... Das ist für uns alle besser ... Das Stück hatte bis heute eine Spielerlaubnis, ja, aber ab morgen hat es keine mehr ... Gesetze sind Gesetze.
RUDOLF WEYS Kommt es nicht immer darauf an, wie man die anwendet?
JOSEPH GOEBBELS Wie wir dieses Gesetz anwenden, habe ich Ihnen doch gerade erklärt. *(Pause)* Aber Sie glauben, einem ‚Mann der Worte' tun die deutschen ‚Dichter und Denker' nichts?
RUDOLF WEYS Nein, das denke ich nicht.
JOSEPH GOEBBELS Oh, ich weiß, alle Künstler sind hochmütig. Und in Ihren Augen sehe ich diesen Hochmut auch ... Sie denken, wenn wir Sie hops nehmen, was wäre das doch für ein pompöser Stückschluss: Das Opfer hängt am Stephansdom ... Neenee, für mich ist das nichts ... Wir Nationalsozialisten sind keine Spektakelbrüder, wir sind für die Gesamtordnung zuständig! Verstehen Sie?
RUDOLF WEYS Nein.
JOSEPH GOEBBELS Warum verstehen Sie das nicht?
RUDOLF WEYS Weil ich es nicht verstehen will.
JOSEPH GOEBBELS Ah, na großartig! Für Sie ist das ganze Leben nichts als eine große Fantasie, nicht? Für mich aber ist mein Beruf ein Beruf wie jeder andere. Er ist nicht immer leicht – schon gar nicht da in diesem phäakischen Wien –, aber ich nehme meinen Beruf ernst. Wir Nationalsozialisten haben auf alle hier aufzupassen. Besonders aber auf die, die uns leider immer noch nicht lieben. Und ich spüre leider gerade auch bei Ihnen einen tief sitzenden Hass.
RUDOLF WEYS Nein, da irren Sie sich ... Ich hasse niemanden.
JOSEPH GOEBBELS Sehen Sie, ich hasse schon ... Sie nämlich ... Denn hier steht ... *(Liest aus einem Protokoll vor.)* Im

Zuschauerraum dieses Theaters sitzen jeden Abend Leute, die planen, führende Nationalsozialisten ...
RUDOLF WEYS Davon weiß ich nichts.

19. SZENE
Hotel Bristol; Joseph Goebbels, Rudolf Weys, Leo Schödl, Christl Räntz

LEO SCHÖDL *(kommt)* Verzeihung, aber ...
CHRISTL RÄNTZ *(stürmt herein und umarmt Goebbels)* Endlich! Endlich! Endlich!
JOSEPH GOEBBELS *(etwas geniert)* Richtig, ja ... Wir hatten lange nicht das Vergnügen! *(Winkt Schödl, er möge Weys hinausbringen.)*
RUDOLF WEYS *(entsetzt zu Räntz)* Bist du verrückt ...?
CHRISTL RÄNTZ Ja. Ich auch. Offenbar.
LEO SCHÖDL Verzeihung. *(Mit Weys ab.)*

20. SZENE
Hotel Bristol; Joseph Goebbels, Christl Räntz

CHRISTL RÄNTZ Er glaubt, nur er ist verrückt. Aber da irrt er sich. *(Sie umarmt Goebbels noch einmal.)* Es ist wirklich schwer, zu dir durchzukommen ... Ja, ich weiß, du hast viel zu tun ... Aber nicht nur du musst große Reden schwingen, auch wir sind jetzt ebenfalls Tag und Nacht beschäftigt ...
JOSEPH GOEBBELS Mit allen Männern von Wien ...
CHRISTL RÄNTZ Nur mit den Kollegen, mein Lieber ... Proben, Vorstellungen, Umbesetzungen ... Heute müssen wir schon wieder eine zusätzliche Strichprobe machen ...
GOEBBELS *(versucht einen Scherz)* Du gehst ... Auf den Strich?
CHRISTL RÄNTZ *(lächelnd)* Strichproben ... Sind ein Teil unserer Arbeit im Theater! Das müsstest du doch wissen! Vom Film! Hast du den übrigens schon gesehen, in dem ich mitgespielt hab? ‚Flieger, Funker, Kanoniere'? Nein? Nicht? Wie ich in Berlin war, hast du dich doch sehr ... Dafür interessiert ... *(Er will sie*

umarmen, sie wehrt aber ab.) Du ... Wegen der Strichproben ... Müssen wir die wirklich machen?

JOSEPH GOEBBELS Ja, ich weiß, dass du Tag und Nacht beschäftigt bist! Im ganzen ‚Großdeutschen Reich' ... In Wien, Berlin und München ... Das ist mir nicht neu ... Neu aber ist für mich ... Du hast geschmeidigere ... Hüften bekommen.

CHRISTL RÄNTZ *(nickt)* Man vervollkommnet sich täglich.

JOSEPH GOEBBELS Und sonst?

CHRISTL RÄNTZ Was soll sein ...? Ich liebe nur dich und sonst niemanden!

JOSEPH GOEBBELS Deswegen bist du ausgerechnet jetzt ...

CHRISTL RÄNTZ Ja, das musste ich dir doch unbedingt ... Wieder einmal sagen!

JOSEPH GOEBBELS Das versteh ich, aber ich hatte gerade jetzt ein höchst unangenehmes Verhör ...

CHRISTL RÄNTZ Lass ihn gehen ... Und du bist mich schon wieder los!

JOSEPH GOEBBELS Ah, will ich das denn? Will ich dich schon so schnell wieder los sein?

CHRISTL RÄNTZ Für alles andere ist doch jetzt nicht Zeit, oder ...? Ich könnte dir höchstens noch schnell sagen, wie schön du heute wieder bist! Du strahlst so eine hoheitsvolle Intelligenz aus ... Die jedem sofort sagt, dass du allmächtig bist!

JOSEPH GOEBBELS Sagst du das allen Männern?

CHRISTL RÄNTZ Aber bitte, das sag ich selbstverständlich nur denen, die ich liebe.

JOSEPH GOEBBELS Und ... Sind das viele?

CHRISTL RÄNTZ Momentan nicht ... Momentan liebe ich nur dich. *(Kuss.)*

JOSEPH GOEBBELS Na, dann sag das, bitte, noch einmal so hingebungsvoll ... Mit diesen halb geschlossenen, liebevollen Augen ...

CHRISTL RÄNTZ Ich liebe dich.

JOSEPH GOEBBELS Das ist wunderbar! Und doch ist es schrecklich! Denn wir armen Männer wissen nie, was wirklich vorgeht im Herzen einer Frau ... Wir müssen euren Augen glauben, und das, obwohl wir wissen, die schönsten lügen oft am hässlichsten ... Aber deine, das glaub ich wirklich, sind wenigstens hin und wieder treu und rein ... Wenn du nämlich ganz direkt etwas Spezielles willst von einem deiner Männer ... Denn diese Augen können einfach nicht lügen, wenn du wirklich was willst ... Dein Blick ist dann so richtig offen und ehrlich ... Das sieht jeder ... Mit diesen Himmelsaugen jemanden zu betrügen, das wäre die Hölle ... Ich glaube, du hast deine Augen einem Engel geklaut!

CHRISTL RÄNTZ Ich glaub eher ... Irgend einem Kramperl, oder? Denn wenn ich denke, wie viele wohlgeformte Stabshelferinnen ... Und Filmschauspielerinnen du immer um dich hast, die dich anbeten ... Dann könnte ich die alle umbringen ... Mit meinen eigenen Händen!

JOSEPH GOEBBELS Ja, aber das sind doch alles keine ... Ich meine, keine ist ... So wie du ... Eine ‚echte Wienerin', die ...

CHRISTL RÄNTZ Na, aber ich seh doch diese Damen ... Immer in der Wochenschau ... Wie sie dich anhimmeln!

JOSEPH GOEBBELS Ja, aber wenn ich dich im Arm hab, sind alle anderen Himmel vergessen ... Ich will, dass du mir jetzt versprichst, dass du mir sofort Bescheid gibst, wenn du dich in einen anderen hier verliebst ...

CHRISTL RÄNTZ Was ... Willst du? Nach dem Reinfall in Berlin soll ich hier wieder ...

JOSEPH GOEBBELS Du weißt nicht, wie weit meine Liebe geht ... Ja, gut, ich weiß es ja selber nicht ... Aber es ist wahr, es gibt Augenblicke, in denen auch ich dich lieber tot sehen will als mit einem anderen glücklich ...

CHRISTL RÄNTZ Oh, ich liebe dich!

JOSEPH GOEBBELS Aber ich gebe zu, ich habe auch andere Minuten, in denen ich einfach glücklich bin, weil ich weiß, dass es dich gibt ... Ja, schau mich an ... Offen, ehrlich und ganz direkt ... Ich denke manchmal schon auch, dass du mich täuschst ... Dann möchte ich unsichtbar sein und dir folgen können ... Und immer wissen, was du tust und sagst und wo du gerade bist ... In den Feenmärchen meiner Kindheit am Niederrhein ... Gibt es einen Ring, der einen unsichtbar macht ... Alles würde ich aufgeben für so einen Ring ...

CHRISTL RÄNTZ Oh, du bist wirklich der geborene Oberspion!

JOSEPH GOEBBELS Dann könntest du in alle Theater gehen, in alle Garderoben der schönsten Schauspieler ... Und ich wäre immer bei dir.
CHRISTL RÄNTZ Das ist eine großartige Vorstellung! Und dann lässt du einen nach dem anderen umbringen.
JOSEPH GOEBBELS Sehr richtig! Und mit dem da draußen fang ich an.
CHRISTL RÄNTZ Ich hab einen besseren Vorschlag ... Du sagst ihm jetzt gleich, er kann gehen ... Und schon bin ich weg ... Du winkst, ich verschwinde, und ruf dich an, sobald ich wieder in Berlin bin, ja? *(Joseph Goebbels wiegt den Kopf, aber er bringt sie zur Tür.)* Schau mich an ... Seh ich aus wie eine, die sich erlauben kann, dich zu betrügen? Den Herrn der Welt?
JOSEPH GOEBBELS Dir trau ich alles zu. *(Kuss, er öffnet die Tür, beide ab.)*

Lichtwechsel, Musik

21. SZENE

Hotel Bristol; Autor

AUTOR Immer wieder bewährte sich im ‚Wiener Werkl' der Trick, in den dargestellten Figuren scheinbare ‚Auswüchse' anzuprangern. Ihren fiktiven Figuren legten Rudolf Weys und seine Mitarbeiter Worte, Pointen, Tiraden in den Mund, die normalen Sterblichen selbstverständlich verboten waren. Wenn Graf Bobby an NS-Errungenschaften Kritik übte, erklärten die Verantwortlichen des ‚Wiener Werkels', das sei doch nur die Meinung eines ‚verkalkten, nicht ernst zu nehmenden, alten Aristokraten'. Diesen Vorbehalt akzeptierten die Zensurstellen fast immer, aber das Publikum nahm die Pointen dann doch so direkt, wie sie gemeint waren. Keiner fragte, ob das ‚Verkalkte' denn nun auch wirklich als ‚verkalkt' gemeint war und nicht doch eher als ‚hinterfotzig' ... Eine Meisterin dieser Kunst der ehrlichen Verstellung war Christl Räntz. Nicht nur als Textdichterin, sondern auch als Schauspielerin und Sängerin. Wenn sie davon gesungen hat, dass die Wiener Bürger sich nur mehr um die kleinen Dinge kümmern sollten, dann meinte sie eigentlich, dass ihre verehrten Mitbürger in dieser ‚korruptionsdurchwachsenen Zeit' doch, bitte, mehr im Auge haben sollten als ein bisserl Bridge, das Sparbüchl und die Sommerfrische am Wörthersee ... Aber, bitte, hören Sie selbst ... Das kleine Lied passt durchaus auch in unsere Zeit ... Der Shopping- und Wellness-Society, wo so vielen in Hietzing und Döbling alles ‚Wurscht' ist, nur das eigene Wohlbefinden nicht.

22. SZENE

Hotel Bristol; Christl Räntz

CHRISTL RÄNTZ *(kommt und singt)* Sie leben von den kleinen Nebensachen, | ein kleiner Flirt, ein bisserl Bridge, ein Tasserl Tee, | ein Frühlingstag, ein leises Frauenlachen, | das ist nicht viel, gewiss, und ist auch rasch passé, | doch leben sie von diesen Nebensachen | viel glücklicher als von dem ‚großen Los', weil sie den großen Treffer doch kaum machen, | und machen sie ihn, ist er nicht so groß. | | Denn man verbrennt sich an der großen Liebe, | und man langweilt sich auch im höchsten Glück, | und sehnt sich nach den kleinen Nebensachen, | dem Frühlingstag, dem leisen Frauenlachen, | verärgert und verschämt zurück. | | Sie leben von den kleinen Nebensachen, | dem kleinen Lob, dem Avancement zum Ober-X, | dem Sparbuch und dem Sommerplänemachen, | und ist das auch nicht viel, so ist es doch nicht nix. | | Sie leben von den kleinen Nebensachen viel glücklicher als von dem großen Coup, | denn – wenn sie den nicht immer wieder machen, | vergisst man sie, und ihren Coup dazu. | | Wie leicht blamiert man sich, dann ists vorüber, | man hat doch selten mehr als einmal Glück, | dann sehnt man sich nach kleinen Nebensachen, | dem Sparbuch und dem Sommerplänemachen, | verärgert und verschämt zurück. | | Begnügen Sie sich mit den Nebensachen, | denn meist ist es um große Dinge schlecht bestellt; | Sie können kaum mehr Geld als ... machen, | und wenn, was macht ein netter Mensch mit so viel Geld? | | Sie können kaum mehr schöne Fraun umgarnen, | das ist kein Feld für Sport und Weltrekord ... | Und wenn? Naja, wozu auch warnen, | Sie werdn sehn, das geht nicht fort und fort. | | Ja, man verbrennt sich an der großen Liebe | Und man langweilt sich leider auch im Glück, | weshalb verachtet man die Nebensachen? | Das Sparbuch und das leise Frauenlachen? | Also ... Das kleine große Glück? *(Ab.)*

23. SZENE

Hotel Bristol; Joseph Goebbels, Leo Schödl, Rudolf Weys

JOSEPH GOEBBELS *(kommt mit Weys)* Ich mach Ihnen einen Vorschlag: Niemand wird verhaftet, wir ... Wir schalten den Strom wieder an, ihr spielt heute die letzte Vorstellung ... Und dann vergessen wir die ganze Geschichte ... Das wär auch für Sie gefahrloser ... Sie sollten mehr Liebesgedichte schreiben ... Und nicht mehr so viel über die ‚große Politik' ... Da ändern Sie doch nix ... *(Weys geht zur Tür.)* Wohin gehen Sie?
RUDOLF WEYS Ins Theater. Die Abendvorstellung vorbereiten ... Und die für morgen.
JOSEPH GOEBBELS Was spielen Sie denn jetzt wieder für eine Rolle? Den Helden der letzten Tage?
RUDOLF WEYS Ich spiele weder Bridge, noch sonstwas. Ich bin kein Spieler. Ich war auch nie einer. Ich bin ein Beobachter. Ich habe ein Programm geschrieben, das jetzt in dieser Zeit gespielt werden muss, weil es für diese Zeit geschrieben worden ist, und also gehe ich jetzt ins Theater, um dort auf der Bühne alles für die Vorstellung vorzubereiten.
JOSEPH GOEBBELS Was ... Soll denn da vorbereitet werden?
RUDOLF WEYS Na, die Kerzen zum Beispiel ... Wenn Ihre Leute uns den Strom doch wieder abschalten.
JOSEPH GOEBBELS Ach! Und dann müssen Sie wohl auch noch alle Provozierer gehörig einschulen, nicht?
RUDOLF WEYS Ich weiß wirklich nicht, wer diese Leute sind ... Die Leute, die da applaudieren, sind jeden Tag andere ...
JOSEPH GOEBBELS Aber instruiert werden sie immer von denselben Vorbetern. *(Er lacht.)* Mein Lieber, so dumm können Sie doch nicht sein! Wenn Sie jetzt vernünftig sind, können Sie von hier direkt ins Gesäuse fahren ... Nach Admont ... Zu Ihrer

Frau und Ihrem Sohn ... *(Deutet auf die Akten.)* Ja, ich weiß, dass Sie einen halbjüdischen Sohn haben ... Aber ... Wenn die ganze Stadt jetzt über diese dumme Geschichte dumm weiterredet, müssen wir was tun! Dagegen! *(Weys will abgehen, Goebbels legt seine Akte weg.)* Das ist völlig unsinnig, was Sie jetzt machen! Dafür ist es zu spät! Jetzt steht schon eine Wache vor Ihrem ‚Moulin Rouge'! Sie kommen da nicht mehr hinein ... Und selbst wenn Sie hinein kommen, heraus kommen Sie dann garantiert nicht mehr.

RUDOLF WEYS Es ist mein Programm. Nicht Ihres.

JOSEPH GOEBBELS Es war ... Ihr Programm, ja, aber seitdem wir diese Stadt besetzt haben, ist es unser Programm. Denn wir haben hier jetzt für alles die Verantwortung. *(Hält Weys fest.)* Für wen ... Wollen Sie denn Ihr Programm so unbedingt weiter spielen? Für die paar, die glauben, dass die Zukunft dieses lebensunfähigen Zwergstaates Österreich ausgerechnet in Ihrem saukalten Zuschauerraum ausgebrütet wird? Dieses ostalpine Schrumpfland war immer nur die ‚Ostmark des Deutschen Reiches', und wird immer nur die ‚Ostmark des Deutschen Reiches' bleiben! Wirtschaftlich einem Blinddarm vergleichbar ... In diesem Land kann keiner tschechisch, slowakisch, ungarisch, kroatisch, slowenisch oder italienisch, hier wird immer und ewig ausschließlich eine ‚Art Deutsch' gesprochen ... Für wen also wollen Sie ...?

RUDOLF WEYS Für mich.

JOSEPH GOEBBELS Das ist ...

RUDOLF WEYS Meine ... Pflicht ... Ja.

JOSEPH GOEBBELS Ihre ... Pflicht?

RUDOLF WEYS Wir müssen alle lernen, mutiger zu werden.

JOSEPH GOEBBELS Pflicht! Ah, jetzt hab ich Sie! Es gibt also doch eine Organisation, die Ihnen all diese Dummheiten vorschreibt? Der Sie verpflichtet sind ... *(Er lacht.)* Aber Ihr Einwand vorhin war nicht unüberzeugend ... Wir müssen alle lernen, mutiger zu werden, ja ... Daran will auch ich mich halten ... Ehe es zu spät ist! Der Einzige, der bei uns aus der Reihe tanzt, ist typischerweise nämlich unser Fliegerheld Göring! Und warum? Weil er ein Sybarit ist! Kein Nationalsozialist!

RUDOLF WEYS Was ist er ...?

JOSEPH GOEBBELS Es ist eine Schande, dass ausgerechnet so ein Fettsack wie Göring die Partei repräsentiert! Ein Fettsack, der mit der Partei so viel zu tun hat wie eine Kuh mit der Strahlenforschung ...! Sehen Sie, mein Lieber, auch dieses Problem muss demnächst gelöst werden ... Es hat keinen Sinn, an allen Dingen immer nur vorbei zu reden! *(Weys geht zur Tür.)* Hiergeblieben! *(Weys bleibt stehen.)* Ich sehe, jetzt spielen Sie doch ... Den Helden ... Aber ich prophezeie Ihnen, wenn meine Leute Sie abführen, werden Sie schon da draußen vor meiner Zimmertür zusammenbrechen.
RUDOLF WEYS Ja, das kann sein ... Ich bin kein mutiger Mensch.
JOSEPH GOEBBELS Ja, aber warum riskieren Sie denn dann, dass Sie ...
RUDOLF WEYS Jeder muss das machen, was er machen muss ... Sie Ihre Sache, ich meine ... Ich hab nur eine Bitte ... Lassen Sie sich nicht zu lange Zeit ... Ich kann nicht ewig mutig sein ... Mir ist jetzt schon ganz schlecht vor lauter Mut. *(Ab.)*

24. SZENE
Hotel Bristol; Autor

AUTOR Sie haben sicher schon gedacht, dass es nicht ganz so gewesen sein kann. Und da haben Sie auch recht. Aber der harte Kern der Geschichte ist immerhin, dass der Theaterdirektor Adolf Müller-Reitzner im März 1941 zum Verhör in das Goebbels-Apartment im ‚Hotel Bristol' geholt worden ist, und dass der Herr Minister ihm heftige Vorwürfe gemacht hat. Wegen der zwei Nummern, der ‚Reise des Odysseus durch Groß-Griechenland' und wegen des berühmten ‚Wiener Januskopf'.
Der Minister habe ihn ständig unterbrochen, erzählte Müller-Reitzner später, praktisch habe Goebbels ihm eine Stunde lang eine Sportpalastrede gehalten. Und das Ergebnis? Nicht nur die beiden Nummern wurden verboten, sondern gleich auch das ganze Programm ... Und wenn, habe Goebbels ihm dann auch noch mitgeteilt, wenn ihm in Zukunft auch nur ein einziges Mal von solchen Späßen aus Wien berichtet werde, kämen nicht

nur der Direktor ins KZ, sondern gleich auch alle Autoren und Darsteller ...
Danach hat das ‚Wiener Werkel' sich verändert. Der Direktor Müller-Reitzner starb ein halbes Jahr danach – auch Goebbels starb schon drei Jahre nach dieser Auseinandersetzung –, aber der Autor Rudolf Weys lebte doch noch einige Jahrzehnte und konnte unter anderem nach dem Krieg zwei unschätzbare Erinnerungs-Bücher schreiben über die ‚Literatur am Naschmarkt' und das ‚Wiener Werkel' ...
In eines meiner Exemplare schrieb er: „Lieber Gerald, nimm's nicht als Schulfunk. Es steckt doch noch anderes drin. Das persönliche Erleben, viel Humor, ein bisserl Poesie, vor allem aber: Wien!"
Und speziell über das ‚Wiener Werkel' schreibt der alte Weys in seinen ‚Erinnerungen': „Wir hatten geahnt, dass wir bei unserem Balanceakt eines Tages wieder vom Trapez fallen werden. Also hatten wir Verständnis, dass unser Direktor uns nach dem Goebbels-Krach im Jahr 1941 anflehte: ‚Seid's wenigstens im nächsten Programm etwas vernünftiger ...' Herausgekommen ist allerdings als erste Nummer wieder ein Lied – mit dem wir unseren Erinnerungsabend an den mutigen Rudolf Weys beschließen –, das der Reichskulturkammer wieder nicht gefallen haben kann: ‚Teufel, wo gehört sie hin?' "

25. SZENE

Hotel Bristol; Autor, Rudolf Weys, Christl Räntz

RUDOLF WEYS ALS BEAMTER *(kommt und ruft)* Frau Hatschek Marie? *(Leise.)* Teufel, wo gehört sie hin? | Wer stellt einen Pass ihr aus? | Wohnhaft ist sie jetzt in Wien, | aber sonst is a Graus. | *(Räntz kommt als Marie.)* Wo sind Sie geborn?
CHRISTL RÄNTZ ALS MARIE Geboren in Graz.
BEAMTER Geheiratet hams?
MARIE Erste Ehe in Saaz.
BEAMTER Frau Hatschek Marie, geboren in Graz, | wohnhaft in Wien, verehelicht nach Saaz ... | Teufel, wo gehört sie hin? | Wer stellt einen Pass ihr aus? | Wohnhaft is sie jetzt in Wien, | aber sonst is a Graus.
BEAMTER Erster Gatte?

MARIE Schon tot. Mit Taufschein aus Prag.
BEAMTER Ham Sie einen Pass?
MARIE Der Tschechei ... Nur, heut wär er Slowak ...
BEAMTER Teufel, wo gehört sie hin? | Wer stellt einen Pass ihr aus? | Wohnhaft ist sie jetzt in Wien, | aber sonst is a Graus. | Zweite Ehe?
MARIE Geschieden. Rumänischer Pass.
BEAMTER War der Mann Magyar?
MARIE Oder Jud, oder was ...
BEAMTER Frau Hatschek Marie, geboren in Graz, | wohnhaft in Wien, verehelicht nach Saaz ... | Erster Gatte schon tot, mit Taufschein aus Prag | und an Pass der Tschechei, heute wär er Slowak. | Zweite Ehe geschieden, rumänischer Pass, | der Mann Magyar oder Jud oder was ... | Teufel, wo gehört sie hin? | Wer stellt einen Pass ihr aus? | Wohnhaft is sie jetzt in Wien, | aber sonst is a Graus. | Und der dritte Gemahl?
MARIE War in Riga Baron.
BEAMTER Er ist jetzt verscholln?
MARIE Von ihm stammt ein Sohn.
BEAMTER Frau Hatschek Marie, geboren in Graz, | wohnhaft in Wien, verehelicht nach Saaz ... | Erster Gatte schon tot, mit Taufschein aus Prag | und an Pass der Tschechei, heute wär er Slowak. | Zweite Ehe geschieden, rumänischer Pass, | der Mann Magyar oder Jud oder was ... | Und der dritte Gemahl war in Riga Baron, | jetzt ist er verscholln, von ihm stammt ein Sohn ... | Teufel, wo gehört sie hin? | Wer stellt einen Pass ihr aus? | Wohnhaft is sie jetzt in Wien, | aber sonst is a Graus. | Ob der Vater ein Russ | oder Rücksiedler war?
MARIE Das steht nicht mehr fest.
BEAMTER Es ist alles nicht klar. | Frau Hatschek Marie, geboren in Graz
MARIE Wohnhaft in Wien | verehelicht nach Saaz
BEAMTER Erster Gatte schon tot, | mit Taufschein aus Prag
MARIE Und an Pass der Tschechei, | doch heut wär er Slowak
BEAMTER Zweite Ehe geschieden, | rumänischer Pass
MARIE Der Mann Magyar oder Jud oder was
BEAMTER Und der dritte Gemahl war in Riga Baron
MARIE Jetzt is er verscholln, | von ihm stammt ein Sohn

BEAMTER Ob der Vater ein Russ oder Rücksiedler war
MARIE Das steht nicht mehr fest, | es ist alles nicht klar ...
BEAMTER Ist die Frau jetzt rumänisch?
MARIE Ungarisch?
BEAMTER Böhmisch?
MARIE Nichtarisch?
BEAMTER Arisch?
MARIE Lettisch?
BEAMTER Magyarisch?
MARIE Bin ich Wienerin?
BEAMTER Grazerin?
MARIE Baroness?
BEAMTER Oder Saazerin?
MARIE Mehr tschech-
BEAMTER Mehr slowakisch? | Was is sie denn faktisch?
MARIE Teufel, w o | gehör ich hin? | Wer stellt einen Pass mir aus? | Wohnhaft bin ich jetzt in Wien ...
BEAMTER Aber sonst is a Graus!! | Hinaus!!!

Licht aus, Verbeugungsmusik

Lieber Gerald –,
Du hast besonderes Anrecht auf dieses Buch!
Hast's Dir verdient – gleich Uta! – in zwei
Jahrzehnten Freundschaft.

Euer Rudi

P.S. Aber nimm's nicht nur als "Schulfunk". Es steckt doch
noch manch andres drin in diesen Zeitbildern 1930/45.
z.B. persönliches Erleben aller hier Abgedruckten, viel
Humor, ein bissel Poesie, vor allem aber: WIEN!

Gerald Szyszkowitz

WIE MAN SICH BETTET, SO LÜGT MAN

Eine Faschingsfantasie

der Assistenzarzt, der eigentlich ein Dichter ist
die erfolgreiche Schauspielerin
die jugendliche Naive
die sich emanzipierende Ehefrau
der berühmte Journalist

I. Akt	Spitalsstube in Wien
II. Akt	Wohnung der Naiven in Wien
III. Akt	Filmstudio in Berlin

»Warum kann man sie nicht alle haben ...
Jede ohne Lüge ...
Jede ohne Qual für sich und die anderen?«

Aus einem Tagebuch, Seite 298

I.1

Spitalsstube; Dichter, Erfolgreiche

DICHTER *(kommt aus dem Nebenzimmer, da es klopft, nimmt im Vorbeigehen seinen Arztmantel von einem Stuhl und öffnet die Tür)* Hallooo!
ERFOLGREICHE Darf ich? Du ... Zu Haus bei dir hat man mir gesagt, dass ihr beide da in deiner Spitalsstube seid ... Schlaft ihr jetzt manchmal da ... Ist das aufregender als in eurer Villa? Oder schlaft deine Frau da, wenn du Nachtdienst hast, damit nicht die eine oder andere Schwester einfach zu dir hereinhuschen kann ... *(Gibt ihm ein Kuvert.)* Ja, jetzt schau nicht so ängstlich ... Ich bin eh gleich wieder weg! Ich will deiner Frau nur schnell zwei Karten für mein Gastspiel im Volkstheater bringen ... *(Will ins Nebenzimmer.)*
DICHTER Du, besser jetzt nicht ... Sie hat gestern zu viel getrunken!
ERFOLGREICHE Ich bin gleich wieder weg ...
DICHTER Sie ist ganz schlecht gelaunt! *(Nimmt die Einladung und drängt die Erfolgreiche zur Eingangstür.)*
ERFOLGREICHE Also dann gib du ihr die Einladung! *(Gibt ihm ein Manuskript.)* Und, bitte, lies das so schnell wie möglich! Das ist das Stück, das der Burkhard mit mir machen will ...
DICHTER Das Stück ist ... Von wem?
ERFOLGREICHE Von einem gewissen Noël Coward ... Da wird viel gelacht.
DICHTER Ich hasse lustige Stücke.
ERFOLGREICHE Aber das Theater lebt doch von der Situationskomik!
DICHTER Möglich, ja, aber du siehst, dass ich da im Spital gar keine Zeit mehr hab, auch nur i r g e n d w a s zu schreiben ... Neuerdings hab ich nicht nur den Nachtdienst, sondern auch den Journaldienst! Aufnahme der eingelieferten Kranken, Untersuchung, Zuweisung an die einzelnen Abteilungen ... Also! Servus! *(Will sie hinausdrängen.)*
ERFOLGREICHE Du ... Aber bei Gelegenheit ... Musst du auch für m i c h wieder Zeit haben ... Oder ... Lügst du?
DICHTER Lügen? Nein, das tu ich nie ... Ich hab nur manch-

mal mehrere Wahrheiten im Kopf ... Ich möchte halt a u c h ... Manchmal ... Wer anderer sein und ...
ERFOLGREICHE Ist mit dir wirklich alles in Ordnung ...? Ich meine, wieso hast du dir denn wieder was mit deiner F r a u angefangen ... Ich meine ... Bist du g r u n d s ä t z l i c h ... Unzufrieden? Oder ist dir nur ... Ein bissl l a n g w e i l i g ... Mit mir?
DICHTER Aber nein! Ich l i e b e dich! Bist du ... Jetzt zufrieden?
ERFOLGREICHE Wenn d u es bist? *(Sie lacht.)* Ich meine ... Hin und wieder wird da wohl doch ... Die eine oder andere Schwester ... Hereinschlupfen ... Ins Bereitschaftszimmer ... Das heißt wohl nicht u m s o n s t so!
DICHTER *(träumerisch)* Weißt, was ich nicht versteh? W a r u m kann man sie nicht a l l e haben ... Jede ohne Lüge .. Jede ohne Qual ... Für sich und die andern?
ERFOLGREICHE Hab ich dir schon gesagt ... Dass deine alte Freundin Mizzi ... Wieder im Land ist?
DICHTER Wer ...?
ERFOLGREICHE Na, dein berühmtes ‚Süßes Mädel'! Um ehrlich zu sein ... Ich hab sogar erwartet, dass sie schon d a ist ... Was w a r denn eigentlich ... So bemerkenswert an ihr?
DICHTER Du, nix ... Sie war immer ein bissl z u kokett, aber riesig gutmütig und ... Eben süß ... ‚Man ist doch nur einmal jung', hat sie mir schon bei unserem ersten Treffen mit einem lächelnden Achselzucken gesagt ... Ja, sie w a r leichtsinnig, aber sie war das doch mit einem sehr hübschen Anflug von Sprödigkeit und ...
ERFOLGREICHE *(plötzlich)* Interessiert dich das eigentlich g a r nicht mehr, dass der Burkhard mich j e t z t plötzlich ... So u n b e d i n g t fürs Burgtheater haben will?
DICHTER Na, klar fürs Burgtheater ... Er ist ja auch nur dort Direktor ... Kann man übrigens annehmen, dass du die g a n z e N a c h t mit ihm unterwegs gewesen bist? M i r hast du nämlich gesagt, du triffst deinen ‚Großjournalisten'?
ERFOLGREICHE Mit dem w a r ich auch verabredet, aber dann war plötzlich der Burkhard da und hatte dieses Angebot ... *(Deutet auf das Manuskript.)* Ich hab ihm gesagt, ich mach das,

ja, aber z u e r s t muss er ein Stück von d i r aufführen ... Die ‚Liebelei' zum Beispiel ... Die wird grad fertig.
DICHTER Sehr gut! Ich hab ihm den Text nämlich a u c h schon gegeben ... Meine Eltern und er wohnen ja im selben Haus ... Ich hab ihn auf der Treppe getroffen und ... *(Er drängt sie hinaus.)* Also ... Bitte ... Ich muss jetzt w i r k l i c h auf die Station!
ERFOLGREICHE Was ist denn l o s mit dir? Du schmeißt mich raus, wo ich jetzt als Antrittsrolle am Burgtheater deine ‚Christine' spielen soll ...?
DICHTER Das machst du sicher prima, aber ... Bist du dafür nicht zu alt?
ERFOLGREICHE *(umarmt ihn)* Wenn ich für d i c h nicht zu alt bin, bin ich es für die ‚Christin' erst r e c h t nicht! *(Er löst sich von ihr.)* Was i s t denn?

I.2
Spitalsstube; Dichter, Erfolgreiche, Journalist

JOURNALIST *(kommt)* Oh, guten Morgen, Gnädige ...
DICHTER Du, ich hab jetzt g a r keine Zeit!
JOURNALIST *(zieht ihn von der Erfolgreichen weg)* Verzeih, aber du m u s s t mir helfen! Sie sind alle hinter mir her ... Alle glauben, i c h hab die ‚Mutzenbacher' geschrieben und ...
DICHTER Na, aber das h a s t du doch auch ...?
JOURNALIST Ja, schon, aber das darf doch niemand wissen!
DICHTER Ja, w i e s o denn nicht?
JOURNALIST Na, du k e n n s t doch den Text ... Der ist doch wirklich etwas ...
DICHTER Findest du?
JOURNALIST Ich? Nein. Ich find das nicht. Aber alle a n d e r n finden das!
DICHTER Naja, d i e vielleicht, die den Text von vornherein nur daraufhin gelesen haben ...
JOURNALIST Aber a l l e haben ihn doch daraufhin gelesen! Aber i c h kann das alles schon deswegen nicht unanständig finden, weil das doch alles w a h r e Geschichten sind, und ich ...

ERFOLGREICHE *(mischt sich ein)* Auch die ... Mit dem Beichtvater?

JOURNALIST Oh, Gnädige kennen den Text ...? *(Leise zum Dichter.)* Du bist mein ältester Freund! Du musst unbedingt a l l e n sagen, dass d u dieses Buch ...

DICHTER Ich? *(Dichter schüttelt den Kopf.)*

JOURNALIST Du hast doch e h schon einen so schlechten Ruf ... Bei dir hält man mittlerweile doch a l l e s für möglich!

ERFOLGREICHE Also das ist schon richtig ... Unser großer Dichter schaut jeder, die vorbeigeht, sofort auf den Hintern ... Und er kann sich dabei garantiert bei j e d e r , die lustige Augen hat, gleich m e h r vorstellen als gemeinsame Spaziergänge und verrutschte Wangenküsse am Wegesrand, aber deswegen ...

JOURNALIST Bitte, ich hab doch auch die hochanständige ‚Bambi-Geschichte' geschrieben und ... Denk an meine Eltern ... Meine Geschwister ... Meine Nichte will grad heiraten ... Ja, ich weiß, du bist der ‚Dichter der Seelen', aber grad darum hat mich gestern im ‚Herrnhof' der Karl Kraus auch schon gefragt, ob nicht doch du die ‚Mutzenbacher' geschrieben hast, und da hab ich wahrheitsgemäß gesagt, vom Stil, also von der Raffinesse her, könnt ich mir das schon vorstellen und ...

DICHTER Du, ich k a n n jetzt nicht! *(Blick ins Nebenzimmer.)*

JOURNALIST Kann ich dich vielleicht am Nachmittag ...

DICHTER *(schiebt ihn hinaus)* Nein, heute nicht! Heute hab ich noch eine s e h r wichtige Besprechung! *(Leise zur Erfolgreichen.)* Ich komm am Nachmittag zu dir. *(Nimmt die Erfolgreiche am Arm und geht mit ihr ab.)*

I.3

Spitalsstube; der Dichter, die Naive

NAIVE *(kommt halb angezogen aus dem Nebenzimmer)* Liebling ...? *(Geht zur offenen Eingangstür. Niemand antwortet. Sie nimmt sich Tee.)*

DICHTER *(kommt zurück, um seinen Arztmantel anzuziehen)* Ah ... Hallo ...

NAIVE Hallo Liebling! Guten Morgen ... *(Kleiner Kuss.)* Du ... Ist dein Leben ... Eigentlich schön?

DICHTER Etwas gehetzt ist es, aber sonst ...

NAIVE Ich meine, deine ärztliche Ruhestube da ist ja ganz hübsch ... Ein bisserl eng, und die Wasserhähne tropfen, aber ... Was mich am meisten wundert, ist: Ich lieg da nebenan friedlich in deinem Bett ... Du aber scharwenzelst schon am frühen Morgen da heraußen mit einer anderen herum ... Als würde es mich überhaupt nicht geben? In deinem Bett? Da drinnen?

DICHTER Du hast alles ... Gehört?

NAIVE Naja, sicher! Es war ja alles auch nicht uncharmant ... Ich hab nur gedacht, jetzt hat der Mensch in seinen Stücken schon so wunderbare Dialoge geschrieben, aber privat benimmt er sich immer noch tapsig wie beim ersten Seitensprung!

DICHTER Also ... Wenn du schon so genau zugehört hast, wirst du ja wohl auch mitbekommen haben, dass ich die Dame ... *(Geste des Hinauswerfens.)*

NAIVE Ja, das war nicht schlecht, wie du die abserviert hast ... Aber m e i n e beste Idee war, dass ich gestern einfach hier geblieben bin.

DICHTER Das hältst du für deine beste Idee ... ?

NAIVE Ja, und ... Jetzt trink ich meinen Tee ... Dann hol ich meine Koffer ... Und dann bleibe ich g a n z hier.

DICHTER Du, ich glaub n i c h t , dass das geht.

NAIVE Naja, wenn das n i c h t geht, nehm ich mir halt wieder eine eigene Wohnung in Wien ... Und dann kommst d u immer zu m i r ... Du hast mir heute ... Vor und nach Mitternacht nämlich bewiesen ...

DICHTER Was ... Hab ich dir bewiesen?

NAIVE Dass du der beste Liebhaber bist, der je in meinem Bett gewesen ist.

DICHTER Was?

NAIVE Mir ist klar geworden – und so eine Erkenntnis d a r f nicht ungenutzt bleiben –, mit dir erlebe ich meine sexuelle Erfüllung ... Und das ist das Schönste, das in einem tiefen Sinn Schönste, was eine Frau erleben kann ... Dein Intellekt ist möglicherweise wirklich etwas fragwürdig ... Also was du manchmal so daherredest, aber ... Deine Intuition, dein Feingefühl, dein

Takt im Bett ist bemerkenswert ... Und deine redselige Freundin da ... *(Deutet auf den Mantel und die Tasche, die sie liegen lassen hat.)* Kann sich ihre Sachen ja jederzeit abholen ... Kann ich noch einen Tee haben?

DICHTER Willst du s o n s t noch was? Marmelade ... Ich muss nämlich jetzt wirklich auf die Station und ...

NAIVE S o n s t will ich jetzt nur noch wissen, wen du mehr liebst ... Sie oder mich?

DICHTER Also ... S o kann man das nicht formulieren ...

NAIVE Finde ich schon ... Also?

DICHTER Naja ... Ich denke ... Im Moment ... Hab ich lieber ... Dich.

NAIVE Na eben ... Dann schau nicht so verwirrt.

DICHTER Naja, aber ... Wir müssen ihr schon irgendwie sagen ... Dass wir beide uns schon i m m e r geliebt haben, ohne dass ... Ich meine, dass wir fast Angst gehabt haben, uns nach unserer Trennung wieder zu berühren, dass das aber fällig war und ... *(Schaut sie direkt an.)* Der Mensch ist eine Bestie ... Oder?

NAIVE Na ja, d u ... Zumindest.

DICHTER Wir müssen das einfach zugeben, dass wir ...

NAIVE Ja, eh ... Ist das so schwer? Ich liebe dich, du liebst mich ... Und aus! Heimlich herumtun ... Das solln andere machen ... Wir nicht.

DICHTER Aber sie wird bös sein.

NAIVE Ach, wer weiß! Hast du nicht bemerkt, wie sie vorhin ... *(Dichter zuckt mit den Schultern.)* Na, siehst du ... Die meisten Männer merken nicht einmal das ... Aber wart ab ... Sie hört sich alles an, sagt plötzlich ‚großartig' ... Und dann geht sie zum Burkhard.

DICHTER Nein, das k a n n sie nicht! Der ist verheiratet!

NAIVE Na, das bist du doch a u c h !

DICHTER Ja, aber e r ist a u c h ...

NAIVE Burgtheaterdirektor! Eben! Genau das mein ich. *(Küsst ihn kurz.)* Das klingt zwar etwas komisch, aber ... Nein, bitte, lach jetzt nicht! Du weißt ganz genau ... Alles, was man in s o e i n e r Situation sagt, wirkt immer ... Irgendwie komisch, nein? Das gestern am Abend ... Ist dir doch auch alles ... Irgendwie komisch vorgekommen? Unser Kuddelmuddel da drinnen, nein?

DICHTER Komisch ... Eigentlich nicht ... Ich fand das alles eher ... Angenehm.
NAIVE Fast ... Schön? Oder?
DICHTER Ich fand vor allem d i c h schön ... So hab ich dich noch nie gesehen ... So selbstsicher ... So selbstlos ... *(Er lacht.)* Du hast dich ausschließlich darum bemüht, dass es m i r gut geht! Als ich schon völlig fertig war, warst du doch noch fast ... Angezogen.
NAIVE Und das magst du?
DICHTER So weit ich mich noch erinnern kann, mochte ich das gestern s e h r , ja!
NAIVE Ich kann dir sagen, w a r u m das so gewesen ist ... Ich war immer schon eifersüchtig ... Und gestern war sie nicht da ... Du aber schon ... Und ich auch ... Und das w a r s ... Ein schneller Entschluss. Und g u t war es. Also frage ich dich jetzt nur noch e i n e s : Wer küsst besser ... Sie oder ich? *(Sie lacht, er will sie küssen.)*

I.4
Spitalsstube; Dichter, Naive, Erfolgreiche

NAIVE *(hält ihm einen Finger an die Lippen, weil die Erfolgreiche erscheint)* Vorsicht, gleich krachts ... Aber vorher sag mir noch ... Wie ... Wirst du m i c h denn ... In deinem berühmten ‚Tagebuch der Gefallenen' beschreiben?
DICHTER Einfach nur ... Sie fesselte mich durch ihre überzeugende Sinnlichkeit.
NAIVE Eben. *(Kuss.)*
ERFOLGREICHE Ah, d u ... Bist da.
NAIVE Ja, ich ... Richtig.
ERFOLGREICHE Entschuldige, dass ich so hereinplatze, aber ... Ich hab meine Sachen noch da ... Siehst du, ich hab dir gleich gesagt, dass dein ‚Süßes Mädel' zickzack bei dir sein wird. *(Zwei Wangenbussis mit der Naiven.)* Gut ... Schaust du aus!
NAIVE Ja, ich hab heut auch s e h r ... Gut geschlafen.
ERFOLGREICHE Wo ... Da?
NAIVE Ja, natürlich ... Hab ich jetzt ... Was Unpassendes gesagt?

DICHTER Aber nein ... Ich frag mich nur ... *(Er weiß nicht, was er sagen soll.)*

ERFOLGREICHE Heißt das, du hast nicht nur hier geschlafen, du hast auch mit ihm ... Ah, ja? Vor zwei Tagen hat er nämlich noch m i r gesagt: N i e ist eine s o geliebt worden wie ... Aber es i s t wohl so: Beschwörungen von Einzigartigkeit und unbeschränkter Dauer haben im Reich der Erotik naturgemäß eine sehr begrenzte Haltbarkeit.

DICHTER Sagt das der Herr Burgtheaterdirektor?

ERFOLGREICHE Bitte reiz mich nicht! Sonst sag ich unserem ‚Süßen Mädel' was du über m i c h in dein Tagebuch geschrieben hast. *(Zitiert.)* Wenn ich in der Nacht aufstehe, mich loswinde aus diesen Armen, die mir eigentlich nichts mehr bedeuten, die mir nur mehr warm, aber nicht mehr süß sind ... So weiß ich: Natürlich kann ich sie nicht einfach so verlassen ... Mitleid hält mich, Bequemlichkeit, Gewohnheit ... *(Zur Naiven.)* Schließlich aber wird mir immer klarer, wie nervös sie mich macht ... Ihre Stimme, ihre ewigen Fragen, ja, manchmal sogar ihre Berührungen ...

DICHTER Es ist wirklich erstaunlich, wie g e n a u Schauspielerinnen auch einen längeren Text wiedergeben können, der überhaupt nicht ihr eigener ist! *(Zur Erfolgreichen.)* Aber du kannst dir deine große Szene sparen, diese Zeilen sind von mir, ja, aber das ist ein Text aus einer fernen Vergangenheit ... Diese Zeilen beziehen sich auf eine andere ... Du hast in der Eile einen falschen Band der Tagebücher erwischt!

ERFOLGREICHE *(zur Naiven)* Er ist ein Scheusal, nicht? *(Dreht sich zu ihm.)* Eines sag ich dir: Ich spiel jetzt zwar deine ‚Christine' in d e i n e r Uraufführung am Burgtheater, aber d i c h will ich auf k e i n e r Probe sehen! *(Ab.)*

Licht aus, Musik

II.1

Wohnung der Naiven; Naive, Dichter

DICHTER *(liest im Morgenmantel auf einem Biedermeierstuhl Kritiken vor)* Was ich gesagt hab! Die ‚Krone‘ schreibt praktisch nichts über mein Stück, aber lang und breit über unsere geliebte Hauptdarstellerin!
NAIVE *(steht am Fenster)* Wer ... Schreibt denn?
DICHTER Der Parschalk.
NAIVE Kennst du den?
DICHTER Ja, natürlich! Vor allem aber ... Kennt s i e ihn.
NAIVE Naja, dann ... Was schreibt er denn über das Stück?
DICHTER Dass im Programmheft steht, das sei eine Faschingsfantasie ... Aber besonders l u s t i g ... Sei es trotzdem nicht.
NAIVE *(deutet auf die Faschingsgirlanden im Zimmer)* Das Stück ist eben lebensnah ... Wir haben ja auch Faschingsgirlanden in meinem Zimmer, ohne dass wir so besonders l u s t i g sind.
DICHTER Also i c h finde, wir sind s e h r lustig ... Wir zeigen das nur nicht so. *(Liest wieder vor.)* Der ‚Standard‘ schreibt, das Stück hat durchgehend flache Boulevarddialoge.
NAIVE Das ist an sich ... Richtig.
DICHTER Der Reinhardt hat aber gesagt, es g i b t keine Boulevarddialoge, es gibt nur gute Dialoge ... Und schlechte. *(Steht am Fenster.)* Wenn ich jedoch ... Über diese frischverschneiten Dächer schau, sind mir eh alle Zeitungen egal ...
NAIVE *(nimmt auch eine Zeitung)* Die ‚Wiener Zeitung‘ hat die längste Kritik.
DICHTER Dafür die wenigsten Leser ... Grundsätzlich ist dazu zu sagen: Welcher normale Mensch liest auch schon eine Kritik über ein Stück, in das er aller Wahrscheinlichkeit nach eh nie gehen wird ...? Nur e i n Prozent aller Zeitungsleser geht doch ins Theater.
NAIVE Aber die Verrisse lesen a l l e gern ... Denn dann braucht man gar nicht erst hinzugehen und kann trotzdem überall mitreden. *(Liest weiter.)* Die ‚Wiener Zeitung‘ schreibt s e h r nett über dich ... K e n n s t du die Kritikerin?
DICHTER Du, ja ... Aber das ist schon s e h r lang her.
NAIVE Sie scheint sich aber noch zu erinnern ... Übrigens ... Die ‚Presse‘ schreibt gar nichts.

DICHTER Ja, ich weiß ... Ich k e n n den Mayer.
NAIVE Ah! Und warum s c h r e i b t der dann nix?
DICHTER Eben drum. *(Nimmt noch eine Zeitung und liest vor.)* Die bedeutende Zeitung ‚Österreich' schreibt, dass der Dichter ein Theaterpraktiker ist ... Denn der Boulevarddialog f u n k t i - o n i e r t ... Na, immerhin.
NAIVE Wer schreibt das? Die, mit der du dich im ‚Tirolerhof' getroffen hast? *(Sieht ihn direkt an.)* Ah, drum. *(Grinsend.)* Hast du nicht gesagt, du musst heute w i e d e r ... In den ‚Tirolerhof'? Will die n o c h eine Kritik schreiben?
DICHTER *(kommt von der Tür zurück)* Also ... Deine sinnlose Eifersucht ...
NAIVE Bitte, beginn jetzt bloß nicht auch noch mit m i r deinen Boulevarddialog! *(Kniet.)* Sag mir lieber, wann ... Wann h e i r a - t e n wir endlich?
DICHTER Schreck mich nicht ...
NAIVE In der Karlskirche!
DICHTER Warum denn in der Karlskirche?
NAIVE Die hat die beste Akustik!
DICHTER Du willst, dass alle hören, wenn ...
NAIVE Na, sicher! Ich hab doch auch ein R e c h t darauf! B i n ich das Vorbild für die ‚Christine' in deiner ‚Liebelei' oder nicht?
DICHTER Also, bitte! Das Stück war längst fertig, als du an einem sonnigen Frühlingsnachmittag plötzlich in meiner Ordination aufgetaucht bist! *(Hebt sie auf.)* Weil ein Freund von mir, der heiraten wollte, seine Geliebte loswerden hat wollen ... Die du ... Zu der Zeit ... Noch gewesen bist.
NAIVE Ja, wir waren damals a l l e in einer schwierigen Situation ... Aber gut, mit der ‚Fanny Theren' im ‚Märchen' hast du dann doch wirklich m i c h gemeint!
DICHTER Unter anderem, ja ...
NAIVE Was, da waren noch a n d e r e Vorbilder ...? Hast du vergessen, w i e du diese ‚Fanny Theren' beschrieben hast? *(Steht auf und dreht sich.)* Sie ist mittelgroß, schlank, hat große, dunkle Augen und eine natürliche Grazie in den Bewegungen ... In denen zwar zuweilen etwas Fahriges liegt ... Aber wenn sie zornig wird, hat sie um die Lippen einen richtig frechen Zug ... Das bin ich!

DICHTER Ja, j e t z t hast du a l l e r d i n g s um die Lippen diesen ... Zug! *(Küsst sie kurz, dann plötzlich ernst.)* Aber ... So oder so ... Das wird nicht gehen.

NAIVE Ja, aber w a r u m denn nicht? *(Schlägt auf eine Zeitung.)* Ihretwegen? *(Pause.)* Es würde ihr weh tun ... Das schon, ja, das weiß ich ... So lang ich nur s o mit dir zusammen bin ... Wie sie mit dir zusammen gewesen ist ... So lang geht das alles ... Aber heiraten ... Das würde sie kränken ... Liebst du sie denn immer noch?

DICHTER Naja, so ganz ... Ist doch nie .... Alles vorbei ... Wenn man jemanden einmal w i r k l i c h geliebt hat und ...

NAIVE *(leicht ironisch)* Warum heiratest du dann nicht ... Wenigstens s i e ?

DICHTER Eine lebenslange Bindung an eine einzige Person ist lähmend! Das weiß ich! Wenn es mehrere sein könnten, dann könnte man vielleicht darüber reden, aber mit einer a l l e i n ... Was i s t denn?

NAIVE Du ... Ich hab langsam das Gefühl ... Irgend etwas, was wir beide einmal hatten ... Ist verloren gegangen.

DICHTER Mein Gott, ja ... Irgend etwas geht i m m e r verloren.

NAIVE *(lacht)* Wir verstehn uns nur noch gut, wenn wir blödeln ... Früher hast du am Morgen, wenn ich noch schlief, meine Lippen geküsst, dann meine Stirn, meine geschlossenen Augen ... Du hast mit den Kräuselhaaren hinter meinem Ohr gespielt, sie weggeschoben und mich grad dort hinter dem Ohr geküsst ... Jeden Morgen ist dir was Neues eingefallen und ...

DICHTER Geh, was i s t denn? Was h a s t denn? Immer diese L a u n e n !

NAIVE Das sind keine Launen, das sind berechtigte Zweifel, ob du mich überhaupt noch ein b i s s l ... Gern hast ... Du bist neuerdings so anders ... Immer nur mit dir s e l b e r beschäftigt und ... *(Zieht einen Mantel an.)*

DICHTER Wo gehst denn hin ... Jetzt?

NAIVE An die Luft ... In den frischen Schnee ... Bevor er grau wird ... Und dann vielleicht ... Zu meiner Mutter.

DICHTER Ja, aber du kannst doch jetzt nicht so verbiestert ...

NAIVE Hast d u eine Ahnung, was ich alles kann ... Und außerdem: Als Komödiendichter müsstest du wissen, wie wirksam

Überraschungen sind ... Sie halten nicht nur die Dramaturgie aller Komödien in Schwung ... Sondern irgendwie vielleicht ja auch ... Deine allmählich schwindende Leidenschaft ... *(Sie lacht.)* Na, jetzt s c h a u nicht so überrascht, Schatziputzi, denk ruhig einmal eine Stunde lang in Ruhe n a c h ... Über alles. *(Bussi, ab.)*

Licht aus, Musik

II.2

Wohnung der Naiven; der Dichter, die Erfolgreiche

DICHTER *(kommt mit der Erfolgreichen)* Na, so was! Du ... Da ... Bei uns? Spät am Abend ... Ohne dich anzumelden?
ERFOLGREICHE Ja ... Ich ... Schön ... Oder? *(Schaut im Wintermantel und Pelzmütze aus dem Fenster.)* Ich spazier schon den ganzen Nachmittag in den Straßen herum, auf die stiller weißer Schnee langsam herunterschwebt ... Und j e t z t bin ich da bei dir, und die Lampe brennt, und die Bücher liegen da, und alles ist so, dass ich mich recht behaglich fühlen könnt ... Aber du wohnst ja nicht mit m i r hier, sondern ... *(Sie dreht sich zu ihm.)* Aber an sich ... Habt ihr es hier ... Wie in Kitzbühel!
DICHTER Wir haben es b e s s e r ... Schnee auf allen Dächern ... U n d wir sind mitten in Wien.
ERFOLGREICHE Und das brauchst du ... Die Winterpoesie ... Und dazwischen deine Caféhäuser? *(Dichter nickt.)* Und sie braucht das auch ... Diese Ruhe? In einer Dachwohnung?
DICHTER Ja, ich glaub, sie ist a u c h ... Ganz glücklich hier.
ERFOLGREICHE Warum nimmst du sie eigentlich nie mit zu dir? Nach Haus?
DICHTER Na, du kennst doch meine Frau ...
ERFOLGREICHE Bitte, die wird doch irgend einmal auch n i c h t zu Haus sein? *(Schaut sich um.)* Apropos ... Wo ist sie denn jetzt deine ... ‚Jugend'?
DICHTER Du ... Unterwegs ... Sie hat ja immer ... Irgendwelche Launen.

ERFOLGREICHE Ah, hat sich da was geändert? Ich meine ... Euer Katzihasimausispiel ... Läuft das nicht mehr so ...? War da etwa nix ... Heute?
DICHTER Nein, heute war n i x ... Zufälligerweise ... Sieht man mir das an?
ERFOLGREICHE Ich schon ... Ich kenn dich ja ... Mein süßer, kleiner Dichter ... Hat eigentlich je eine so an dir gehangen wie ich ...? Hat dich je eine s o gern gehabt? *(Versuchter Kuss, beide lachen, sie schaut aus dem Fenster.)* Was mir an dir am meisten gefällt, ist, dass du so höflich bist ... Aber gut, du kannst dir ja auch nie sicher sein, was aus mir noch alles werden könnte ... Wenn ich an die Kolleginnen denk ... Die Stella Hohenfels ist Baronin wordn, die Charlotte Wolter Gräfin, die Kathi Schratt hat sogar ein Gschpusi mit dem Kaiser ...
DICHTER Die ist am meisten zu bedauern ... Der hat in seinem ganzen Leben nur e i n Buch gelesen ... Den Beamten-Schematismus.
ERFOLGREICHE Aber über Gamsen und Hirschen und Wildsauen ... Kann sie immer s e h r gut mit ihm plaudern und ... Die allerhöchsten Geschenke, die unsere liebe Frau Schratt ständig hinterlegt bekommt, die hätt ich schon a u c h gern, aber ... Wie geht es d i r eigentlich f i n a n z i e l l ...? Bleibst du bei deiner armseligen Praxis im Spital oder ... Wirst du jetzt endlich doch wirklich was verdienen ... Mit der Literatur?
DICHTER Du, ich bin im Moment ... Ein Mediziner ohne eigene Praxis, ein Poet mit mittelmäßigen Erfolgen und ...
ERFOLGREICHE Ein Mann mit allerlei Liebeleien ... Ohne große Liebe, ja? Darum hast du Augen ... Wie eine hungrige Katz. *(Er lacht und umarmt sie harmlos, sie wehrt sich aber noch.)* Was denn ... Willst mich d o c h wieder ... Festhalten? Hast Angst – wie alle Männer entre deux ages –, dass dir das Leben unter den Händen zerrinnt?
DICHTER Das tut es leider, ja ... Lass uns also s c h n e l l zum Wesentlichen kommen.
ERFOLGREICHE Ah, und was i s t ... Das ‚Wesentliche'? Wenn ich von deiner Freundin einmal abseh ...?
DICHTER Wie ... Geht es dir w i r k l i c h ?
ERFOLGREICHE Naja, gut ... Soweit.

DICHTER Na, und ... Warum kommst du dann durch all die Schneeverwehungen ... Daher?
ERFOLGREICHE Erstens haben wir heute keine Vorstellung ... Und zweitens wollte ich fragen, ob du bemerkt hast, dass ausschließlich i c h aus deinem mittelmäßigen Stück einen ziemlichen Erfolg gemacht hab und ...
DICHTER Ich würde eher sagen, du hast aus meinem unziemlichen Stück einen eher mittelmäßigen Erfolg ... Aber entscheidend ist ja eher, ob du jetzt endlich ...
ERFOLGREICHE Ob ich einen Vertrag hab? Am Burgtheater? Ja, natürlich! Den hab ich ... Gehabt! Bis gestern! Aber h e u t e hab ich ihn diesem Unmenschen hingeschmissen! Warum? Man wollte etwas ... Unanständiges von mir.
DICHTER Und da hast du ausnahmsweise nicht dich hingeschmissen, sondern ... Deinen Vertrag, ja? Du warst doch früher immer s e h r ... Für alles Unanständige?
ERFOLGREICHE Ja, mein kleines Schaf ... Aber das kommt doch immer darauf an, mit wem! D u bist mein Typ, verstehst du ... Nicht e r ! *(Küsst ihn.)*
DICHTER Whisky?
ERFOLGREICHE Willst du mich betrunken machen ...? Sag jetzt bitte nicht ‚liebes Kind' zu mir! *(Sie trinkt.)* Was ich viel lieber hören möchte ... Habt ihr zwei, deine Kleine und du ... Manchmal ... Auch von m i r geredet?
DICHTER Ja, natürlich! Wir hatten immer das Gefühl, uns fehlt was ...
ERFOLGREICHE Siehst du, mir hast d u gefehlt ... Dein neues Stück spiel ich ja gern, auch wenn du nie ...
DICHTER Ja, der erste Akt geht, aber schon der zweite hat keine Steigerung ... Und der dritte Akt ist schlicht ... Überflüssig!
ERFOLGREICHE Ist das nicht bei a l l e n Liebesgeschichten so: Jeder Anfang ist ‚wahnsinnig aufregend', dann gibt es wenig Steigerung ... Und im dritten Akt ist für alle Beteiligten eigentlich das Wesentliche ... Schon wieder vorbei.
DICHTER M e i n Problem ist: Das neue Stück hat gute Rollen, ja, aber welche E i n s i c h t ... Gewinnt der Zuschauer?
ERFOLGREICHE Mich darfst du danach nicht fragen ... Ich bin keine Freundin von Einsichten.

DICHTER *(beginnt sie auszuziehen)* Ich lass mich auch gern gut unterhalten, ja, aber das Entscheidende ist, dass in jeder Aufführung immer noch etwas N e u e s herauskommen muss ... *(Zieht sie weiter aus.)* Wenn ich bemerke, das k e n n ich alles schon, was mir da gezeigt wird, dann will ich nur noch weg ... Meine Lebenszeit ist kostbar ... Ja, es ist für mich ein echter Straftatbestand, wenn meine Lebenszeit von einem langweiligen Stück vorsätzlich vernichtet wird, verstehst du? Ich such immer was Neues! Wenigstens eine neue Art, wie die Menschen einander anschaun ... Und berühren ... *(Sie genießt seine Berührungen.)* Musst du jetzt eigentlich wirklich ... Gleich wieder weg?

ERFOLGREICHE Natürlich muss ich gleich wieder weg ... Denn dass ich da bleib ... Das wär deiner kleinen Freundin doch sicher nicht recht.

DICHTER Naja, wer weiß ... Sie v e r e h r t dich ja ...

ERFOLGREICHE So wie ich dich! *(Sie lacht.)* Wie n a h du mir immer noch bist ... Und um wie viel lieber ich dich hab, als alle die ... Im Burgtheater ... Du glaubst mir das nicht, aber ich lebe n u r noch in der Erinnerung.

DICHTER Du ... Schauspielerin!

ERFOLGREICHE Bei jeder Probe denk ich, was würde jetzt wohl mein D i c h t e r dazu sagen und ... Daraus ergibt sich jedes Mal die gleiche Frage: Gibt es eine Liebe, die alles wieder gut macht? M e i n e zum Beispiel ...? *(Sie streichelt ihn.)* Ich meine, warum soll ich jetzt peinlich berührt sein von etwas ... Was das Normalste ist von der Welt ... Ich hab dir immer gefallen, das weiß ich ... Und ich gefall dir auch jetzt ... Es bleibt also alles, wie es immer gewesen ist ... Offen ist nur noch e i n e Frage: Wo ... Bleibt denn eigentlich ... Deine kleine Freundin so lange?

DICHTER Du ... Bei ihrer Mutter, glaub ich ... Und bei dem Schnee ...?

ERFOLGREICHE Schau mich nicht so an! Ich b i n so eine Person, die im Stand ist ...

DICHTER Was ...

ERFOLGREICHE Wenn ich mit jemandem ... Kuscheln will ... Dann schlag ich dem ... Das einfach ... Ganz direkt vor. *(Kuss.)*

Licht aus, Musik

II.3

Wohnung der Naiven; der Dichter, der Journalist, die Ehefrau

DICHTER *(kommt halb angezogen aus dem Nebenzimmer, da es läutet)* Jajajaja ... *(Er geht rechts ab und kommt mit dem Journalisten zurück.)* Also ... Dass ausgerechnet ihr zwei ... Am frühen Morgen ... *(Zieht sich etwas an und deutet dabei zum Vorzimmer.)* Wieso kommt m e i n e F r a u denn a u c h daher?

JOURNALIST Du ... Deine Frau wollte unbedingt s o f o r t mit dir reden ... Und da hab ich gesagt, ich weiß, wo du b i s t , nämlich in m e i n e r Wohnung, weil wir was besprechen wollen ... Ja, ich hab ihr weis gemacht, das hier ist m e i n e Wohnung, damit sie nicht gleich ...

EHEFRAU *(kommt)* Was ... D a s ist wirklich ... I h r e Wohnung?

JOURNALIST Jawoll! Und wie! Ich habe sie damals allerdings ... Sehr schnell übernommen ... Von einem Moment zum andern ... Sozusagen ... Darum ist alles auch jetzt noch ... Etwas unaufgeräumt da und ... *(Räumt einen Unterrock weg.)*

EHEFRAU Erzähl mir nicht, das ihr beide da a l l e i n seid! *(Geht auf die Tür zum Nebenzimmer zu.)*

DICHTER *(hält sie auf)* Ich bitte dich! Wenn ich mit jemandem w o h i n gehen will, geh ich mit jemandem w o h i n ... Aber doch nicht zu i h m ! *(Klopft dem Journalisten auf die Schulter.)* Nein, wir beide wollten hier heute endlich einmal ernsthaft ...

JOURNALIST Ernsthaft ... Über die ‚Mutzenbacher' reden.

EHEFRAU Ü b e r sie ... Oder m i t ihr?

JOURNALIST Bitte, ich b i n nicht der Autor! *(Zum Dichter.)* Du siehst, wie es mir geht! In j e d e m Caféhaus werde ich darauf angesprochen ... Peinlich! Sogar der Kraus hat mich wieder gefragt! Im ‚Griensteidl'! Vor den Leuten! Ich bin durch den Billardsaal auf ihn zu ... Er saß in einer Mauernische mit dem Rücken zur Wand und grinste mich an ... Ich schrie ... Er sprang auf, hielt einen Schlagring hoch ... Ich schlug ihm zweimal so heftig ins Gesicht, dass er hint'über fiel, ja, ich war natürlich entsetzt, aber überraschenderweise wurde diese Tat allgemein freudig begrüßt und ...

DICHTER Du kennst die Griensteidl-Vorschrift! Zwanzig Gulden Strafe!

JOURNALIST Ja, ich weiß ... Und ich weiß auch, dass ich alle die Hoffnungen, die du in mich gesetzt hast, zumindest was die künstlerischen betrifft, immer noch nicht eingelöst habe! Aber das wird kommen! Ich hab es nur im Moment wirklich nicht leicht! Du siehst, wie man mich hemmt ... Auf Schritt und Tritt ... Und mein Talent, wenn ich von Talent reden darf, ist zudem auch noch ein sehr vornehmes, delikates ...

EHEFRAU Ja, delikat ... Außerordentlich delikat ... Besonders die Geschichte mit dem Katecheten ...

JOURNALIST Oh, Gnädige kennen den Text?

EHEFRAU Kann man hier irgendwo den Mantel ablegen? *(Will wieder ins Nebenzimmer.)*

DICHTER Nein, nicht da! *(Deutet auf den Brief, den sie in der Hand hat.)* Was ist d a s denn?

EHEFRAU Also ... Deswegen sind wir ja eigentlich da ... Du wolltest doch immer einen F i l m schreiben, oder? *(Dichter nickt überrascht.)* Siehst du ... Und d a ist die Chance! Aber es muss schnell gehen!

JOURNALIST Meinen Freunden in Berlin, mit denen ich vor zwei Monaten meinen ‚Shylock von Krakau' gemacht habe, ist nämlich eine Produktion ausgefallen ... Und da geht es jetzt um sehr viel Geld ... Also hab ich ihnen vorgeschlagen, sie sollen deine ‚Liebelei' machen und sie szenenweise mit meiner ‚Mutzenbacherin' unterschneiden!

DICHTER Ah, ist die d o c h von dir?

JOURNALIST Rechtemäßig ... Letztlich schon ... Kurz, das ist alles s e h r dringend! Ich hab dir auch gleich eine Vorlage ... Da siehst du, wie lang die jeweiligen Einstellungen sein sollen ... Das ist übrigens m e i n ‚Shylock von Krakau' ... Als Beispiel ... Der Film wurde mit großem Aufwand beworben und ist erfolgreicher als alle meine Operetten zusammen ... Der geniale Joseph Schildkraut spielt die Titelrolle ... Ich arbeite im Moment an elf Drehbüchern ... Unter anderem für Bassermann ... In einem dieser Filme soll eine mitspielen, die Marlene Dietrich heißt ... Ja, das Geld liegt auf der Straße, wenn man nur ...

DICHTER Also ... W a s soll ich tun?

JOURNALIST Die Berliner wollen, dass du s o f o r t nach Berlin kommst ... Dann können sie gleich Nägel mit Köpfen machen ... Steht da.
DICHTER W a s ... Soll ich s o f o r t ?
JOURNALIST Nägel mit Köpfen machen ... Du, ich, der Regisseur, der Kameramann ... Ja, das ist jetzt leider so ... Die ‚Wiener Moderne' findet neuerdings in Berlin statt ... In Wien hat der gute Samuel Fischer nur seine Buchhandelslehre gemacht, aber seinen ‚Verlag S. Fischer' macht er wo? In Berlin.
DICHTER Ja, er hat auch m i c h schon gefragt ...
JOURNALIST Was? Du verlegst jetzt a u c h schon in Berlin? Na, sehr gut. Alle unsere literarischen Zeitschriften und Filmproduktionen wandern von Wien nach Berlin ... Die Kommerzialisierung des deutschsprachigen Kulturlebens findet in Berlin statt ... Aber ich versteh das ja! Hier haben wir die Einschränkungen durch den Hof, die Aristokratie und das Großbürgertum, also durch die ganzen antisemitischen Katholen ... Und wo sind die neuen, mittelständischen Gesellschaftsschichten, die komplett a n d e r s denken? In Berlin!
DICHTER Ja, aber ... Was mach ich denn dann jetzt mit ...? *(Dreht sich zur Nebenzimmertür.)*
EHEFRAU 3.000 Mark wollen die zahlen!
DICHTER 3.000? *(Er denkt kurz nach, dann schreibt er ein paar Worte.)*
EHEFRAU Was ... Schreibst du denn da?
DICHTER Muss ... Mit meiner Frau ... Nach Berlin ...
EHEFRAU Für wen ... Schreibst du denn das?
JOURNALIST Für ... Für meine Putzfrau ... Ich fahr nämlich mit ... Ich hab ein Angebot vom Ullstein, Chefredakteur der ‚Morgenpost' zu werden! Und warum? Unlängst hab ich in der Nacht die Fernmeldung von dem Erdbeben in San Francisco bekommen, hab aus Lexikonartikeln, Atlanten und mit viel Fantasie in ein paar Minuten ein detailgetreues Bild der Zustände in der zerstörten Stadt für die ‚Berliner Morgenpost' zusammengepickt, und damit war das Ullstein-Blattl klarerweise allen anderen Blattln in Berlin korrespondentenmäßig m e i l e n - w e i t voraus!

EHEFRAU An s e i n e P u t z f r a u schreibst du?
JOURNALIST *(schnell)* Ja, das m u s s sein ... Die räumt nämlich ... Alles auf da ... In der Zwischenzeit.
EHEFRAU Ja, aber das g e h t ... Doch nicht!
JOURNALIST Doch, das geht! Die hat einen Schlüssel! *(Hakt sich bei ihr und beim Dichter unter, alle drei schnell ab.)*

Licht aus, Musik

II.4
Wohnung der Naiven; die Naive, die Erfolgreiche

NAIVE *(kommt)* Hallo Liebling ... *(Wirft den angeschneiten Mantel ab und zieht Hausschuhe an.)* Liegst du noch im Bett ...? Nein, ich komm jetzt n i c h t zu dir! Ich brauch erst einen Kaffee! *(Will in die Küche gehen.)* Soll ich dir einen bringen? Ja, entschuldige, ich bin gestern kurz entschlossen bei meiner Mutter geblieben ... Hast du mich vermisst?
ERFOLGREICHE *(kommt verschlafen von nebenan und staunt nicht schlecht)* Hallo ... Ahja, natürlich ... Du, meine Liebe ... Na, das war ja zu erwarten.
NAIVE Ja, aber ... Wieso bist d u ... Denn da?
ERFOLGREICHE Du, ja, bitte, verzeih ...
NAIVE Bitte ja, was ... W a s soll ich denn verzeihen?
ERFOLGREICHE Du, wir ... Wir haben miteinander ... Also der große Dichter und ich ... Gestern noch was getrunken ... Und das war auch schön ... Aber jetzt zieh ich mich am besten wohl gleich besser wieder ... Ordentlich an ... Und dann geh ich ... Weil ... Das weiß ich ja eh ... Alles andere hat jetzt gar keinen Sinn ...
NAIVE Was ... Hat keinen Sinn?
ERFOLGREICHE Na ja, sich zu entschuldigen und so ...
NAIVE *(geht zur Nebenzimmertür)* Liebling ...?
ERFOLGREICHE Du ... Er muss im Vorzimmer sein ...
NAIVE Wieso?
ERFOLGREICHE *(zeigt auf das Nebenzimmer)* Weil er da ... Nicht mehr ist ... Im Moment.

NAIVE Aber du sagst doch, ihr habt miteinander ... Warum ist er denn dann ...
ERFOLGREICHE Ja, das ... Weiß ich jetzt auch nicht.
NAIVE Also wenn das so ist, wie du sagst, dann müsstest du doch wissen ...
ERFOLGREICHE Ja, wo kann er denn nur sein? *(Sie liest den Brief.)* Oh! In Berlin ... Ist er wohl.
NAIVE In Berlin? Ja, wieso denn in Berlin?
ERFOLGREICHE Weil es da steht ... *(Liest die Botschaft langsam vom Zettel ab.)* Muss ... Mit meiner Frau ... Nach Berlin ... Bussi Bussi, Dein ...
NAIVE Nicht sehr aufschlussreich.
ERFOLGREICHE *(wird langsam munter)* Aber im Gegenteil ... Das sagt doch alles ... Berlin ... Das ist das Ziel der Reise ... Und seine Frau ... Die hat ihm wohl aus aktuellem Anlass einen Zirkus gemacht ... Und Bussi Bussi heißt: Verlier jetzt b l o ß nicht die Nerven ... Übergetitelt ...
NAIVE Jeder Mann braucht irgendwann ...
ERFOLGREICHE Eine Abwechslung? Naja, so kann man das auch nennen, aber ... Mit der eigenen Frau ... Das ist seltsam.
NAIVE Ja, aber das ... Sind die Fakten ... Die liegen da auf dem Tisch.
ERFOLGREICHE Whisky?
NAIVE Whisky zum Frühstück ...? *(Trinkt.)*
ERFOLGREICHE Mir bitte auch einen ...
NAIVE *(schenkt ein und gibt der Erfolgreichen das Glas)* Meine Großmutter hat immer gesagt: Hin und wieder gibt es ein Malheur ... Und wer dann einsam ist ... Der trinkt Likör. *(Trinkt.)* Der Spruch ging uns allen schon entsetzlich auf die Nerven, aber offenbar stimmt er ... Also ... Was jetzt?
ERFOLGREICHE Mir, bitte, erst einmal n o c h einen ... *(Trinkt.)*
NAIVE Ja, aber, bitte, warum hat er denn d i r n i c h t s gesagt?
ERFOLGREICHE Wahrscheinlich ... Weil ich noch geschlafen habe ... Oder? *(Sie trinkt.)* Manchmal zweifle ich, ob dieser Mensch überhaupt jemals jemanden wirklich lieb gehabt haben kann ... Manchmal kommt mir vor, als wär er das herzloseste, kälteste Individuum, nur von Begierde, nie von Gefühl bewegt ...

Von Rührung vielleicht, aber n i e von Innigkeit ... Und ich fürchte, ich bin im Grunde meiner Seele leider auch gar nicht so anders.

NAIVE So ... Aha ... Also ... W a s genau war denn dann gestern da los?

ERFOLGREICHE Gar nichts ... Eigentlich ... Ich war zufällig da und ...

NAIVE W a r u m warst du da?

ERFOLGREICHE Ja, warum, weiß ich eigentlich auch nicht mehr ... Aus Sehnsucht vielleicht? Nach ihm? Nach dir? Intuition? *(Schaut versonnen in den Schnee hinaus.)* Wenns draußen tagelang schneit, spüren manche Vögel schon im tiefen Winter den Frühling und ...

NAIVE *(deutet auf die Papierschlangen)* Du meinst, ihr hattet beide ... Frühlingsgefühle ... Hier ... Mitten im Schnee? *(Erfolgreiche nickt.)* Und ... Du meinst ... Weil e r jetzt ... Plötzlich weg ist, könntest d u ... Dafür ... Hier bei mir bleiben? Damit ich nicht immer allein ... Überall hingehen muss? Wenn der Herr Ehemann wegen seiner Frau keine Zeit hat?

ERFOLGREICHE Das wär doch nicht das Dümmste, oder?

NAIVE Naja, komisch ... Wär das schon ...

ERFOLGREICHE Jedenfalls ... Wär das ... Was Neues ... Für uns beide.

NAIVE Und der Burkhard?

ERFOLGREICHE Großes Gerede ... Und dann nix ! *(Sie lacht.)* Theaterleute sind keine guten Liebhaber.

NAIVE Aber unser Dichter i s t eben ... Kein Schauspieler.

ERFOLGREICHE Eben! Du sagst es ... Es g i n g einfach nicht anders! Das war unumgänglich! Er war da, du warst n i c h t da, und ich hab ihn ja immer schon h e f t i g geliebt, ich meine, was hätten wir in der Situation denn auch s o n s t tun sollen?

NAIVE Na, auf mich warten ... Hättet ihr können ... Zum Beispiel.

ERFOLGREICHE Er hat gesagt, er weiß gar nicht genau, wann du kommst.

NAIVE Das ist richtig ... Das liegt immer an meiner Mutter ... Manchmal geht es ihr schlechter, dann geht es auch mir schlechter und ...

ERFOLGREICHE Aber jetzt ... Ist mit ihr doch wieder alles in Ordnung, oder?
NAIVE Ja, danke, aber ... Er liebt doch m i c h , bitte sehr, mich, oder? Hat er dir das nicht gesagt?
ERFOLGREICHE Naja, irgendwie schon ... Zwischendurch ...
NAIVE Naja, da kann er aber doch nicht mit dir ...
ERFOLGREICHE Also, bitte, warum ... Eigentlich nicht?
NAIVE Ja, aber, wenn er mich liebt, kann er doch wirklich nicht mit dir ...
ERFOLGREICHE Also ... So ist das ja auch wieder nicht ... Schau ... Praktisch ist das doch so ... Ich liebe ihn immer noch ... Zweifellos ... Sonst wäre das da drin gestern ja auch nicht passiert ... Und doch ... Könnte ich ... Sicher auch wieder mit dem ...
NAIVE Also w a s , jetzt ...
ERFOLGREICHE Naja ...
NAIVE W a s könntest du ...
ERFOLGREICHE Na, alles!
NAIVE Aha ... Und mit mir a u c h ... Zum Beispiel? Ja? *(Sie lacht.)* Siehst du, und bei mir ... Handelt es sich genau um das Gegenteil ... Ich h a s s e dich jetzt ... Geradezu.
ERFOLGREICHE Weil ich hier mit ihm dasselbe gemacht hab, was du mit ihm ... Unlängst ... In seinem Spitalszimmer ... Gemacht hast? Weil damals ich ... In dieser Nacht ... Zufällig nicht ... Bei ihm gewesen bin?
NAIVE Das ist nicht dasselbe!
ERFOLGREICHE Naja, s e h r einsichtig bist du nicht.
NAIVE Wie? Ich soll jetzt einsehen, dass das damals von mir mit ihm genau so eine Gemeinheit gewesen ist, wie das hier jetzt von dir?
ERFOLGREICHE Entweder das, ja, oder ... Es waren eben beides ... Einfach nur ‚Vorgänge' ... Gar keine Gemeinheiten ... Das, was da gewesen ist, war beide Male das Normalste von der Welt ... Whisky?
NAIVE Was? *(Nickt und trinkt.)*
ERFOLGREICHE Dass zwei einfach ein wenig ... Zärtlich sind miteinander ... Ist das nicht das Naheliegendste?
NAIVE Wenn man nahe beieinander liegt, vielleicht ... Aber einfach so ...? ‚Zärtlich sein miteinander' ... Schöne Umschreibung.

ERFOLGREICHE Nein, das ist überhaupt keine! Das genau waren wir ... Einfach ein bisschen zärtlich ... Miteinander.

NAIVE Dass ich nicht lache!

ERFOLGREICHE Du kannst ruhig lachen ... Es hatte ja auch wirklich was Kindliches ... Ein Bussi links auf die Wange ... Ein Bussi auf die andere Wange ... Und das wird immer so sein, dass zwei, die sich mögen, das einander auch zeigen! Und sich wohl fühlen dabei! Wenn sie sich im Arm haben.

NAIVE Aber, bitte, wenn das j e d e r täte ...

ERFOLGREICHE Na, mit jedem ... Würde ich das auch nicht wollen ... Whisky? *(Sie zögert.)* Ich würde hier auch nicht jedermann noch einen Whisky anbieten, verstehst du, aber dir biete ich eben s c h o n einen an ...

NAIVE Also mir ... Schon? *(Sie dreht sich weg.)* Ich h a s s e dich!

ERFOLGREICHE Nein, das ist nicht richtig ... Du musst das s o sehen ... Nicht i c h bin dir unangenehm, unsere Situation ... Ist dir unangenehm.

NAIVE *(denkt nach)* Ja, das ... Das ist richtig.

ERFOLGREICHE Und da kann ich dich auch sehr gut verstehen, obwohl ... Unsere Situation da ja jetzt ... Eigentlich gar nicht s o unangenehm i s t ... Du bist frei, weil er wieder einmal mit seiner Frau unterwegs ist, und ich bin a u c h frei, weil er wieder einmal mit seiner Frau unterwegs ist, wir sind also beide ...

NAIVE Ja, aber wir können doch nicht einfach so ... Miteinander ... So ohne ... Alle Männer ...

ERFOLGREICHE Na, wieso eigentlich nicht? Das geht, sag ich dir ... Das geht sehr gut! Du bist jetzt einfach nicht mehr s e i - n e ‚Lebensgefährtin', sondern m e i n e ... Also eine A r t ... Lebensgefährtin, mein ich. *(Langsame Annäherung, aber kein Kuss.)* Schau, die ‚große Liebe' ist doch immer nur eine E p i - s o d e im Leben aller Männer, aber die ‚große Liebe' ... Im Leben von uns Frauen ... Ist und bleibt doch für immer und ewig ‚unsere große Liebe' ... Oder? *(Schaltet das Radio ein und fängt an zu tanzen.)*

NAIVE Ich frage mich nur ... Warum unser großer Dichter gerade mit seiner F r a u weg ist und ... Warum grad j e t z t ... Und was hat das alles mit m i r zu tun? Versteh mich recht, ich möchte einmal im Leben total ... Ehrlich sein ... Ich möchte wissen, warum ... Er ausgerechnet jetzt ... Weg ist ... Mit seiner Frau ... Ist das rein ... Sexuell?

ERFOLGREICHE Warum, warum ... Warum ist er damals weg von m i r ... Und warum ist er jetzt weg von d i r ... Worte, Worte, Worte ... Meistens sind das doch ohnedies alles nur Ausreden ... Damit beleidigt man einander nur ... Warum m a g man einander, warum dann n i c h t mehr ... Die Liebe, das große Vergissmeinnicht ... Die Liebe und der Tod ... Das sind bewegende Ereignisse, ja, aber erklären ... Kannst du das alles nicht ... Also ich finde: besser noch einen Whisky, oder? Bevor wir alle ... Alles verlassen ... Am Ende ...

NAIVE Was ... Verlassen ...

ERFOLGREICHE Na, dieses herrlich verschneite Wien ... Um aufzufahren in den allerkatholischsten Himmel ... Ja, ich weiß, ich trink mehr als du ... Aber auch mit R e c h t ... Denn eigentlich ist er ja heute zwar aus d e i n e m Bett weggelaufen, aber drin lag ja i c h ! Er ist heute also von m i r weggelaufen, nicht von dir! Also heul nicht, sondern tröste mich! Ich ... Bin heute ... Die Verlassene, ich!

NAIVE *(hebt ihr Glas)* Richtig ... Also dann ... Auf unseren gemeinsamen ... So plötzlich Verschwundenen!

ERFOLGREICHE Und, bitte, auf uns beide a u c h ! Auf uns! Wie wir da sitzen ... Als wär das schon ... Eine ‚liebe Gewohnheit' ...

NAIVE Richtig! *(Sie trinken.)* Es ist eigentlich, genau genommen, mehr ... Es i s t ... *(Sie zögert.)* Schon eine ‚Art Liebe', findest du nicht? Eine schwesterliche Liebe ... Die vielleicht sogar einmal w i r k l i c h ... Zur täglichen Gewohnheit werden könnte und ...

ERFOLGREICHE Das wär schön, ja!

NAIVE Du musst nämlich wissen, ich hab dich immer schon bewundert! Nicht nur als Schauspielerin! Auch wie du dich anziehst hat mich immer schon fasziniert ... Und wie du dich bewegst ...

ERFOLGREICHE *(lacht zustimmend)* Weißt du ... Wir sollten einfach mehr wissen von einander ...

NAIVE Ja ... Was jede so denkt und ... Was das eigentlich wirklich heißt: Ich liebe dich ...

ERFOLGREICHE Das kann ich dir sagen ... Das heißt, dass man als Einzige das Wunder begreift, das da mit einem passiert, wenn man eben jemanden wirklich gern hat ... Dass man dieses Wunder b e g r e i f t und ... Sich nicht mehr wundert, sondern dieses Wunder ... Akzeptiert ... Wie unglaublich und seltsam das auch immer ist, im Moment ...
NAIVE Dieses Wunder, das für alle anderen unsichtbar ist ...
ERFOLGREICHE Ja, das man aber begreift, wenn man den anderen in den Arm nimmt ... *(Tut es.)*
NAIVE Vielleicht bist du ja auch w i r k l i c h der Mensch, den ich seit jeher gesucht habe ... Ich meine: Geliebte und Gefährtin z u g l e i c h ... Mit dem ernsten Blick für alle Dinge der Welt ... Und doch geschaffen für jeden Wahnsinn ...
ERFOLGREICHE Und jede Seligkeit! *(Dreht sie im Kreis, bremst aber plötzlich ab und geht zum Glas.)* Aber ... Da wir schon bei ‚ehrlich' sind ... Das ist jetzt ehrlich der letzte Tropfen ... *(Sie gießt ein.)* Und das vor allem ... Darfst du nie vergessen ... Gescheitsein ist wichtig, aber ... Ein Fass Geist ist nie so viel wert wie ... Ein Tropfen Glück. *(Sie gibt ihr das Glas.)*
NAIVE Die schönsten Stunden sind nicht unsere lautesten, sondern unsere stillsten, ich weiß. *(Trinkt.)* Ja und d a s vor allem ... Sollten wir beide aus dem ganzen Tohuwabohu lernen: Was wir so großartig ‚Schicksal' nennen, ist nicht viel mehr als das Ergebnis unserer eigenen dummen Streiche ... *(Sie lacht.)* Und genau darum lass uns jetzt ... Trotz des vielen Whiskys ... Nicht zu übermütig werden, denn ...
ERFOLGREICHE Unser großer Dichter hat mir einmal gesagt ... *(Zitiert mit erhobenem Glas.)* Ich hab eine wachsende Angst vor dem Altwerden ... Und wahrscheinlich deswegen ein wachsendes Bedürfnis nach Zärtlichkeit, nach Geliebt-, Angebetet- und Bewundertwerden ... Nur das befreit mich ... Hin und wieder ... Von meinen Angstgefühlen und ...
NAIVE Oh, ist das schön, dass es dich gibt! *(Umarmung.)*

Licht aus, Pause

III.1
Filmstudio in Berlin; Dichter, Journalist, dann Ehefrau

JOURNALIST *(kommt mit dem Dichter)* Die Leute mögen sagen, was sie wollen, ich glaub einfach nicht, dass deine Frau dir jemals untreu gewesen ist! Ich weiß das besser. Und du weißt das ebenso gut wie ich.
DICHTER Dass grad d u das sagst ...
JOURNALIST Zu einer Zeit, da sie noch Mädchen war, hab ich interessante Stunden mit ihr verbracht, ja, da war besonders ein Sommer auf der Rax vor ein paar Jahren, den ich nicht vergessen habe ...
DICHTER Auf der Rax ?
JOURNALIST Ja, vielleicht hab ich damals, als ich hörte, ihr würdet heiraten, sogar gehofft, sie wird vielleicht gar nicht so glücklich werden, aber ...
DICHTER Genug jetzt, ja? *(Nimmt die Ehefrau beiseite, die den beiden nachgekommen ist.)* Du ... Wenn wir mit der Studiobesichtigung hier fertig sind, erinnere mich, bitte, dass ich dir etwas nicht ganz Unwichtiges sagen muss ... Nein, das kann ich dir jetzt nicht sagen ... Solange dieser Mensch ... Da ist. *(Zum Journalisten.)* Ich wette, du hältst mich für k r a n k h a f t eifersüchtig, aber das stimmt gar nicht.
JOURNALIST Das glaub nicht nur ich! Das bist du, glaub mir, das bist du. *(Er lacht.)* Also ... Meine Lieben ... Es ist in einem Filmstudio wie in einer Theaterkulisse, nur werden die Schauspieler, während sie spielen, von einer Kamera begleitet ...
EHEFRAU *(versucht auch, möglichst glücklich auszusehen)* Diese Dekoration ist so richtig gemütlich kleinbürgerlich. Die passt hervorragend zu deinem Fritz und seiner Christin ... W i e heißt die Filmfirma?
JOURNALIST Die Gesellschaft, der das Studio gehört, heißt ‚Neue Berliner Lichtspielgesellschaft' ... Die Herren verstehen nicht viel von Kunst, aber ... Sie haben Geld ... Aus dem sie s e h r schnell s e h r viel mehr machen wollen ... Also sind sie von meiner Idee begeistert, dass wir die ‚Liebelei' mit Szenen der ‚Mutzenbacher' unterschneiden wollen, um sie etwas breitenwirksamer zu machen und ...

DICHTER Was? Das wollen die w i r k l i c h ? Ich dachte, das ist ein W i t z von dir!

EHEFRAU *(unterbricht die Debatte)* Also d a s ... Ist das Zimmer vom ...

JOURNALIST Naja, diese Ecke da ... Das ganze Zimmer sieht man ja nie ... Das Kino ist ja vor allem ... Illusion!

DICHTER Der gute Fritz kommt herein, seine Christine umarmt ihn und sagt: Ich bin so froh, dass ich dich wiederhab ... Und er sagt ... Wie geht's dir denn, mein Schatz?

EHEFRAU *(als Christine)* J e t z t geht's mir gut.

DICHTER *(als Fritz)* Na, und sonst?

EHEFRAU Ich hab mich s o nach dir gesehnt.

DICHTER Aber geh, wir haben uns ja gestern erst gesehen.

EHEFRAU Gesehen ... Von Weitem ... Und ich fand das gar nicht schön, dass du so öffentlich ...

DICHTER Gott, bist du ein Kind! Ich hab doch nicht los können ... Aus der Loge ... So was musst du einfach begreifen! In Zukunft!

EHEFRAU Wer waren denn die Leute ... In der Loge?

DICHTER Bekannte ... Also das ist doch wirklich ganz gleichgültig, wie die heißen.

EHEFRAU Wer war denn die Dame im schwarzen Samtkleid?

DICHTER Du ... Kind ... Ich hab g a r kein Gedächtnis für Kleider ...

EHEFRAU Jetzt tu nicht so, als würdest du nie auf jemanden ... Länger hinschaun ... Wann hab i c h denn ... Zum Beispiel ... Dieses Kleid schon einmal angehabt?

DICHTER *(als Dichter)* Nicht schlecht ... Du bist ja schon richtig studiert ... Ich hab bisher geglaubt, du willst Sängerin werden, nicht Filmstar!

EHEFRAU Naja, ich b i n eine Sängerin ... Aber das hier ist jetzt m e i n e Chance, auf die Leinwand zu kommen ... Wenn d u ihnen sagst, dass ich nicht ganz schlecht bin ... S o würde ich den Fritz dann anschaun ... *(Wieder als Christine.)* Du denkst also doch ... Immer noch ... Häufig an mich?

DICHTER *(als Fritz)* Ziemlich häufig, mein Kind ...

EHEFRAU Aber sicher nicht so oft, wie ich an dich ... Ich denk nämlich i m m e r an dich ... Den ganzen Tag ... Und froh bin ich nur noch, wenn ich dich seh!

DICHTER Hervorragend!
EHEFRAU Ja, aber da will er jetzt ... *(Deutet auf den Journalisten.)*
JOURNALIST Ich denke, es wäre sehr gut, wenn es an dieser Stelle weitergehen könnte mit dem Beichtvater aus der ‚Mutzenbacher'.
DICHTER Mit welchem ... Beichtvater?
EHEFRAU Na, mit dem Kooperator ... Dem dicken Beichtvater ...
JOURNALIST Der sagt ungefähr ... *(Als Pfarrer.)* Ich m u s s jetzt a l l e Arten der Unkeuschheit kennen, die du begangen hast ... Also beginne ... Hast du den Schweif von eurem Untermieter in den ...
DICHTER Nein, das geht nicht.
JOURNALIST Wie oft? Und was hast du d a n n mit ihm gemacht ... Der Reihe nach ... Hast du gespielt damit?
DICHTER Hör auf!
JOURNALIST Zeig mir das jetzt ganz genau, w i e du das gemacht hast ... Sagt er dann und ...
DICHTER Aus, aus, aus!
JOURNALIST Und dabei lächelt er salbungsvoll ... Denn an einem geweihten Priester ist a l l e s rein, sagt er, n i c h t s an ihm ist Sünde ... *(Er lacht.)* Ich weiß nicht, was du da dagegen hast? Das ist doch s e h r aktuell!
DICHTER Das ist völlig j e n s e i t i g !
EHEFRAU Mit e i n e m hat er allerdings recht ... Die Lichtspielhäuser haben ein ganz anderes Publikum als dein Burgtheater ... Da sitzen ganz andere Leute drin ... Alle jungen Leute kennen sich in diesen Dingen heutzutag viel b e s s e r aus, als deine Komtessen in den Logen ... Aber wir müssen in dem Fall eh a l l e s anders machen, denn ein stummer Film h a t ja gar keinen Text!
JOURNALIST Das ist richtig ... Wir müssen alles, was wir sagen wollen, mit Bildern sagen ... Aber das kann ganz großartig sein! Du kannst hier dein D u e l l wirklich z e i g e n ! Das Gesicht in Großaufnahme! Wenn dein Fritz stirbt! Du kannst den S c h r e i z e i g e n , den sonst nie einer hört ... Den offenen, stummen Mund kannst du zeigen! Das kann unglaublich wir-

kungsvoll sein ... Du musst nur einfach schon in Bildern d e n - k e n ... Vergiss alle deine weltberühmten Qualitätsdialoge und nimm dir den genialen Charlie Chaplin als Vorbild ... Was allein sein G a n g aussagt ... Die lächerlich watschelnden Füße und das bezaubernde, schmerzlich verlegene Lächeln ... Die chevalereske Gebärde, mit der er in kritischen Momenten seinen Hut schwenkt ... Das alles sind nach außen gewendete Züge seines inneren Wesens ...

DICHTER Das ist schon interessant, ja ...

JOURNALIST In einer Zeit, die Knappheit so sehr will, dass euch Hochkultur-Dramatikern die Dialoge zu Einzeilern, ja, zu Interpunktionen einschrumpfen, gibt dieser Chaplin, ganz ohne Worte, mit einem einzigen Augenaufschlag, mit einem raschen Mienenwechsel alles, was ihr Ewigkeits-Theaterdichter uns so oft schuldig bleibt: Menschlichkeit.

DICHTER *(liest in der Zeitung)* Du ... Da ist eine interessante Notiz ... Du liest heute abend im ‚Café Größenwahn'?

JOURNALIST *(lacht)* Das ist doch ein passender Titel, oder ...?

EHEFRAU *(zum Dichter)* Warum liest d u denn nicht wieder einmal da in Berlin?

DICHTER *(zur Ehefrau)* Er liest viel effektvoller ... *(Zum Journalisten.)* Du hast einfach eine ganz andere ... Innere ... Rücksichtslose Leichtigkeit ... Nicht nur beim Vorlesen, mein' ich, sondern überhaupt! *(Zu ihr.)* Weil er eben in a l l e m , was er tut – und das müsstest grad d u am besten wissen –, immer komplett verantwortungslos ist!

EHEFRAU Was h a s t du denn plötzlich?

JOURNALIST *(unterbricht den kleinen Streit und lacht)* Also jetzt im Ernst ... Weißt du, w e n ich vorhin im Café gesehen hab? Die neuerdings so außerordentlich erfolgreiche Hauptdarstellerin deiner Burgtheater-Liebelei!

EHEFRAU Na, so ein Zufall! Was will denn d i e in Berlin? Vielleicht liest sie auch im ‚Café Größenwahn' oder ... Oder ... Will sie vielleicht die Christin spielen?

JOURNALIST Also ... Lesungen macht sie selten ... Soviel ich weiß ... Aber sie trifft hier zweifellos irgendwelche attraktiven Männer ... Nur Lesungen ... Veranstalten die dann n i c h t zusammen ... Im ‚Adlon'.

EHEFRAU *(zum Dichter)* Hast du ihr das schon wieder versprochen? Dass sie da in deinem Film mitspielen kann?
DICHTER Sie wohnt im ‚Adlon'?
EHEFRAU Also w i r ... *(Zum Dichter.)* Haben n i c h t s mehr mit ihr zu tun ... Soviel ich weiß ... Oder? *(Zum Journalisten.)* Was hat sie I h n e n denn erzählt? Dass unser großer Dichter sie i m m e r noch s e h r schätzt?
DICHTER *(schnell)* Interessiert hat sie mich. Sie ist ein amüsantes Luder. Boshaft und sentimental.
JOURNALIST Sind das nicht a l l e Schauspielerinnen?
DICHTER Schöne Augen hat sie ... Und eine poetische Seele ... Aber letztlich eben zu wenig poetisches Talent. *(Zum Journalisten.)* Und das verdirbt den Charakter ... Bei ernsthaften Menschen ... Und nicht nur bei Schauspielern ... Du weißt, w e n ich meine ...? Ihr entschuldigt mich? *(Ab.)*

III.2
Filmstudio; Ehefrau, Journalist

JOURNALIST Er ist schon ein verdammt undurchschaubarer Kerl ... Mit seinen ewigen Andeutungen immer! *(Er holt ein Manuskript aus der Tasche und duzt die Ehefrau.)* Schau s o hab ich mir den Anfang von unserem Film vorgestellt.
EHEFRAU *(denkt noch an die Erfolgreiche)* Gib zu, du hast sie a b s i c h t l i c h getroffen?
JOURNALIST Wen?
EHEFRAU Jetzt tu nicht so scheinheilig! Ihr wechselt doch ständig eure Geliebten ... Aber du solltest dann wenigstens nicht schimpfen auf diese Frauen ... Vielleicht ... Wirst du ja doch noch einmal glücklich ... Mit ihr ... Jetzt, wo unser großer Dichter offenbar nicht mehr gar so gierig hinter ihr her ist.
JOURNALIST Nein, dafür ist es zu spät ... Ja, früher einmal, da wär ich vielleicht ein ganz passabler Ehemann geworden ...
EHEFRAU Ah, du ... Du warst doch immer schon eine untreue Seele.
JOURNALIST D e i n M a n n war immer schon ein Abenteurer ... I c h dagegen, ich war das n i e.

EHEFRAU Du hältst dich wohl für einen großen Menschenkenner, oder?

JOURNALIST Ja, aber ... Das ist gar nicht immer angenehm ... Wenn man das ist.

EHEFRAU Ach, was ist denn d a r a n s o unangenehm?

JOURNALIST Dass ich zum Beispiel ganz sicher bin, dass ich, wenn du ... Damals ... Meine Frau geworden wärst ... Dass i c h dann garantiert ein besserer Mensch geworden wäre ... Wir beide hätten uns ergänzt, gesteigert, beglückt! Ich wär nicht jede Nacht, wie jetzt, bei einer anderen ... *(Will sie umarmen.)*

EHEFRAU Bitte, nicht ...

JOURNALIST Darf man sich nicht erinnern ...?

EHEFRAU *(lächelnd)* Ja, vielleicht ... Erinnern schon ... Aber nicht s o ...

JOURNALIST Auch wenn man spürt, dass man es immer schon klarer hätte ausdrücken sollen, was man empfindet und ...

EHEFRAU Das glaubst du doch selber nicht, dass du ... Im Grunde deines Herzens ... Ein guter Mensch bist?

JOURNALIST Sind wir das nicht alle? Mehr oder weniger h a l b - w e g s gute Menschen? Ich meine, gute Menschen ... Mit kleinen Gemeinheiten?

EHEFRAU Das hätte jetzt ganz genauso unser großer Dichter sagen können.

JOURNALIST Ah, ja? Dann ... Nehm ich es s o f o r t zurück.

EHEFRAU W a r u m hast du dich eigentlich ... S o verändert?

JOURNALIST Aber n e i n , meine Liebe, ich h a b mich nicht verändert ... Man verändert sich n i e ... Man verstellt sich höchstens ... Man lügt vielleicht etwas häufiger ... Auch sich s e l b e r etwas vor ... Aber im Grund ... Verändert man sich überhaupt nicht.

EHEFRAU Du h a s t dich aber verändert ... Denn damals wär ich doch f a s t auf dich reingefallen, jetzt aber ... Ist das anders.

JOURNALIST Was? Ja? Ja, wieso denn?

EHEFRAU Weil du dich eben verändert hast.

JOURNALIST *(umarmt sie)* Naja, aber immerhin ... Wenn du dir das damals ... Wenigstens einmal einen Moment lang ... Wirklich gewünscht hast ... Mit mir ... Dann bin ich ja j e t z t noch ganz glücklich!

EHEFRAU Auch das ... Hättest du damals n i c h t so gesagt ... So ungeschickt deutlich ... Aber es ist schon so wie es ist: Was war, ist ... Und was n i c h t war, das ist auch nie gewesen ... Aber ... Übrigens ... Du musst dir nicht vorwerfen, dass du damals irgend etwas versäumt hast ... Da w a r nie eine Chance ... Auch wenn du etwas geschickter gewesen wärst ... Ich wollte unter k e i n e n Umständen in deine ‚Sammlung'.

JOURNALIST Ja, aber bitte, w a r u m denn nicht?

EHEFRAU Ich ... Ich hab dich damals ... Nämlich geliebt.

JOURNALIST Ja, aber um Gottes Willen ... Ich dich doch a u c h !

EHEFRAU Du wolltest mich in dein Bett holen, das ja, aber g e - l i e b t hast du mich nicht ... Das spürt man ... Als Frau.

JOURNALIST Ah! Und ... Der große Dichter, der ...

EHEFRAU Sag nichts! Du k e n n s t ihn nicht ... Du hast dir nie die Mühe genommen, in seine trotzige und einsame Seele ... Wirklich hineinzuschauen.

JOURNALIST Das hätte er auch nie wollen ... Dass ich das tu.

EHEFRAU Ja, aber ich ... Ich h a b e das g e t a n .

JOURNALIST Und w a s gesehen? Mehr als ... Dass er der größte Hallodri ist, der uns beiden je über den Weg gelaufen ist? *(Er umarmt sie heftig, was beiden etwas peinlich ist, weil der Dichter in dem Moment zurückkommt.)*

III.3

Filmstudio; Ehefrau, Journalist, Dichter

DICHTER Das Taxi wartet ...

JOURNALIST Ich dachte, die Herren kommen hierher ...?

DICHTER Sie haben angerufen ... Sie warten auf uns in ihrem Büro am Kurfürstendamm ... Am Telefon hat das leider geklungen, als wollten sie den Film jetzt eigentlich überhaupt ... G a r nicht mehr machen! *(Zum Journalisten.)* D e i n e t w e g e n wahrscheinlich! *(Zieht den Mantel an.)*

JOURNALIST Aber diese Mischung, die ich vorgeschlagen habe, wäre doch enorm breitenwirksam? Und worum sonst, bitte, geht es denn ... Heutzutag?

DICHTER *(zum Journalisten)* Gehst du schon voraus ...? *(Journalist schaut die Ehefrau an. Sie gibt ihm einen Wink. Er geht.)*

III.4

Filmstudio; Ehefrau, Dichter

EHEFRAU Du wolltest mir ... Etwas s e h r Wichtiges sagen?

DICHTER Ja ... Schon länger ... Was i s t da eigentlich ... Mit dir ... Und diesem Journalisten?

EHEFRAU Was soll sein ...? Ich rede gern mit ihm.

DICHTER Er ist der begabteste Lügner, der mir je untergekommen ist.

EHEFRAU Du übertreibst!

DICHTER Aber überhaupt n i c h t ! Bei ihm ist das Lügen an s i c h das Wesentliche! Es kommt ihm gar nicht darauf an, dass seine Lügen auch geglaubt werden ... Nur ganz selten will er ja was erreichen damit ... Bei ihm ist das Lügen ein ständiger Zwang, eine Zwangshandlung ...

EHEFRAU Ich dachte, er ist dein Freund?

DICHTER Ich war eine Zeit lang geneigt, seine Intelligenz zu überschätzen ... Wie es einem mit diesen Stichwortbringern m a n c h m a l geht.

EHEFRAU Aber er schreibt doch ganz begabt, nein?

DICHTER Er ist einer, der in bösen Stunden stümpert, und in den guten bestenfalls dilettiert ... Kurz, er ist einfach ein Lump! Glaub mir! Er ist zärtlich ohne Herz, dämonisch ohne Seele, lüstern ohne Leidenschaft ... Wenn du g e n a u e r hinschaust, siehst du: Sein ganzes Wesen ist Oberflächlichkeit! Was sich schon in seiner Art zu reden ausdrückt! Die durch die Eilfertigkeit, mit der er zehn, hundert, tausend Einfälle, Halbwahrheiten und Unwahrheiten vorbringt, t o t a l oberflächlich wird ... Seine Gutmütigkeit ist oberflächlich, seine Gefälligkeit ist oberflächlich, seine Betriebsamkeit ist oberflächlich, seine Wichtigtuerei ... Kurz, ich hab keine Lust, mit ihm da in Berlin zu bleiben ... Ich fahr nach der Besprechung heute noch zurück nach Wien, aber ... Wenn d u lieber hier bleiben willst, mit ihm, würde ich von meiner Seite ... Ich meine j e t z t , wo unsere Kinder aus dem Haus sind, besteht doch an sich überhaupt keine Notwendigkeit mehr für uns, unbedingt in einem gemeinsamen Haus zu wohnen und ...

EHEFRAU Du willst, dass ich ...

DICHTER Es ist ein Vorschlag, ja ... Man wird über die Einzelheiten natürlich noch reden müssen ... Aber alles in Betracht ziehend glaube ich ...

EHEFRAU Was hast du denn so plötzlich?

DICHTER Plötzlich? Das erscheint dir nur so. Ich rede j e t z t davon, weil es j e t z t aktuell ist.

EHEFRAU W a s ist aktuell?

DICHTER Du bist nicht meinetwegen in Berlin, sondern wegen dieses anderen Herrn, nicht wahr? Das hab ich gleich geahnt, als ihr plötzlich beide so einträchtig ... Und unangemeldet ... In einer dir fremden Wohnung aufgetaucht seid! In Wien!

EHEFRAU Das war nur wegen ...

DICHTER *(unterbricht sie)* Was spricht denn d a g e g e n , wenn wir nun aus diesem Anlass endlich gleich auch unseren gemeinsamen Haushalt auflösen ...?

EHEFRAU Na, das ist ja g a n z was Neues!

DICHTER Aber überhaupt nicht! Das ist eigentlich schon eine ganz a l t e Idee von mir ... Eine Lieblingsidee ... Schon damals im Sommer, als du das erste Mal mit ihm auf der Rax ... *(Sie sehen sich in die Augen.)* Ich meine, als du zum ersten Mal dieses ganze Wochenende weg gewesen bist ...

EHEFRAU Was? Das hast du gewusst ...? Und so lange ... Hast du geschwiegen?

DICHTER Ja, das hab ich ... Aber das muss dich nicht wundern. Es war nicht allzu schwierig. Ab einem gewissen Moment muss man nur genau wissen, was man will ... Z u schnell sich zu trennen, wäre unmoralisch gewesen, aber jetzt noch zusammenzubleiben ... Das wäre es auch.

EHEFRAU Tag für Tag hast du ...?

DICHTER Ja ...

EHEFRAU *(aus tiefer Seele)* Das hab ich dir nicht zugetraut.

DICHTER *(schnell)* Du hast mich immer unterschätzt. In diesen Dingen. Ihr beide habt das getan ... Je öfter er mit dir unterwegs war, desto herzlicher war er mit mir ... Aber ich hab ihn durchschaut. Vom ersten Moment an.

EHEFRAU *(etwas ironisch)* Warum hast du mich denn damals dann nicht s o f o r t fortgeschickt? Wenn dich das s o schrecklich gekränkt hat?

DICHTER M e i n e Frage ist eher: Warum bist nicht du ... Von d i r aus ... Damals sofort gegangen?

EHEFRAU Weil ich trotz allem ...

DICHTER Weil du trotz allem die Bequemlichkeit liebst. Richtig. Und bequem war es ja ... Für euch beide.

EHEFRAU Wir beide, du und ich, wir waren damals recht weit voneinander entfernt. Trotz des täglichen, gemeinsamen Abendessens, aber ... Das Allerschlimmste war eben ... Und das m u s s ich dir endlich einmal sagen ... Wir haben nicht mehr g e r e d e t miteinander ... Das war das Entscheidende ... Das bisschen Herumklettern mit ihm auf der Rax, das zählte dagegen doch kaum ... Da war keine Liebe mehr, nur noch ‚Anwesenheit' ... Die Entfremdung zwischen uns, die war das Entscheidende.

DICHTER Ja, ich weiß ... Mir ging es damals nicht gut ... Meine Praxis war jeden Tag wieder leer, wissenschaftlich lief nichts, meine Stücke wollte kein Theater spielen, kurz, ich war verdammt u n g l ü c k l i c h , und das genau war ja dann auch deine Ausrede, um d e i n G l ü c k ... A u ß e r h a l b unseres Hauses zu suchen.

EHEFRAU Ja! Richtig! Auch menschliche Beziehungen haben ihre Schwächezeiten, ihre Krankheiten, ihre Zusammenbrüche, das hast du schon richtig gespürt ...

DICHTER Ich habe e i n i g e s gespürt, damals, ja ... Ich habe nur nicht darüber geredet.

EHEFRAU Also ... Etwas schnell geht mir das schon ... Denn ... Warum sollen wir plötzlich eine Gemeinsamkeit auflösen, in der doch nichts, so gut wie nichts mehr so ist wie früher, also g a r nichts mehr so, dass es einer verspäteten Rache ... Sinn verleihen könnte ... Kann nicht doch alles weiter so bleiben, wie es ist und ... Wir sind einfach ... Auch weiterhin ... Gute Freunde?

DICHTER Gute Freunde ...? Sind wir nicht.

EHEFRAU Hausgenossen ...

DICHTER D a s ... Können wir nicht mehr sein.

EHEFRAU Aber das waren wir doch jetzt jahrelang!
DICHTER Selbstbetrug war das ... Schlichter ... Selbstbetrug.
EHEFRAU War das nicht doch auch eine Art Liebe?
DICHTER Nein! Nur noch eine gemeinsame ‚Anwesenheit' ist das gewesen ... N i c h t s s o n s t !
EHEFRAU Das ist nicht wahr! Ich weiß das! Als ich an dem Abend nach dem ersten Ausflug mit dem anderen wieder zurückkam zu dir, da habe ich gewusst ... Und du hast es auch gewusst ... Dass wir beide ... Immer noch viel gemeinsam haben ... Und einander viel geben können und ...
DICHTER Das ... War ein Irrtum.
EHEFRAU Das war k e i n Irrtum ... Ich w a r doch wieder deine Geliebte!
DICHTER Das warst du nicht ... Du warst n i c h t meine Geliebte!
EHEFRAU Doch, das w a r ich ... Erinnere dich, wie wir ...
DICHTER Du warst höchstens ...
EHEFRAU Vorsicht ... Wenn das wahr ist ...
DICHTER Es i s t wahr.
EHEFRAU Dann hättest du es mir damals ... In dem entscheidenden Moment ... K l a r sagen müssen ... Weißt du, was m i r immer klarer wird ... D u hast m i c h ... Damals ... Schlimmer betrogen ... Als ich dich.
DICHTER Vielleicht hätte ich dir an dem bewussten Abend noch verzeihen können ... Vielleicht ... Aber ... Der andere war eben auch noch dazu ... So viel unterhaltsamer als ich ... Reich geboren, reich aufgewachsen, verwöhnt von allen Frauen ... Parfümierter, raffinierter als ich ... Ein Liebling der Götter! (*Deutet dem Journalisten nach.*)
EHEFRAU Was ... I h n ... Meinst du?
DICHTER Ja! Denkst du, ich bin b l i n d ?
EHEFRAU Ja, das denk ich, denn wo, bitte, sind denn deine B e w e i s e ?
DICHTER Man braucht euch doch nur ein paar Minuten lang hier allein zu lassen, dann weiß man a l l e s !
EHEFRAU *(langsam)* Dann r e d e mit ihm!
DICHTER Männer ... Reden über solche Dinge nicht ... Er weiß ... Auch ohne, dass ich es ihm sage ... Dass ich ihn durchschaue ...

Bis in den letzten Winkel ... Seiner geschmackvoll eingerichteten Seele.
EHEFRAU Nein, bitte, wenn das so lebenswichtig für dich ist, dann r e d e mit ihm! Jetzt! Ja! Sofort!!
DICHTER Ich bin mit d i r verheiratet, nicht mit ihm ... Das heißt, ich w a r mit dir verheiratet ... Jetzt ... Bin ich es nicht mehr. Endlich. Ja ... Auch wenn ich zugeben muss, dass du mir leid tust.
EHEFRAU Dazu besteht kein Anlass. *(Will weggehen.)*
DICHTER W a r t e ! Dein Geliebter ...
EHEFRAU Der, mein Lieber, ist es nicht.
DICHTER Was ...?
EHEFRAU Aber du spürst schon das Richtige! Es g i b t einen, nur ... Es ist ein anderer. Ein viel wunderbarerer Mensch.
DICHTER Das ... Glaub ich dir nicht!
EHEFRAU Aber du weißt doch, dass die Musik ... Für mich das Wichtigste ist ... Und er ist eben Musiker ... *(Sie lacht.)* Oh, du hast recht, ich hab auch mit dir gute Zeiten erlebt! Ich war sogar viele Jahre innig verbunden mit dir, das werde ich auch nicht vergessen ... Und du wirst dich sicher später einmal, wenn du ruhiger geworden bist, auch wieder daran erinnern ... Aber du hast recht ... W a s war das alles ... Was das Leben mit dir ... Mir geschenkt hat ... Was war dieses jahrelange Familien- und Mutterglück gegen ... N i c h t s war das gegen die kurze Frist von Seligkeit, in der ich s e i n e G e l i e b t e geworden bin! *(Will ab.)*

III.5
Filmstudio; Dichter, Ehefrau, Erfolgreiche, Naive

ERFOLGREICHE *(kommt)* Hallo ...
NAIVE *(kommt)* Hallo ...
DICHTER Hallo ...
ERFOLGREICHE Wir wollten nur schnell ‚Guten Tag' sagen. *(Gibt ihm einen Strauß Flieder.)* Du magst doch Flieder? *(Dichter nimmt ihn, riecht.)*
NAIVE *(zur Ehefrau)* Das ist doch nicht verboten, jemandem ‚Guten Tag' zu sagen, oder?

EHEFRAU Also ... Soweit ich das sehe ... Betretet ihr hier ... Im Moment ... Vermintes Gelände. *(Zum Dichter.)* Vergiss nicht, dich zu melden ... Wenn du wieder in Wien bist. *(Ab.)*

III.6

Filmstudio; Dichter, Erfolgreiche, Naive

ERFOLGREICHE Du meinst, nichts ist hier so ... Wie es zu sein scheint?
NAIVE Dann sind wir hier richtig ... Wir haben nämlich a u c h das Unmögliche möglich gemacht!
ERFOLGREICHE Es gibt nämlich nichts Erstaunlicheres, nichts Berührenderes ... Als eine junge Liebe.
NAIVE Man steuert plötzlich gemeinsam ... Die fragile Barke des Glücks den Wasserfall des Lebens hinunter und ...
DICHTER Wie? Ihr beide seid ...
ERFOLGREICHE *(Hand in Hand)* Ja, wir s i n d ... Neuerdings.
NAIVE Und wenn wir Kinder wollen, dann adoptieren wir sie.
DICHTER *(legt der Erfolgreichen einen Arm um die Schulter)* Ja, und ich?
ERFOLGREICHE Jetzt schau nicht so böse! Privat tust du ja leider immer noch so, als würdest du die männliche Position verteidigen ... Da könnte man dich u m b r i n g e n !
NAIVE Aber wir wissen ja ...
ERFOLGREICHE In deinen Stücken zeigst grad du, dass du die Frauen besser verstehst als alle anderen ... Uns Frauen, diese klassischen Objekte der lautlos höflichen, allseitigen Unterdrückung ... Und Entwertung ... *(Sie lacht.)* Ist das wahr, du machst hier zum ersten Mal einen eigenen F i l m ... Kann ich mitspielen?
DICHTER Ich glaube, mein Film wird gerade abgesagt ... Was mir eigentlich egal ist, aber ... Das ist wohl nicht das Einzige, was gerade abgesagt wird.
NAIVE Ah, ja?
DICHTER *(deutet seiner Frau nach)* Meine Frau und ich werden uns wohl a u c h ...
ERFOLGREICHE Trennen?

NAIVE Da sie kein Herz hat, wird ihr das nicht schwer fallen.
ERFOLGREICHE Aber dann ist es erst r e c h t gut, dass w i r h i e r sind.
DICHTER Ja, aber wie soll ich denn ...
ERFOLGREICHE Wo ist das Problem? Du liebst einfach ... Uns beide.
NAIVE Das wolltest du doch immer schon ...
DICHTER Ja, schon, aber ...
ERFOLGREICHE Diese Dreiecksgeschichte wird ganz wunderbar anfangen zu schillern und zu funkeln und dramatisch zu werden, weil wir ungewöhnliche Menschen sind und also ...
NAIVE Du betrügst k e i n e , du liebst b e i d e ...
ERFOLGREICHE Das kann grad dir doch nicht so schwer fallen!
DICHTER Wie ...
ERFOLGREICHE Sie liebt mich und dich ...
NAIVE Du liebst mich und sie ...
ERFOLGREICHE Ich liebe sie und dich ...
NAIVE Und nichts ist ein Problem ...
ERFOLGREICHE Jeder liebt jeden ...
NAIVE Weil wir alle einander v i e l geben können ...
ERFOLGREICHE Denn darauf kommt es ja vor allem an ... In der Liebe ... Dass man was g e b e n will.
NAIVE Alle anderen Versionen ... H a b e n wir ja schon ausprobiert, nun müssen wir d i e s e ... Balance des Glücks versuchen.
DICHTER Ich liebe euch beide, ja, aber doch jede anders und ...
ERFOLGREICHE Ja, mein Eisbär, und das ist auch gut so ... Es muss ein bisschen flirren und schwirren ...
DICHTER *(zu Naive)* Du riechst immer so gut ...
NAIVE Ja, eben! Du hast letzthin zu ihr gesagt, du hast manchmal eine richtige Sehnsucht nach einem sehr jungen, sehr duftenden Mädel ohne Pathos ... Und da dachte sie, das bin doch genau i c h , und deswegen sind wir jetzt da.
DICHTER Ja, das hab ich gesagt ... Und auch gemeint ... Man muss sich nur klar machen, über welche Grenzen man geht und ...
ERFOLGREICHE Und ... Wie weit ... Man geht!
NAIVE In seiner Liebe, klar!

ERFOLGREICHE Wie weit gibt man sich auf ...
DICHTER Und die Hauptfrage ist: G i b t es eine Liebe ...
NAIVE Die teilen kann?
ERFOLGREICHE Du meinst: Bleibst du Herr deiner Sinne? Deiner ‚Rationalität' ... Das ist gut, dass du dir das überlegst, denn du wirst das Hauptproblem haben! Du wirst dich als Erster in den Fallstricken deiner Gefühle verlieren! Denn was ... Ist das Allerwichtigste in einer Beziehung?
DICHTER Dass man sich hingibt, glaub ich. *(Pause)* Und gerade das ist speziell dir bisher nicht wirklich gelungen ... Wenn ich mich recht erinnere.
ERFOLGREICHE Andererseits ... Ist das jetzt nicht wenigstens einen V e r s u c h wert? Was Gemeinsames zu lernen?
NAIVE Bedenke, wie k u r z das Leben ist ...
DICHTER Aber das ist doch noch lange kein Grund, dass wir jetzt ewig zu dritt ...
ERFOLGREICHE Aber das wird doch ganz wunderbar!
DICHTER Nein, bitte, ich will jetzt noch nicht einen Totentanz im Dreivierteltakt!
ERFOLGREICHE Schau, die Fakten sind: Wir drei haben einfach von Tag zu Tag mehr Sehnsucht nacheinander gehabt und nun ...
DICHTER Aber ihr wisst doch, wie eifersüchtig ich bin ...
ERFOLGREICHE In dem Punkt musst du noch üben, ja ...
DICHTER Und was für ein Hypochonder ich bin!
NAIVE Also jetzt zottel nicht herum! Du hast mir doch einmal ganz klar gesagt: Warum ... Kann man sie nicht a l l e haben?
ERFOLGREICHE Jede ohne Lüge ...
NAIVE Ohne Qual ...
ERFOLGREICHE Für sich und die andern ...
NAIVE Und, bitte: Jetzt h a s t du uns b e i d e ... S o wie du das wolltest.
DICHTER Heiliger Josef, hilf mir!
ERFOLGREICHE Das wird er sicher.
DICHTER Und ... Wenn die Eifersucht ...
NAIVE Dann werden wir uns schnell ... I n n i g umarmen und ...
DICHTER Denn was uns zu Menschen macht ... Die sich trotz allem in die Augen schauen können ...

NAIVE Das ist doch unser S t a u n e n ...
ERFOLGREICHE Unsere Sprachlosigkeit ...
NAIVE Angesichts der Faszination, die diese Frau auf uns beide ausübt.
ERFOLGREICHE Und ihr auf mich.
NAIVE Ich finde, du hast uns da auf eine ganz wunderbare Idee gebracht!
NAIVE Schau nicht so ängstlich! Wie glaubst du, war unseren Voreltern zumut, als sie plötzlich merkten, dass nicht die Sonne sich um die Erde dreht, sondern ... Glaubst du nicht auch ... Sie müssen alle richtig schwindlig geworden sein!
DICHTER Na, gut ... Aber wenn das alles z u wild wird, setz ich mich einfach hin und fang an, was zu schreiben.
ERFOLGREICHE Mir wird die Arbeit an meinen Rollen helfen ... Und wenn ich merke, sie will trotz allem ein paar Tage mit dir allein irgendwo hinfahren ...
NAIVE Das wird schon vorkommen, denk ich, ja ...
DICHTER Dann werden wir uns doch schon bald wieder sehr ...
NAIVE Auf einander freuen, ja, da bin ich mir ganz sicher.
DICHTER Liebe ist eine Nervensache ... Und wenn mir was auf dem Papier gelingt – das steht fest –, beruhigt das meine Nerven ohnedies mehr als Sex.
ERFOLGREICHE Beim Theaterspielen ist das bei mir genauso ... Es gibt wirklich Gründe, Sex nicht so wichtig zu nehmen ... Nicht rund um die Uhr jedenfalls ... Merkt auf, merkt auf, die Zeit ist sonderbar und sonderbare Kinder hat sie: Uns ... Verstehst du?
NAIVE Das einzig wahre und starke Gefühl meines Herzens ist jedenfalls meine Liebe zu euch beiden.
ERFOLGREICHE Also gut. Aber etwas müssen wir festlegen. Wenn uns auch sonst noch irgendwer gefällt, erweitern wir die Herde.
DICHTER Einverstanden! Aber nur F r a u e n werden aufgenommen!
NAIVE Aber überhaupt nicht! Ich kenn da einen jungen Mann, der könnte vielleicht a u c h bei unserem Film ...
DICHTER Moment, Moment, Moment! Das Entscheidende im M o m e n t ist leider, dass die hier in Berlin m e i n e n F i l m überhaupt nicht machen wollen!

ERFOLGREICHE Na, und? Ich hab einen Freund in Kopenhagen. Der hat a u c h eine Filmgesellschaft! Also ...
NAIVE *(leise zur Erfolgreichen)* Wie schaut der denn aus?
ERFOLGREICHE *(ebenso leise)* Wart ab ...
NAIVE *(laut)* A u f nach K o p e n h a g e n !

Licht aus, Musik

III.5
Filmstudio; Dichter

DICHTER (g*eht an die Rampe vor)* Sie werden es nicht glauben, aber die ‚Deutsche Lichtspielgesellschaft' Berlin konnte sich tatsächlich tagelang nicht entscheiden! In Kopenhagen jedoch wurde die ‚Liebelei' unter dem Titel ‚Elskovsleg' s o f o r t produziert, und schon im Dezember 1913 wurde dem Dichter der Rohschnitt in einem speziellen ‚Projektographen' zu seiner Zufriedenheit vorgeführt. Bevor dieser dänische ‚Liebelei'-Film im Februar 1914 in Wien seine offizielle Premiere hatte ... Die Wiener Kritiker waren erwartungsgemäß empört, weil die Handlung nun nicht mehr in Wien spielte, aber dem Dichter g e f i e l diese Schwarz-Weiß-Kunst, er erlebte eine ganz neue Möglichkeit, seine Träume ‚sichtbar' zu machen, und bis heute sind auch tatsächlich über siebzig abendfüllende Verfilmungen seiner Texte auf der ganzen Welt entstanden ... Und wie ging es mit den F r a u e n weiter? Nach seiner Scheidung? Denn die waren ihm ja weiterhin das Wichtigste ... Offenbar recht anstrengend, denn in seinem Tagebuch schreibt er: ‚Ich glaube, ich bin erotisch krank. Ich habe einen Durst in mir wie noch nie ... Aber weder die Reiserei, noch die Schreiberei kann ihn stillen ... Ich möchte einfach i m m e r a l l e haben.'

Licht aus, Ende

GERALD SZYSZKOWITZ
STÜCKE 1999–2013

Band I
Der Thaya – 2001
Franziska Thaya oder Der Seitenwechsel – 2002
Rudi Thaya oder Osterschnee – 2003
Play Schnitzler – 2003
Direktor Mahler – 2006
Arthur Schnitzlers Fanny – 2007
Kreisky – 2009

Band II
Schubert – 2004
Figl vom Tullnerfeld – 2005
Der Maler Schiele aus Tulln – 2006
Schnitzler und das süße Mädel – 2007
Robert Stolz und Hermann Leopoldi – 2008
Tschechow – 2006
Schiller und die Schwestern Lengefeld – 2008

Band III
Der Lieblingssänger des Führers – 1999
Ein Mord an der Klagemauer? Warum? – 2000
Marianne Moritz oder Die Kunst des Vergessens
in Alt Erlaa – 2001
Szymanski oder Man kann das ganze Fernsehen umbringen,
aber doch nicht seinen Chef – 2001
Ich weiß auf der Wieden ein kleines Hotel – 2002
Schmiergeld von der Waffenlobby nach
Friedrich von Schiller – 2007

Band IV
Tolstoi und Valerie – 2010
Marlene Dietrich – 2011
Der junge Goethe und die Herzogin Anna Amalia – 2011
Werner Krauß oder Des Teufels Rabbi Löw – 2012
Eva König oder Das Glück des
Gotthold Ephraim Lessing in der Wiedner Hauptstraße – 2013
Das Wiener Werkel oder Die Ehre der Kollaborateure
Wie man sich bettet, so lügt man

BIBLIOGRAFIE PROSA

Der Thaya
Roman, Paul Zsolnay Verlag, Wien 1981
Seitenwechsel
Roman, Paul Zsolnay Verlag, Wien 1982
Osterschnee
Roman, Paul Zsolnay Verlag, Wien 1983
Furlani oder Die Zärtlichkeit des Verrats
Roman, Paul Zsolnay Verlag, Wien 1995
Puntigam oder Die Kunst des Vergessens
Roman, Paul Zsolnay Verlag, Wien 1988
Auf der anderen Seite
Roman, hpt Verlag, Wien 1990
Moritz und Nathalie oder Die Angst vor der Sehnsucht
Roman, hpt Verlag, Wien 1991
Der Liebe lange Weile
Roman, hpt Verlag, Wien 1992
Lieben wie gedruckt oder Die Herren der Herrengasse
Roman, hpt Verlag, Wien 1993
Der Vulkan und andere Erzählungen
hpt Verlag, Wien 1994
Die Badenweiler oder Nichts wird bleiben von Österreich
Roman, hpt Verlag, Wien 1995
Anna oder Der Flügelschlag der Freiheit
Roman, Edition Va Bene, Wien 1996
Die Lesereise der Katja Thaya
Erzählungen, Edition Va Bene, Wien 1998
Mord vor der Klagemauer
Roman, Edition Va Bene, Wien 1999
Mord in Betlehem
Roman, AWV Wien Verlag, Wien 2000
Mord in Jerusalem
Roman, AWV Wien Verlag, Wien 2001
Szymanski oder Man kann das ganze Fernsehen kaputt machen, aber doch nicht seinen Chef
Roman, AWV Wien Verlag, Wien 2001

Bestell-Adresse: gerald.szyszkowitz@plus.at

BÜCHER ÜBER DEN AUTOR

Hermann Kurzke
Gerald Szyszkowitz . Beiträge und Materialien
Paul Zsolnay Verlag, Wien, Darmstadt 1988

Klaus Zeyringer
Gerald Szyszkowitz oder Die Kunst des Erinnerns
Boesskraut & Bernardi, Wien 1993

KATALOGE DES MALERS GERALD SZYSZKOWITZ

Ägypten Israel Steiermark
Lorli Ritschl Foundation, Graz 1999
Alaska Krumau Triest Venedig
Lorli Ritschl Foundation, Graz 2000
Thaya Brenta Attersee
Lorli Ritschl Foundation, Graz 2001

Über meine Bücher
Lorli Ritschl Foundation, Graz 1999

PREISE UND AUSZEICHNUNGEN

1954	Wartingerpreis des Landes Steiermark
1968	1. Preis im Einakterwettbewerb des Theaters in Baden-Baden
1981	Österreichisches Ehrenkreuz für Wissenschaft und Kunst
1981	Grillparzerring
1981	Ernst Winkler Preis
1981	Goldenes Ehrenzeichen des Landes Steiermark
1983	Ordre du Merite Culturel des polnischen Staates
1984	Goldenes Ehrenzeichen der Stadt Graz
1987	Goldenes Ehrenzeichen für Verdienste um die Republik Österreich
1988	Goldene Ehrennadel der Stadt Raabs an der Thaya
1989	Goldenes Ehrenzeichen der Stadt Wien
1990	Jugendbuchpreis der Stadt Wien
1999	Großes Goldenes Ehrenzeichen des Landes Steiermark
2000	Goldenes Ehrenzeichen des Landes Niederösterreich
2007	Goldenes Ehrenzeichen der Gemeinde Maria Enzersdorf
2007	Würdigungspreis für Literatur des Landes Niederösterreich
2008	Die Sitzenberger Seerose
2010	Österreichisches Ehrenkreuz für Wissenschaft und Kunst, I. Klasse

Gerald Szyszkowitz: Stücke über große Österreicher
Band I, ISBN 978-3-85002-628-4

Gerald Szyszkowitz: Stücke über große Österreicher
Band II, ISBN 978-3-85002-629-1

Gerald Szyszkowitz: Stücke aus Österreicher
Band III, ISBN 978-3-85002-630-7